Werte Leserschaft,

herzlich willkommen zu unserem Fränkischen Brauereiführer, nicht nur in neuem Gewand, sondern auch inhaltlich mit vielen Neuerungen und Verbesserungen. Nachdem dieses Buch zwar einerseits schon unser 21. Buch ist, aber andererseits das erste, das im Verlag Nürnberger Presse erscheint, möchten wir uns und unser Konzept kurz zu Beginn dieser fränkischen „Bier-Bibel" vorstellen. Seit 2005 widmen wir uns der Genuss- und Freizeitkultur in Franken und haben neben Brauereien, Bierkellern, Weinstuben und Brennereien auch Wanderrouten, Badeseen, Sommerrodelbahnen und vieles mehr besucht und darüber geschrieben. Der Schwerpunkt unserer Arbeit liegt dabei „rund ums Bier". Während der vieljährigen Recherche konnten wir jeden fränkischen Brauer persönlich kennen lernen und einen intensiven Blick in seine jeweilige Brauerei werfen. An dieser Stelle schon mal ein Dank für die Herzlichkeit und Offenheit, mit der das in der Regel geschieht!

Das Wichtigste dabei - nicht zuletzt für Sie als Leser: Die Portraits in unseren Büchern sind für die Betriebe völlig kostenfrei. Wir erstellen eigene Fotos und schreiben eigene, journalistische Texte. Hier finden Sie keine Werbung! Das unterscheidet jedes unserer Bücher von den meisten anderen im Markt. Der Lohn dafür ist die Treue unserer Leserschaft, die einerseits dafür sorgt, dass jeder Titel innerhalb kurzer Zeit wieder neu aufgelegt werden kann, und die andererseits mit ihren Zuschriften voller Tipps und Vorschläge eine stete Quelle an Inspiration und Motivation darstellt, es immer wieder neu anzugehen und noch ein bisschen besser zu machen.

Insofern präsentieren wir Ihnen stolz den neuen Führer durch ALLE aktiven fränkischen Brauereien (zumindest zum Zeitpunkt der Veröffentlichung). Außerdem stellen wir Ihnen auch die zugehörigen Brauereigasthöfe sowie die fränkischen Brauereimuseen und allerlei Wissenswertes rund um die Bierkultur dieses einzigartigen Landstriches vor. So können Sie durch die jahrhundertealte, aber dennoch unglaublich lebendige Kultur schmökern und natürlich anschließend Ihre eigene Route von Brauerei zu Brauerei austüfteln.

In diesem Sinne möchten wir Ihnen nicht nur Lust auf die Bierkultur Frankens machen, sondern uns auch noch bedanken - bei denen, die dieses Buch überhaupt erst möglich gemacht haben: Dazu gehören die Deutsche Bahn, namentlich Hubert Rottmann und Peter Weber, der Verein Bierland Oberfranken und dessen Motor Dr. Bernd Sauer, die Firmen Kaspar Schulz, Weyermann und Sagasser sowie die Obermain Therme, die unter anderem für die nötige Entspannung nach den Recherchetouren und Schreib-Marathons gesorgt hat. Mit viel Geduld hat auch unser bewährtes GuideMedia-Team zum Gelingen beigetragen, allen voran Nicole Schramm als lebendes Telefon, aber auch Jofrey Kollmann, Frank Märzke und Benjamin Strüh. Vielen Dank auch an die fränkischen Hobbybrauer und unseren holländischen Freund Django Bijlsma, mit denen wir viele spannende Stunden an so manchem Braukessel verbracht haben.

Viel Spaß auf den folgenden 672 Seiten,

Markus Raupach und Bastian Böttner

546

Oberfranken

Unterfranken

20

394

Mittelfranken

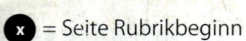 **x** = Seite Rubrikbeginn

Willkommen in der Bierwelt Frankens!

Da wir hier die höchste Brauereidichte überhaupt haben, war es unser Anspruch, endlich einmal **alle Akteure mit aussagekräftigen Fotos und den wichtigsten Daten in einem Buch** zusammenzufassen.

Jede Brauerei schmückt in diesem Werk eine eigene Doppelseite, auf der Sie neben den **Grunddaten** auch **Gründungsjahr, Brauer und Ausstoß** erfahren. Weiterhin werden Sie alle **Biersorten** und die wichtigsten Informationen zum zugehörigen **Brauereigasthof** finden. Kleine **Symbole** am oberen und unteren Rand verschaffen eine schnelle Übersicht zu den Eigenschaften der Braustätte bzw. Gastronomie (Beschreibung siehe vordere Klappe).

Viel Spaß beim Entdecken!

Übrigens: Als besonderes Schmankerl haben wir in der rechten oberen Ecke den jeweiligen **Bierdeckel** eingebaut. Nicht nur für Sammler interessant, findet sich hier auch das eine oder andere seltene oder historische Stück.

Oberfranken

Wo der Heilige Veit von Staffelstein wohnt und das Walberla steht, ist auch das Kerngebiet des Bierweltrekordlandes Franken. Etwa 180 Brauereien – das ist Spitze! Und auch der Grund, warum dieses Gebiet rund um die wahre Bierhaupt- und Weltkulturerbestadt Bamberg über die Hälfte der Seiten unseres Führers ausmacht... **ab Seite 20**

Mittelfranken

Klar, die Frankenmetropole Nürnberg, Herz der Metropolregion und touristische Basis der Region, dominiert hier. In Sachen Bier hat allerdings das Umland die Nase weit vorn. Vom stärksten Bier der Welt beim Schorschbräu bis zum Riesen Tucher finden sich alle Varianten der modernen und historischen Braukunst, dazu noch unglaubliche Museen... **ab Seite 394**

Unterfranken

Hier treffen sich die Nationalgetränke der Franken. Von Westen kommt der Wein, von Osten das Bier. Doch es herrscht ein friedliches Miteinander, auch wenn die Brauereilandschaft im größten fränkischen Regierungsbezirk schon recht ausgedünnt wurde. Ein Highlight findet sich zum Beispiel auf dem Kreuzberg bei Bischofsheim in der Rhön... **ab Seite 546**

Dieser Wegweiser durch die Fränkische Bierkultur ist in die drei Rubriken Oberfranken, Mittelfranken und Unterfranken unterteilt. Jede Rubrik hat Ihre eigene Farbe (siehe oben) und beginnt noch einmal mit einer Übersichtskarte sowie einer kurzen Einleitung. Über das Buch verteilt finden Sie auch viele neue und spannende Geschichten, Bierfeste und Tipps rund um das fränkische Kultgetränk. In der hinteren Klappe haben wir übrigens noch eine große Faltkarte untergebracht!

Oberfranken ab Seite 20

Namensverzeichnis ab Seite 666

Inhalt

Mehr auf der nächsten Seite

Inhalt

Mittelfranken ab Seite 394

Unterfranken ab Seite 546

Redaktionelle Themen

Handwerkszeug

Impressum

Copyright © 2013
VERLAG NÜRNBERGER PRESSE
DRUCKHAUS NÜRNBERG GmbH
& Co. KG
Marienstraße 9 – 11
90402 Nürnberg
Alle Rechte vorbehalten

Produktion & Gestaltung:
GuideMedia GbR, Bamberg

Druck: Louis Hofmann, 96242
Sonnefeld

ISBN-13: 978-3-931683-25-2

Grüner Markt 15
96047 Bamberg
Tel.: 0951-5194166
www.guidemedia.de

BIERAKADEMIE (SIEHE S. 38)

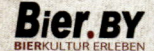

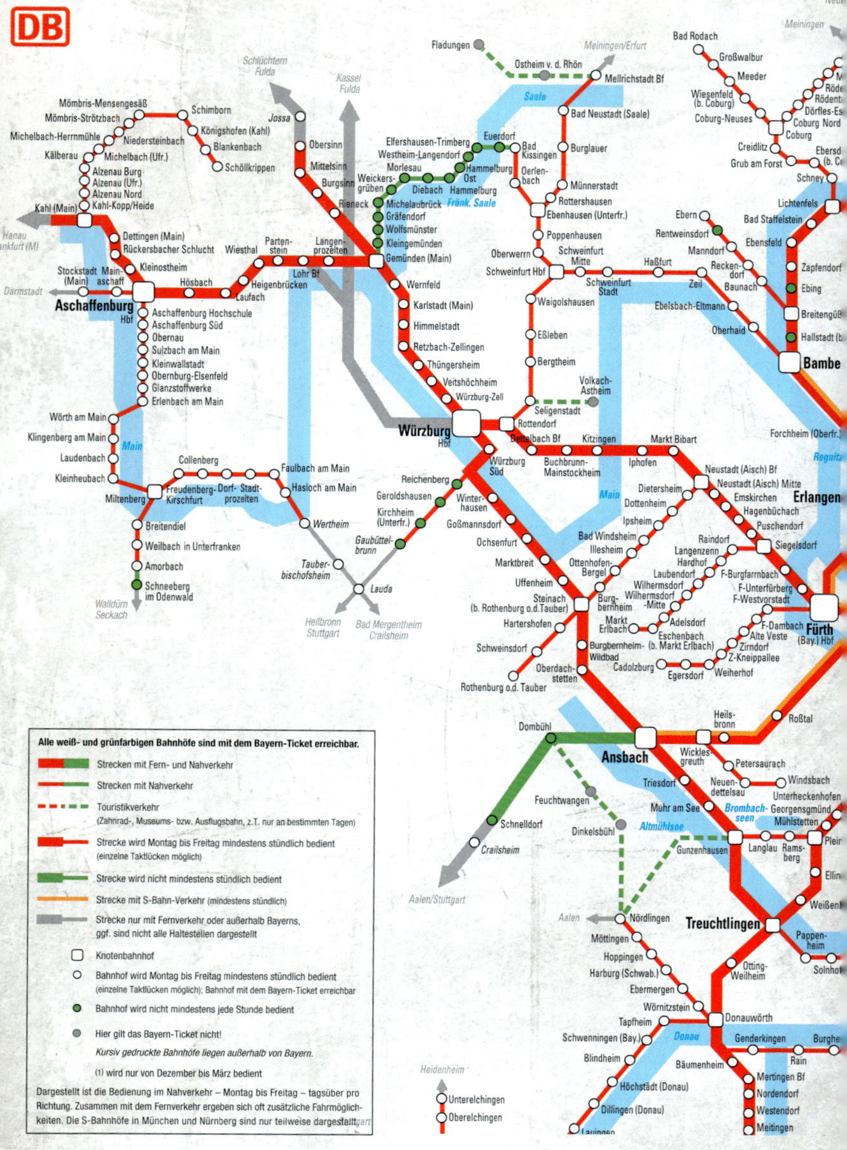
DB
Fladungen
Ostheim v. d. Rhön
Meiningen/Erfurt
Mellrichstadt Bf
Saale
Bad Neustadt (Saale)
Burglauer
Münnerstadt
Rottershausen
Ebenhausen (Unterfr.)
Poppenhausen
Oberwerrn
Schweinfurt Mitte
Schweinfurt Hbf
Schweinfurt Stadt
Haßfurt
Zeil
Waigolshausen
Eßleben
Bergtheim
Volkach-Astheim
Seligenstadt
Rottendorf
Dettelbach Bf
Kitzingen
Markt Bibart
Buchbrunn-Mainstockheim
Iphofen
Bad Kissingen
Oerlenbach
Euerdorf
Elfershausen-Trimberg
Westheim-Langendorf
Morlesau
Weickersgrüben
Diebach
Hammelburg Ost
Hammelburg
Fränk. Saale
Michelaubrück
Gräfendorf
Wolfsmünster
Kleingemünden
Gemünden (Main)
Schlüchtern Fulda
Kassel Fulda
Jossa
Obersinn
Mittelsinn
Burgsinn
Rieneck
Langenprozelten
Partenstein
Wiesthal
Lohr Bf
Heigenbrücken
Laufach
Hösbach
Wernfeld
Karlstadt (Main)
Himmelstadt
Retzbach-Zellingen
Thüngersheim
Veitshöchheim
Würzburg-Zell
Würzburg Hbf
Würzburg Süd
Reichenberg
Geroldshausen
Kirchheim (Unterfr.)
Gaubüttelbrunn
Winterhausen
Goßmannsdorf
Ochsenfurt
Marktbreit
Uffenheim
Steinach (b. Rothenburg o.d.Tauber)
Hartershofen
Schweinsdorf
Rothenburg o.d. Tauber
Tauberbischofsheim
Lauda
Heilbronn Stuttgart
Bad Mergentheim Crailsheim
Möbris-Mensengesäß
Mömbris-Strötzbach
Michelbach-Herrnmühle
Kälberau
Schimborn
Königshofen (Kahl)
Niedersteinbach
Blankenbach
Michelbach (Ufr.)
Schöllkrippen
Alzenau Burg
Alzenau (Ufr.)
Alzenau Nord
Kahl-Kopp/Heide
Kahl (Main)
Hanau Frankfurt (M)
Dettingen (Main)
Rückersbacher Schlucht
Kleinostheim
Stockstadt (Main)
Mainaschaff
Darmstadt
Aschaffenburg Hbf
Aschaffenburg Hochschule
Aschaffenburg Süd
Obernau
Sulzbach am Main
Kleinwallstadt
Obernburg-Elsenfeld
Glanzstoffwerke
Erlenbach am Main
Wörth am Main
Klingenberg am Main
Main
Laudenbach
Kleinheubach
Miltenberg
Collenberg
Freudenberg-Kirschfurt
Dorfprozelten
Stadtprozelten
Faulbach am Main
Hasloch am Main
Wertheim
Breitendiel
Weilbach in Unterfranken
Amorbach
Schneeberg im Odenwald
Walldürn Seckach
Bad Rodach
Großwalbur
Meeder
Wiesenfeld (b. Coburg)
Coburg-Neuses
Coburg Nord
Coburg
Dörfles-Es
Creidlitz
Grub am Forst
Ebersd (b. Co
Schney
Lichtenfels
Bad Staffelstein
Ebensfeld
Zapfendorf
Ebing
Breitengüß
Hallstadt (b
Bambe
Ebern
Rentweinsdorf
Manndorf
Reckendorf
Baunach
Ebelsbach-Eltmann
Oberhaid
Forchheim (Oberfr.)
Regnitz
Erlangen
Neustadt (Aisch) Bf
Neustadt (Aisch) Mitte
Emskirchen
Hagenbüchach
Puschendorf
Siegelsdorf
Dietersheim
Dottenheim
Ipsheim
Bad Windsheim
Illesheim
Ottenhofen-Bergel
Burgbernheim
Burgbernheim-Wildbad
Oberdachstetten
Raindorf
Langenzenn
Hardhof
Laubendorf
Wilhermsdorf
Wilhermsdorf-Mitte
Markt Erlbach
Adelsdorf
Eschenbach (b. Markt Erlbach)
Cadolzburg
Egersdorf
F-Burgfarrnbach
F-Unterfürberg
F-Westvorstadt
F-Dambach
Alte Veste
Zirndorf
Z-Kneippallee
Weiherhof
Fürth (Bay.) Hbf
Heilsbronn
Roßtal
Dombühl
Ansbach
Wicklesgreuth
Petersaurach
Neuendettelsau
Windsbach
Triesdorf
Muhr am See
Brombachseen
Altmühlsee
Unterheckenhofen
Georgensgmünd
Mühlstetten
Pleinfeld
Gunzenhausen
Langlau
Ramsberg
Ellingen
Weißenburg
Treuchtlingen
Pappenheim
Solnhofen
Otting-Weilheim
Feuchtwangen
Dinkelsbühl
Schnelldorf
Crailsheim
Aalen/Stuttgart
Aalen
Nördlingen
Möttingen
Hoppingen
Harburg (Schwab.)
Ebermergen
Wörnitzstein
Donauwörth
Tapfheim
Schwenningen (Bay.)
Donau
Blindheim
Höchstädt (Donau)
Dillingen (Donau)
Lauingen
Genderkingen
Burgheim
Rain
Bäumenheim
Mertingen Bf
Nordendorf
Westendorf
Meitingen
Heidenheim
Unterelchingen
Oberelchingen
Alle weiß- und grünfarbigen Bahnhöfe sind mit dem Bayern-Ticket erreichbar.
Strecken mit Fern- und Nahverkehr
Strecken mit Nahverkehr
Touristikverkehr
(Zahnrad-, Museums- bzw. Ausflugsbahn, z.T. nur an bestimmten Tagen)
Strecke wird Montag bis Freitag mindestens stündlich bedient
(einzelne Taktlücken möglich)
Strecke wird nicht mindestens stündlich bedient
Strecke mit S-Bahn-Verkehr (mindestens stündlich)
Strecke nur mit Fernverkehr oder außerhalb Bayerns, ggf. sind nicht alle Haltestellen dargestellt
Knotenbahnhof
Bahnhof wird Montag bis Freitag mindestens stündlich bedient (einzelne Taktlücken möglich); Bahnhof mit dem Bayern-Ticket erreichbar
Bahnhof wird nicht mindestens jede Stunde bedient
Hier gilt das Bayern-Ticket nicht!
Kursiv gedruckte Bahnhöfe liegen außerhalb von Bayern.
(1) wird nur von Dezember bis März bedient
Dargestellt ist die Bedienung im Nahverkehr – Montag bis Freitag – tagsüber pro Richtung. Zusammen mit dem Fernverkehr ergeben sich oft zusätzliche Fahrmöglichkeiten. Die S-Bahnhöfe in München und Nürnberg sind nur teilweise dargestellt.

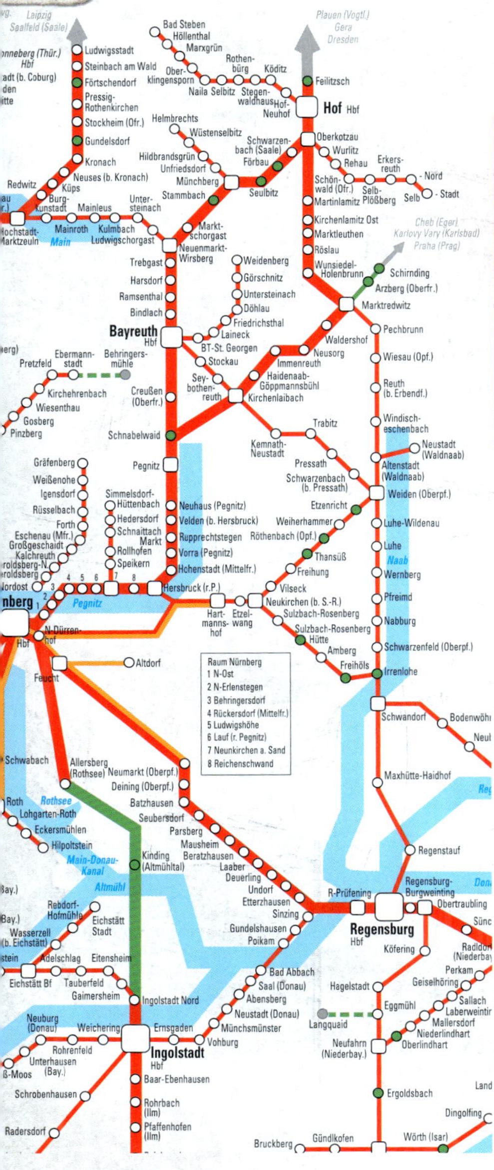

Leipzig Saalfeld (Saale)
Plauen (Vogtl.) Gera Dresden

Bad Steben
Höllenthal
Marxgrün
Rothen-burg
Köditz
Feilitzsch
Ober-klingensporn
Naila Selbitz
Stegen-waldhaus-Hof-Neuhof
Hof Hbf
Ludwigsstadt
Steinbach am Wald
Förtschendorf
Pressig-Rothenkirchen
Stockheim (Ofr.)
Helmbrechts
Wüstenselbitz
Oberkotzau
Wurlitz
Rehau
Erkers-reuth
Nord
Gundelsdorf
Schwarzen-bach (Saale)
Förbau
Schön-wald (Ofr.)
Selb-Martinlamitz Plößberg
Selb Stadt
Kronach
Hildbrandsgrün
Unfriedsdorf
Münchberg
Neuses (b. Kronach)
Stammbach
Seulbitz
Kirchenlamitz Ost
Marktleuthen
Redwitz
Küps
Burg-Kunstadt
Unter-steinach
Mainleus
Markt-schorgast
Rösslau
Cheb (Eger) Karlovy Vary (Karlsbad) Praha (Prag)
Hochstadt-Marktzeuln
Mainroth
Kulmbach
Ludwigschorgast
Neuenmarkt-Wirsberg
Weidenberg
Wunsiedel-Holenbrunn
Schirnding
Trebgast
Harsdorf
Görschnitz
Untersteinach
Arzberg (Oberfr.)
Ramsenthal
Döhlau
Marktredwitz
Bindlach
Friedrichsthal
Laineck
Bayreuth Hbf
Ebermann-stadt
Behringers-mühle
BT-St. Georgen
Stockau
Waldershof
Immenreuth
Neusorg
Pechbrunn
Wiesau (Opf.)
Pretzfeld
Kirchenrehnbach
Creußen (Oberfr.)
Sey-bothen-reuth
Haidenaab-Göppmannsbühl
Kirchenlaibach
Reuth (b. Erbendf.)
Wiesenthau
Gosberg
Pinzberg
Trabitz
Windisch-eschenbach
Schnabelwaid
Kemnath-Neustadt
Neustadt (Waldnaab)
Gräfenberg
Pegnitz
Pressath
Altenstadt (Waldnaab)
Weißenohe
Simmelsdorf-Hüttenbach
Schwarzenbach (b. Pressath)
Weiden (Oberpf.)
Igensdorf
Hedersdorf
Neuhaus (Pegnitz)
Weiherhammer
Luhe-Wildenau
Rüsselbach
Schnaittach Markt
Velden (b. Hersbruck)
Rupprechtstegen
Röthenbach (Opf.)
Forth
Rollhofen
Vorra (Pegnitz)
Thansüß
Luhe Naab
Eschenau (Mfr.) Großgeschaidt Kalchreuth
Speikern
Freihung
Wernberg
roldsberg-N roldsberg-S
Hohenstadt (Mittelfr.)
Hersbruck (r.P.)
Vilseck
Pfreimd
Jordost
Pegnitz
Hart-manns-hof
Etzel-wang
Neukirchen (b. S.-R.)
Sulzbach-Rosenberg
Nabburg
nberg
N-Dürren-hof
Sulzbach-Rosenberg Hütte
Schwarzenfeld (Oberpf.)
Hbf
Feucht
Altdorf
Amberg
Freihöls
Irrenlohe

Raum Nürnberg
1 N-Ost
2 N-Erlenstegen
3 Behringersdorf
4 Rückersdorf (Mittelfr.)
5 Ludwigshöhe
6 Lauf (r. Pegnitz)
7 Neunkirchen a. Sand
8 Reichenschwand

Schwandorf
Bodenwöhr
Neul

Schwabach
Allersberg (Rothsee)
Neumarkt (Oberpf.)
Deining (Oberpf.)
Maxhütte-Haidhof
Rothsee
Roth
Lohgarten-Roth
Batzhausen
Seubersdorf
Eckersmühlen
Parsberg
Hilpoltstein
Mausheim
Beratzhausen
Regenstauf
Main-Donau-Kanal
Kinding (Altmühltal)
Laaber
Deuerling
Altmühl
Rebdorf-Hofmühl
Undorf
Etterzhausen
R-Prüfening
Regensburg-Burgweinting
Den
(Bay.)
Eichstätt Stadt
Sinzing
Obertraubling
Sünc
Wasserzell (b. Eichstätt)
Gundelshausen
Poikam
Regensburg Hbf
Köfering
Radldo (Niederbay
Adelschlag
Eitensheim
Bad Abbach
Perkam
Geiselhöring
Eichstätt Bf
Tauberfeld Gaimersheim
Saal (Donau)
Hagelstadt
Sallach
Neuburg (Donau)
Weichering
Ingolstadt Nord
Abensberg
Eggmühl
Laberweintir
Mallersdorf
Rohrenfeld
Ernsgaden
Neustadt (Donau)
Langquaid
Niederlindhart
Unterhaunstetten (Bay.)
Vohburg
Münchsmünster
Neufahrn (Niederbay.)
Oberlindhart
Ingolstadt
ß-Moos
Schrobenhausen
Baar-Ebenhausen
Rohrbach (Ilm)
Ergoldsbach
Land
Dingolfing
Raderdorf
Pfaffenhofen (Ilm)
Bruckberg
Gündlkofen
Wörth (Isar)

Auch in diesem Werk haben wir wieder an den öffentlichen Nahverkehr gedacht und mit der Deutschen Bahn einen altbewährten Partner an Bord. Um die Informationen über verfügbare Haltestellen übersichtlicher zu gestalten, haben wir die allgemein gültigen Symbole eingeführt, die jetzt jede Haltestelle bei jeder Brauerei gleich mit dem zugehörigen Verkehrsmittel ergänzen.

Reiseauskunft auch online unter: www.bahn.de

Bus = Bus
R = Bahn
S = S-Bahn
Tram = Tram
U = U-Bahn

Bier ist so alt wie die menschliche Kultur

www.bier.by

Schon aus der Zeit um 4.000 v. C. finden sich erste Hinweise auf die Braukunst, im Ägypten um 2.500 v. C. standen jedem Arbeiter pro Tag drei bis vier Laib Brot, zwei Krüge Bier und ein paar Zwiebeln zu, und im nur etwas jüngeren Gilgamesch-Epos heißt es „Iß nun das Brot, oh Enkidu, denn das gehört zum Leben, trinke auch vom Bier wie es Brauch ist im Lande."

Sie sehen also, der Gerstensaft spielte schon in den Kulturen der Frühgeschichte eine entscheidende Rolle. Sogar die schädliche Wirkung des Alkohols war bekannt. In Hieroglyphen heißt es: „Mach Dich nicht selber hilflos durch Trinken, damit die Worte Deiner Rede nicht aus Deinem Mund kommen, ohne dass Du weißt, dass Du sie geäußert hast." Und auch der wirtschaftliche Aspekt blieb nicht unbeachtet: Die ersten Bierpreisregelungen finden sich um 1.700 v. C. im Codex Hammurabi.

Die Geschichte der deutschen Bierkultur beginnt wohl mit den Kasendorfer Bieramphoren, die aus der Zeit um 800 v. C. stammen. 300 Jahre später datiert der bei Straubing gefundene Ur-Maßkrug. Im Mittelalter entwickelte sich das Brauerhandwerk, das allerdings ebenso wie das Brotbacken eher Frauensache war. Die Nähe zwischen Bier und Brot kam von der Hefe, die nach dem Backen in der Luft lag und eine Spontangärung des Biersudes wesentlich begünstigte. Erst im 19. Jahrhundert konnte das Geheimnis der Wirkungsweise der Hefe entschlüsselt werden.

Fotos u.a.:DBB

Mit dem Reinheitsgebot entstand 1516 das älteste bis heute gültige Lebensmittelgesetz der Welt. Wilhelm IV., Herzog in Bayern, erlässt am 23. April auf dem Landständetag zu Ingolstadt die Vorschrift, dass zur Herstellung von Bier „allain Gersten, Hopfen und Wasser genommen und gepraucht sölle werden." Eigentlich ging es dem Herrscher vor allem um die Regulierung der Wirtschaft in seinem wiedervereinigten Bayern. Das Reinheitsgebot sollte Roggen und Weizen den Bäckern vorbehalten, die Preise regulieren und dafür sorgen, dass die Qualität durch die konservierende Wirkung von Hopfen auf ein besseres Niveau gehoben wurde. Außerdem konnten auf diesem Wege die damals üblichen anderen Zutaten mit teils halluzinogener Wirkung wie Porst oder Bilsenkraut verdrängt werden. Solche Regelungen gab es schon zuvor in anderen Städten und Regionen, beispielsweise Nürnberg (1393) oder München (1487), aber erst mit dem bayerischen Reinheitsgebot wurde eine komplexe Regelung für ein ganzes Staatsgebiet erlassen.

Eine wesentliche Neuerung in der jüngeren Geschichte war 1873 die **Erfindung der Kältemaschine durch Carl von Linde,** der damit die Voraussetzung für die ganzjährige Herstellung von untergärigen Bieren schuf. Wie allgemein in der wirtschaftlichen Entwicklung setzten auch im Brauhandwerk Industrialisierung und Rationalisierung ein, was dazu führte, dass in heutigen Großbrauereien nur noch wenige Menschen einen ganzen Komplex von hochtechnisierten Brauanlagen steuern. Das Ergebnis sind die sogenannten „Industriebiere" der großen Marken, von hoher Qualität, aber unter der Vorgabe der Massenkompatibilität. Alle, die hier einfach einmal Abwechslung in den bierigen Teil des Lebens bringen möchten, laden wir herzlich nach Franken ein, um insgesamt weit über 1.000 verschiedene Biersorten zu verkosten, einmalig auf der ganzen Welt.

23. APRIL

TAG DES DEUTSCHEN BIERES

Der schönste Fränkische Weltrekord

Das ist der der Biervielfalt. Es gibt auch andere, beispielsweise die Anzahl der Bäckereien, Metzgereien und Brennereien, doch nichts repräsentiert Franken nach außen so deutlich wie die Liebe zum Bier und zur Bierkultur.

Wo im Rest von Deutschland mittlerweile regionale Monokulturen entstanden sind, hat sich in unseren Breiten, vor allem in und um die wahre Bierhauptstadt Bamberg, größtenteils das Schornstein-Prinzip erhalten. Nach dieser uralten Regel vertreiben die Brauereien ihren Gerstensaft in einem Umkreis von ca. 50 km rund um ihren Schornstein.

Natürlich relativieren sich in der heutigen mobilen Welt die Entfernungen je nach Verkehrsanbindung, aber trotzdem bieten beispielsweise Stadt und Landkreis Bamberg immer noch an die 70 Braustätten und viele Hundert verschiedene Biersorten. In letzter Zeit entwickelt sich übrigens ein Gegentrend zum allgemeinen Brauereisterben: Immer mehr Gasthausbrauereien öffnen ihre Pforten und setzen auf individuelle, regionale Biere. Oft kann man auch vor Ort den Brauprozess live miterleben und manchmal sogar selbst Hand anlegen.

Neben Bamberg sind natürlich auch die anderen Metropolen Frankens mit Bier und Brauereien gesegnet, aber ins-

besonders kleine Gemeinden können wiederum rekordverdächtige Zahlen aufweisen. So steht das kleine Aufseß seit 2001 im Guinness-Buch der Rekorde, als Gemeinde mit der höchsten Brauereidichte der Welt. Auf knapp 1.400 Einwohner kommen vier Brauereien. Wanderer können die verschiedenen Biere am besten entlang des Brauereienwanderweges erkunden, der an allen Braustätten vorbeiführt. Erfolgreichen Absolventen winkt die Ernennung zum Fränkischen Ehrenbiertrinker der Weltmeisterbrauereien.

Doch Franken ist nicht nur das Mekka der Brauereien, sondern selbstredend natürlich auch der Bierkeller und Biergärten. Falls Sie den Unterschied nicht kennen: In den Bierkellern wurde früher (und wird teils noch heute) das Bier gelagert. Oft sind es tiefe Felsenkeller über oder neben der Brauerei. Hier schenkte man in alten Tagen das Bier direkt aus, die Verpflegung brachten sich die Besucher selbst mit.

Abfüllung

Nach der Filtration gelangt das Bier in den Drucktank. Von dort gelangt es unter Druck, damit sich die im Bier befindliche Kohlensäure nicht entbindet, zum Füller und wird in Flaschen, Dosen oder Fässer abgefüllt. Bei der Fassabfüllung ist penible Reinigung nötig, die Temperatur bei der Flaschenabfüllung beträgt 80 °C, der Durchlauf dauert ca. 15 Minuten. Die Flaschenfüllleistung kann bis zu 60.000 Flaschen pro Stunde betragen und erfolgt nach dem isobarometrischen Prinzip, damit das Bier nicht schäumt. Es herrscht gleicher Druck bereits im Fass bzw. in der Flasche.

Alkoholfreies Bier

Wird mit niedriger Stammwürze (7,4%) als ober- oder untergäriges Bier kurz eingebraut, anschließend kurze Angärung. Alternativ kann man Vollbier auch den Alkohol sehr schonend entziehen. Der Restalkoholgehalt liegt bei ca. 0,5%, auch der Kaloriengehalt ist deutlich reduziert (um ca. 40%). In der Regel isotonisch bzw. hypotonisch (bei gestoppter Gärung).

Bockbier

Über Umwege gelangte Bier nach Einbecker Brauart (Die Hansestadt exportierte starkes und damit haltbares Bier bis ins Mittelmeer) nach München. Aus dem „einbeckschen Bier" (Verbrieft ist der Mai 1614 mit dem Braumeister Elias Pichler) des Hofbräuhauses wurde nach und nach Bockbier. Es hat über 16 Prozent Stammwürze. Bockbier ist in der Regel ein untergäriges Bier. Traditionell werden Bockbiere entweder zur Weihnachtszeit oder zur Fastenzeit getrunken (jeweils 40 Tage vor Weihnachten und Ostern wurde früher gefastet). Zu Letzterer hat sich vor allem in Bayern der Doppelbock etabliert. Dieses noch stärkere Bier hat mindestens 18 Grad Stammwürze und darf die Endung -ator tragen. Vereinzelt wird auch im Mai Bockbier angeboten, der sogenannte Maibock.

Brauerstern

Der gezackte Brauerstern sieht mit seinen sechs Zacken dem Davidstern ähnlich. Jedoch setzt er sich aus zwei Dreiecken zusammen, die die vier Grundelemente Feuer, Wasser, Erde und Luft symbolisieren, die auch beim Brauen eine große Rolle spielen.

Braugerste

Braugerste wird heute aus der zweizeiligen Sommergerste kultiviert. Wichtig für die Verwendung von Gerstenpartien als Rohstoff für die Qualitätsbiererzeugung ist die hohe Sortenreinheit, hohe Keimfähigkeit und die gleichmäßige Korngröße. Eine wichtige Rolle spielen der Eiweißgehalt, der möglichst niedrig sein sollte, der Stärkegehalt und die enzymatische Kraft der Gerste. Sie wird nicht (mehr) zum Brotbacken verwendet und ist nach Weizen, Mais und Reis das weltweit viertwichtigste Getreide. Jedes achte Gerstenkorn landet im Bier.

Braujahr

Das traditionelle Braujahr geht von Georgi (dem St. Georgs-Tag am 23. April) bis Michaeli (St. Michael am 29. September).

Brauwasser

Wasser ist der Körper des Bieres. Zur Zubereitung von einem Hektoliter Bier werden im Durchschnitt 4 – 5 hl Wasser benötigt. Wasser löst aus dem Boden Salze, Calcium- und Magnesiumsalze. Deren Anteil bestimmt zusammen mit anderen Salzen den Härtegrad eines Wassers, das je nach Herkunft und Gegend weicher oder härter ist. Falls erforderlich, darf hartes Wasser – nach den Vorschriften der Trinkwasseraufbereitungs-Verordnung – durch Entzug der Härtebildner aufbereitet werden. Dabei werden vor allem der natürlich enthaltene Gips und Kalk entfernt. An die Zusammensetzung und Reinheit des Brauwassers stellen die Brauereitechnologen höhere Ansprüche als der Gesetzgeber an das Trinkwasser. Es geht unter anderem um die Haltbarkeit, den Schaum, den Geschmack, die Durststillung und die Bekömmlichkeit. Die Brauwässer und damit auch die Biere unterscheiden sich im Gehalt von Kalium, Calcium, Magnesium, Phosphor, Sulfat, Chlorid und Silikat zum Teil beträchtlich.

Dunkles Bier

Die dunklere Farbe rührt von dunklem Malz oder Farbmalz. Die Farbe des Bieres kann aber auch dunkler werden, wenn schlicht und einfach mehr Malz verwendet wird. Mehr Aussagekraft hat die Farbe in der Regel nicht.

Filtration

Nach der Reife werden die untergärigen Biere filtriert, um die letzten Hefezellen, Eiweiß- und Trubbestandteile herauszunehmen.

Gärung

Die Hefe baut bei der Gärung den Malzzucker ab in Alkohol und Kohlensäure. Dabei entsteht Wäre. Soll der Prozess unter kontrollierten Bedingungen ablaufen, muss man die Gärgefäße kühlen. Bei der Gärung wird der Extrakt zu etwa je einem Drittel abgebaut in Alkohol, Kohlensäure und Restextrakt. Hier wird der Biergeschmack noch einmal erheblich beeinflusst und zwar durch die Wahl des Hefestammes, der Gärtemperatur, der Sauerstoffmenge, die zu Beginn der Gärung in die Würze geleitet wird, und der Menge an Hefe, die man zusetzt.

Hefe

Hefe ist der Geist des Bieres. Rund 0,6 Liter (entspricht ca. 20 Mio. Hefezellen/ml Würze) dickbreiige Hefe (untergärig oder obergärig) sind für einen Hektoliter Bier erforderlich. Die untergärige Hefe setzt sich am Ende der Gärung am Boden des Gärbottichs ab, die obergärige Hefe bildet Sproßverbände aus und steigt während der Gärung an die Oberfläche des Behälters. Bei der Vergärung der Würze durch die Hefe entstehen Alkohol, Kohlendioxid und bis zu 300 flüchtige und nicht-flüchtige Nebenprodukte, darunter höhere Alkohole, Ester, Aldehyde, Ketone und Säuren.

Hopfen

Hopfen ist die Würze des Bieres. Zwischen 100 bis 300 Gramm Doldenhopfen werden pro Hektoliter Bier benötigt. Bier ist das einzige alkoholische Getränk, das Hopfen enthält. Allgemein wird zwischen

Quelle: DBB

Bitterhopfen und Aromahopfen unterschieden. Bis heute sind 150 Einzelsubstanzen an ätherischen Hopfenölen, Hopfen-Bitterstoffen und Hopfenaromaverbindungen im Bier bekannt. Der wichtigste Inhaltsstoff der Hopfendolde ist das gelbe Pulver, das Lupulin. Die Hopfeninhaltsstoffe beeinflussen das Aroma, die Bittere, den Schaum und die mikrobiologische Haltbarkeit des Bieres. Hopfen (botanisch: Humulus lupulus) ist eine rechtswindende Kletterpflanze aus der Familie der hanfartigen Gewächse. Für die Bierbereitung werden nur die weiblichen Hopfenpflanzen verwendet, weshalb man den Hopfengarten auch als „Frauenkloster" oder „Nonnengarten" bezeichnet. Aus getrockneten und gekühlten gemahlenen Hopfendolden stellt man kleine gepresste Pellets her. Das bewirkt eine längere Haltbarkeit. Ein weiterer Vorteil ist die Sortenreinheit, die gezielte Geschmacksausprägung ermöglicht.

Keimen

Die Bildung von Enzymen ist der Hauptzweck des Mälzens. Diese Enzyme werden für den Stoffabbau beim Maischen unbedingt benötigt. Zur Vermeidung von stofflichen Verlusten dämmt man die enzymatischen Abbauvorgänge beim Mälzen ein. Die Entwicklung des Blattkeimes und das Voranschreiten der Auflösung des Korns verlaufen annähernd parallel zueinander.

Lagerkeller

Im Lagerkeller vollzieht sich die Nachgärung, Klärung und Reifung des Jungbieres bei Temperaturen um den Gefrierpunkt. Das Bier reichert sich hierbei mit gärungseigener Kohlensäure an. Die Lagerzeit beträgt je nach Biersorte zwischen 2 und 12 Wochen.

Läutern

Im Läuterbottich trennt man wie in einem großen Sieb die klare Würze von den unlöslichen Partikeln, den Trebern. Diese enthalten eine Vielzahl von wertvollen Inhaltsstoffen und eignen sich daher hervorragend als Viehfutter.

Malz

Malz ist die Seele des Bieres. Im Durchschnitt sind ca. 17 kg Malz für einen Hektoliter Bier (mit 12% Stammwürze) erforderlich. Malze aus verschiedenen Getreidearten stehen heute zur Verfügung, so Gersten-, Weizen-, Roggen-, Dinkel- und Emmermalz. Das Malz beeinflußt alle Merkmale des Bieres, unter anderem den Schaum, die Haltbarkeit, die Farbe, das Aroma und den Geschmack.

Obergärig

Obergärige Hefe steigt während der Gärung an die Oberfläche des Jungbieres auf, daher der Name. Der Gärprozess geht wesentlich schneller als bei untergäriger Hefe. Die Gärtemperatur liegt dabei höher. Diese Hefesorte bildet die eigentliche Bierhefe und wird seit Tausenden von Jahren verwendet.

Rauchbier

Entgegen der Mythen ist Rauchbier quasi das herkömmliche Bier. Das Grünmalz mußte nämlich schon immer getrocknet (gedarrt) werden. In unseren Breitengraden gab es in der Vergangenheit dafür nur ein Mittel: Das Trocknen über dem offenen Feuer. Dabei war es unvermeidlich, daß der dabei entstehende Rauch das Malz durchströmte und ihm ein entsprechendes Aroma verlieh. Der technische Fortschritt ermöglichte es, mit Hilfe neuer Verfahren das Malz ohne offenes Feuer und damit ohne Rauchgeschmack herzustellen. Beim Rauchbier wird die alte Tradition bewusst bewahrt.

Stammwürze

Der Stammwürzegehalt ist der Prozentanteil von in der Würze vor der Gärung gelösten Stoffen wie Malzzucker, Eiweißstoffen, Vitaminen, Spurenelementen und Aromasubstanzen. Wird gemessen in g/100g Bier. Z.B. 12,4%.

Sudhaus

Das Sudhaus ist das Herz der Brauerei. Hier wird als erster Vorgang zur Bierherstellung das geschrotete Malz in einem bestimmten

Verhältnis mit Wasser gemischt. Diese Maische wird dann in verschiedenen Temperaturstufen hochgeheizt auf maximal 76°C. Dabei verflüssigen sich die sonst schwer löslichen Bestandteile des Malzschrotes. In einem klassischen Sudhaus finden sich Bottiche und Sudpfannen, Sudkessel, eine Schrotmühle, Maisch- und Läuterbottiche, Kühlschiff und Würzekühler.

Ungespundet

Während der Nachgärung im Gärtank verschließt der Braumeister das Gefäß mit einem Überdruckventil, dem Spundapparat. Das Kohlendioxid entweicht nicht und verbleibt dadurch im Bier. In Franken gibt es Biere, die ohne Spundapparat hergestellt werden, sie heißen dann ungespundet. Jedoch ist auch in diesen Bieren eine geringe Menge CO_2 gelöst. Bei Weißbieren ist der Spundungsdruck besonders hoch eingestellt.

Untergärig

Untergärige Hefe bleibt beim Gärvorgang, der insgesamt länger dauert und bei niedrigerer Temperatur funktioniert, am Bottichboden. Untergärige Hefe wurde durch Spontangärung entdeckt, vor allem bei den Winterbieren, für die es kühlere Keller gab. Heutzutage hat sich diese Hefesorte allerdings weitestgehend durchgesetzt.

Würzekochen

Vom Läuterbottich gelangt die Würze in die Sudpfanne. Dort wird sie unter Beimischung von Hopfen gekocht. Mit dem Kochende nach rund 90minütiger Kochdauer ist auch die Konzentration der Würze festgelegt, der sogenannte Stammwürzegehalt. Der Stammwürzegehalt ist der Prozentanteil von in der Würze vor der Gärung gelösten Stoffen wie Malzzucker, Eiweißstoffen, Vitaminen, Spurenelementen und Aromasubstanzen.

Zwickel

Zwickelbier ist die unfiltrierte Version eines Bieres. Es ist leicht bis stark getrübt.

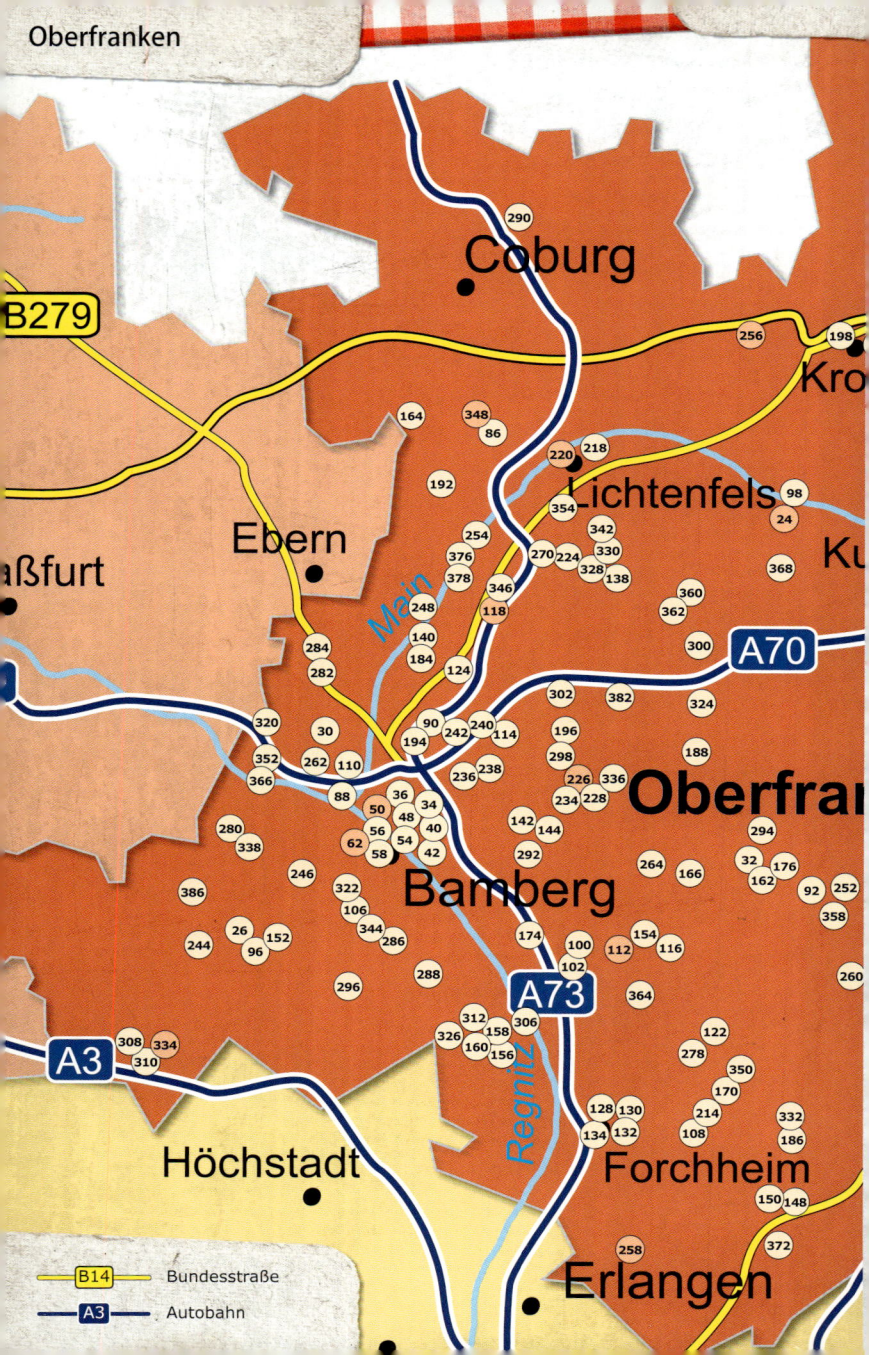

Oberfranken

B279

Coburg
290

256 198
Kro

164 348
86
192
Ebern
254
376
378 270 224
346 328 138
248 118
140
184
284 124
282
320
30 90 242 240 114
352 194 236 238
262 110
366
88 36
50 48 34
56 54 40
62 58 42

280
338
246
386 322
106
26 152 344
244 96 286
296 288

A3 308 334
310

Höchstadt

B14 Bundesstraße
A3 Autobahn

aßfurt

B279

Lichtenfels
220 218
354 98
342 24
330
Ku
360 368
362
300 A70

302 382
196 324
298 188
226 336
234 228 Oberfran
142 144
292 294
264 166 32 176
162 92 252
358
174 100
102 112 154 116
364 260

306
312 158
326 160 156
122
278 350
170
128 130 214 332
134 132 108 186
Forchheim
150 148
372
258
Erlangen

x Brauerei
x Brauerei mit Gaststätte

Zahl entspricht der Seite im Buch

216

250

178
180

Hof

B173

B2

126

200
370

nach

A93

318

316

B303

204
202

374

lmbach

340

190

Wunsiedel

384
314
232

Bayreuth

68
72 76

nken

172

222
212

A9

94

272
274

266 268

Pegnitz

Bier.BY
BIERKULTUR ERLEBEN

Willkommen in Oberfranken

Eine ausführliche Rubrikeinlei-
tung sowie eine Zuordnung der
Brauereipunkte zum jeweiligen
Ort finden Sie auf der folgenden Doppelseite.

(Namensverzeichnis ab Seite 666)

(Gesamtkarte Franken und Liniennetz der
Bahn siehe herausnehmbare Faltkarte)

Bier.BY
BIERKULTUR ERLEBEN

Ortsverzeichnis zur Karte auf der vorangehenden Doppelseite

Ein komplettes Namensverzeichnis mit allen Brauereinamen finden Sie ab Seite 666

Zwischen Bamberg und Bayreuth

Das heutige Oberfranken teilt sich historisch gesehen in zwei Teile: Das ehemalige Hochstift Bamberg und das preußisch-protestantische Fürstentum Bayreuth. Letzteres war zudem zwischen 1806 und 1810 Napoleons Privatbesitz und musste ihm für 15 Millionen Francs abgekauft werden. Den Namen Oberfranken erhielt der Landstrich erst 1838, zwei weitere Einschnitte waren 1920 die Eingliederung Coburgs und 1972 die Gebietsreform.

In Sachen Bier steht der einwohnerschwächste der drei fränkischen Regierungsbezirke an erster Stelle. Mit fast 200 Brauereien bildet Oberfranken das Mekka der Brauereifans. Auch heute noch merkt man den Dualismus zwischen Bamberg, der historisch bedeutendsten, und Bayreuth, der offiziellen Hauptstadt. Um beide Metropolen hat sich die Biervielfalt gut erhalten. Vor allem die kleinen Brauereien in der Fränkischen Schweiz sind weit über die fränkischen Grenzen hinaus bekannt. Einzige Ausnahme bildet Kulmbach, dessen Braustätten mittlerweile zu einer Großbrauerei verschmolzen sind, allerdings hält hier eine Neugründung die Kleinbrauer-

fahne hoch, die Kommunbräu. Die Konzentration hat aber auch etwas gutes: In der alten Mönchshof Brauerei ist ein sehenswertes Brauereimuseum entstanden.

Die führende Rolle in Sachen Bier hält nach wie vor die Bierhauptstadt Bamberg, wenngleich mit der Brauerei Maisel 2008 eine Braustätte verloren ging. Die restlichen neun Brauereien, zwei Mälzereien, das Fränkische Brauereimuseum und um die 60 weitere Braustätten im Landkreis zeigen, dass der Bierfan um einen ausführlichen Besuch in der Weltkulturerbestadt nicht umhinkommt. Auf dem Weg nach Süden sollte man unbedingt auch Forchheim und seinen legendären Kellerberg mit in die Besuchsliste aufnehmen, wenn man eher in Bayreuth und Umgebung unterwegs ist, lohnt ein Ausflug in den östlichen Teil Oberfrankens. Hier lockt nicht nur die einzige Erotikbierbrauerei der Welt, auch das Zoigl an der Grenze zur Oberpfalz ist einen Test wert. Vorschmecken können Sie dieses süffige Bier auch schon bei Andreas Gänstaller in Straßgiech (im Buch siehe Schnaid) oder als Zwickl bei Hans Wernlein in Trebgast.

Brauhaus Altenkunstadt Leikeim GmbH & Co.

Gründung: 1887 | **Brauer: Ulrich Leikeim, Marcus Michel, Helmut Kerling** | **Ausstoß: k.A.**

Biersorten

Leikeim Premium, Leikeim Original Landbier, Leikeim Kellerbier naturtrüb, Leikeim Steinbier Original, Leikeim Steinweiße, Leikeim Helle Weiße, Leikeim Dunkle Weiße, Leikeim Lager, Leikeim Feines Schwarzes, Leikeim Radler, Leikeim frei.

Saisonal

Leikeim Wintertraum (zur Winterzeit)

Der Klassiker

Leikeim Premium

Festausrüster

Fassbier, Bierbänke, Schirme, Kühlwagen, Schankwagen.

Heimdienst

4 Touren in den Landkreisen Lichtenfels, Coburg, Forchheim und Hof.
Ansprechpartner für den Heimdienst ist Georg Fischer:
0160-4575833

VON DER METZGEREI ZUM PLOPP

Der Gründer, Johann Leikeim, war einst Metzgermeister und erst als die „Altenkuschter" ihn eher wegen des schmackhaften Bieres, das er nebenbei braute, aufsuchten, wechselte er endgültig den Berufszweig und wurde Vollzeitbrauer. Heute segelt das Firmenschiff durch die für die mittelgroßen Brauereien schwereren Zeiten und setzt weiterhin auf seinen Klassiker: Das süffige Leikeim Premium Pils in der Bügelflasche. Sehr fasziniert hat uns auch das Steinbier, ein mit glühenden Steinen hergestelltes, relativ starkes Bier, das durch den Karamellisierungsprozess an den Steinen eine ganz besondere Geschmacksnote erhält.

Anschrift & Kontakt

Langheimer Str. 14
96264 Altenkunstadt
Tel.: 09572-75050
Fax: 09572-750531

Öffnungszeiten

Mo bis Do 7 bis 17 Uhr
Fr 7 bis 14 Uhr

Website: www.leikeim.de

Termine

Tag des Bieres (3. WE im April),
Lichtenfelser Schützenfest (2.
WE im Juli), Internationales
Samba-Festival in Coburg (2.
WE im Juli), Coburger Vogel-
schießen (letztes WE im Juli),
Lichtenfelser Korbmarkt (2. WE
im September)
weitere Veranstaltungen auf
www.leikeim.de

Brauerei Herrmann

Gründung: 1754 | Brauer: Georg Herrmann | Ausstoß: 600 hl

MIT FELSENKELLER UND KEGELBAHN

Die Brauerei Herrmann in Ampferbach wurde im Jahre 1754 unter dem Namen Schiller gegründet. Seit 1825 gehört zum Brauhaus auch ein Felsenkeller mit Kellerhaus und Kegelbahn, der einige Hundert Meter außerhalb von Ampferbach, auf einer Anhöhe gelegen, heute noch als Lagerkeller genutzt wird. Hier reift das Kellerbier, welches im Sommer auf dem schattigen Bierkeller aus den Zapfhähnen kommt. Erst 1961 kam mit der Einheirat von Braumeister Erwin Herrmann der Name Herrmann zur Brauerei. 2004 konnte man das 250-jährige Brauerei-Jubiläum mit einem großen Festwochenende im Brauereihof feiern.

Biersorten
Kellerbier, Urstoff hell, Hefe-Weißbier.

Saisonal
Weihnachtsbock (ab Ende November)

Der Klassiker
Kellerbier

Festausrüster
Fassbier, Bierbänke, Kühlwagen.

Anschrift & Kontakt

Brückenstr. 3
96138 Burgebrach-Ampferbach
Tel.: 09546-372
Fax: 09546-592137

Öffnungszeiten

Täglich 9 bis 18 Uhr
Dienstag Ruhetag

Website: www.bier.by

Termine

Kirchweih (letztes WE im Mai, wenn Pfingsten auf dieses WE fällt, dann ein WE später)
Open Air (1. Mittwoch im August)
Karpfen- und Wildessen (letztes WE im Oktober bzw. 1. WE im November)
Aprés Ski Party (6. Januar auf dem Bierkeller)
Bockbieranstich (im Oktober)

BRAUEREIGASTHOF HERRMANN

Anschrift

Brückenstr. 3
96138 Burgebrach-Ampferbach
Tel.: 09546-372

Öffnungszeiten

Täglich ab 9 Uhr
Dienstag Ruhetag
(Wenn Bierkeller geöffnet, dann Gasthof geschlossen)
Öffnungszeiten Herrmann-Keller:
Mitte/Ende April bis Ende September
Täglich ab 14 Uhr
Kein Ruhetag

Spezialität

Hähnchen (Samstags)

TRADITION PUR

Papa und Sohn Herrmann legen bei allen Dingen im Laden noch selbst Hand an. Sei es beim Brauen und vor allem bei Reifung und Lagerung des Bieres, die immer noch in den alten Gemäuern des Bierkellers vorgenommen wird, sei es bei der Hausschlachtung, die für die hervorragenden Spezialitäten des Hauses sorgt. Deswegen gehört die Schlachtschüssel natürlich zu den Pflichtterminen im Franken-Gourmet-Kalender. Im Sommer lockt der 500 Meter entfernte Biergarten natürlich auch zum Draußensitzen. Auf der dortigen Kegelbahn kann übrigens leider nicht mehr gekegelt werden, sie dient nur noch als regensicherer Unterstand bei Zwischendurchschauern.

Brauerei Mazour-Fößel

Gründung: 1812 | Brauer: Edmund Fößel | Ausstoß: k.A.

DER VÄLTA

Edmund Fößel versteht es, seine Gäste zu begeistern. Dazu gehören vor allem echte Männer aus der Umgebung, die vor allem im Sommer in den Biergarten strömen und zum hauseigenen, süffigen Välta-Bier den gigantischen Grill mit echten Männerstücken belegen und dabei über diese ganz besondere Kochkunst philosophieren. „Zum Välta" kommt übrigens von einem der Urwirte, der Valentin hieß.

Biersorten
Välta-Bier

Der Klassiker
Välta-Bier

Bus 9107, 9110, 942 Appendorf, Lauter (Oberfranken) **DB**

Anschrift & Kontakt

Baunacher Straße 28
96169 Appendorf
Tel.: 09544-20390
Fax: 09544-984387

Öffnungszeiten

Täglich ab 8 Uhr
Mi ab 15 Uhr
Fr 8 bis 13 Uhr und ab 17 Uhr
Dienstag Ruhetag

Website: www.brauerei-zum-vaelta.de

Termine

Kirchweih (Mitte Juni)
Herbstkirchweih (Mitte November)

BAYERNS GRÖSSTE MUSIKINSTRUMENTENSAMMLUNG

Die hängt und steht in und neben den urigen Gasträumen des „Välta" in Appendorf. Doch Akkordeon, Tuba, Geige und Co. sind nicht nur zum Anschauen gedacht. Jeden Freitag erweckt Edmund Fößel mit Gleichgesinnten und willigen Gästen das Sammelsurium zum Leben und es ist Hausmusik angesagt. Dazu schmecken dann das Bier und die guten Brotzeiten des Hauses und ein Abend voller fränkischer Glückseligkeit nimmt seinen Lauf.

WIRTSHAUS ZUM VÄLTA

Anschrift

Baunacher Straße 28
96169 Appendorf
Tel.: 09544-20390

Öffnungszeiten

Täglich ab 8 Uhr
Mi ab 15 Uhr
Fr 8 bis 13 Uhr und ab 17 Uhr
Dienstag Ruhetag

Spezialität

Schäuferla

Aufsesser Brauerei

Gründung: 1886 | Brauer: Frank Rothenbach | Ausstoß: k.A.

MIT 3.000 MARK ZUM WELTREKORD

Das schaffte Johann Rothenbach, der gegen Ende des 19. Jahrhunderts für eben diesen Betrag die gesamte Brauereieinrichtung des Franziskanerklosters in Gößweinstein, mit der er am 4. November 1886 unter professioneller, sprich klerikaler Anleitung dann auch den ersten Sud braute. Heute gehört die Familienbrauerei zu den vier Guinness-Buch-Rekordlern aus Aufseß und braut sechs feine Biersorten, darunter beispielsweise das naturtrübe Zwickl.

Biersorten

Aufsesser Dunkel, Aufsesser Festbier, Aufsesser Pils, Aufsesser Hefeweizen, Aufsesser Zwickl.

Saisonal

Aufsesser Bockbier (November bis Januar/Februar)

Der Klassiker

Aufsesser Dunkel

Festausrüster

Fassbier, Bierbänke, Schirme, Kühlwagen, Schankwagen.

Heimdienst

Feste Heimdiensttouren in Bayreuth, Nürnberg und Erlangen, an bestimmten Tagen pro Woche.

Anschrift & Kontakt

Im Tal 70b
91347 Aufseß
Tel.: 09198-8282
Fax: 09198-737

Öffnungszeiten

Mo bis Do 8 bis 12 Uhr und 13 bis
16.30 Uhr
Fr 8 bis 12 Uhr

Website: www.aufsesser.de

Termine

Kirchweih (3. So im September)
Bockbieranstich (Anfang
November)

BRAUEREIGASTHOF ROTHENBACH

Anschrift

Im Tal 70
91347 Aufseß
Tel.: 09198-92920
www.Brauereigasthof-
Rothenbach.de

Öffnungszeiten

1. Apr. bis Ende Okt.: Täglich ab 8
Uhr; Anfang bis Mitte Nov.: Täg-
lich ab 8 Uhr, Di Ruhetag; Mitte
Nov. bis 6. Dez.: Betriebsurl.; 7. Dez.
bis 23. Dez.: Fr bis So ab 8 Uhr, Mo
bis Do Ruhetag; 26. Dez. bis 6. Jan.:
Täglich ab 8 Uhr; 7. Jan. bis Ende
Jan.: Betriebsurl.; Anfang bis Ende
Feb.: Fr bis So ab 8 Uhr, Mo bis Do
Ruhetag; Anfang bis Ende März:
Täglich ab 8 Uhr, Di Ruhetag;

Spezialität

Fränkischer Rehbraten

MIT BIERSOMMELIER

Im Brauereigasthof der Aufsesser Brauerei wacht ein
Biersommelier über die richtige Getränkewahl der Gäste. Schließlich kann das rechte Bier den Geschmack der
fränkischen Klassiker erst richtig zur Geltung bringen.
Insbesondere gilt das bei Firmen oder Familienfesten
im Brauereigasthof. Als Spezialitäten gelten hier besonders die frischen Forellen oder Karpfen (September bis
April), die traditionellen fränkischen Braten sowie Wild
direkt vom heimischen Jäger.

Bier.BY
BIERKULTUR ERLEBEN

Brauerei Spezial

Gründung: 1536 | Brauer: Christian Merz | Ausstoß: 6500 hl

Gerne Gast sein im PRIVATEN BRAUEREIGASTHOF!

ÄLTESTE RAUCHBIERBRAUEREI BAMBERGS

Was soll man eigentlich noch mehr Worte verlieren? Wer in der Bierhauptstadt die älteste Rauchbierbrauerei betreibt, muss wissen, wie es geht. Und das tut Familie Merz auch. Beide Söhne sind mittlerweile selbst Brauer geworden und stehen in den Startlöchern, um die Tradition fortzuführen. Die Brauerei Spezial gehört zu den wenigen Brauereien, die ihr Malz noch selbst herstellen. Dabei achten sie darauf, dass nur Gerste aus oberfränkischem biologischem Anbau verwendet wird. Die Malzdarre befeuern die Merzens noch „von Hand" mit reinem Buchenholz und auch der Hopfen stammt ausschließlich aus biologischem und kontrolliertem Vertragsanbau. Hier hat man also die Zeichen der Zeit erkannt. Keine Kompromisse bei Tradition und Qualität!

Biersorten

Spezial Lager (Rauchbier),
Spezial Märzen (Rauchbier),
Spezial Weissbier (Rauchbier),
Spezial Ungespundetes (Ohne Rauchmalz hergestellt).

Saisonal

Spezial Bockbier
(November bis Dezember)

Der Klassiker

Lager-Rauchbier

Heimdienst

Im Stadtgebiet Bamberg,
dienstags und donnerstags.

DB

Anschrift & Kontakt

Obere Königstraße 10
96052 Bamberg
Tel.: 0951-24304
Fax: 0951-26330

Öffnungszeiten

Mo bis Fr 6.30 bis 16 Uhr

Website: www.brauerei-spezial.de

Termine

Bockbieranstich (Anfang November)

ÖKOLOGISCH KORREKT

Bambergs älteste Rauchbierbrauerei ist voll im Trend. Schließlich erzeugt man seinen eigenen Solarstrom und feuert die Malzdarre mit Holz. Im wunderschön gestalteten Brauhof kann man nicht nur sehr gut speisen, sondern auch das Treiben in der Brauerei mitverfolgen. Die Gastwirtschaft selbst wartet mit Holzdecke und Kachelofen auf - und mit liebenswürdigen Bedienungen, die einem gerne die Wünsche von den Lippen ablesen. Meistens steht den Gästen auf jeden Fall der Sinn nach einem Rauchbier, das hier allerdings bei weitem nicht so stark rauchig schmeckt wie im Schlenkerla.

BRAUEREIGASTHOF SPEZIAL

Anschrift

Obere Königstraße 10
96052 Bamberg
Tel.: 0951-24304

Öffnungszeiten

Täglich ab 9 Uhr, Sa 9 bis 14 Uhr
Kein Ruhetag; Heiligabend,
1. + 2. Weihnachtsfeiertag,
Silvester, Neujahr, Rosenmontag,
Faschingsdienstag und Karfreitag
geschlossen; Ende August 2
Wochen Betriebsurlaub

Spezialität

Knöchla mit Erbsenpüree

Brauerei Fässla

| Gründung: 1649 | Brauer: Sebastian Kalb | Ausstoß: 33000 hl |

WO DER ZWERG DAS FÄSSCHEN ROLLT

Seit 1649 entsteht in dem kleinen Häuschen in der Königstraße, einer ehemaligen Hauptver-
kehrsader der Stadt, das Fässla-Bier - aus Wasser vom eigenen Tiefbrunnen. Inhaber Roland Kalb
kann stolz darauf sein, mit dem Bambergator Bambergs stärkstes Bier mit 21% Stammwürze
und 8,5% Alkoholgehalt herzustellen. Nicht zuletzt wegen dieses Rekordes ist der Bockbieranstich der Brauerei ein Pflichttermin für alle Bierfans und immer bestens besucht.

Biersorten
Lagerbier, Pils, Zwergla, Weizla
hell, Weizla dunkel.

Saisonal
Bambergator (Oktober und
November)

Der Klassiker
Echtes Bamberger Zwergla

Anschrift & Kontakt

Obere Königsstraße 19-21
96052 Bamberg
Tel.: 0951-26516 und 0951-22998
Fax: 0951-201989

Öffnungszeiten

Mo bis Fr 8 bis 14 Uhr

Website: www.faessla.de

Termine

Bockbieranstich (Ende Oktober)

HIER TOBT DAS LEBEN

Das Fäßla gehört zu den wenigen Fränkischen Brauereien, die ihre alte Funktion als Mittelpunkt des jeweiligen Umfeldes behalten haben. Wie vor 100 Jahren kommen immer noch die einen an die Gassenschänke, um sich ihr Bier für zu Hause zu holen, die anderen setzen sich damit in den Zwischengang oder den neu gestalteten urigen Biergarten, wieder andere kommen morgens aus dem Bett ins Wirtshaus, um abends vom Wirtshaus wieder ins Bett zu fallen. Dazwischen findet natürlich noch das übliche Tagesgeschäft mit fränkischem Essen und dem gemütlichen Feierabendbierchen statt. Eines der liebenswürdigsten Häuser Bambergs!

BRAUEREI FÄSSLA

Anschrift

Obere Königsstraße 19-21
96052 Bamberg
Tel.: 0951-26516

Öffnungszeiten

Mo bis Sa ab 8.30 Uhr, So von 8.30 bis 12 Uhr, Kein Ruhetag
Feiertage, Heiligabend und Silvester 8.30 bis 13 Uhr (kein Mittagstisch)
1. und 2. Weihnachtsfeiertag und Neujahr geschlossen

Spezialität

Fränkisches Schäuferla mit Wirsing und Kloß

Machen Sie Ihr Bierdiplom!

www.bierakademie.net

Sie haben sicher ein Lieblingsbier. Was könnten Sie uns darüber erzählen? Welche Farbe hat es? Wie schmeckt es? Warum ist es genau so? Und wie entsteht dieser ganz besondere Gerstensaft?

Fragen über Fragen. Die Bierakademie mit Sitz in Bamberg hat es sich zur Aufgabe gemacht, Ihnen zu helfen, die richtigen Antworten zu finden. In spannenden und abwechslungsreichen Veranstaltungen lernen Sie das fränkische Grundnahrungsmittel von allen seinen Seiten kennen. Wer nun aber denkt, bei den Bierseminaren ginge es nur ums Biertrinken, der liegt falsch. Denn der Gerstensaft wird bei „Verkostungstemperatur" (15–20 Grad) probiert und von Farbe, Geruch und Geschmack her beurteilt und unterschieden. Die Teilnehmer erlernen also die Grundlagen der Sensorik und nicht das Austesten der Leber.

Auf der „Biermenükarte" des Seminars stehen die Grundsorten Pils, Export, Dunkles, Weizen, Alt und Kölsch sowie Bamberger Rauchbier und andere regionale Spezialitäten. Als Schmankerl verkosten die beiden Seminarleiter mit ihren Teilnehmern anschließend noch besondere Spezialbiere – seltene und limitierte Flaschen von hochdekorierten Braumeistern, deren Geschmack von starken Hopfennoten bis zu Whisky- und Sherry-Noten variieren kann.

Dazu gibt es jeweils auch passende Häppchen („Bier-Tapas"), die perfekt mit der jeweiligen Bier-Sorte harmonieren und den Geschmack des Gerstensaftes intensivieren. So lernen die Teilnehmer nicht nur etwas über Bier, sondern auch darüber, womit man es am besten kombiniert. Am Ende absolvieren alle die Bierdiplomprüfung und erhalten, wenn sie bestanden haben, ihr persönliches Bierdiplom.

Infos und Tickets erhalten Sie in der Bamberger Tourist-Info oder direkt bei der Bierakademie: **www.bierakademie.net**

BIER
AKADEMIE
.net

Brauerei Keesmann

Gründung: 1867 | Brauer: Robert Blechinger | Ausstoß: k.A.

WO DIE HERREN PILS TRINKEN

Ganz untypisch für eine fränkische Brauerei hat sich beim Keesmann in Bamberg das Herren Pils als besonderer Klassiker herausgebildet. Sein würziges Aroma, durchaus auch gehopft, trotzdem auch mit malzigen Komponenten, mittlerer Bittere und trockenem Abgang, spaltet die Domstädter: In jene, die das Herren Pils lieben, und jene, die dann doch lieber ein klassisches Frankenbier wollen, die greifen dann zum ebenfalls feinen Sternla.

Biersorten

Bamberger Herren Pils, Helles,
Sternla Lager, Hefeweizen.

Saisonal

Josephi-Bock (ab Aschermittwoch)
Keesmann Bock (Okt. bis Dez.)

Der Klassiker

Bamberger Herren Pils

Festausrüster

Fassbier, Bierbänke, Schirme,
Kühlwagen.

Anschrift & Kontakt

Wunderburg 5
96050 Bamberg
Tel.: 0951-981980
Fax: 0951-9819814

Öffnungszeiten

Mo bis Do 7 bis 16 Uhr
Fr 7 bis 15 Uhr

Website: www.keesmann-braeu.de

Termine

Wunderburger Kirchweih
(3. So im Juli)
Bockbieranstich im Herbst

HOME OF PILS

Das berühmte Keesmann Herren Pils hat schon viele Auszeichnungen eingeheimst und die Brauerei auch weit über die Stadtgrenzen hinaus bekannt gemacht. Fast etwas schade, dass die anderen Biersorten dadurch so ein bisschen im Schatten stehen, aber spätestens zum Bockbieranstich stehen die Bierfans Schlange, um den Hochprozenter unter den Bieren zu probieren. Allerdings sollten Sie auch wegen der sehr leckeren Speisepalette vorbeikommen, die vor allem mit typischen Bamberger Gerichten aufwarten kann, wie sie die Omas und Uromas noch kochten.

BRAUEREI KEESMANN

Anschrift

Wunderburg 5
96050 Bamberg
Tel.: 0951-9819810

Öffnungszeiten

Mo bis Fr ab 10 Uhr
Sa 9 bis 15 Uhr
Sonntag Ruhetag

Spezialität

Rinderleber Berliner Art

Mahrs-Bräu Bamberg GmbH

Gründung: 1602 | Brauer: Stephan Michel | Ausstoß: 18000 hl

Biersorten

Mahrs Bräu Pils, Mahrs Bräu Hell, Mahrs Bräu Leicht, Mahrs Bräu Ungespundetes Kellerbier Hefetrüb, Mahrs Bräu Weisse, Mahrs Bräu Radler, E.T.A. Hoffmann-Bier, Festtags-Weisse.

Saisonal

Der Weisse Bock (ab Aschermittwoch)
Bockbier Hell (ab Mitte Oktober)

Der Klassiker

Ungespundetes Kellerbier Hefetrüb

Festausrüster

Fassbier, Bierbänke, Schirme, Kühlwagen, Schankwagen.

Heimdienst

Im Umkreis von ca. 20 km, dienstags, mittwochs und donnerstags von 7 bis 16 Uhr.

EIN STÜCK UNVERFÄLSCHTES ALT-BAMBERG

1895 kaufte der Landwirt Johann Michel junior, der Großvater des heutigen Inhabers Ingmar Michel, die 1602 erstmals erwähnte Brauerei und den Felsenkeller am Stephansberg. Die Familie Michel, die sich besonders der Tradition verbunden fühlt, hat es vorbildlich verstanden, die historische Atmosphäre der alteingessenen Wunderburger Brauerei zu erhalten. Mittlerweile geht die Brautradition der Mahr's Bräu in die vierte Generation. Kaum ein anderes Unternehmen in Bamberg hat es dabei so vorbildlich geschafft, Fortschritt und Modernisierung mit traditionellen Werten zu verknüpfen. Das Lieblingsbier der Gäste ist dabei immer das „U" geblieben - die Bamberger Kurzform für das Ungespundete Kellerbier der Brauerei.

Anschrift & Kontakt

Wunderburg 10
96050 Bamberg
Tel.: 0951-915170
Fax: 0951-9151730

Öffnungszeiten

Mo bis Fr 7 bis 17 Uhr
Sa 8.30 bis 13 Uhr und 15 bis
16 Uhr

Website: www.mahrs.de

Termine

Weizenbock-Anstich (Ascher-
mittwoch ab 10 Uhr)
Weissbier-Frühschoppen (1. Mai)
E.T.A. Hoffmann-Frühschoppen
mit Musik (Christi Himmelfahrt)
Wunderburger Kirchweih (3.
So im Juli)
Brauer-Silvester (Ende Sept./
Anfang Okt. immer Fr)
Hufbeschlag der Brauereipfer-
de (Anfang Oktober)
Bockbier-Anstich (Mitte Okt.)
Weihnachts-Bläserkonzert vor
dem Brauerei-Wirtshaus (23. Dez.)

BEI DEN STEHGAMMLERN

Beim Mahr's in der Wunderburg geht es noch wirklich zünftig zu. Ausschank vom Holzfass, unzählige Stammgäste und der einzige Steh-Stammtisch der Welt: Die Stehgammler. Alles alteinge-
gesessene Wunderburger, die hier für ihren Bierkrug ein eigenes Fach haben und regelmäßig
auf ein oder zwei Bierchen im Gang der Gaststätte vorbeikommen, um entweder die aktuelle
Tagespolitik oder die Laune der jeweiligen Ehefrau zu diskutieren. Doch auch in der Gaststätte
muss man einfach gewesen sein: hier ist alles seit Jahrhunderten unverändert erhalten – Holzbalken, schiefe Wände und Decken und die Tradition, sich einfach an den Tischen dazuzusetzen,
um mit den anderen Gästen ins Gespräch zu kommen.

MAHRS BRÄU WIRTSHAUS

Anschrift

Wunderburg 10
96050 Bamberg
Tel.: 0951-915170
Fax: 0951-9151730

Öffnungszeiten

Täglich ab 9.30 Uhr
Kein Ruhetag

Spezialität

Bamberger Bierhaxe

Die Bamberger Sandkerwa

www.sandkerwa.de

Über 60 Mal haben die Bamberger sie schon begangen, die Kirchweih der St. Elisabeth Kirche im Sandgebiet. Aus einer eher kleinen Kirchweih, im Jahre 1951 nach den Kriegswirren wiederbelebt, ist nun mit der Sandkerwa das größte Volksfest Oberfrankens mit vielen Hunderttausend Besuchern geworden.

Touristen und Bamberger geben sich die Bierkrüge in die Hand – gerade für alle ehemaligen Bamberger bietet sich gegen Ende August eine gute Gelegenheit für ein Wiedersehen mit alten Bekannten und Verwandten. Die genaue terminliche Festlegung hat übrigens schon viele Konfusionen hervorgerufen. An dieser Stelle mal eine Erklärung: Der 24. August (St. Bartholomäus) soll mit in die Kirchweih eingebunden werden. Diese aber währt immer von Donnerstag bis Montag. Fällt der 24. also auf einen Dienstag oder Mittwoch, ergibt sich ein Problem. Doch die kreativen Bamberger nehmen die Sperrstunde einfach mit ins Boot, weswegen ein Bartholomäus-Dienstag zumindest eine Stunde in den letzten Sandkerwatag (Montag) integriert werden kann (dann ist vom 19. – 23.8. Kerwa). Sollte der Tag auf einen Mittwoch fallen, muss die Sandkerwa danach beginnen (vom 25.8 – 29.8.).

Ist der Termin also erstmal klar, entwickelt sich in Bamberg ein Ausnahmezustand ohne gleichen. Am Donnerstag eher noch ein Fest für die Bürger, bildet sich Freitag bis Sonntag ein Multi-Kulti-Bierfeldzug durch die Altstadt (mittlerweile sind sogar die Lange Straße und das Mühlenviertel mit Geyerswörth integriert worden). Jeder auch nur halbwegs verwendbare Freiraum um und hinter den Häusern wird für Stände und Bars genutzt und eine bunte Vielfalt an Kulinarischem feilgeboten. Zumindest für diese Tage ist jeder Sandbürger auch ein Wirt.

Die Highlights sind das traditionelle Fischerstechen am Sonntag und das Hochfeuerwerk am Montag. Dann klingt die Feierlichkeit wieder eher gemütlich mit den Einheimischen aus, ein Kerwa-Kehraus folgt dem anderen. Wenn Sie also nicht das Glück haben, sowieso in der Domstadt zu leben, sollten Sie nach oben beschriebenem Modus immer fünf Tage im August für einen Besuch einplanen.

Unterwegs in den Bierstädten

www.bierakademie.net

Interesse an den schönen fränkischen Städten wie Bamberg, Bayreuth, Nürnberg etc.? Dabei aber keine Lust auf Jahreszahlen? Die Bierakademie kennt die Antwort: Gehen Sie auf Bierkennertour!

In dieser unterhaltsamen Mischung aus Stadtführung und Bierverkostung begleiten Sie ein Biersommelier und ein Stadtführer durch die jeweilige Biermetropole. Unterwegs verkosten Sie die verschiedenen Biere der Stadt bzw. ihrer Brauereien und hören spannende Geschichten, die vergangene Epochen wieder lebendig werden lassen.

Zu den Stationen gehören neben den klassischen Sehenswürdigkeiten und den Brauereien auch historische Schankstätten, besondere Schauplätze und geheime Ecken, denen Sie sonst nie begegnet wären. Nach etwa drei Stunden und vielen verkosteten Bieren kennen Sie die Biergeschichte der jeweiligen Stadt, haben eine Brauerei von innen gesehen, den Brauprozess und die Rohstoffe kennen gelernt und kennen viele Geschichten und Geschichtchen, die Sie bei Ihren Freunden weitererzählen können.

Infos und Tickets erhalten Sie in der Bamberger Tourist-Info oder direkt bei der Bierakademie: **www.bierakademie.net**

BIER
AKADEMIE
.net

Brauerei Schlenkerla

Gründung: 1405 | Brauer: Martin Knab | Ausstoß: k.A.

Biersorten

Aecht Schlenkerla Rauchbier, Schlenkerla Rauchweizen, Helles Schlenkerla Lagerbier.

Saisonal

Aecht Schlenkerla Rauchbier– Urbock (Oktober bis Dezember) Aecht Schlenkerla Fastenbier (Aschermittwoch bis Ostern) Aecht Schlenkerla Eiche (Anfang Dezember bis Ende der Weihnachtszeit)

Der Klassiker

Aecht Schlenkerla Rauchbier

FRISCH AUS DEM EICHENFASS

Mitten in der Altstadt Bambergs, zu Füßen des hohen Doms, liegt der historische Brauereiausschank Schlenkerla. Urkundlich erstmals 1405 erwähnt und heute in der sechsten Generation von der Familie Trum geführt, ist er die Quelle von Bambergs Spezialität „Aecht Schlenkerla Rauchbier". Für den Namen Schlenkerla stand der Volksmund Pate: Er nannte einen früheren Brauer des Hauses wegen seines schlenkernden Gangs, der die Folge eines Unfalls war, einfach „das Schlenkerla", und mit der Zeit übertrug sich der Name auf die Brauerei und das rauchige Bier. Noch heute kann einen das süffige Rauchbier ganz schön zum Schlenkern bringen. Nach alter Tradition wird das Aecht Schlenkerla Rauchbier im Brauerei-Ausschank noch direkt vom Eichenholzfass gezapft. Die Lagerung des Rauchbieres findet übrigens noch heute in den jahrhunderte-alten Stollen unter dem Stephansberg statt, und das Rauchmalz wird selbst produziert.

Anschrift & Kontakt

Dominikanerstraße 6
96049 Bamberg
Tel.: 0951-56060
Fax: 0951-54019

Öffnungszeiten

Täglich ab 9.30 Uhr
Kein Ruhetag

Website: www.schlenkerla.de

Termine

Bockbieranstich (1. Do nach dem 3. Oktober)
Sandkirchweih (3. WE im August)

SCHINKEN ZUM TRINKEN

So kommt vielen das Schlenkerla Rauchbier vor, das zu den ausgeprägtesten Vertretern seiner Art gehört. Eigentlich ist es ein Überbleibsel, denn früher war jedes Bier mehr oder weniger ein Rauchbier, weil das Malz über einem Holzfeuer getrocknet wurde. Heutzutage ist Rauchbier eine Bamberger Spezialität, die außerhalb von Stadt und Landkreis kaum zu finden ist und hier im Schlenkerla noch aus echten alten Holzfässern ausgeschenkt wird. Spätestens nach dem dritten schmeckt es dann auch den Unbedarften, die dazu gerne eines der deftigen Gerichte des Hauses genießen, besonders bekannt ist man für die Bamberger Zwiebel, eine gefüllte Gemüsezwiebel in feiner Rauchbiersauce, ein echtes Gedicht!

BRAUEREI SCHLENKERLA

Anschrift

Dominikanerstraße 6
96049 Bamberg
Tel.: 0951-56060

Öffnungszeiten

Täglich ab 9.30 Uhr
Heiligabend, 1. und 2. Weihnachtsfeiertag, Silvester, Neujahr und Faschingsdienstag geschlossen

Spezialität

Bamberger Zwiebel

Kaiserdom Specialitäten-Brauerei

Gründung: 1718 | Brauer: Herbert Meier | Ausstoß: 250000 hl

BAMBERGER EXPORTSCHLAGER

Die Kaiserdom-Privatbrauerei – gegründet 1718 – zählt heute zu den erfolgreichsten und modernsten Privatbrauereien in Deutschland. Im März 1969 erfolgte in einem völlig neu erstellten Brauereibetrieb der erste Sud, und heute verfügt die „Privatbrauerei Kaiserdom" über ein rund 55.000 m² großes Betriebsgelände und eine Produktionskapazität von ca. 300.000 Hektolitern. Kaiserdom Bierspezialitäten aus Bamberg werden inzwischen in mehr als 50 Ländern auf allen 6 Kontinenten der Erde getrunken. Damit hat sich der Exportbereich mit den Jahren als wichtiges Standbein entwickelt. Etwas ganz besonderes, was man für Feiern und Feste von der Privatbrauerei Kaiserdom mieten kann, ist der „Durstlöschzug" der Brauerei, ein zum Schankwagen umgebautes Feuerwehrauto Baujahr anno 1952.

Biersorten

Kaiserdom Pilsener Premium, Kaiserdom Hefeweißbier naturtrüb, Kaiserdom Dark Lager Bier, Kaiserdom Kellerbier, Prostel Alkoholfreies Bier.

Saisonal

Kaiserdom Winterbock (Oktober bis März)

Der Klassiker

Kaiserdom Dark Lager Bier

Festausrüster

Fassbier, Bierbänke, Schirme, Kühlwagen, Schankwagen.

Anschrift & Kontakt

Breitäckerstraße 9
96049 Bamberg
Tel.:0951-60450
Fax: 0951-604560

Website: www.kaiserdom.de

Öffnungszeiten

Mo bis Do 7.30 bis 12 Uhr und 13
bis 17 Uhr
Fr 7.30 bis 12 Uhr

Termine

Kaiserdom Lauf
Weltkulturerbelauf Bamberg
Sommerfest Schloss Geyerswörth
Sandkerwa
Gaustadter Kirchweih

Made in Bamberg

Dieses Prädikat tragen nicht nur die Biere aus den vielen Brauereien. Auch die meisten Brauereianlagen in der Stadt und ihrem Umfeld wurden in der Domstadt gebaut. Dort steht der älteste Industriebetrieb Bambergs: die KASPAR SCHULZ Brauereimaschinenfabrik & Apparatebauanstalt e.K.

Der traditionsreiche Familienbetrieb hat zweifellos großen Anteil daran, dass die Brauereidichte und die Biervielfalt im Landkreis Bamberg und in Franken weltweit einmalig sind. Wir möchten die Gelegenheit nutzen, um an dieser Stelle (wo sich doch auf all den Seiten drumrum alles ums Bier und dessen Verkostung dreht) ein paar Worte zu der ehemaligen Kupferschmiede und jetzigem Vorzeigebetrieb zu verlieren: SCHULZ ist spezialisiert auf die Produktion sämtlicher Fabrikationsanlagen für die Bierherstellung. Darüber hinaus werden auch maßgeschneiderte Automatisierungen und innovative Konzepte zur Energieeinsparung für die Braubranche geplant und gefertigt.

Modernes Sudhaus

Die Brauanlagen aus der UNSECO-WELTERBESTADT werden von den aktuell 115 Mitarbeitern im Norden Bambergs individuell nach Kundenwunsch hergestellt. Neben den fränkischen und bayerischen Brauereien liefert SCHULZ mittlerweile über Deutschland hinaus weltweit in über 55 Länder.

SCHULZ Verwaltungsgebäude

![Fertige Sudpfanne im Jahr 1929](Braukessel 60 hl Inh. für Bürgerbräu Gaustadt, b.B.)

Fertige Sudpfanne im Jahr 1929

Brauereimaschinenfabrik Kaspar Schulz

Aus der Fertigung

SCHULZ profitiert dabei vom Trend hin zu qualitativ hochwertigen Spezialbieren, die den Einheitsbieren der großen Konzerne die Stirn bieten. Nach den vielen Brauereistilllegungen der letzten Jahrzehnte entstehen zudem vielerorts wieder neue regionale Kleinbrauereien. Oft geht es dabei um die Wiederbelebung von Braukultur und Biervielfalt. Vor Ort in Franken sind die „Schulz-Männer" insbesondere um die Zukunft der kleinen und mittelständischen Brauereien bemüht.

Ein Teil dieser Kultur ist auch die Brauereimaschinenfabrik KASPAR SCHULZ selbst, und das seit über 335 Jahren. Und genau da liegt das Geheimnis des langfristigen geschäftlichen Erfolges der Bamberger: Ein Brauereibesitzer kann sicher sein, dass auch seine Erben bei SCHULZ eine verlässliche Anlaufstation für Service, Ersatzteile und neue Anlagen haben. Genauso denkt man im eigenen Haus, Firmeninhaber Johannes Schulz-Hess ist bereits die 10. Generation der Schulz-Familie. Das Stammhaus am Unteren Kaulberg 15 in Bamberg beherbergte über 210 Jahre lang die Kupferschmiedewerkstatt, die einst Christian Schulz am 11. Januar 1677 übernommen hatte. In der Tat ein Haus, das eindrucksvoll die Tradition und die Wurzeln des Unternehmens zeigt. KASPAR SCHULZ ist im Übrigen einer der ältesten Metall verarbeitenden Betriebe Deutschlands und der älteste noch existierende Industriebetrieb in Bamberg überhaupt.

Stammhaus an unteren Kaulberg

Brauerei Greifenklau GmbH

Gründung: 1719 | Brauer: Sigmund Brockard | Ausstoß: 1000 hl

SIGMUND UND SIGMUND

Das sind Vater und Sohn Brockard, die beide am Sudkessel ihren Mann stehen. Sie haben das Glück, mit ihrer
Brauerei ein bisschen über dem Geschehen in der Domstadt stehen zu können, zumindest räumlich, denn auf
dem Kaulberg gibt es ausnahmsweise mal keine weitere
Brauerei nebenan. Der Greifenklau hat eine große Fangemeinde, insbesondere zum Bockbieranstich oder zur
Laurenzikerwa (zweiter Sonntag im August) bleibt hier
keine Kehle trocken. Kein Wunder, das gute Bier läuft
und läuft und läuft ...

Biersorten
Lager.

Saisonal
Bockbier (im November)

Der Klassiker
Lager

Anschrift & Kontakt

Laurenziplatz 20
96049 Bamberg
Tel.: 0951-53219
Fax: 0951-59599

Öffnungszeiten

Di bis Fr ab 10.30 Uhr

Website: www.greifenklau.de

Termine

Laurenzikerwa (2. WE im August)
Bockbieranstich (Do nach Buß- und Bettag)

DER GEHEIMTIPP

Unter den Bamberger Bierkellern ist der Garten der Brauerei durchaus ein Geheimtipp. Launig, lauschig und urgemütlich, so sitzt man sowohl draußen (mit Blick auf die Altenburg) als auch in den beiden Räumen der Gaststätte. Durch die Lage und Absenz in den meisten Führern kommen hier auch selten Touristen her, der Bamberger ist also unter sich und hat auch mal Zeit zum Plausch und zur Schafkopfrunde. Die Küche von Chefin Dagmar Brockard tut ihr übriges für das Wohlbefinden der Gäste. Bekannt ist man insbesondere für die Innereien-Gerichte. Tipp: Schauen Sie zur Laurenzikerwa oder zum Bockbieranstich vorbei, beides echte Superlative in Sachen Biergenuss!

BRAUEREIGASTSTÄTTE GREIFENKLAU

Anschrift

Laurenziplatz 20
96049 Bamberg
Tel.: 0951-53219

Öffnungszeiten

Di bis Sa ab 10.30 Uhr
So von 10 bis 14 Uhr
Montag Ruhetag

Spezialität

Rinderherz sauer

Klosterbräu Bamberg

Gründung: 1533　|　Brauer: Wolfgang Vogel　|　Ausstoß: k. A.

BAMBERGS BIER-URGESTEIN

Sucht der Bamberg-Gast das Besondere, Ursprüngliche, so zieht es ihn ins Herz der Altstadt zwischen Böttingerhaus und Wasserschloß Concordia. Genauer gesagt in die Concordiastraße / Obere Mühlbrücke. Hier findet er mit der Brauerei Klosterbräu die älteste Braustätte Bambergs. Angefangen hat alles im Jahr 1333, jedenfalls findet man in diesem Jahr die erste urkundliche Erwähnung. 1533 folgte die Einrichtung als „Fürstbischöfliches Braunes Bierhaus". Bis 1790 regierten 22 Fürstbischöfe, deren Porträts auf einer Klosterbräu-Gläser-Serie dargestellt sind. Anschließend wechselten die privaten Besitzer, bis 1851 der Apothekersohn Peter Braun aus Kitzingen das Haus erwarb. Die heutige Besitzerin Anne-Rose Braun-Schröder ist nun die fünfte Generation.

Biersorten

Bamberger Gold Pils, Klosterbräu Braunbier, Klosterbräu Schwärzla, Braun`s Weisse.

Saisonal

Maibock (ab Mai)
Bockbier (von Oktober bis Mai)

Der Klassiker

Klosterbräu Schwärzla

Anschrift & Kontakt

Obere Mühlbrücke 3
96049 Bamberg
Tel.: 0951-57722
Fax: 0951-59294

Öffnungszeiten

Mo bis Sa 9 bis 13 Uhr

Website: www.klosterbraeu.de

Termine

Judenstraßenfest (jeweils ein WE im Mai/Juni und August/September)
Bockbier-Anstich (im Oktober)

NUN AUCH MIT BRAUGARTEN

Bei der Klosterbräu in Bamberg hat man eine lang gehegte und durch die immer längeren Sommer sinnvolle Anregung umgesetzt und einen wunderschönen Brauereibiergarten direkt an der Regnitz eröffnet. Es ist gelungen, die urige Atmosphäre der Gastwirtschaft, in der unzählige Fotos und Dokumente aus der bald 500-jährigen Geschichte hängen, auch nach draußen zu übertragen. Legendär sind die Bockbieranstiche im alten Zehnthaus, einer Bamberger Sehenswürdigkeit, deren Inneres man sonst kaum zu sehen bekommt.

BRAUEREI-GASTSTÄTTE KLOSTERBRÄU

Anschrift

Obere Mühlbrücke 3
96049 Bamberg
Tel.: 0951-52265

Öffnungszeiten

Mo bis Fr ab 10.30 Uhr
Sa und So ab 10 Uhr
Kein Ruhetag

Spezialität

Bamberger Bierhaxe mit Kraut und Kloß

Gasthausbrauerei Ambräusianum

Gründung: 2004 | Brauer: Michael Ambros Mahr | Ausstoß: k.A.

GANZ JUNG UND DOCH SCHON EIN ALTER HASE

Biersorten

Ambräusianum Hell, Ambräusianum Dunkel, Ambräusianum Bernsteinweizen.

Saisonal

Dinkelbier (ab Juni)
Offizielles Sandkerwa-Festbier (Mitte bis Ende August)
Ambräusiator Doppelbock (im November)

Der Klassiker

Ambräusianum Hell

Seit dem Jahr 2004 hat Bamberg mit dem Ambräusianum eine neue Attraktion: eine echte Gasthausbrauerei. Ambros Michael Mahr und seine Frau Heike Görmann haben sich sehr erfolgreich durch die ersten Jahre gekämpft, die erfahrungsgemäß ja immer die schwersten sind, und haben sich im Herzen von Bamberg etabliert. Sowohl was die Lage als auch, was die Menschen angeht. Immer mehr Bamberger führen ihre Besucher stolz in das Brauerei-Kleinod, um einmal mehr zu beweisen, wie schön ihre Weltkulturerbestadt doch ist. Und damit haben sie - so finden wir - völlig recht!

Anschrift & Kontakt

Dominikanerstraße 10
96049 Bamberg
Tel.: 0951-5090262
Fax: 0951-29719699

Öffnungszeiten

Täglich ab 11 Uhr
So 11 bis 21 Uhr
Montag Ruhetag

Website: www.ambraeusianum.de

Termine

Feier zum Tag des Bieres
(23. April)
Sandkerwa
(Mitte bis Ende August)
Bockbieranstich
(letzter Do im November)

BAMBERGS JÜNGSTER BRAUNACHWUCHS

Die Familie Mahr hat in Bamberg eine lange Bier- und Spirituosentradition, wie am Namen unschwer zu erkennen ist. An der Stelle des früheren Schnaps Mahr hat nun Ambros Mahr die Sache wiederbelebt und vor einigen Jahren seine Gasthausbrauerei „Ambräusianum" gegründet. Mittlerweile hat er auch die Familiengründung nachgelegt und mit Alexander und Sebastian zwei waschechte Stammhalter bekommen. Die Brauerei hat sich schnell in Bamberg eingelebt und ist zum festen Bestandteil der Bierkultur in der Domstadt geworden. In den großen Kupfersudkesseln entstehen unter anderem auch das Sandkerwa Festbier und der Ambräusiator, ein legendärer Doppelbock.

GASTHAUSBRAUEREI AMBRÄUSIANUM

Anschrift

Dominikanerstraße 10
96049 Bamberg
Tel.: 0951-5090262

Öffnungszeiten

Täglich ab 11 Uhr
So 11 bis 21 Uhr
Montag Ruhetag

Spezialität

Braumeisterschnitzel

Fränkisches Brauereimuseum

www.brauereimuseum.de

In diesem Buch darf natürlich die Heimstatt fast aller hier vertretenen Brauereien nicht fehlen: Das Fränkische Brauereimuseum. Hierbei handelt es sich nämlich nicht um ein Museum im klassischen Sinn, sondern primär um einen museumsbetreibenden Verein, in dem sich alle Bierinteressierten der Region und darüber hinaus zusammengefunden haben.

Showroom ist die ehemalige Brauerei am Bamberger Michaelsberg (letzter Besitzer war die Familie des heutigen Hofbräu-Kochs Hans Peßler), in der auf knapp 1000 Quadratmetern weit mehr als 1300 Exponate zur Biergeschichte ausgestellt werden. Als Liebhaberverein noch vor einem Vierteljahrhundert belächelt, erlebt man heute ein professionelles Museum, in dem die Liebe der Betreiber zum Detail trotzdem nicht zu kurz kommt.

Anschrift & Kontakt

Michelsberg 10f
96049 Bamberg
Telefon: 0951-53016

Öffnungszeiten
April bis Oktober:
Mi bis Fr 13 bis 17 Uhr
Sa und So 11 bis 17 Uhr

Heinz Weyermann® GmbH Röstmalzbierbrauerei

Gründung: 1903 | **Brauer: Dominik Maldoner** | **Ausstoß: k.A.**

VERSUCHUNGEN AUS DER BRAUMANUFAKTUR

Die Mälzerei verfügt über eine mit allen Finessen ausgestattete Braumanufaktur, in der allerlei Rezepte für die Kunden des Weltmarktführers erfunden und getestet werden. Nachdem die aus aller Welt kommen, geht es hier natürlich auch mal über das Reinheitsgebot hinaus, und man darf den spannenden Schluck über den Tellerrand wagen. Beispielsweise bei einem Pumpkin Ale oder einem Coffee Stout mit Kaffee aus Kenia. Neben der Brauerei verfügt Weyermann® auch über eine Brennerei, in der vor allem Whisky aus den verschiedenen Malzen des Hauses entsteht. Auf Anmeldung kann die Mälzerei besichtigt werden und es gibt einen Fan Shop mit vielen kreativen Ideen rund um die Mälzerei. Für Hobby- und Hausbrauer hält die Firma zudem eine gut sortierte Rezeptdatenbank bereit.

Biersorten

Schlotfegerla®, ausgefallene Bierexperimente vom Ale bis Zoigl.

Der Klassiker

Schlotfegerla®

Anschrift & Kontakt

Brennerstr. 17/19
96052 Bamberg
Tel.: 0951-93220-0
Fax: 0951-93220-970

Öffnungszeiten

Fan Shop:
Mo bis Do 10 bis 12 und
13 bis 16 Uhr
Fr 10 bis 12 und 13 bis 15 Uhr

Website: www.weyermann.de

Ein Stück Malzgeschichte

Die Geschichte der Familie Weyermann lässt sich bis in das Jahr 1510 zurückverfolgen, zu dieser Zeit gehört die Familie noch zu den Fischern und Schiffern der Stadt und wohnt im malerischen Klein Venedig.

Zu Beginn der 1830er Jahre wird Bamberg der führende Umschlagplatz für fränkischen Hopfen und damit eines der Zentren für die Bierindustrie. Mit der Reichsgründung 1871 wird die bereits 1869 gewährte Gewerbefreiheit vollständig wirksam. Dies bedeutet, dass nun jedermann ein Gewerbe eröffnen kann, ohne dass etwa eine Zunftzugehörigkeit nötig ist. Dies war die entscheidende Rahmenbedingung für Johann Baptist Weyermanns mutigen Schritt in die Malzbranche. So erfolgt dann am 4. Oktober 1879 die Gründung der heutigen Mälzerei unter dem Namen „Mich. Weyermann's Malzkaffee Fabrik".

Die Unternehmung hat von Beginn an großen Erfolg, schon 1888 entsteht das heutige Firmengelände an der Memmelsdorfer Straße (die damals noch ein Feldweg ist). Der Erste Weltkrieg bringt einen ersten harten Einschnitt, weil der Export fast völlig zum Erliegen kommt und auch die Inlandsnachfrage mit zunehmender Lebensmittelknappheit immer geringer wird. In den Jahren nach der Inflationskrise verzeichnet die Mälzerei eine erneute Blütezeit und steigt zum Weltunternehmen auf. Der Zweite Weltkrieg bringt dann allerdings erneut bittere Jahre, 1945 kommt die Malzproduktion völlig zum Erliegen.

Mit den Wirtschaftswunderjahren verzeichnet auch die Mälzerei Weyermann® einen deutlichen Aufschwung und kann seit 1985 unter der Leitung von Sabine Weyermann und ihrem Mann Thomas Kraus-Weyermann zum Weltmarktführer für Spezialmalze aufsteigen. Heute sind Unternehmen wie Unternehmer bedeutende Botschafter für die Weltkulturerbestadt Bamberg und die Fränkische Bierkultur, zu der die Firma in einem nicht unbedeutenden Maße beigetragen hat und auch heute noch beiträgt.

„Johann Baptist Bratenbraun" und die edle Malzsack-Tasche

Website: www.weyermann.de

Im Fan Shop der Mälzerei Weyermann® gibt es allerlei Feines für Freunde der Fränkischen Braukultur, zu der neben dem Bier natürlich auch Malz und die Bierküche gehören.

INFOS

Weyermann® Fan Shop:
Mo bis Do: 10 bis 12 Uhr & 13 bis 16 Uhr
Fr 10 bis 12 Uhr & 13 bis 15 Uhr
Brennerstraße 17-19
96052 Bamberg
Tel.: 0951-93220-764
www.weyermann.de

Ein Klassiker aus dem Hause Weyermann® ist der auf 100-prozentig natürliche Weise aus entbittertem Röstmalz hergestellte Malzextrakt namens „Johann Baptist Bratenbraun", der mit Begeisterung von Kunden in der Lebensmittelindustrie im In- und Ausland zur Farbkorrektur verwendet und von Köchen mit Leidenschaft eingesetzt wird – beispielsweise, um Soßen die gewünschte Farbe zu geben oder bei Braten eine schöne, krosse Kruste zu erreichen.

Weyermann® Malz bringt mit seinen über 80 Spezialmalzen Farbe und Geschmack in über 9000 Biere auf der ganzen Welt – und Abwechslung in die Accessoires modebewusster Brauer und Bierliebhaber! Denn den Weyermann® Sack mit der charakteristischen roten Aufschrift und dem traditionellen Weyermann® Logo gibt es auch als trendige Tasche „Malz aficionados". Die Weyermann® Malz-Tasche wird aus den original Weyermann® Malzsäcken aus hochwertigem, extra reißfestem PP-Material hergestellt und ist damit für jeden Trage-Einsatz bestens gerüstet ist.

Auf den Spuren des Spezialmalz - Weltmarktführers

Gästeführerin Maria Wunderlich widmet sich intensiv dem Studium von Bambergs Geschichte und der Historie der Mälzerei Weyermann®.

Die Steinmetzmeisterin, Steintechnikerin, Steinrestauratorin, Fotografin, Fachjournalistin und Expertin für Kunstgeschichte und Denkmalpflege hat aus ihren zahlreichen Erkenntnissen zusammen mit Sabine Weyermann und dem Haushistoriker Christian Kestel eine eigene Stadtführung kreiert, die den Spuren der Mälzerei in der Domstadt folgt.

13

Ausgehend vom Sitz der Mälzerei geht es über die Ottokirche ins Gärtnerviertel, dann zur alten Handelsstraße Königsstraße und in die Innenstadt bis zu einer von Bambergs ältesten Apotheken, der Einhorn-Apotheke, die die Familie von Sabine Sippel führte, der Ehefrau von Weyermann® Malz Gründer Johann Baptist Weyermann. Anschließend geht es über den alten Bamberger Hafen zum Dom. Der Weg führt dann den Kaulberg hinauf bis zur Trautmann-Villa, dem Wohnsitz der Sippels und weiter zur Brauerei Greifenklau, wo man dann auch das flüssige Ergebnis aus Weyermann® Malz und Fränkischer Braukunst verkosten kann.

Buchung, Infos und Kontakt:
Maria Wunderlich
Ottostraße 6
96047 Bamberg
Tel.: 0951 - 20 20 50
Fax: 0951 - 20 20 51
Mobil: 0173 - 36 88 972
Website: www.wunderbares-bamberg.de

9

Durch Bamberg auf den Spuren von Weyermann®

1 Firma Weyermann
2 Luitpoldschule
3 Ottokirche
4 Mittelstraße
5 Obere Königstraße
6 Maxplatz
7 Fischerei 17
8 Einhornapotheke
9 Kranen
10 Alter Kanal
11 Domplatz
12 Rosengarten
13 Obere Pfarre/Stephansberg
14 Villa Trautmann
15 Brauerei Greifenklau

Becher-Bräu

Gründung: 1781 | Brauer: Johannes Hacker | Ausstoß: 1000 hl

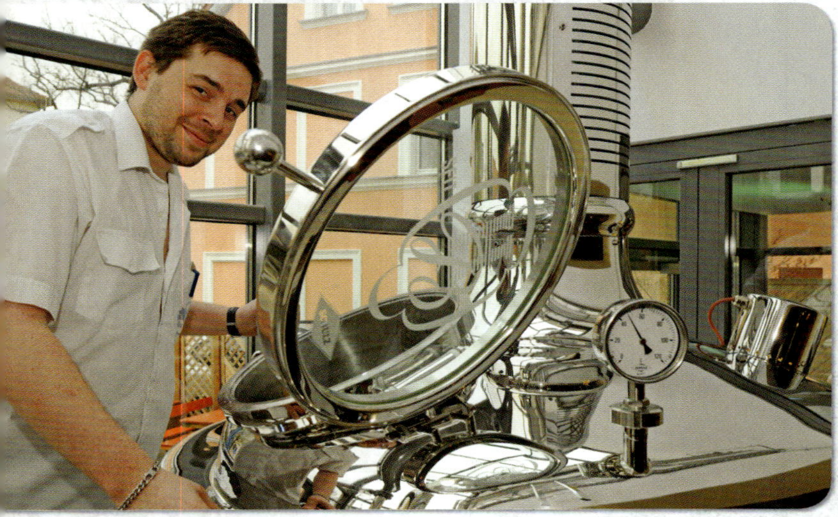

Biersorten

Original, Kräusen Pils, Dunkel, Festbier 205, Spezial, naturtrübes Kräusen Pils.

Saisonal

Bockbier (ab Anfang Oktober) Weihnachtsfestbier (ab Mitte November) Volksfestbier (Pfingsten)

Der Klassiker

Kräusen Pils

Festausrüster

Essen, Fassbier, Zelt, Bierbänke, Schirme, Kühlwagen, Schankwagen.

Heimdienst

Im Umkreis von ca. 30 km.

BAYREUTHER URGESTEIN

Die älteste Brauerei der Richard-Wagner-Stadt besteht seit 1781 und ist damit älter als das Stadtzentrum selbst, in dem sie steht. Durch die vielen Jahre sind natürlich enge Verbindungen und Verwurzelungen in der Bürgerschaft entstanden, weswegen vor allem die zahlreichen Vereine und Vereinigungen hier ihre Stammtische aufgeschlagen haben. Gefeiert wird meistens im Festsaal im ersten Stock, oft bei einem Kräusen, dem vollwürzigen Pils des Hauses. Johannes Vater Hans, auch Braumeister, stellt hier gemeinsam mit seinem Sohn das Bier für seine Gaststätte Mann's Bräu in der Friedrichstraße her.

Anschrift & Kontakt

St. Nikolausstraße 25
95445 Bayreuth
Tel.: 0921-68993

Öffnungszeiten

Täglich ab 9 Uhr
Dienstag Ruhetag

Website: www.becherbraeu.de

KRÄUSEN IM KRUG

Ausschließlich frisch vom Fass kommt das Kräusen, ein unfiltriertes, naturbelassenes Pils, für das Jungwirt Johannes Hacker steht. Der braut natürlich auch andere Köstlichkeiten, allen voran seinen süffigen Bock, die bestens zu den deftigen Spezialitäten des Hauses schmecken. Pflichttermin ist hier ein Besuch im Zeitraum zwischen Martini und Weihnachten, wenn Gänsebrust oder auch ganze Gänse nach dem alten Familienrezept zubereitet und serviert werden.

BRAUEREIGASTSTÄTTE BECHER MIT ABHOLMARKT

Anschrift

St. Nikolausstraße 25
95445 Bayreuth
Tel.: 0921-68993

Öffnungszeiten

Täglich ab 9 Uhr
Dienstag Ruhetag

Spezialität

Gegrillte Haxen

Maisel's Brauerei- & Büttnerei-Museum

Website: www.maisel.com

Das zinnengeschmückte Stammhaus der Brauerei Gebr. Maisel aus dem 19. Jahrhundert beherbergt heute auf über 2400 m² ein weltweit einzigartiges Biermuseum. Bereits 1988 erfolgte der Eintrag in das Guinness-Buch der Rekorde.

Während der einstündigen Führung durch 20 Räume bestaunen die Besucher die Brauanlagen noch an den originalen Wirkungsstätten. Seit der Eröffnung besuchten bereits über 500.000 Gäste die Bayreuther Bier-Erlebniswelt, die sich besonders bei Vereinen und Betriebsausflügen großer Beliebtheit erfreut. Highlights des Museums sind neben der komplett erhaltenen historischen Brauerei zwei Räume mit 400 seltenen Emailleschildern verschiedener Brauereien und Biermarken. Ebenfalls ein Glanzpunkt: In zwei großen Vitrinengewölben werden über 5400 Biergläser und Krüge sowie eine Bierdeckelsammlung kunstvoll in Szene gesetzt. Nachdem in den tiefen Lagerkellern die letzten Geheimnisse der Braukunst gelüftet wurden, endet die Tour in der „Alten Abfüllerei" bei einer frischen Maisel's Weisse.

**Maisel's Brauerei- &
Büttnerei-Museum**
Kulmbacher Straße 40
D-95445 Bayreuth
Telefon: 0921 / 40 12 34
Telefax: 0921 / 40 12 33
brauereimuseum@maisel.com

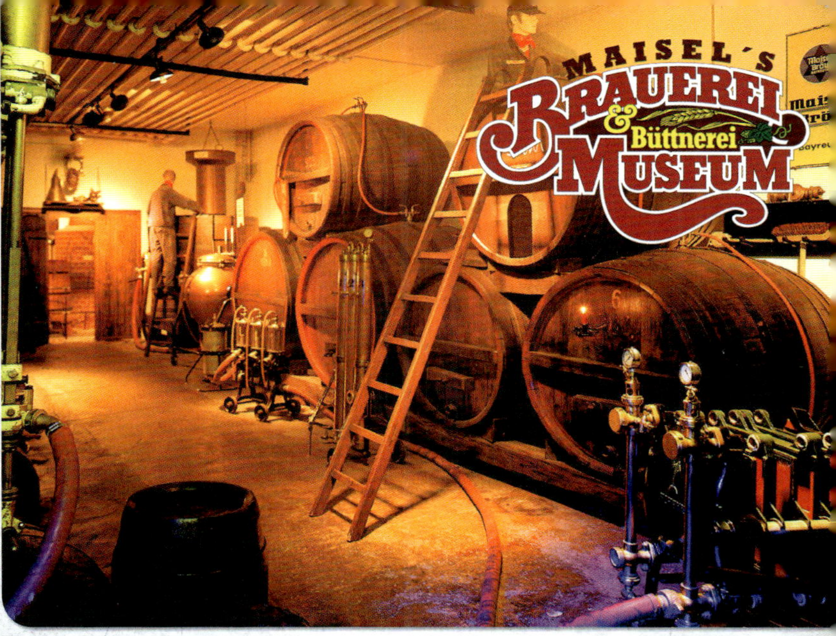
MAISEL´S
BRAUEREI
&
Büttnerei
MUSEUM

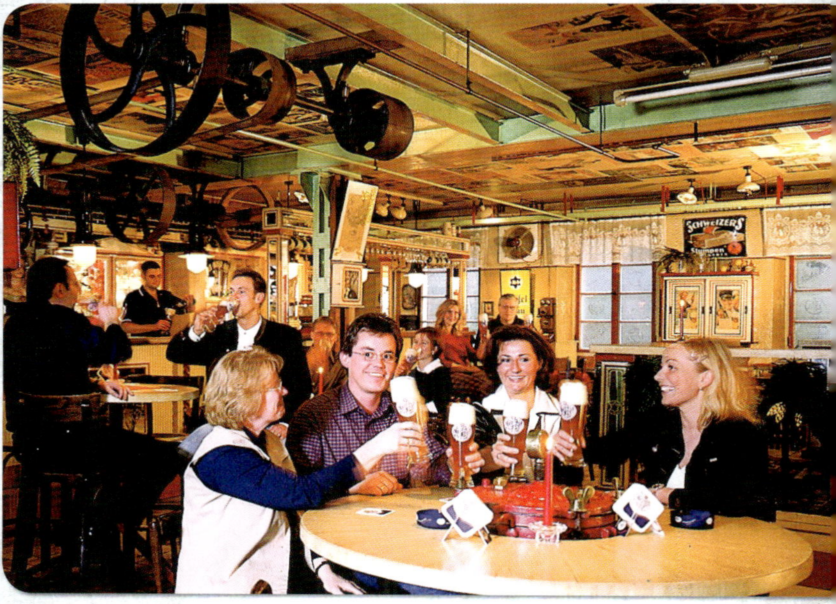
SCHWEIZERS

Bier.BY
BIERKULTUR ERLEBEN

Brauerei Gebr. Maisel KG

Gründung: 1887 | Brauer: Marc Goebel | Ausstoß: k.A.

DIE WEISSBIERBOTSCHAFTER

Seit ihrer Gründung 1887 wird die Brauerei Gebr. Maisel von der Inhaberfamilie geführt. Jeff Maisel leitet das Bayreuther Traditionsunternehmen in vierter Generation und bekennt sich ganz bewusst zu seiner Heimatregion. Als einer der Wegbereiter des Weizenbiermarktes in Deutschland gilt Maisel's Weisse als Botschafter für Lebensfreude. „Mach's auf Deine Weisse" lautet die Aufforderung an all jene, die das Besondere lieben. Denn Maisel's Weisse ist bekannt für seine unverwechselbare Bernsteinfarbe und den ausgeprägt fruchtig-würzigen Geschmack. Das Jahr 1955 markiert einen Meilenstein in der Geschichte der Brauerei Gebr. Maisel, als Fritz Maisel gemeinsam mit seinen Söhnen Hans und Oscar eine weitreichende Entscheidung traf: die Herstellung eines Weissbieres, das sich schnell großer Beliebtheit erfreute. Damit hatte die Brauerei Gebr. Maisel ganz entscheidenden Anteil an der Verbreitung der bayerischen Bierspezialität in ganz Deutschland. Die nötig gewordene größere und modernere Braustätte nahm 1974 ihren Betrieb auf. Da bei der Brauerei Gebr. Maisel stets die Treue zu guter Tradition gepflegt wird, blieb das alte Stammhaus vollständig erhalten. Seit 1981 bietet es den faszinierenden Rahmen für das Maisel's Brauerei- & Büttnerei-Museum.

Biersorten

Maisel's Weisse Original, Maisel's Weisse Light, Maisel's Weisse Alkoholfrei, Maisel's Weisse Dunkel, Maisel's Weisse Kristall, Edelhopfen EXTRA, Bayreuther Bio-Weisse, Kritzenthaler Alkoholfreies Pilsner, Maisel's Dampfbier.

Der Klassiker

Maisel's Weisse Original

Festausrüster

Fassbier, Zelt, Bierbänke, Schirme, Kühlwagen, Schankwagen.

DB

Anschrift & Kontakt

Hindenburgstraße 9
95445 Bayreuth
Tel.: 0921-4010
Fax: 0921-401206

Öffnungszeiten

Mo bis Do 7.30 bis 17 Uhr
Fr 7.30 bis 12.30 Uhr

Website: www.maisel.com

Termine

Maisel´s Weissbierfest (WE vor Christi Himmelfahrt)
Maisel´s FunRun (Sonntag vor Christi Himmelfahrt)
Bayreuther Bürgerfest (1. WE im Juli)

BRAUEREIGASTHOF MIT TRADITION

Für viele Bayreuther ist der Goldene Löwe der legitime Brauereigasthof der Brauerei Maisel, die Ihren Hauptsitz direkt nebenan hat. Auch das Brauereimuseum und die Katakomben sind gleich um die Ecke, so dass der Besuch hier sehr schön verbunden werden kann. Auf Voranmeldung werden für Gruppen gerne auch Biermenüs inklusive Führung oder Bierabende mit Musik organisiert. Die Küche lockt mit leckeren Brotzeiten, feinen warmen Gerichten und saisonalen Aktionen. Abends wird die Karte noch einmal um einige warme Gerichte erweitert. Der Biergarten ist recht klein, hier war aber einfach nicht mehr Platz. Wer also sein Essen im Freien genießen will, sollte dementsprechend reservieren.

**BRAUEREIGASTHOF
GOLDENER LÖWE**

Anschrift

Kulmbacher Straße 30
95445 Bayreuth ·
Tel.: 0921-746060
www.goldener-loewe.de

Öffnungszeiten

Freitag bis Montag von 11.00 Uhr
bis 14.30 Uhr und ab 17 Uhr
Donnerstag ab 17.00 Uhr
Dienstag und Mittwoch Ruhetag

Spezialität

Gepökelte Schweinebacke in
Butterschmalz gebacken mit
Meerrettich.

FESTSPIELHAUS BAYREUTH

Bayreuther Bierbrauerei AG

Gründung: 1857 | Brauer: Karsten Schneider | Ausstoß: k.A.

DAS BIER, DAS DURCH BAYREUTH FLIESST

Biersorten

AKTIEN Pilsner, AKTIEN Original 1857, AKTIEN Zwick'l, AKTIEN Landbier, Bayreuther Hell, Bayreuther Hefeweissbier, AKTIEN Radler.

Der Klassiker

Aktien Original

Festausrüster

Fassbier, Zelt, Bierbänke, Schirme, Kühlwagen, Schankwagen.

Heimdienst

Im Umkreis von Bayreuth und Umgebung.

Die Bayreuther Bierbrauerei AG steht seit über 150 Jahren für handwerklich gebraute Bierspezialitäten, die in Franken eine lange Tradition haben. Dieser Tradition ist die AKTIEN-Brauerei bis heute treu geblieben. Mit ihren ganz besonderen Spezialitäten macht die Bayreuther Bierbrauerei die fränkische Braukultur für den Genießer erlebbar. Nicht nur der Name, sondern auch die Geschichte verbinden Brauerei und Stadt bis in die Gegenwart. Schließlich sind es nicht nur die alten Traditionsfeste wie Bürger- oder Volksfest, sondern auch die modernen Events wie Kneipenfestival und Sommernachtsfest, die Bürger, Bier und Stadt einander näher bringen. Am spannendsten ist ein Ausflug in die historischen Katakomben und das darüber liegende alte Bräustüberl.

Anschrift & Kontakt

Hindenburgstraße 9
95445 Bayreuth
Tel.: 0921-401111
Fax: 0921-401104

Öffnungszeiten

Mo bis Fr 7.30 bis 17 Uhr
Fr 7.30 bis 12.30 Uhr

Website: www.bayreuther-bierbrauerei.de

Termine

Sommernachtsfest in der
Eremitage (Ende Juli/Anfang
August)
Bürgerfest (1. WE im Juli)
Bayreuther Volksfest (ab
Pfingsten 10 Tage lang)
Bayreuther Frühlingsfest
(Ostern)
Kellerfest auf dem Herzogkeller
(im Frühjahr zur Eröffnung der
Kellersaison)

BAYREUTHS BIERGARTEN

Er verweist alle anderen in der Stadt auf die Plätze: Der Herzogkeller. Mit über 1.000 Plätzen und einer ehrwürdigen Historie (seit 1888) steht er für die Bierkultur in der Markgrafenstadt. Das Seidla kostete damals noch zehn Pfennig, mit dem ersten Weltkrieg allerdings endete der erste Teil der Geschichte. Nach der Wiedereröffnung im Juli 1990 sitzen die Bayreuther aber wieder gerne wie einst Kronprinz Ludwig über den alten Felsgewölben und lassen sich das Bier der Bayreuther Bierbrauerei schmecken.

HERZOGKELLER

Anschrift

Hindenburgstraße 9
95445 Bayreuth
Tel.: 0921-43419 o. 0175-2606557
www.herzogkeller.de

Öffnungszeiten

Ende April bis Mitte Sep.:
Täglich ab 16 Uhr
Kein Ruhetag
Oktober bis Mitte April nur für
Veranstaltungen geöffnet (siehe
Homepage)

Spezialität

Zwick´l-Rippchen

Katakomben der Bayreuther AKTIEN-Brauerei

Website: www.bayreuther-bier.de

Die kühlen Felsenkeller werden in Franken seit alters her zum Lagern der einzigartigen Bierspezialitäten verwendet. Während auf dem Lande viele kleinere Gewölbe zu finden sind, können viele Städte kilometerlange Katakomben aufweisen. In Bayreuths beeindruckender Unterwelt liegt der Ursprung der handwerklichen Brautradition begründet.

So bietet sich dem Besucher in den Katakomben der AKTIEN-Brauerei eine ganz besondere Bier- Tour. Hier unten erfährt er viel über die Brauereigeschichte und die Stadtgeschichte. Ab dem 16. Jahrhundert wurden die verwinkelten Gänge in den Sandstein getrieben. Warum, weiß bis heute niemand so genau. Waren es vielleicht Schutz- und Fluchtanlagen? Nur eines steht fest: Es waren die besten und kühlsten Keller im ausgehenden 19. Jahrhundert und damit die ideale Lagerstätte für die AKTIEN-Bierspezialitäten, die nach der einstündigen Führung auch auf die Besucher warten. Im gemütlichen Bräustüberl mit der original Wirtshausatmosphäre aus der guten alten Zeit schmeckt das AKTIEN Original 1857, das Zwick'l Kellerbier oder das AKTIEN Landbier besonders gut.

Feiern lässt es sich im Keller der Feste. Im angrenzenden AKTIEN-Keller ist von der Familienfeier im kleinen Kreis bis zu kompletten Veranstaltungskonzepten alles möglich, was das Herz begehrt.

Anschrift & Kontakt

AKTIEN-Katakomben
Kulmbacher Straße 60
95445 Bayreuth
Tel: 0921/401-234
www.bayreuther-bier.de

Maisel's Weissbierfest

Website: www.maisel.com

Auf dem Maisel's Weissbierfest, das alljährlich traditionell am Wochenende vor Christi Himmelfahrt stattfindet, lädt die Brauerei Gebrüder Maisel auf das Betriebsgelände in die Bayreuther Hindenburgstraße ein – und die ganze Region feiert mit.

Getreu dem Brauereimotto „Mach's auf deine Weisse" wird an den vier Tagen auf dem Brauereigelände kräftig gefeiert. Egal, ob bei der Uni-Fete am Donnerstag, der Cover-Night am Freitag, den Rock Classics am Samstag oder dem Familientag am Sonntag: Es wird für jeden etwas geboten. Höhepunkt sind zweifelsohne die Rock Classics, wo Top-Bands wie Kool & The Gang, Status Quo oder Bonnie Tyler schon die Weissbierhalle zum Kochen gebracht haben.

Am Sonntag steht mit dem Maisel's FunRun das größte Breitensportereignis der Region auf dem Programm. Vorbei an Bayreuths Sehenswürdigkeiten gehen der Viertel- und Halbmarathon hinein ins Festgelände der Brauerei. Dort warten dann auf die Läufer eine frische Maisel's Weisse Alkoholfrei – die sporttaugliche Weissbiervariante.

Maisel & Friends

Mit Maisel & Friends präsentiert die Brauerei Gebr. Maisel hochwertige Bierspezialitäten. Gebraut als neue, moderne Interpretationen internationaler Biertypen zeigen diese Kreationen, dass Bier weit komplexer und interessanter sein kann als dies bisher erwartet wird.

Biere von starkem Charakter heißt das Motto bei Maisel & Friends. Und in der Tat wurden die Edelbiere nicht nur stärker eingebraut, sondern überzeugen vor allem durch einen komplexen und intensiven Geschmack. „Wir wollen mit den Bieren besondere Genussmomente wie bei Wein oder Whiskey schaffen", betont Jeff Maisel.

Bei der Kreation der Edelbiere hat er sich nicht nur auf seinen Geschmack verlassen, sondern sich Freunde ins Brauhaus geholt, die ihre Geschmacksideen mit eingebracht haben. Das war in der Geschichte der Brauerei schon immer so.

Angeboten wird Maisel & Friends in einer 0,75-Liter-Mehrwegflasche und mit einem speziellen Exklusiv-Glas mit breiter Tulpe. Die Edelbiere sind besonders geeignet, um sie mit guten Freunden zu genießen und sind sowohl über den Handel, die Gastronomie als auch einen Online-Shop unter www.maiselandfriends.de erhältlich.

Sorten:
Stefan's Indian Ale, Jeff's Bavarian Ale, Marc's Chocolate Bock

Bayreuther Bio-Weisse

www.bayreuther-bio-brauer.de

Im Jahre 2007 startete das Projekt der Bayreuther Bio-Brauer. Auf einem Bio-Feld beim Rangabauern nahe Kulmbach wurde die goldorangefarbene Weissbierspezialität mit dem fruchtig-frischen Geschmack der Öffentlichkeit vorgestellt.

Unter dem Motto „Bewusst besser" garantieren die Bio-Brauer Bioland-Spitzenqualität. Die Bayreuther Bio-Brauer sind die Brauer und Braumeister der Brauerei Gebr. Maisel. Die Spezialitätenbrauerei aus Bayreuth ist zertifiziert nach der EG-Öko-Verordnung und dem Anbauverband Bioland, dessen strenge Vorgaben regelmäßig und unabhängig kontrolliert werden. Ökologisch wirtschaftende Bio-Landwirte aus der Region liefern die Rohstoffe für die Bayreuther Bio-Weisse, die den Bierkenner einlädt, bewusst zu genießen und die Natur zu schmecken.

Die Bayreuther Bio-Brauer sind überzeugt, dass die Bio-Siegel den Gedanken des bayerischen Reinheitsgebotes von 1516 aktualisieren und ergänzen.„Die älteste Lebensmittelverordnung der Welt bietet zwar ohne Zweifel einen einzigartigen Qualitätsstandard", sagt Harald Riedel von den Bayreuther Bio-Brauern. Es ist eindeutig geregelt, was in das Bier hinein darf. Allerdings haben sich die Rahmenbedingungen seit der Einführung des Reinheitsgebotes grundlegend

verändert. „Der damalige Landbau war selbstverständlich ökologisch, was sich im Zuge der Industrialisierung aber geändert hat. Wir sehen Bio als die zeitgemäße Ergänzung zum Reinheitsgebot", sagt Harald Riedl. Letztlich geht es den Bio-Brauern darum, die nachhaltige und umweltschonende Anbauweise auszuweiten, um unseren Lebensraum für nachfolgende Generationen zu erhalten. „Wir arbeiten deshalb als fairer Partner gemeinsam mit den Landwirten an diesem Ziel."

Wenn zur natürlichen Reinheit des Weissbieres auch noch ein einzigartiger Geschmack kommt, dann haben die Bio-Brauer alles richtig gemacht. Die Bio-Weisse hat in jedem Jahr die Goldmedaille bei der DLG-Prüfung gewonnen und wurde darüber hinaus mit dem Genuss-Award „Best of Bio" als bestes Bio-Weissbier ausgezeichnet. Unter 69 verkosteten Bio-Bieren wurde das neue Weissbier aus Bayreuth mit der Höchstpunktzahl bedacht.

Buschenschänke Bäckerei Konditorei Lang

www.baeckerei-lang.de

Die Bayreuther Bier-Bäckerei sah 60 Jahre nach dem letzten Brau-vorgang im Jahr 1995 das erste mal wieder die Schwaden eines heißen Biersudes durch ihre Räume ziehen. Die jahrhunderte alte Tradition der Beck'n Bier Herstellung nach dem Rezept von Konrad Lang lebt seitdem wieder.

Allerdings gibt es den edlen Stoff nur viermal im Jahr. So lange der Vorrat reicht, kommen die Gäste in Scharen in den fränkischen Innenhof der Bäckerei Lang und genießen im Früh-jahr helles und im Herbst dunkles Bier.

Heute brau ich, morgen back ich – das ist das Motto in der Bäckerei Lang, denn hier steht ei-genlich die Bäckerei im Vordergrund. Allerdings hat sich seit der Wiederbelebung der alten Beckn Bier - Tradition die Buschenschänke der Brauerei eine eigene kleine Fangemeinde erobert. Vier Wochen im Jahr geöffnet, gibt es dort nämlich eben jenes unfiltrierte und überaus süffige Beck'n Bier sowie ausgesuchte Frankenweine. Die Küche ist heimisch und gut bürgerlich. Jeden Tag gibt es ein typisch fränkisches Gericht (z.B. Graudsbrod'n oder Zwiebelspotz'n …) und eine ausgewählte Brotzeitkarte. Samstags lebt die Buschenschänke erst richtig auf, bei Live-Musik von Ur-Fränkisch bis Jazz, über Oldies bis Irish Folk. Selbst Opa's Grammophon wird wieder zum Leben erweckt.

Anschrift:
Jean-Paul-Straße 7
95444 Bayreuth
Tel: 0921-64408
Fax: 0921-515252
www.baeckerei-lang.de

Öffnungszeiten Schänke:
Jeweils eine Woche im Mai,
Juni, September und Oktober
Sa 17 bis 22 Uhr
So bis Mi 17 bis 20 Uhr
Do und Fr Ruhetag

Brauerei Eller

Gründung: 1822 | Brauer: Christian Eller, Sigolf Eller | Ausstoß: k.A.

DIENSTAG IST BRAUTAG

Zumindest bei Christian Eller und seinem Vater Sigold. Die Familie braut hier seit 1822 bzw. vier Generationen und bringt zwei echte Klassiker hervor: Landpils und Vollbier. Beide erhalten durch eine besonders lange Lagerzeit eine intensive Geschmacksnote, die sie zu echten Kennerbieren machen. In den Krug bekommt man die beiden Gerstensäfte aber fast nur vor Ort, der Heimdienst allerdings ist im gesamten Landkreis unterwegs.

Biersorten
Pils, Vollbier, Birkacher Rotes.

Der Klassiker
Pils

Heimdienst
Im Umkreis von ca. 25 km, 3 x pro Woche.

DB

Anschrift & Kontakt

Brunnenstraße 10
96253 Untersiemau-
Birkach am Forst
Tel.: 09565-1033 Fax: -615573

Öffnungszeiten

Mo, Di, Do und Fr 8 bis 17 Uhr
Mittwoch 8 bis 12 Uhr

Website: www.bier.by

Termine

Kirchweih (1. So im September)

DIE WANDER-ZENTRALE

Vom „Eller" aus, wie die Einheimischen den Brauereigasthof nennen, kann man jede Menge schöner Wandertouren unternehmen, darunter auch kürzere, wie zum Beispiel nach Kloster Banz, was etwa eine Stunde dauert. Spätestens zur Brotzeit sollte man allerdings wieder zurück sein, dann gibt es Rotwurst, Weißwurst, Leberwurst und Schinken aus eigener Hausschlachtung. Am Sonntag könnte man auch erst die guten Braten des Hauses verkosten und dann auf Wanderschaft gehen...

BRAUEREIGASTHOF ELLER

Anschrift

Brunnenstr. 10
96253 Untersiemau-
Birkach am Forst
Tel.: 09565-1033

Öffnungszeiten

Mo 9 bis 13 und ab 16.30 Uhr
Di und Do 9 bis 13 und ab 16 Uhr
Fr und Sa 9 bis 13 und ab 15 Uhr
So und Feiertage ab 9 Uhr
Mittwoch Ruhetag

Spezialität

Sauerbraten mit Thüringer Klößen

Brauerei-Gasthof Zur Sonne

Gründung: 1587 | Brauer: Christian Schuhmann | Ausstoß: 3500 hl

DREI MÄNNER-WIRTSCHAFT

Während Christian Schuhmann für das Bierbrauen zuständig ist, steht Peter Schuhmann in der Küche. Dazu gehört auch noch Seniorchef Dieter, der sich um die Fremdenzimmer der Brauerei kümmert. Er ist es auch, der auf Wunsch Brauereiführungen und anschließende Verkostungen durchführt, für die man sich am besten vorher anmelden sollte. Leider verrät er auch dann nicht das Geheimnis seiner süffigen Biere, die jeweiligen uralten Hausrezepte, aber Sie können ja trotzdem mal danach fragen...

Biersorten

Premium Lagerbier Urtyp Hell, Sonnenpils, Zunft Trunk Dunkel, Sonnenweisse.

Saisonal

Weihnachtsbock (ab Ende Okt.) Fastenbock (ab Aschermittwoch)

Der Klassiker

Premium Lager Urtyp Hell

Festausrüster

Fassbier, Bierbänke, Schirme, Kühlwagen.

Heimdienst

Im Umkreis von ca. 5 km, donnerstags.

Anschrift & Kontakt

Regnitzstraße 2
96120 Bischberg
Tel.: 0951-62571
Fax: 0951-62571

Öffnungszeiten

Mo bis Fr ab 9 Uhr
Sa, So und Feiertage ab 9.30 Uhr
Dienstag Ruhetag

Website: www.sonnenbier.de

Termine

Bischberger Weissbierfest
(im Mai)
Kirchweih (1. So im September)
Bockbieranstich (Ende Okt.)
Großes Feuer am Fischereiha-
fen (am Freitag um Johanni)

DEFTIG UND URGEMÜTLICH

Peter Schuhmann steht in der 2005 renovierten Küche am Herd und bereitet fränkische Spezialitäten wie deftig gefülltes Bierbrauerschnitzel oder die allseits beliebte Brauerpfanne mit
dunkler Biersoße zu. Am Sonntag gibt es zudem einen reichhaltigen Mittagstisch mit Wildbra-
ten, Gänsebrust und Lamm. Ein echter Hort der deftigen fränkischen Küche also, aus dem noch
nie ein Gast hungrig hinausgegangen ist. Im Ort befindet sich auch der Bierkeller der Brauerei,
ein echtes Stück typisch Bamberger Bierkultur. Man konzentriert sich auf das Wesentliche, aber
das ist superlecker: Bier, Brotzeiten und Ziebeleskäse.

GASTSTÄTTE ZUR SONNE

Anschrift

Regnitzstr 2
96120 Bischberg
Tel.: 0951-62571

Öffnungszeiten

Mo bis Fr ab 9 Uhr
Sa, So und Feiertage ab 9.30 Uhr
Dienstag Ruhetag

Spezialität

Bierbrauerpfanne

Brauhaus Binkert GmbH & Co. KG

Gründung: 2012 | Brauer: Jörg Binkert | Ausstoß: k.A.

DIE MITMACH-BRAUEREI

Hinter dem erst 2012 erbauten und gegründeten Brauhaus Binkert steckt jede Menge Philosophie. So haben es Anja und Jörg Binkert, der hauptberuflich bei der ältesten Braumaschinenfabrik der Welt - Kaspar Schulz - arbeitet, geschafft, von den Energie- und Rohstoffen bis hin zur Mehrwegverpackung in der Euro-Flasche alles aus Franken zu beziehen. Die letzte Hürde war der Strom, doch nun drehen sich schlanke Windräder für den erfrischenden Gerstensaft aus Breitengüßbach. Ein weiterer Eckpfeiler für die Binkerts ist das Thema Transparenz. Hier können Sie selbst Hand an Sudkessel und Läuterbottich legen und beim Abfüllen und Schlauchen dabei sein. Nebenbei erfahren Sie vom Braumeister alles über seine Kunst und freuen sich um so mehr auf den anschließenden Lohn der Arbeit: Ein Original (Pils), Weizen, Porter oder Amber Spezial. Letzteres könnte man auch als fränkisches Ale bezeichnen, aber so ganz ist der gemeine Bierfranke wohl noch nicht reif für einen so offensichtlichen Ausflug in die Welt der obergärigen, hopfengestopften Biere. Doch lassen Sie sich überraschen - obergärige Hefe und intensiv genutzter Aromahopfen in Verbindung mit einem speziellen Kelchglas versprechen eine Aromenvielfalt, wie Sie sie beim klassischen Kellerbier vergeblich suchen werden! Termine und Anmeldung zum Mitbrauen finden Sie auf der Internetseite, ansonsten können Sie am Wochenende zum Bier mit Brotzeit vorbeikommen, im Sommer auch in den kleinen Biergarten hinter dem Brauhaus.

Biersorten
Original, Weizen, Amber Spezial, Porter.

Der Klassiker
Amber Spezial

Anschrift & Kontakt

Westring 5
96149 Breitengüßbach
Tel: 09544-9848857
Fax: 09544-9875634

Öffnungszeiten

Mi bis Sa 9 bis 12 & 15 bis 20 Uhr
Mai bis Sept.: So ab 15 Uhr
Montag und Dienstag Ruhetag

Website: www.mainseidla.de

Termine

Kirchweih (1. So im September)

VOM KLEINEN AN DEN GROSSEN HERD

Nach vielen Jahren als Speditionskauffrau und der Erziehung von drei Kindern konzentriert sich Anja Binkert nun auf die Bewirtung der Gäste im eigenen Brauhaus. Dieser verwirklichte Lebenstraum hat sich innerhalb kürzester Zeit in den Herzen des gesamten Umlandes einen festen Platz erobert. Bei Bier und/oder Brotzeit hat man die Brauerei immer im Blick, oft zaubert Anja auch kleine Überraschungen, was besonders die Stammgäste freut. Ab und zu spielt hochwertige Blasmusik, einmal im Jahr steigen das Hopfenzupferfest (Ende August) und später ein zünftiger Bockbieranstich mit Craft-Bockbier und genau darauf abgestimmten Speisen.

BRAUHAUS BINKERT

Anschrift

Westring 5
96149 Breitengüßbach
Tel: 09544-9848857

Öffnungszeiten

Mi bis Sa 9 bis 12 u. 15 bis 20 Uhr
Mai bis Sept.: So ab 15 Uhr Biergarten geöffnet
Montag und Dienstag Ruhetag

Spezialität

Brauerplatte

Konrad Krug Brauerei und Tanzsaal GmbH

Gründung: 1834 | Brauer: Konrad Krug | Ausstoß: 28000 hl

Biersorten
Krug-Bräu Lagerbier, Krug-Bräu
Pilsner, Krug-Bräu Festbier,
Krug-Bräu Kirschbier, Krug-Bräu
„Kraftstoff" (Kellerbier).

Saisonal
Bockbier (Mitte November und
zur Fastenzeit)
Weihnachtsfestbier (ab Ende
November)

Der Klassiker
Krug-Bräu Lagerbier

Festausrüster
Fassbier, Bierbänke, Schirme,
Kühlwagen, Schankwagen.

Heimdienst
Im Umkreis von ca. 35 km, dienstags bis freitags.

ERFOLGSGESCHICHTE

Seit 1834 geht die Familie Krug dem Brauerhandwerk
nach. Drei Generationen wohnen und arbeiten in der
Traditionsbrauerei Krug unter einem Dach. Ein Familienbetrieb, der, ohne groß Werbung zu machen, sein Bier
inzwischen bis nach Nürnberg, Frankfurt und Berlin, ja
sogar in die Toskana nach Italien liefert. Das ist auch kein
Wunder, denn das dunkle Bier gehört zu den süffigsten
der gesamten Region. Hier sollte zumindest ein Zwi-
schenhalt immer für Sie zum Pflichtprogramm gehören.

Anschrift & Kontakt

Breitenlesau 1b
91344 Waischenfeld
Tel.: 09202-535
Fax: 09202-1721

Öffnungszeiten

Mo bis Fr 7.30 bis 16.30 Uhr

Website: www.krug-braeu.de

Termine

Kirchweih (3. WE im Juli)
Bockbierfest (Mitte November)

CONNYS SCHATZKÄSTLEIN

Der Brauereigasthof Krug - (Brauerei, Gasthof, Biergarten und Tanzcenter) liegt in der Fränkischen Schweiz am alten Handelsweg zwischen Nürnberg und Bayreuth. Seit 1834 geht die Familie Krug dem Brauerhandwerk nach. Mit seinem dunklen Lagerbier und seinen deftigen Brotzeiten hat sich Brauereibesitzer Konrad Krug, den alle nur „Conny" nennen, einen fast schon legendären Ruf in der Region erworben.

BRAUEREI-GASTHOF KRUG

Anschrift

Breitenlesau 1b
91344 Waischenfeld
Tel.: 09202-835

Öffnungszeiten

Täglich ab 9 Uhr
Montag und Dienstag Ruhetag
(außer an Feiertagen)

Spezialität

Schnitzel Wiener Art

Brauerei Gasthof Herold

Gründung: 1568 | **Brauer: Johann und Matthias Herold** | **Ausstoß: 1200 hl**

400 JAHRE UND EIN BIER

So lange bescheren die Herolds den Büchenbachern schon ihr süffiges Beck'n Bier, dazu hausmacher Brotzeiten mit selbst gebackenem Brot. Zweimal im Jahr kommen die Bierfans besonders gerne, zum Maibock und zum Weihnachtsbock. Auch diese beiden Klassiker werden übrigens noch mit ganzen Hopfendolden aus der Hallertau gebraut, womit Hans Herold dem Gerstensaft noch eine kernige Note gibt.

Biersorten
Büchenbacher Beck'n Bier.

Saisonal
Maibock (ab Ende April)
Weihnachtsbock (ab Mitte Dezember)

Der Klassiker
Büchenbacher Beck'n Bier

Anschrift & Kontakt

Marktstraße 29
91257 Pegnitz-Büchenbach
Tel.: 09241-3311
Fax: 09241-3311

Öffnungszeiten

Täglich ab 9 Uhr
Dienstag Ruhetag

Website: www.beckn-bier.de

URFRÄNKISCH

Beck'n Bier, hausmacher Brotzeit und selbst gebackenes Brot, das ist das schon seit über 400 Jahren probate Rezept für die Gäste der Herolds. Und das bleibt auch nach der Renovierung im letzten Jahrzehnt so, eine echte Oase der Ruhe und des Genusses. Verpassen Sie nicht die Bockbierzeit in Mai und Dezember!

BRAUEREI GASTHOF HEROLD

Anschrift

Marktstraße 29
91257 Pegnitz-Büchenbach
Tel.: 09241-3311

Öffnungszeiten

Täglich ab 9 Uhr
Dienstag Ruhetag

Spezialität

Hausmacher Wurstwaren

Brauerei Gasthof Schwan

Gründung: 1394 | Brauer: Konrad Lechner | Ausstoß: 1000 hl

BAMBERGER URGESTEIN

Die Geschichte des Brauereigasthofes Schwan datiert bis ins Jahr 1394, vielleicht sogar noch früher. Damit gehört das Haus zu den ältesten im Bamberger Landkreis. 1436 wurde sogar das Erbschankrecht verliehen. Die Geschichte wird jeden Oktober zur Kirchweih lebendig, wenn es das traditionelle Kerwasbier gibt. Im Sommer sollte man den Weg zum Burgebracher Kellerberg nicht scheuen, wo mit dem Schwanenkeller der Bierkeller der Brauerei zu finden ist.

Biersorten
Schwanen Kellerbier, Schwanen Weisse , Schwanen Lager, Schwanen Pils, Schwanen Urhell.

Saisonal
Weihnachtsbock (Weihnachtszeit)
Doppelbock (ab Ende Januar)
Hubertus (ab Mitte Oktober)

Der Klassiker
Schwanen Kellerbier

Heimdienst
Im Umkreis von ca. 40 km, 2 x pro Woche.

Website: www.schwanawirt.de

VON AAL BIS ZANDER

Fisch ist einer der Schwerpunkte beim Schwanawirt, aber auch die Wurstwaren aus der eigenen Schlachtung sind immer einen Besuch wert - im Sommer auch auf dem Schwanenkeller am Kellerberg. Legendär ist im November das Martinsgansessen, wenn das gebratene Federvieh am Tisch vor den Augen der Gäste zerlegt wird.

GASTHOF SCHWAN

Anschrift

Hauptstraße 16
96138 Burgebrach
Tel.: 09546-306

Öffnungszeiten

Oktober bis Mitte April:
Mo bis Fr ab 15.30 Uhr
Sa ab 11 Uhr, So ab 9 Uhr
Dienstag Ruhetag
Bei guter Witterung (Mitte
April bis Ende September) ist der
Schwanenkeller (Kellerberg 5)
ab 15 Uhr geöffnet, So ab 11 Uhr
Mittagstisch auf dem Keller
Bei Kellerbetrieb ist das Gasthaus
geschlossen

Spezialität

Schäuferla

Günther-Bräu

Gründung: 1840 | Brauer: Peter Günther | Ausstoß: k.A.

Biersorten

Günther Bräu Premium Pilsener, Günther Bräu Edles Lagerbier, Günther Bräu Schwarzbier, Günther Bräu Weißbier, Günther Bräu Kellerbier, Günther Bräu Jubiläumsbier, Günther Bier Bockbier.

Der Klassiker

Premium Pilsener

Festausrüster

Fassbier, Bierbänke, Schirme, Kühlwagen, Schankwagen.

Heimdienst

Im Umkreis von ca. 30 km.

ALLES NEU SEIT DEM MAI (2005)

Johann und Georg Günther brauten Mitte des 19. Jahrhunderts als Kommunbrauer im damaligen Kommunbrauhaus in der oberen Stadt. Das Bier wurde im eigenen Felsenkeller gelagert und dann in der Gaststätte ausgeschenkt. Im Jahr 1935 errichtete Baptist Günther einen Eiskeller mit Lager- und Gärkeller. Zu dieser Zeit wurde im Genossenschaftsbrauhaus gebraut. 1952 baute er in den leer stehenden Eiskeller ein Sudhaus und so entstand die heutige Brauerei. Mit der Wiedervereinigung kam ein neues Absatzgebiet hinzu und so konnte man viel modernisieren, bis zuletzt im Mai 2005 der erste Sud in der neuen Braustätte gekocht wurde.

Anschrift & Kontakt

In der Au 27
96224 Burgkunstadt
Tel.: 09572-386650
Fax: 09572-386659

Öffnungszeiten

Mo bis Fr 8 bis 18 Uhr
Sa 10 bis 14 Uhr

Website: www.guenther-braeu.de

Termine

Kirchweih
(1. WE im September)

WEITER GEHT'S

In der alten Brauereigaststätte im Ortskern von Burgkunstadt, in der Irene Günther, die Schwester von Peter, den Kochlöffel schwingt. Aus der Küche kommen viele fränkische Klassiker, am beliebtesten dabei die Schweinshaxe. Damit hat der 4.000-Seelenort auch weiterhin einen wichtigen kulinarischen Mittelpunkt, der vor allem für die Angestellten und Besucher des bekannten Baur-Versandes eine wichtige Bedeutung hat.

BRAUEREI-GASTSTÄTTE GÜNTHER

Anschrift

Kulmbacher Strße 36
96224 Burgkunstadt
Tel.: 09572-9261

Öffnungszeiten

Täglich ab 18 Uhr
Kein Ruhetag

Spezialität

Fränkische Schweinshaxe mit
Kraut

Löwenbräu Buttenheim

Gründung: 1880 | Brauer: Johann Modschiedler | Ausstoß: 10000 hl

GUTES BIER AUS BUTTENHEIM

Seit beinahe 120 Jahren wird das Familienunternehmen von den Vätern an die Söhne weitergegeben. Und jede der vier Generationen, die bis heute an der Spitze der Löwenbräu Buttenheim stand, ist ihrer Verantwortung in besonderer Weise gerecht geworden. Wie sich das Gesicht der Brauerei im Laufe der Jahrzehnte verändert hat, lässt erahnen, wieviel jede Generation jeweils zu investieren bereit war, an finanziellen Mitteln genauso wie an persönlichem Engagement. Bei Hansi mangelt es an keinem von beiden, und das Bier spricht seine eigene Sprache: süffig, kernig und schmeckt nach mehr!

Biersorten

Lager, Hell, Pils, Bartholomäus Fest-Märzen, Keller leicht.

Saisonal

Annafestbier (ab Ende Juli) Bockbier (ab Mitte November) Weihnachtsfestbier (ab Mitte November)

Der Klassiker

Lager

Festausrüster

Fassbier, Bierbänke, Schirme, Kühlwagen, Schankwagen.

Heimdienst

Bamberg (donnerstags) und Forchheim (mittwochs) alle 14 Tage

Anschrift & Kontakt

Marktstraße 8
96155 Buttenheim
Tel.: 09545-332
Fax: 09545-70789

Öffnungszeiten

Büro:
Mo bis Fr von 7 bis 16 Uhr
Bierabholung:
Mo bis So 7 bis 18 Uhr

Website: www.loewenbraeu-buttenheim.de

Termine

Kirchweih (3. So im August)
Bockbieranstich (Mitte November)

GASTHAUS MIT ORIGINAL

Johann „Hansi" Modschiedler gehört zu den fränkischen Originalen im Bamberger Land. Brauer, Gastronom und sogar Kreisrat. Ein Gespräch mit ihm lohnt also immer, dabei erfährt man viel über Franken früher und eben auch heute. Die Küche des Hauses ist auch weit über den Landkreis hinaus bekannt, weswegen man möglichst immer reservieren sollte. Grund dafür ist nicht nur das süffige Bier, auch die Gerichte rund um Karpfen und Bonakern (Bohnenkerne) haben eine große Fangemeinde.

BRAUEREIGASTHOF LÖWENBRÄU

Anschrift

Marktstraße 8
96155 Buttenheim
Tel.: 09545-332

Öffnungszeiten

Täglich ab 9 Uhr
So 9 bis 15 Uhr
Montag Ruhetag

Spezialität

Wildgerichte

St. Georgen Bräu Buttenheim

Gründung: 1624 | Brauer: Norbert Kramer | Ausstoß: 40000 hl

Biersorten

St. Georgen Bräu Pilsner, St. Georgen Bräu Helles, St. Georgen Bräu Kellerbier, St. Georgen Bräu Weißbier, St. Georgen Bräu Landbier, St. Georgen Bräu Goldmärzen, Levi-Bier, Zimbus.

Saisonal

Annafest-Bier (ab Mai)
Dunkler Doppelbock (ab Okt.)
Festbier (ab Oktober)
Heller Bock (ab Oktober)
Buttenheimer Hopfenzupfer (ab Oktober)

Der Klassiker

Kellerbier

Festausrüster

Fassbier, Bierbänke, Schirme, Kühlwagen, Schankwagen.

Heimdienst

Im Raum Erlangen, Raum Pottenstein, Raum Buttenheim.

GROSSES FAMILIENUNTERNEHMEN

Nach der Ära Modschiedler, die von 1814 bis 2009 währte, hat Braumeister Norbert Kramer mit der Übernahme einen mutigen Schritt unternommen. Nachdem er allerdings schon seit 2000 als Braumeister im Betrieb war, ging der Übergang reibungslos, und die Buttenheimer Traditionsbrauerei bekommt zudem auch nach und nach einen neuen Anstrich. Beste Gerste von den Jurahöhen, das reine Wasser aus dem Brauereibrunnen und edler Hopfen sind dabei nach wie vor die Rohstoffe der süffigen und wohlschmeckenden Biere, deren bekanntestes wohl das Kellerbier ist, das es sogar am Bamberger Katzenberg zu verkosten gilt.

Anschrift & Kontakt

Marktstraße 12
96155 Buttenheim
Tel.: 09545-4460
Fax: 09545-44646

Öffnungszeiten

Mo bis Do von 7 bis 16.30 Uhr
Fr von 7 bis 15 Uhr
Sa von 9 bis 11 Uhr
Sonntag Ruhetag

Website: www.kellerbier.de

so rein, so frisch,
so wunderbar

Termine

Kirchweih (im August)
Georgen-Markt (im April)
Bockbieranstich (im Oktober)

ZUM ABSCHLUSS EIN KELLERBIERBRAND

Natürlich gibt es im „Öber", dem älteren der beiden Buttenheimer Braugasthöfe gute fränkische Küche und eine nicht minder gute Brotzeitpalette. Mit der Übernahme durch Norbert Kramer kam eine erfrischende Komplettrenovierung, die die etwas angemoderte Wirtschaft in ein respektables Brauereigaststübla verwandelt hat. Mit Küchenchef Jürgen Zeilmann hat sich der neue Inhaber auch die nötige Fachkompetenz ins Haus geholt, um den Gästen einerseits die klassische gute fränkische Küche, aber andererseits auch etwas Pepp zu bieten, den man nach so vielen hundert Jahren Tradition einfach mal braucht. Das Finish eines jeden Mahles kann hier ein ganz besonderes sein, der Kellerbierbrand.

ST. GEORGENBRÄU BRÄUSTÜBLA

Anschrift

Marktstraße 12
96155 Buttenheim
Tel.: 09545-4460

Öffnungszeiten

Täglich ab 10.30 Uhr
Dienstag Ruhetag

Spezialität

Braumeisterpfännchen

Deutsche Meisterschaft der Biersommeliers

www.doemens.org

Was ist ein Biersommelier? Hier gibt es eine klare Beschreibung der Doemens Akademie, die diese Fortbildung organisiert: Der Biersommelier konzentriert sich auf das Kulturgetränk Bier. Er versteht sich als Berater für den Gast, als auch für den Gastronomen.

Der Gast erhält Informationen zum Bierherstellungsprozess, über die richtige Bierauswahl zur gewählten Speise, erfährt alles über die positiven gesundheitlichen Auswirkungen des moderaten Bierkonsums und lernt in Bierseminaren und Verkostungsrunden, seine Sinne auf den genussvollen Bierkonsum zu richten. Der Biersommelier ist verantwortlich für die ausgeschenkte Bierqualität und für die perfekte Präsentation des Bieres beim Gast. Er erstellt die Bierkarte, berät den Koch bei Biergerichten und organisiert den Biereinkauf. Durch aktives Biermarketing steigert er den Bierumsatz.

Seit neuestem gibt es sogar einen Deutschen Meister in dieser Diziplin: Dominik Maldoner ist Braumeister bei der Bamberger Mälzerei Weyermann und konnte sich in einem spannenden Stechen gegen die letzten beiden Konkurrenten, Hubertus Grimm vom Brauhaus Faust aus Miltenberg und Frank Lucas von der Stralsunder Brauerei, durchsetzen. Am Ende feierten alle Teilnehmer im Brauhaus am Kreuberg Hallerdorf, wo die Meisterschaft stattfand, und stachen gemeinsam ein Fass des extra gebrauten Sommeliators an. Biersommelier kann übrigens jeder werden - vorausgesetzt, er besteht die Prüfung.

Kontakt und Infos:

Dr. Wolfgang Stempfl
Tel.: 089-858 05 36
E-Mail: stempfl@doemens.org

Sekretariat Doemens Akademie
Stefanusstrasse 8
82166 Gräfelfing
Tel.: 089/858 05 20
eMail: info@doemens.org
Website: www.doemens.org

Brauerei Müller Debring

Gründung: 1699 | Brauer: Bernd Müller, Franz Müller | Ausstoß: 1000 hl

Biersorten

Pils, dunkles Vollbier, Michala (naturtrübes Bier), Hefeweizen.

Saisonal

Bockbier (November bis Ende Januar)

Der Klassiker

Michala

Festausrüster

Fassbier, Bierbänke, Kühlwagen.

Heimdienst

Im Umkreis von 15 bis 20 km, freitags.

VORBILDLICH UND FAMILIÄR

Seit 1699 entsteht in Debring das urige Bier der Brauerei Müller. Nach umfangreichen und - wegen der räumlichen Umstände - spektakulären Renovierungsmaßnahmen, befindet sich das Haus nun technisch auf dem absolut neuesten Stand und begeistert nach wie vor Einheimische und Gäste mit den süffigen Gerstensäften rund um das klassische dunkle Vollbier und das Michala, ein naturtrübes Bier, das erst vor kurzem das Licht der Welt erblickte. Ebenfalls neu im Sortiment ist das Hefeweizen.

DB

Anschrift & Kontakt

Würzburger Straße 1
96135 Debring
Tel.: 0951-29191
Fax: 0951-9921131

Öffnungszeiten

Täglich ab 11 Uhr
Do ab 16.30 Uhr
Montag Ruhetag

Website: www.bier.by

Termine

Brauereihoffest (2. So im Juli)
Kirchweih (1. WE im September)
Bockbieranstich (WE vor
Allerheiligen)

BRÄUSTÜBLA UND BRAUBIERGARTEN

Urig und klassisch geht es in Debring zu. Hier erlebt man fränkische Brauereigastlichkeit in absoluter Reinstform. Die Küche bietet unter anderem Karpfen, einheimisches Wild und Hausmacherbrotzeiten aus eigener Schlachtung. Dazu kommen die süffigen Biere aus dem Zapfhahn. Ein besonders lauschiger Platz ist im Sommer der Biergarten des Hauses hinter dem Haus, eine kleine Oase der Ruhe und Gemütlichkeit, führt doch auf der anderen Seite die recht belebte Bundesstraße nach Bamberg vorbei.

BRAUEREIGASTHOF MÜLLER

Anschrift

Würzburger Straße 1
96135 Debring
Tel.: 0951-29191

Öffnungszeiten

Täglich ab 11 Uhr
Do ab 16.30
Montag Ruhetag

Spezialität

Karpfen

Brauerei Alt Dietzhof

Gründung: 1886 | Brauer: Markus Alt | Ausstoß: 1000 hl

HEILBIER VOM WALBERLA

Markus Alt führt das kleine alte Brauhaus von Dietzhof mittlerweile in der fünften Generation. Er ist nun auch für das urige Bier mit zwölf Prozent Stammwürze verantwortlich, dem die Stammkunden Wunder- und Heilkräfte nachsagen. Kein Wunder also, dass er mit dem Brauen kaum nachkommt. Ganz besonders am Walberlafest, wenn Tausende den Frankenberg und natürlich auch die Brauerei stürmen.

Biersorten
Vollbier hell, Vollbier dunkel.

Der Klassiker
Vollbier dunkel

Festausrüster
Fassbier, Bierbänke, Kühlwagen.

Heimdienst
Im Umkreis vom Landkreis Forchheim, Baiersdorf und Erlangen.

DB

Anschrift & Kontakt

Dietzhof 42
91359 Leutenbach
Tel.: 09199-267
Fax: 09199-696173

Öffnungszeiten

Mo bis Fr 8 bis 17 Uhr

Website: www.brauerei-alt.de

Termine

Kirchweih (2. WE im Oktober)
Walberlafest (1. So im Mai)

FÜCHSE UND ALTE HERREN

BRAUEREI UND GASTWIRT-SCHAFT ALT DIETZHOF

Anschrift

Dietzhof 42
91359 Leutenbach
Tel.: 09199-267

Öffnungszeiten

Di bis Fr ab 17 Uhr
Sa ab 16 Uhr
So ab 11.30 Uhr
Montag Ruhetag

Spezialität

Schäuferla

Über das Walberlafest fanden vor vielen Jahrzehnten die Erlanger Studenten Gefallen an der Braugaststätte in Dietzhof. Sie gehören auch heute noch zu den Stammgästen. Ein Balken über dem Eingang datiert den Bau auf das Jahr 1747. Die Inschrift „IHDEMSZM" wird neben ihrer profanen Deutung vor allem mit folgenden Worten übersetzt: „Ich habe Durst, es müssen sein zehn Maß!" Bei manchen bewahrheitet sich das auch, wenn die Gäste am ersten Sonntag im Mai das Walberlafest und in der zweiten Oktoberwoche die Kirchweih hier feiern. Dann werden Enten, Gänse, gespickte Rinderlenden und Rouladen mit hausgemachtem Wirsing oder Blaukraut aufgetischt.

Bier.BY
BIERKULTUR ERLEBEN

Brauerei Eichhorn Schwarzer Adler

Gründung: nicht bekannt | Brauer: Alfons Eichhorn | Ausstoß: 4000 hl

VOM ADLER ZUM EICHHORN

Das ist die Evolution der Dörfleinser Brauerei, die den Adler aber noch im Wappen führt. Die kleine Familienbrauerei ist vor allem für ihr Kellerbier bekannt, das typisch für die Region ungespundet und hefetrüb daherkommt. Für Freunde der stärkeren Gangart bieten die Eichhorns aber auch noch einen süffigen Bock mit deutlicher Hopfennote.

Biersorten
Kellerbier, Pils, Weizen.

Saisonal
Bockbier (ab Anfang Oktober)

Der Klassiker
Kellerbier

Festausrüster
Fassbier, Bierbänke, Schirme, Kühlwagen.

Heimdienst
Im Umkreis von ca. 10 km.

DB

Termine

Kirchweih (2. So im August)

HOLZ MIT STIL

Der Gasthof der Eichhorns strahlt sowohl die typisch fränkische Wirtshausgastlichkeit mit dunkler Holzvertäfelung und analogem Mobiliar als auch echten Stil und Flair der Jahrhundertwende aus. Uriger Kachelofen und dezent bunte Fenstergläser tun ihr Übriges, um dem Gast eben nicht das Gefühl zu vermitteln, in irgendeinem fränkischen Gasthaus zu sitzen. Auf der Speisekarte stehen unter anderem leckere Brotzeiten, aber auch regelmäßig Schlachtschüssel und zur Kirchweih am zweiten Sonntag im August Bocks- und Wildhasenschlegel.

Meusel-Bräu Ottmar Meusel e.K.

Gründung: 1579 | Brauer: Otto, Ottmar und Maximilian Meusel | Ausstoß: 10000 hl

Biersorten

Pils, Keller, Hell, Märzen, Festbier, Leichtbier, alkoholfreies Bier, Diätbier, Malzbier, Bamberger Landrauchbier, Büchla, Kupferstich.

Saisonal

Ca. 30 verschiedene Saisonbiere (immer abwechselnd, alle 2 Wochen ein anderes Spezialbier).

Der Klassiker

Kellerbier

Heimdienst

im Umkreis von ca. 80 km (bis Coburg, Hilpoltstein, Münchberg, Würzburg). Spezialist für Heimdienst, auf Anfrage unter 09545-7424.

AUS GANZ KLEIN WURDE GANZ FEIN

Otto, Ottmar und Maximilian Meusel stellen die drei aktiven Brauergenerationen dieser faszinierenden Familie, wobei Maximilian als einer der jüngsten und besten Brauer gerade erst die Schule verlassen hat - um gleich wieder die nächste zu besuchen. Denn er hat sich vorgenommen, alle Bereiche der Firma zu beherrschen. Dazu gehören neben dem Sudkessel auch die gesamte Betriebswirtschaft und vor allem der Fahrdienst. Denn das gute und süffige Meusel-Bier wird weit über die Landkreisgrenzen hinaus geschätzt und eben auch geliefert, die Gaststätte ist geschlossen. Der liebenswerte Ottmar Meusel lässt seine Schäfchen bzw. die des Ortspfarrers allerdings nicht völlig hängen, jeden Sonntag nach der Kirche treffen sich die Einheimischen zum traditionellen Frühschoppen.

Anschrift & Kontakt

Dreuschendorf 27
96155 Buttenheim
Tel.: 09545-7424
Fax: 09545-70932

Öffnungszeiten

Mo bis Do 6.15 bis 19 Uhr
Fr 6.15 bis 17 Uhr

Website: www.bier.by

Brauerei und Gasthof Göller

Gründung: 1865 | **Brauer: Georg Göller senior** | **Ausstoß: k.A.**

WO DER URSTOFF WOHNT

Nachdem die Biere hier immer wieder wechseln, wollen wir uns einem widmen, das bleibt: Dem Urstoff. Das helle, leicht bernsteinfarbene Bier macht seinem Namen alle Ehre. Prächtiger Schaum, deutliche Malztöne, am Ende eine deutliche Hopfennote und eine feine Bittere. Das Fazit: einfach süffig! Uns bekannte feste Anstichtermine: Höpfla an Dreikönig, Görgla am Tag des Bieres (23. April) und Urstoff Anfang Juni.

Biersorten
Lager Hell.

Saisonal
Höpfla (ab Fr nach Dreikönig)
Görgla (ab 23. April)
Urstoff (vom Fass, Mitte Juni)
Festbier (ab Mitte Juli)
Schwarzes (im Winter)

Der Klassiker
Lager Hell

EIN ANSTICH FÜR JEDES BIER

Seit 1865 kocht Familie Göller in Drosendorf ihr eigenes Süppchen bzw. braut ihre eigenen Bierchen. Und die werden dann jeweils zum Anstich mit einem eigenen kleinen Fest begrüßt. Seniorchef Georg Göller, seines Zeichens die vierte Generation im Hause, dichtet dann ein eigenes Lied fürs Bier und bringt es den anwesenden Gästen bei, die dann jeweils lauthals mitsingen dürfen. Die Melodien sind dabei meistens bekannt, von Griechischer Wein bis Michaela. Termine: Höpfla an Dreikönig, Görgla am Tag des Bieres (23. April) und Urstoff Anfang Juni. Wir wünschen schon mal viel Spaß beim Feiern! Übrigens kommen die Brotzeiten aus Hausschlachtung, die auch einmal im Monat Schlachtschüssel möglich macht.

Brauerei Först

Gründung: 1525 | **Brauer: Gerhard und Volker Först, Heinrich Lorenz** | **Ausstoß: 4800 hl**

Biersorten

Altfränkisches Lagerbier, Premium hell, Edel-Pils, Export.

Saisonal

Heller Bock (November und Dezember)

Der Klassiker

Altfränkisches Lagerbier

Festausrüster

Fassbier, Bierbänke, Kühlwagen.

Heimdienst

Im Umkreis von ca. 20 km (Landkreis Forchheim/Bamberg/ fränkische Schweiz).

BALD 500 JAHRE ALT

Schon 1525 erblickte hier das erste Bier das Licht der Welt. Seitdem hat die Brauerei die Gemeinde Drügendorf stark mitgeprägt und beide haben so manches Jubiläum gemeinsam begangen. 1980 erfolgte die Übergabe von Josef an Gerhard Först, dessen Sohn Volker hat ebenfalls bereits Braumeister gelernt und der Familie auch einen weiteren Stammhalter beschert. Also glücklicherweise eine Familienbrauerei, um deren Zukunft wir uns keine Sorgen machen müssen.

Anschrift & Kontakt

Drügendorf 26
91330 Eggolsheim
Tel.: 09545-8583
Fax: 09545-441321

Öffnungszeiten

Mo bis Fr 7 bis 18 Uhr
Sa 8 bis 18 Uhr

Website: www.brauerei-foerst.de

Termine

Kirchweih (3. WE im Juli)
Waldfest an der Grotte (letztes
WE im Juni)

BROTZEIT UND LAGERBIER

Das ist das Motto der vielen Stammgäste, die jeden Abend in der Brauereigaststätte einfallen, sei es auf ein Abendessen mit Plausch oder auf einen längeren Abend mit Schafkopf oder Stammtischfreunden. Auf jeden Fall vergeht die Zeit schnell in der urigen Gaststätte, in der es sonntags übrigens auf Vorbestellung auch Mittagstisch gibt.

BRAUEREIGASTSTÄTTE FÖRST

Anschrift

Drügendorf 26
91330 Eggolsheim
Tel.: 09545-8583

Öffnungszeiten

Mo bis Sa ab 16 Uhr
So ab 10 Uhr (auf Bestellung So
Mittagstisch)
Donnerstag Ruhetag

Spezialität

Fränkische Hausplatte

Ebensfelder Brauhaus

Gründung: 1752 | **Brauer: Florian, Maximilian und Hans-Karl Engelhardt** | **Ausstoß: k.A.**

Biersorten

Fränkisches Landbier, Adam Riese Urtrunk, Pilsener, Bobbie, Schwanen Weisse.

Saisonal

Festbier (Ostern, Kirchweih, Weihnachten)
Bockbier (Schwanador, ab Mitte November solange der Vorrat reicht)

Der Klassiker

Fränkisches Landbier

Festausrüster

Fassbier, Bierbänke, Schirme, Kühlwagen, Schankwagen.

Heimdienst

Im Umkreis von 50 km (Heimdienst erfolgt über weite Teile West-Oberfrankens, Landkreis Bamberg, Lichtenfels, Coburg, Kronach).

DIE MÄNNERWIRTSCHAFT

Hans-Karl Engelhardt leitet das 250 Jahre alte Traditionsbrauhaus mit seinen beiden Söhnen Florian und Maximilian. Gemeinsam sorgen sie dafür, dass aus dem Sudhaus wirklich edle Biere kommen. So gibt es von der „Schwanenbräu", wie die Brauerei auch heißt, beispielsweise den süffigen Adam-Riese-Urtrunk oder in der Weihnachtszeit den kernigen Schwanador. Mit dem Drehverschluss-Bobbie haben die drei auch ein ganz neues, eher hopfiges Bier im Angebot.

DB

Anschrift & Kontakt

Oberer Kehlbachdamm 7
96250 Ebensfeld
Tel.: 09573-885
Fax: 09573-31371

Öffnungszeiten

Mo bis Fr 7 bis 18 Uhr
Sa 8 bis 16 Uhr

Website: www.ebensfelder-brauhaus.de

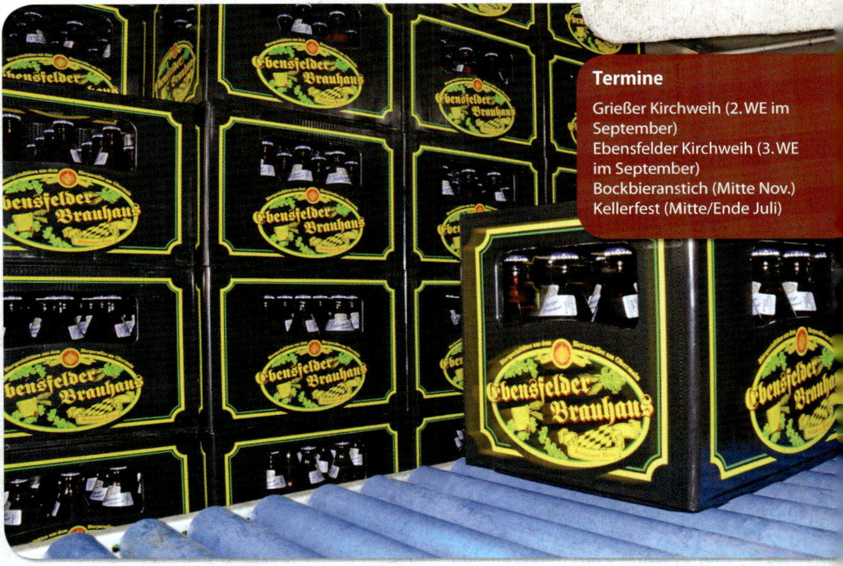

Termine

Grießer Kirchweih (2. WE im September)
Ebensfelder Kirchweih (3. WE im September)
Bockbieranstich (Mitte Nov.)
Kellerfest (Mitte/Ende Juli)

Immer schön neubierig bleiben!

www.neubierig.de

Aus einer fixen Social-Media Idee entstand eine Bierleidenschaft. Michael König aus Coburg dachte sich das „Bier" ein Thema ist, zu dem jeder etwas zu sagen hat und jeder seine eigene Meinung. Perfekt für Soziale Netzwerke wie Facebook, Twitter und Co.

Und so wollte er fränkisches Bier in einem dieser Netzwerke präsentieren. Die Seite „Bier aus Franken" war geboren. Eine Seite in der sich das zeigt, was fränkisches Bier ausmacht. Regionalität und Verbundenheit das ist es was das fränkische Bier ausmacht, und so steigen die „Gefällt mir" Klicks fast täglich.

Wie schmeckt eigentlich Bier? Diese Frage steht am Anfang wenn man Biere vorstellen will. Und so verglich Michael König seine bierigen Eindrücken mit anderen Tests und verbesserte so seine Wahrnehmungen.

Über sein Projekt „Bier aus Franken" lernte Michael König viele Brauer, andere Blogger, Biersommeliers und andere Leute aus der Bierszene kennen. Und so entdeckte er auch Biere außerhalb von Franken und schaute über den Tellerrand. Da entdeckte er das Wortspiel „neubierig" und startete seinen Bierblog neubierig.de.

Mit viel Liebe, Zeit und Leidenschaft betreibt Michael König seinen Bierblog. Ein Besuch auf der Internetseite lohnt sich, man kann Interviews mit Leuten aus der Bierszene, Biertests von neuen Sachen bis Klassikern, OnTour Berichte und vieles mehr entdecken.
Und so ist für Michael König, Bier mehr als nur ein Getränk.

Schwanen Bräu

Gründung: 1812 | Brauer: Johannes Dotterweich | Ausstoß: 1000 hl

Biersorten
Lagerbier dunkel, Pils, Hefe-weizen.

Saisonal
Weihnachtsbock (ab Dezember)
Festbier (zum Altstadtfest Mitte August)

Der Klassiker
Lagerbier dunkel

Festausrüster
Essen, Fassbier, Bierbänke, Schirme.

Heimdienst
In Ebermannstadt, 1 x pro Woche donnerstags

DIE AUSSIEDLER

Wurde dereinst noch im kommunalen Brauhaus gewer-kelt, ist man mittlerweile in die Mühlenstraße ausgesie-delt, um dort in einer neuen, modernen Brauerei arbeiten zu können. Neben den drei Bierklassikern entstehen hier auch sehr feine selbstgebrannte Obstschnäpse.

Anschrift & Kontakt

Mühlenstraße 1
91320 Ebermannstadt
Tel.: 09194-76719-0 oder -209
Fax: 09194-5836

Öffnungszeiten

Nur nach Absprache

Website: www.schwanenbraeu.de

Termine

Altstadtfest (Mitte August)
Kirchweih (2. WE im September)

MIT WUNDERSCHÖNEM BIERGARTEN

Nicht nur, aber gerade im Sommer ist es hier zauberhaft, wenn man im Grünen sitzt und sich die deftige Brotzeit zum würzigen Bier schmecken lässt. Die gute Gastlichkeit wird von der Familie seit drei Generationen gepflegt, natürlich auch im wunderschön geschmückten Gasthaus am Marktplatz, das zudem mit einer breiten Palette fränkischer Schmankerl aufwarten kann. Die perfekte Basis vor jedem Ausflug in die Fränkische Schweiz.

HOTEL - RESTAURANT SCHWANENBRÄU

Anschrift

Am Marktplatz 2
91320 Ebermannstadt
Tel.: 09194-76719-0 oder -209

Öffnungszeiten

Täglich ab 7 Uhr
So 7 bis 15 Uhr
Kein Ruhetag

Spezialität

Krenfleisch

Brauerei Schwanen-Bräu

Gründung: 1859 | Brauer: Ludwig Hübner | Ausstoß: 1500 hl

GESCHICHTE ERLEBEN

Die Schwanen-Bräu befindet sich zwar erst seit 150 Jahren im Besitz der Familie Hübner, der Ort Ebing selbst aber existiert wohl schon länger als die Bierhauptstadt Bamberg. Das geht aus den Dokumenten des Klosters Fulda hervor, in denen Ebing noch als Eibingen bezeichnet und dem Kloster geschenkt wird. Mit der Gründung des Erzbistums Bamberg kam der Ort dann zu dem hiesigen Kloster Michaelsberg. Und mit den Klöstern kam bekanntlich die Biertradition. Übrigens: Östlich von Ebing wurde bei Baggerarbeiten in einem Kieswerk ein bronzener Helm aus der Urnenfelderzeit (1200 bis 700 v. Chr.) gefunden, der eine noch längere Geschichte vermuten lässt. Das Original ist in München, eine Kopie im Bamberger Historischen Museum zu besichtigen.

Biersorten
Dunkles Vollbier.

Der Klassiker
Dunkles Vollbier

 957, 962 Ebing Raiffeisenbank

DB

Anschrift & Kontakt

Marktplatz 11
96179 Ebing
Tel.: 09547-481
Fax: 09547-7636

Öffnungszeiten

Täglich ab 9 Uhr
Fr ab 10 Uhr
Donnerstag Ruhetag

Website: www.schwanen-braeu-ebing.de

Termine

Kirchweih (So nach dem 25. Juli)

UNTER DENKMALSCHUTZ

Das Fachwerkgebäude, in dem die Brauereigaststätte ihre Pforten öffnet, steht schon lange unter Denkmalschutz. Hier aßen und tranken die Gäste über Jahrhundert Brotzeit und Bier - und konnten auch übernachten. Barbara Hübner nimmt alle drei Säulen dieser Gastlichkeit besonders ernst und verwöhnt die Gäste mit einem Komplettprogramm. Zum süffigen dunklen Vollbier bereitet sie seltene Spezialitäten wie Kuttelfleck oder alle vier Wochen ihre legendären Bierhaxen. Und natürlich kann der Biergenießer auch jederzeit ein Zimmer buchen.

GASTWIRTSCHAFT SCHWANEN-BRÄU

Anschrift

Marktplatz 11
96179 Ebing
Tel.: 09547-481

Öffnungszeiten

Täglich ab 9 Uhr
Fr ab 10 Uhr
Donnerstag Ruhetag

Spezialität

Sauere Kuttelfleck

Schlossbrauerei Stelzer

Gründung: 1353 | **Brauer: Christian Stelzer, Theodor Stelzer** | **Ausstoß: k.A.**

IN GUTER RAUBRITTER-TRADITION

Die Schlossbrauerei Stelzer in Fattigau ist noch eine private Familienbrauerei. Der Ursprung der Braustätte reicht zurück bis zum Jahr 1353. Hier brauten Raubritter, Fürstengeschlechter und Gutsherren schon bestes Bier. Im Jahre 1900 erwarb der Großvater Christian Michael Stelzer schließlich die Brauerei. Das Brauwasser kommt aus dem eigenen Tiefbrunnen, im Sudhaus wird nach alten überlieferten Regeln & Rezepten, aus bestem heimischen Malz und Hopfen gebraut. Übrigens war die Schlossbrauerei die erste Brauerei in Oberfranken, die mit Bioland-Rohstoffen aus kontrolliertem ökologischem Landbau nach strengen Bioland-Richtlinien ein Bier herstellte.

Biersorten

Bio Perle, , Ritter Trunk (dunkel), Schloss Pils, Doppel Hopfen (Pils), Zwickl Pils, Schloss Export, Urtyp Hell, Radler, Fattigauer Hefeweizen (hell).

Saisonal

Festbier (März bis Juni/Juli)
Starkbier (ab 2 Wochen vor Ostern)
Schloss Bock (Oktober bis März)

Der Klassiker

Fattigauer Hefeweizen

Festausrüster

Fassbier, Zelt, Bierbänke, Schirme, Kühlwagen, Schankwagen.

Heimdienst

Lieferung in den Landkreisen Hof und Wunsiedel, Teile Stadt- und Landkreis Bayreuth, Vogtland um Raum Plauen, Thüringen um Raum Schleiz.

Bus 6341 Fattigau, Oberkotzau   DB

Anschrift & Kontakt

Hauptstrasse 3
95145 Oberkotzau-Fattigau
Tel.: 09286-6260
Fax: 09286-8390

Öffnungszeiten

Mo bis Fr 7.30 bis 18 Uhr
Sa 7.30 bis 14 Uhr

Website: www.schlossbrauerei-stelzer.de

Termine

Starkbierfest (2 Wochen vor Ostern)
Bockbieranstich (Mitte Oktober)
Kirchweih (2. WE im November)

KLEINES BIERMUSEUM

Der Braukeller der Schlossbrauerei Stelzer aus Fattigau wurde um 1900 erbaut und 1996 erst aufwendig modernisiert und renoviert. Dabei wurde geschickt auf den Erhalt der Kultur geachtet, im Gasthaus finden sich zum Beispiel in regelmäßigen Abständen Ecken mit altem Brauzubehör. Auf der Rückseite des Hotels - direkt an Saale und Saale-Radweg - befindet sich der schöne Biergarten mit eigenem Grillhüttchen. Für die Ausrichtung von Festen wird der Ritterkeller angeboten. Unbedingt versucht haben sollte man das süffige dunkle Bier und die Bierhaxe.

LANDGASTHOF UND HOTEL BRAUKELLER

Anschrift

Hauptstraße 9
95145 Oberkotzau-Fattigau
Tel.: 09286-95020
www.braukeller-fattigau.com

Öffnungszeiten

Täglich ab 10 Uhr
Dienstag Ruhetag

Spezialität

Braumeisterschnitzel mit Malzschrot paniert

Bier.BY
BIERKULTUR ERLEBEN

Brauerei Neder GmbH

Gründung: 1554 | **Brauer: Rainer Kalb** | **Ausstoß: 5000 hl**

DER HERR DER SCHWARZEN ANNA

1998 konnte Hilmar Neder ein ganz besonderes Jubiläum feiern: 444 Jahre Neder-Bier in Forchheim. Das geht auf den Fund einer Urkunde aus dem Jahr 1554 in Bamberg zurück, die eine Bierlieferung von Hans Neder in die Domstadt bestätigt. Ganz sicher ist die Verwandtschaft zwar nicht, aber wenn es stimmt, dürfte der wirkliche Startschuss für die Brauerei noch viel früher gefallen sein. Unser Lieblingsbier, die Schwarze Anna, hat übrigens nichts mit einem Gespenst oder dergleichen zu tun, es handelt sich schlicht und einfach um den Beitrag der Brauerei zum Annafest, als pechschwarzer Gerstensaft, der mit seinem starken Charakter vollends überzeugt.

Biersorten

Export, Premium Pils, Klassik Hell, Kellerbier, Schwarze Anna, Braunbier, Anna Weisse.

Saisonal

Anna-Festbier (ab Mai bis Ende August)
Weihnachts-Festbier (November bis Februar)

Der Klassiker

Schwarze Anna

Festausrüster

Fassbier, Bierbänke, Kühlwagen.

Heimdienst

Im Umkreis von 15 km, montags und mittwochs.

DB

Anschrift & Kontakt

Sattlertorstraße 10
91301 Forchheim
Tel.: 09191-2400
Fax: 09191-2424

Öffnungszeiten

Mo bis Fr 8 bis 16.30 Uhr

Website: www.bier.by

Termine

Annafest (ab Sa vor dem 26. Juli)

BEIM SCHIFFSWIRT

Hier kehrten früher die Regnitzschiffer ein und feierten mit ihrer Heuer rauschende Feste. Übernachtet wurde in einer kleinen Kammer über der Wirtschaft, bis die Reise dann am folgenden Tag fortgesetzt wurde. Bis heute hat sich die Tradition gehalten, sein Essen selbst mitzubringen, dafür schmeckt es dann mit dem guten Neder-Bier umso besser. Das Braunbier des Hauses war übrigens das erste in ganz Forchheim! Seit zwei Jahren kann man jetzt auch in der „Waschküch'n", einem liebevoll hergerichteten, denkmalgeschützten Nebenzimmer mit Kreuzgewölbe Platz nehmen. Und seit 2012 präsentiert sich hier im Hinterhof zudem urig und romantisch Forchheims kleinster Biergarten.

BRAUEREIGASTSTÄTTE NEDER

Anschrift

Sattlertorstraße 10
91301 Forchheim
Tel.: 09191-2400

Öffnungszeiten

Täglich ab 10 Uhr
So 9 bis 13 Uhr
Kein Ruhetag

Spezialität

Knoblauchwürste

Brauerei Josef Greif

Gründung: 1848 | Brauer: Christian Schuster | Ausstoß: 17000 hl

REVOLUTION IM KAPUZINERWIRT

Im Revolutionsjahr 1848 schlug die Geburtsstunde der Brauerei Greif, die im Kapuzinerwirt, wie das Haus Nummer 18 in der Sattlertorstraße von den Forchheimern genannt wurde, entstand. In der über 150-jährigen Geschichte konnte die Forchheimer Brauerei viele Stammkunden gewinnen und hat die Auszeichnungen der DLG quasi abonniert, zumindest haben wir noch kein Jahr ohne Prämierung gefunden. Ein Relikt des Jubiläumsjahres war das Jubel-Export. Nachdem das dunkle Bier so gut ankam, entschlossen sich die Brauer, es fest ins Sortiment aufzunehmen.

Biersorten

Greif Edel Pils, Greif Hell, Greif Radler, Greif Capitulare, Greif Lager, Greif Leicht, Greif Weizen Hell, Greif Weizen Dunkel, Greif Weizen Leicht, Greif Schlöbberla, Greif Cola-Weizen.

Saisonal

Annafestbier (Mitte Juni bis Mitte August)
Weihnachtsfestbier (Mitte November bis Mitte/Ende Januar)

Der Klassiker

Greif Hell

Festausrüster

Fassbier, Bierbänke, Schirme, Kühlwagen, Schankwagen.

Heimdienst

Im Umkreis vom 25 km.

DB

Anschrift & Kontakt

Serlbacher Straße 10
91301 Forchheim
Tel.: 09191-727920
Fax: 09191-727922

Öffnungszeiten

Mo bis Fr 8 bis 18 Uhr
Sa 8.30 bis 13 Uhr

Website: www.brauerei-greif.de

Termine

Kellerauftakt auf dem
Greif-Keller (1. Mai)
Frankenfest (letztes WE im Juni)
Annafest (ab Sa vor dem 26.
Juli)

SELBST IST DER GAST

Im Wirtshaus der Brauerei Greif in Forchheim trifft der Bierfreund vor allem auf Stammgäste und Wanderer. Eine Speisekarte sucht man allerdings vergebens, hier steht ganz klar das leckere Bier im Vordergrund. Mitten in der Stadt gelegen ist der Weg zur nächsten Brotzeit - die auch gerne mitgebracht werden darf - aber nicht weit. Besonders schön gelegen ist auch der Greif Keller auf dem Forchheimer Kellerberg. Nicht nur zum Annafest einen Besuch wert!

BRAUEREI JOSEF GREIF

Anschrift

Serlbacher Straße 10
91301 Forchheim
Tel.: 09191-727920

Öffnungszeiten

Mo, Mi und Fr ab 8.30 Uhr
Di, Do und Sa 8.30 bis 14 Uhr
Sonntag Ruhetag

Spezialität

Es gibt kein Essen!

Brauerei Hebendanz

Gründung: 1579 | Brauer: Fritz und Martina Hebendanz, Daniel Bayer-Hebendanz | Ausstoß: k.A.

WER PROBT, DER LOBT

So klingt der in heutiger Zeit etwas holprige Wahlspruch der zweitältesten Brauerei Forchheims, die aber gerade wegen ihrer Ecken und Kanten eine der liebenswertesten ist. Mit Martina Hebendanz steht bereits die Tochter von Fritz Hebendanz mit am Sudkessel und sorgt dafür, dass die bald 500-jährige Familientradition fortgesetzt wird. Logisch, dass das Bier auch auf dem Annafest, Forchheims fünfter Jahreszeit, ausgeschenkt wird.

Biersorten

Export Hell, Edel Pils, Märzen Gold, Hefeweizen, Bächla Leicht, Posthalter, Radler, Starker Fritz, Jubiläumsbier.

Saisonal

Annafest-Bier (Ende Mai bis Ende September)
Weihnachtsfestbier (Anfang November bis Mitte Januar)

Der Klassiker

Export Hell

Festausrüster

Fassbier, Bierbänke, Kühlwagen, Schankwagen.

Heimdienst

Im Umkreis von 15 km.

DB

Anschrift & Kontakt

Sattlertorstraße 14
91301 Forchheim
Tel.: 09191-1222 o. 09191-2619
Fax: 09191-67462

Öffnungszeiten

Mo bis Fr 7 bis 17.30 Uhr
Sa 7.30 bis 12 Uhr

Website: www.brauerei-hebendanz.de

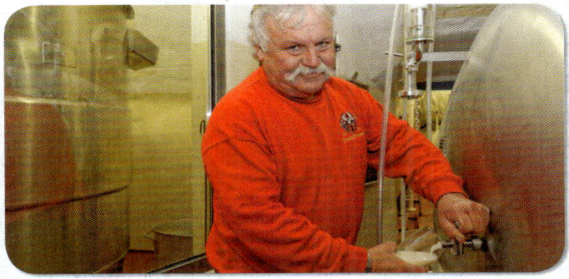

Termine

Annafest
(ab Sa vor dem 26. Juli)

IN DER STADT UND AUF DEM KELLER

Mit der Brauereigaststätte Hebendanz mitten in Forchheim hat sich eine wahre Oase der Ruhe etabliert. Hier kommen die Forchheimer gerne auf ein oder zwei gemütliche Bierchen, den kleinen Plausch am Rande oder die Schafkopfrunde zusammen. Eine deftige gute Küche versteht sich fast von selbst. Freunde des Tabak-Konsums finden hier eines der letzten Rückzugsgebiete. Wer auf den bekannten Forchheimer Kellerberg pilgern will, kann entweder zum Annafest oder ganzjährig auf den Schlößla- oder den Hebendanzkeller kommen. Auch hier schmeckt das urige Forchheimer Bier natürlich immer wieder bestens.

BRAUEREIGASTSTÄTTE HEBENDANZ

Anschrift

Sattlertorstraße 14
91301 Forchheim
Tel.: 09191-3510089

Öffnungszeiten

Täglich ab 10 Uhr
So ab 9 Uhr
Donnerstag Ruhetag

Spezialität

Cordon Bleu mit Kartoffelsalat
oder Bratkartoffeln

Privatbrauerei Eichhorn

Gründung: 1783 | Brauer: Konrad Greif | Ausstoß: 1700 hl

DAS KIND HAT EINEN NAMEN

Biersorten

Vollbier hell, Vollbier braun (brauns Achhörnla), Edel-Pils, Leichtbier, Festbier.

Saisonal

Annafestbier (von Juni bis August)
Winterfestbier (von November bis Januar)

Der Klassiker

Vollbier hell

Festausrüster

Fassbier, Bierbänke, Kühlwagen.

Heimdienst

Im Umkreis von 30 km.

Als die Vorfahren von Konrad Greif dereinst einen Namen für ihre Brauerei suchten, stießen Sie auf das Problem, dass es bereits eine Brauerei Greif in der Königsstadt gab (wie auch heute noch), und so kamen sie zu dem Entschluss, den Hausnamen des Wirtshauses zu verwenden, das Eichhorn. Im Wappen allerdings sind noch beide Tiere zu sehen, Greif und Eichhorn. Das Bier heißt passend Achhörnla und ist vor allem in den Varianten hell und braun zu haben.

Anschrift & Kontakt

Bamberger Straße 9
91301 Forchheim
Tel.: 09191-2379
Fax: 09191-729944

Öffnungszeiten

Mo bis Fr 9 bis 18 Uhr
Samstag 9 bis 13 Uhr
und nach telefonischer Vereinbarung

Website: www.gasthaus-eichhorn.de

Termine

Frankenfest in der Innenstadt
Forchheim (im Juni)
Annafest (ab Sa vor dem 26.
Juli)

VOM MINIMALISMUS ZUM FRANKENMEKKA

Gab es hier lange Zeit nur die Brotzeit zum Bier, hat man sich mittlerweile zu einer umfangreichen Speisekarte mit vielen Fränkischen Spezialitäten vorgearbeitet. Sehr beliebt in den
„R"-Monaten der Karpfen und an Sonn- und Feiertagen die große Bratenvielfalt des Hauses.
Zum Annafest lockt dann natürlich auch der Bierkeller, wo es dann allerdings wieder deutlich
bierbetonter zugeht...

GASTHAUS EICHHORN

Anschrift

Bamberger Straße 9
91301 Forchheim
Tel.: 09191-64768

Öffnungszeiten

Mo, Do und Fr ab 12 Uhr
Sa, So und Feiertage ab 10 Uhr
Dienstag und Mittwoch Ruhetag

Spezialität

Schäuferla mit Kloß

Das Annafest

www.annafest-forchheim.de

Ein weiteres hier im Buch erwähntes großes fränkisches Bier- und Volksfest ist das Forchheimer Annafest. Und genauso wie in Bamberg mit der Sandkerwa und in Erlangen mit der Bergkerwa beginnt für alle Einwohner eine fünfte Jahreszeit, immer in der Woche um den 26. Juli.

Die Entstehung geht ursprünglich auf eine Rast der Wallfahrer auf dem Rückweg von der St.-Anna-Kirche in Weilersbach zurück. Der schattige Kellerberg, später auch Schießstätte des ältesten Vereins der Stadt, der Königlich Privilegierten Schützengesellschaft, bot für einen Zwischenstopp ideale Bedingungen. Daraus entstand vor mehr als 160 Jahren ein Volksfest – für die Forchheimer und die mehr als 500.000 Besucher schlicht das Annafest.

In einem Festzug marschieren jeweils am Samstag vor dem 26. Juli Vereine, Politiker und andere mehr oder weniger Wichtige bzw. Beteiligte vom Rathausplatz zum Kellerberg, um dort nach dem offiziellen Anstich durch den Oberbürgermeister von Keller zu Keller zur Bierprobe zu ziehen. Bei den bis zu zehn verschiedenen Brauereien kann das durchaus anstrengend werden.

Gebraut wird Bier in Forchheim übrigens seit dem Jahr 1300, zumindest sind seitdem die ersten Streitigkeiten um den Bierpreis schriftlich fixiert. Bis zum Ersten Weltkrieg baute man hier sogar den Hopfen selbst an, dann allerdings waren Getreidefelder wichtiger. Die Bedeutung als Hopfenhandelsstadt verlor Forchheim dadurch jedoch nicht. Wie vielerorts ging die Brauereivielfalt allerdings von mehr als 20 um 1900 auf heutzutage noch vier zurück.

Der Kellerberg an sich ist ein Unikat. Mit derzeit über 20 historischen Felsenkellern, von denen einige ganzjährig bewirtschaftet werden, besteht theoretisch die Möglichkeit, über die Hälfte der Gesamtbevölkerung der Stadt gleichzeitig zu bewirten (es gibt ca. 16.000 Sitzplätze am Kellerberg). Dieser Superlativ bleibt ebenfalls weltweit unübertroffen. Dementsprechend sollten auch Sie nicht fehlen, wenn am Kellerberg wieder die Schüsse zur Kirchweheröffnung ertönen.

Brauerei Hetzel OHG

Gründung: 1867 | **Brauer: Thomas Kunzelmann** | **Ausstoß: k.A.**

Biersorten

Landbier, Vollbier, Pils.

Saisonal

Festbier (ab Mitte November)
Bock (ab Mitte November)

Der Klassiker

Landbier

Festausrüster

Fassbier, Bierbänke, Schirme,
Kühlwagen, Schankwagen.

Heimdienst

Im Umkreis von 15 bis 20 km, 3 x
pro Woche.

NICHT NUR FÜR FRAUEN

Frauendorf - heute Ortsteil von Bad Staffelstein - beherbergte in alten Zeiten ein Frauenkloster, das dank einer Schenkung von Kloster Banz 1070 eingerichtet werden konnte. Daran erinnert heute die St. Ägidius-Kirche, die den Ortskern dominiert. Sie wurde von einem Baumeister konzipiert, der Balthasar Neumann unter anderem auch beim Bau von Vierzehnheiligen half. Die Kunzelmanns brauen hier seit 1867, und Josef Kunzelmann musste sich entscheiden, ob seine Prioritäten eher auf der Brauerei oder auf der Gastwirtschaft liegen sollten. Für ihn war die Wahl klar: Im Sudhaus köchelt er drei süffige Biere, die nicht nur den Frauen in Frauendorf schmecken.

Anschrift & Kontakt

Frauendorf 11
96231 Bad Staffelstein-
Frauendorf
Tel.: 09573-6435
Fax: 09573-310965

Öffnungszeiten

Mo bis Fr 7 bis 18 Uhr
Sa 7 bis 16 Uhr

Website: www.bier.by

MIT BIERTAGEN

Thomas Kunzelmann öffnet das Fachwerkhaus seiner Brauereigaststätte jeden Sonntag für durstige Gäste. Seine Brotzeit muss man sich dabei selbst mitbringen oder eben komplett auf flüssige Nahrung setzen. Dementsprechend findet sich immer ein buntes Potpourri Einheimischer an den Holztischen, vom Frühschoppenfreund über den Kirchenbankveteranen bis zum Schafkopfpuristen. Bei den Bad Staffelsteiner Biertagen können Sie die rekordverdächtige Menge verschiedener Gerstensäfte aus allen Ortsteilen der Adam-Riese-Stadt verkosten.

BRAUEREI HETZEL

Anschrift

Frauendorf 11
96231 Bad Staffelstein
Tel.: 09573-6435

Öffnungszeiten

So 10 bis 12 Uhr und ab 15 Uhr
Mo bis Sa geschlossen

Spezialität

Es gibt kein Essen!

Freudenecker Fischer-Bräu

Gründung: 1880 | Brauer: Jürgen Fischer | Ausstoß: 1200 hl

SUPERSYMPATHISCH

Jürgen Fischer kann auf eine riesige Fangemeinde blicken, die jede Möglichkeit nutzt, nach Freudeneck zu pilgern, um das nun wirklich köstliche Bier zu genießen. Bier heißt hier in der Regel helles Lagerbier, sehr fein ist aber auch der Bock, fein fruchtig und trotzdem kraftvoll. Extra für die Fans hat Jürgen Fischer auch die Einliter-Bügelflasche und das Fünfliter-Partyfass eingeführt, beide mittlerweile echte Renner.

Biersorten
Helles Lagerbier.

Saisonal
Hahnerla (zur Fastenzeit)
Kellerweisse (nach Ostern bis August)
Bockbier (Anfang Oktober)
Wintertraum (im Advent)

Der Klassiker
Helles Lagerbier

Festausrüster
Fassbier, Bierbänke, Schirme, Kühlwagen, Schankwagen.

Anschrift & Kontakt

Freudeneck 2
96179 Rattelsdorf
Tel.: 09547-488
Fax: 09547-8709891

Öffnungszeiten

Täglich ab 11 Uhr
Di ab 15 Uhr
Montag Ruhetag

Website: www.hahnerla.de

Termine

Weißbieranstich (14 Tage nach Ostern), Kirchweih (meist letztes WE im August), Bockbieranstich (2. Fr im Oktober)

DER SUPERLATIV DER GEMÜTLICHKEIT

Nicht nur der Stammtisch, auch die zufälligen Gäste und die regelmäßig wiederkehrenden Fans fühlen sich hier immer pudelwohl. Bestens umsorgt von Zapfhahn und Küche merkt man oft gar nicht, wie schnell die Zeit vergeht. Natürlich wird auch gerne gekartelt oder im Sommer im Braugarten gesessen. Von dort kann man den Brauern direkt bei ihrer Arbeit zuschauen, was selten ohne witzige Kommentare vonstattengeht.

BRAUEREI-GASTHOF FISCHER

Anschrift

Freudeneck 2
96179 Rattelsdorf
Tel.: 09547-488

Öffnungszeiten

Täglich ab 11 Uhr
Di ab 15 Uhr
Montag Ruhetag

Spezialität

Tatar (So)

Brauerei Gasthof Griess

Gründung: 1872 | Brauer: Peter Griess | Ausstoß: 1000 hl

Biersorten
Kellerbier, Pilsener.

Saisonal
Racherla (kein fester Termin)
Bockbier (ab Ende November)

Der Klassiker
Kellerbier

Heimdienst
Im Umkreis von Landkreis
Bamberg

WIE ES DIE NATUR GESCHAFFEN HAT

So ist das Bier von Peter Griess, der 1983 als damals jüngster Braumeister Deutschlands die Brauerei von seinem Vater Andreas übernommen hat. Der hatte den Betrieb in den Jahrzehnten davor Stück für Stück modernisiert, so dass Peter aus dem Vollen schöpfen konnte. Bei seinem Bier setzt er dabei voll auf die Tradition: Hier wird weder kurzzeiterhitzt oder entkeimungsfiltriert, noch konserviert, auch wenn es nach dem Reinheitsgebot erlaubt wäre. Doch die Süffigkeit sorgt dafür, dass die Haltbarkeitsgrenze nie erreicht wird. Tipp: Im August gibt es das Racherla, ein mildes Rauchbier, und zu Weihnachten dann einen kräftigen Doppelbock.

Anschrift & Kontakt

Magdalenenstraße 6
96129 Strullendorf-Geisfeld
Tel.: 09505-1624

Öffnungszeiten

Täglich ab 15 Uhr
Sa und So ab 10 Uhr
Mittwoch Ruhetag

Website: www.brauerei-griess.de

Termine

Sommerfest (1. So im August)
Bockbieranstich (1. Sa im Dezember)

BROTZEIT MIT GEWAAF

Ein solches Abendprogramm gönnen sich die Gäste des Brauereigasthofes Griess in Geisfeld. Zur Brotzeit gehören hier vor allem Ziebeleskäse, Knoblauchkäse und Zwetschgenbames, die es sowohl in der Wirtschaft, als auch auf dem schönen Bierkeller nebenan gibt. Das Gewaaf beschäftigt sich meistens mit den aktuellen Neuigkeiten aus der Geisfelder Society und natürlich den Politpossen aus dem nahen Bamberg, das regelmäßig mit Schildbürgerstreichen aufwarten kann. Empfehlenswert ist auch der etwas außerhalb gelegene Griess-Keller.

BRAUEREIGASTHOF GRIESS

Anschrift

Magdalenenstraße 6
96129 Strullendorf-Geisfeld
Tel.: 09505-1624

Öffnungszeiten

Täglich ab 15 Uhr
Sa und So ab 10 Uhr
Mittwoch Ruhetag

Spezialität

Knoblauchkäse und fränkisches Sushi

Brauerei Gasthof Krug

Gründung: 1820 | Brauer: Stefan Krug | Ausstoß: 650 hl

SENSATION IN GEISFELD

Bei der kleinen Familienbrauerei Krug - mit Gastwirtschaft und Biergarten - ist irgendwie alles noch wie früher. Und damit ist nicht nur das Original-Fachwerkhaus aus dem Jahr 1778 gemeint. In der kupfernen Würzepfanne werden neben dem ungespundenen Lagerbier auch saisonale Biere gebraut. Eines im Frühjahr, eines im Herbst, und die Spezialbiere gibt es so lange, bis der Sud aufgebraucht ist. Die Krug- Fans wissen das und reisen teilweise sogar aus Nürnberg an, um das nicht zu verpassen. Und: jedes der Saisonbiere bekommt einen besonderen Namen. Wie Schwarzes Schaf oder der Elefant, was eben der Braumeister beim Brauen des Bieres sich gedacht oder erlebt hat. Gebraut und geschlachtet wird bei der Brauerei Krug in Geisfeld übrigens seit 1820.

Biersorten
Lagerbier.

Saisonal
Verschiedene Biere im Frühjahr und im Herbst.

Der Klassiker
Lagerbier

Festausrüster
Fassbier, Bierbänke.

Bus 970 Geisfeld Ort

Anschrift & Kontakt

Alte Dorfstraße 11
96129 Strullendorf-Geisfeld
Tel.: 09505-484
Fax: 09505-804437

Website: www.brauerei-krug.de

Öffnungszeiten

Täglich ab 16 Uhr
Dienstag Ruhetag

Termine

Kirchweih (1. So im September)

EINFACH GUT

Biergarten und Gastwirtschaft (Haus von 1778) sind urgemütlich, und die Brotzeiten, angefangen von den Bratwürsten über Zwetschgenbames bis hin zur heißen Leberwurst kommen aus der eigener Hausschlachtung. An Sonn- und Feiertagen gibt es kalten Schweinebraten. Auch der Ziebeleskäs aus Geisfeld ist (welt-) berühmt, ein echter Hochgenuss!

GASTWIRTSCHAFT KRUG

Anschrift

Alte Dorfstraße 11
96129 Strullendorf-Geisfeld
Tel.: 09505-484

Öffnungszeiten

Täglich ab 16 Uhr
So 10 bis 12 Uhr Frühschoppen
Dienstag Ruhetag

Spezialität

Hausgemachte Brotzeiten

BLICK VOM GRIESS-KELLER IN GEISFELD

Lindenbräu e.k. Irene Brehmer-Stockum

Gründung: 1932 | Brauer: Ralf Stockum | Ausstoß: 4000 hl

EIN ECHTER FAMILIENBETRIEB

Braumeister Ralf Stockum stellt die mittlerweile vierte Generation in der Gräfenberger Brauerei, gemeinsam mit seiner Frau Irene Brehmer-Stockum. Mit zu den feinen Bieren des Hauses gehört auch ein eigener Bierschnaps, der als Brehmers Bierschnaps überregionale Bekanntheit erlangt hat. Das klassische Brauverfahren und die eigene Rezeptur tragen zum unverwechselbaren Geschmack der Lindenbräu Bierspezialitäten bei. Dem achtstündigen Brauprozess, wo der Charakter der Biere festgelegt wird, folgt eine einwöchige, klassische, kalte Bottichgärung. Anschließend darf der Gerstensaft in aller Ruhe vier bis sechs Wochen im Lagertank liegen, um seine geschmackliche Ausreifung zu erlangen.

Biersorten
Vollbier dunkel, naturtrübes Weizen, Pils, Leichtes.

Saisonal
Bockbier (ab Anfang April)
Festbier (ab Anfang Dezember)

Der Klassiker
Vollbier dunkel

Festausrüster
Fassbier, Bierbänke.

Anschrift & Kontakt

Am Bach 3
91322 Gräfenberg
Tel.: 09192-348
Fax: 09192-997837

Öffnungszeiten

Mo bis Fr 7 bis 17 Uhr
Bierverkauf ab Rampe auch zu folgenden
Zeiten immer möglich: Mo bis Sa ab 11 Uhr,
April bis Oktober Sa ab 10 Uhr, So ab 16 Uhr

Website: www.lindenbraeu.de

Termine

Kirchweih (1. WE im August)

WIRTSHAUS MIT GARTEN

Zu einem guten Bier gehört natürlich auch ein gutes Essen. Und das wird hier im Brauereigasthof bestens geboten, im Sommer auch in dem schönen kleinen Gärtchen vor dem Haus.
Wer möchte, kann das gute Lindenbräu auch in Flasche oder Fässchen mit nach Hause nehmen, aber am besten schmeckt es natürlich hier, direkt vor Ort.

LINDENBRÄU-GASTWIRTSCHAFT

Anschrift

Am Bach 3
91322 Gräfenberg
Tel.: 09192-348

Öffnungszeiten

Mo bis Sa ab 11 Uhr
April bis Oktober Sa ab 10 Uhr
So ab 16 Uhr
Freitag Ruhetag

Spezialität

Hausgemachte Knöchlasulze

Brauerei Friedmann

Gründung: 1875 | Brauer: Siglinde Friedmann | Ausstoß: 5000 hl

BRAUEREI MIT ÖKOPLAN

Mit Sigi Friedmann steht seit 1982 die damals jüngste deutsche Braumeisterin dem Familienunternehmen vor. Anfangs mit viel Skepsis betrachtet, ist sie diejenige, die aus der Brauerei einen modernen und umweltbewussten Betrieb macht. Das bedeutet beispielsweise, dass nur in der traditionellen „Um-den-Schornstein-Entfernung" von 30 km geliefert wird. Doch auch dem Sortiment hat die Brauerin ihren Stempel aufgedrückt, mit ihren Eigenkreationen Ritter Wirnt Trunk und Sigi's Lager. Letzteres kommt komplett unfiltriert daher, birgt also einen wahren Schatz an Vitaminen und Mineralstoffen.

Biersorten
Friedmann Hell, Friedmann Pils, Ritter Wirnt Trunk, Gräfenberger Weisse.

Saisonal
Sigi's Lager (Mitte April bis Ende September)
Festbier (ab Ende November)

Der Klassiker
Pils

Festausrüster
Fassbier, Bierbänke, Schirme, Kühlwagen.

Heimdienst
Im Umkreis von ca. 20 - 30 km.

Website: www.brauerei-friedmann.de

Termine

Kirchweih (1. So im August)
Kirchweih (3. WE im Sept.)

HIER GEHTS RITTERLICH ZU

Im Bräustüberl unweit der Brauerei Friedmann geht es ziemlich gemütlich zu. Das mögen die Gräfenberger, wie sicher auch dereinst der Dichter Wirnt von Gräfenberg, als er im 13. Jahrhundert seinen Wigalois dichtete. Nach dem edlen Herren sind nicht nur Schulen und Plätze im Ort benannt, sondern auch der Ritter Wirnt Trunk, der hier ausgeschenkt wird. Der erinnert mit jedem Schluck an die geschichtsträchtige Zeit der Helden hier in der Fränkischen Schweiz und macht auch Appetit auf die guten Mahlzeiten des Hauses.

FRIEDMANN'S BRÄUSTÜBERL

Anschrift

Bayreuther Straße 14
91322 Gräfenberg
Tel: 09192-992318 (Bräustüberl),
0162-5890690 (Biergarten Berg-schlösschen)

Öffnungszeiten

Täglich ab 10 Uhr
Anfang Mai bis Ende Okt. Montag Ruhetag
Anfang Nov. bis Ende Apr. Montag und Dienstag Ruhetag

Spezialität

Karpfen

Brauerei Kaiser

Gründung: 1783 | Brauer: Georg Kaiser | Ausstoß: 3000 hl

Biersorten

Kaiser-Pils.

Saisonal

Starkbier (ab Mitte März)
Weißbier (ab Christi Himmelfahrt)
Bockbier (im November)
Festbier (Anfang Dezember bis Mitte Januar)
Fest-Weizen (im Winter)

Der Klassiker

Kaiser-Pils

Festausrüster

Fassbier, Bierbänke, Kühlwagen.

Heimdienst

Im Umkreis von 15 km, 2x pro Woche.

DAS BIER DER BRÜCKENHEILIGEN

Insgesamt sieben Heilige wachen über Grasmannsdorf und seine alte Ebrachbrücke: Nikolaus, Nepomuk, Kilian, Vitus, Wolfgang, Heinrich und Otto. Seit 1783 steht Ihnen mit der ehemaligen Schlossbrauerei auch noch guter Gerstensaft zur Seite, heute heißt sie Brauerei Kaiser. Der Klassiker im Hause ist das Kaiser-Pils, ergänzt durch ein spritziges Weizen im Sommer sowie malzbetontes Festbier und heller Bock zur Weihnachtszeit. Letzterer hat mit 17,5% Stammwürze und 7,5% Alkoholgehalt nach seiner achtwöchigen Lagerung einiges zu bieten.

Website: www.brauerei-kaiser.de

Termine

Starkbieranstich (Mitte März)
Weißbieranstich (Christi Himmelfahrt)
Kirchweih (vorletzter So im August)
Bockbieranstich (im November)

257 EINWOHNER, 7 BRÜCKENHEILIGE UND EIN BRAUEREIGASTHOF...

... so liest sich die Statistik von Grasmannsdorf. Kein Wunder also, dass sich die Einwohner mehr oder weniger vollständig nach der Kirche bei Georg Kaiser und seiner Familie versammeln. Der Renner ist dabei die halbe Ente (warme Küche muss vorbestellt werden). Im Sommer lädt zudem auch der Biergarten zum regelmäßigen Besuch - das Essen darf gerne mitgebracht werden. Allerdings gibt es sehr gute Brotzeiten aus eigener Herstellung, ab und an sogar Schlachtschüssel. Außerdem sollten Sie sich den vorletzten Sonntag im August vormerken: Da ist Kerwa angesagt ...

Gunzendorfer Bier

Gründung: 1612 | Brauer: Andreas Sauer | Ausstoß: k.A.

Biersorten

Vollbier, Pils, Lager, Schlückla, Weiße, Radler.

Saisonal

Festbier (Dezember bis Februar) Andreasbock (November bis März)

Der Klassiker

Lager

Festausrüster

Fassbier, Zelt, Bierbänke, Schirme, Kühlwagen, Schankwagen.

Heimdienst

Im Umkreis vom 50 km.

JUNGES IMAGE

Hier in Gunzendorf geht man mit dem Thema Alkohol ganz pragmatisch um: Zu einer zünftigen Feier gehört ein zünftiges Bier. Und wenn die Party etwas länger dauert, darf man das kühle Nass auch gleich als praktischen Meter ordern. Das bedeutet dann 15 Flaschen und somit eine Rundumsorglosversorgung für sich und den Freundeskreis. Überhaupt wird hier auch gerne gefeiert und gelacht, ein sehr sympathischer Laden!

LECKERES AUS DER REGION

Jürgen Kabitz hat zwar erst vor einigen Jahren das Ruder in Gunzendorf übernommen, sein Konzept könnte aber von einem alten Hasen stammen. Alle Zutaten werden - wenn möglich - aus der Region geholt, alle Speisen frisch zubereitet und das Bier natürlich von der Hausbrauerei bezogen. Aus der kommt unter anderem der Andreasbock mit 7,2 %, ein echtes Bierkennerbier! In der Küche bemüht man sich um ein bisschen Unterschied zum „normalen" Franken, alles ist einen Touch edler, zusätzlich gibt es auch ein bisschen Italienisches und Pizza.

Brauerei Lieberth

Gründung: 1679 | Brauer: Christian Volkmuth | Ausstoß: 2100 hl

MIT ZWEI BIERKELLERN GESEGNET

Mit Stolz blickt man bei der Brauerei Lieberth auf die Jahrhunderte andauernde Historie zurück. 1679 erteilte Fürstbischof Johann Philipp von Dernbach dem Metzger und Landwirt Johann Georg Schöner in Hallerndorf das Braurecht. Eine seiner vier Töchter, Anna Katharina, heiratete Kaspar Lieberth, einen Bäcker und Wirtssohn aus Schlammersdorf. Seitdem wird die Brauerei unter dem Namen Lieberth geführt. Johann Michael Lieberth erbaute 1787 für die Bierlagerung einen Sandsteinkeller in der „Zeisengass". Er dient heute als Bierausschank für den Lieberth-Dorfkeller. Sohn Friedrich Lieberth schuf 1797 am Kreuzberg unterhalb der Kreuzbergkirche einen weiteren Felsenkeller zur Bierlagerung. Auch dort bekommen die Gäste heute das süffige Lieberth-Kellerbier frisch vom Fass gezapft.

Biersorten
Pils, Lagerbier, Kellerbier.

Der Klassiker
Pils

Heimdienst
Im Umkreis von 15 km, nach telefonischer Vereinbarung.

DB

Anschrift & Kontakt

Forchheimer Straße 2
91352 Hallerndorf
Tel.: 09545-8558
Fax: 09545-442737

Öffnungszeiten

Mo bis Fr 8 bis 12 Uhr und 14 bis 19 Uhr
Sa 8 bis 16 Uhr

Website: www.bier.by

Termine

Kirchweih (3. So im Oktober)
Dorfkellerfest (Mitte Juli)
Kreuzbergfest (Anfang Mai)

DREI WIRTSCHAFTEN IN EINER

BRAUEREI-GASTHOF LIEBERTH

Anschrift

Forchheimer Str. 2
91352 Hallerndorf
Tel.: 09545-8558

Öffnungszeiten

Öffnungszeiten Gasthof:
Ende Sept. bis Karfreitag:
Täglich ab 17 Uhr, So ab 10 Uhr
Mo und Mi Ruhetag, während der
Kellersaison geschlossen

Öffnungszeiten Dorfkeller (und
Kreuzberg-Keller):
Mitte/Ende Apr. bis Ende Sept. bei
schönem Wetter:
Täglich ab 15.30 Uhr, Sa ab 14 Uhr,
So ab 10 Uhr, (Kreuzberg-Keller
in der Wintersaison auch an den
Wochenenden geöffnet, außer im
November)

Spezialität

Karpfen (Fr) - im Gasthof, Küm-
melbraten - auf dem Dorfkeller.

So könnte man die verschiedenen Lokalitäten der Lie-
berths zusammenfassen. Schließlich gibt es neben dem
Brauereigasthof, vor allem für seine Karpfen aus eigener
Aufzucht bekannt, auch den Dorfkeller am Ortsrand
mit deftigen Brotzeiten, warmer Küche und vor allem
feinen selbstgebackenen Kuchen und Krapfen und den
Bierkeller auf dem Hallerndorfer Kreuzberg. Dieser heilige Hügel erlebte zu seiner früheren Blütezeit über 20
Wallfahrten pro Tag, heute pilgern an schönen Tagen
Tausende Bierkellerfans auf die drei Bierkeller am Berg
- wobei die Kreuzbergkapelle immer noch ein sehr be-
liebter Ort für Hochzeiten geblieben ist.

Brauhaus am Kreuzberg - Friedels Keller

Gründung: 1461 | **Brauer: Luitgard Friedel-Winkelmann** | **Ausstoß: k.A.**

Biersorten

Zwickelbier, Sommergold, Schlotfegerla, Hefeweizen, Pilgertrunk, Whisky-Bock, Roggenbier und zahlreiche saisonale Sorten.

Saisonal

Weihnachtsbier, Wintertraum, Whiskeybier, Frühlingsmärzen, Roggenbier, Dinkelbier, Mehrkornbier, Erntebier, Pilgertrunk, Kreuzbergator, Oktoberbockbier und weitere (es gibt immer 2 - 4 saisonale Biere zu den 4 ganzjährigen Sorten im Ausschank, die saisonalen Biere wechseln durch).

Der Klassiker

Schlotfegerla

KREATIVITÄT AUF DEM KREUZBERG

Norbert Winkelmann trägt mit seiner Kreativbrauerei einen großen Teil zur Rekordbiervielfalt des Ortes bei - in Hallerndorf gibt es über 50 verschiedene Biersorten, die die sieben Brauereien herstellen. Aus seinen Zapfhähnen laufen meistens mehr als acht Biere vom Fass, darunter zum Beispiel der Pilgertrunk, der jedes Jahr aus sieben verschiedenen Malzsorten speziell eingebraut wird. Dabei dürfen dann immer prominente Gäste mitbrauen. 2012 war es der Eichstätter Bischof, 2013 die Mönche vom Kreuzberg in der Rhön. Neben den Spitzenbieren stellt Winkelmann auch Spitzenbrände her. Schon zum dritten Mal in Folge gab es den Bundesehrenpreis, weswegen das Brauhaus auch als beste Brennerei Deutschlands gilt.

ÜBER DEM 300 JAHRE ALTEN BIERKELLER …

... steht nun das neue Kellerhaus der Friedel-Winkelmanns. Mit viel Liebe zum Detail haben sie viele Elemente des alten, leider baufälligen Kellerhauses übernommen und einen neuen Klassiker geschaffen. Norbert Winkelmann ist nicht nur Brauer und Brenner, sondern auch Metzger und Koch, weswegen Sie bei der breiten Palette frischer, fränkischer Gerichte immer richtig liegen. Das neueste Kind sind diverse Variationen von Flammkuchen und das leckere Bier-Eis, das mit Knuspermalz serviert wird. A propos Kind: Gerade für Familien ist das Haus besonders attraktiv. Der riesige Waldspielplatz verfügt unter anderem über eine Monsterrutsche, die man mit Teppichfliesen runtersausen kann.

Brauerei Rittmayer Hallerndorf OHG

Gründung: 1422 | Brauer: Uwe Kraus | Ausstoß: k.A.

Biersorten

Hallerndorfer Landbier, Hallern-
dorfer Kellerbier, Helles Weizen,
Leichtes Weizen, Hallerndorfer
Rauchbier, Smokey George,
Hallerndorfer Hausbräu, Leichtes
Landbier, Radler, Handgranate.

Saisonal

Bockbier (ab Mitte September)
Winterweizen (ab Mitte Sept.)
Weizenbock (ab Ende Oktober)

Der Klassiker

Hallerndorfer Landbier

Festausrüster

Fassbier, Bierbänke, Schirme,
Kühlwagen, Schankwagen.

GUTES IM BÜGELVERSCHLUSS

So könnte man das Landbier der Rittmayers untertiteln, das Georg Rittmayer im Sudhaus mitten in Hallerndorf entstehen lässt. Sein zweiter Klassiker ist das unfiltrierte und ungespundete Kellerbier, das vor allem - logischer- weise - auf dem Bierkeller der Brauerei auf dem Kreuz- berg ausgeschenkt wird. Der ist übrigens das ganze Jahr geöffnet, im Winter hilft ein Kachelofen den Tempera- turen auf die Sprünge. Gespannt sein darf man auf die demnächst neu gebaute Brauerei. Voraussichtlich Euro- pas modernstes Stück mit kompletter Offengärung!

Anschrift & Kontakt

An der Mark 1
91352 Hallerndorf
Tel: 09545-44094-0
Fax: 09545-44094-19

Öffnungszeiten

Mo bis Fr 8 bis 17.30 Uhr
Sa 9 bis 13 Uhr

Website: www.rittmayer.de

Termine

Weißbierfest (2. WE im August)
Winterweizenfest (2 Wochen vor Weihnachten)
Bockbierfest (Ende Oktober)
Kirchweih (vorletztes WE im Oktober)

MIT HANDGRANATE UND WHISKY-MALZ

Neben der klassischen fränkischen Küche bietet sich im Gasthaus der Rittmayers eine erweiterte Bierprobe an. Schließlich gilt es, zwei ganz besondere Gerstensäfte aus dem Hause zu verkosten. Das erste, Smokey George ist eine Hommage des Whisky- und Rauchbierfans Georg Rittmayer. Selbst importiertes, über Torffeuer getrocknetes Malz aus den schottischen Highlands, bildet die Grundlage für dieses individuelle, leicht dunkle Rauchbier, ein richtig spannender Schluck. Das zweite Bier, das wir hervorheben möchten, macht vor allem in geselliger Runde Spaß: Die Handgranate. Hier die Gebrauchsanweisung zu der 0,33l-Flasche: 1. Flasche mit der linken Hand festhalten. 2. Mit der rechten Hand den Bügelverschluß öffnen. ACHTUNG: Das "Plopp-Geräusch" ist normal - nicht erschrecken! 3. Flasche zum Mund führen und wie gewohnt genießen!

BRAUEREI-GASTHAUS RITTMAYER

Anschrift

Trailsdorfer Straße 4
91352 Hallerndorf
Tel.: 09545-509214

Öffnungszeiten

Di und Mi ab 16 Uhr
Do bis So 11 bis 14 und ab 17 Uhr
Montag Ruhetag

Spezialität

Rittmayer-Spieß

Kathi Bräu Heckenhof

Gründung: 1498 | Brauer: Josef Schmitt | Ausstoß: 1000 hl

URSPRÜNGLICHE, FRÄNKISCHE WIRTSHAUS- UND BIERGARTEN-KULTUR

Biersorten

Dunkles Lagerbier.

Saisonal

Dunkles Bockbier (ab 1. WE im März bis Ende April)
Dunkles Kathi Leicht (ab Ende April den ganzen Sommer durch)

Der Klassiker

Lagerbier dunkel

Festausrüster

Fassbier, Bierbänke, Schirme, Kühlwagen.

Das macht die Kathi-Bräu in Heckenhof bei Aufseß so beliebt. Und so soll es auch bleiben. So wollte es die legendäre Kathi Meyer, die die Brauerei über Jahrzehnte geleitet hat, und so will es auch Brauereichef Josef Schmitt, der schon seit 1976 als Braumeister das Bier für die Kathi-Bräu braut und seit 1993 die Brauereigaststätte leitet und sich um seine Gäste kümmert. Der besondere Charme des urigen Anwesens hat sich bis heute erhalten, sicherlich auch wegen der langen Tradition der Kathi-Bräu in Heckenhof. Das Ur-Haus von 1498 steht heute noch. Seit wann dort Bier gebraut wird, weiß man nicht so genau. Auf jeden Fall sehr lange. Wohl auch deswegen ist das mit viel Fingerspitzengefühl gebraute Dunkle Lager-Bier der Kathi-Bräu längst legendär.

Anschrift & Kontakt

Heckenhof 1
91347 Aufseß
Tel.: 09198-277
Fax: 09198-996594

Öffnungszeiten

Täglich ab 9 Uhr
Kein Ruhetag

Website: www.bier.by

Termine

Kirchweih (4. WE im August)
Bockbierfest (1. und 2. WE im März)

HIER SIND ALLE GLEICH

BRAUEREI-GASTWIRT-SCHAFT KATHI-BRÄU HECKENHOF

Anschrift

Heckenhof 1
91347 Aufseß
Tel.: 09198-277

Öffnungszeiten

Täglich ab 9 Uhr
Kein Ruhetag

Spezialität

Schaschlik (Fr)

Bei der „Kathi-Bräu Heckenhof", einer Brauerei-Gastwirtschaft mitten in der Fränkischen Schweiz, sind alle Menschen gleich. Wie eh und je sitzen Wanderer, ältere Leute und junge Familien mit ihren Kindern zwischen den vielen Motorradfahrern, die seit Jahrzehnten vor allem an den Wochenenden die Brau- Gastwirtschaft und den Biergarten in Heckenhof als ihr oberfränkisches Mekka ansehen. Ursprüngliche, fränkische Wirtshaus- und Biergartenkultur eben. Das macht die Kathi- Bräu in Heckenhof bei Aufseß so beliebt.

Brauerei - Gastwirtschaft - Tanzsaal Scharpf

Gründung: 1870 | Brauer: Werner Scharpf | Ausstoß: 800 hl

VON DER THEKE INS WOHNZIMMER

Das ist der übliche Weg des süffigen Märzenbieres aus der Kultbrauerei von Werner Scharpf. Über 100 Jahre leitet die Familie Scharpf schon die etwa doppelt so alte Braustätte. Eine Besonderheit des Hauses ist, dass man wirklich noch die Biertankstelle für den Ort ist, will sagen, viele durstige Heilgersdorfer holen ihr Bier direkt von der Theke nach Hause. Neben den allseits bekannten Partyfässern gibt es seit 1993 diesen Gerstensaft auch in 2-Liter-Bügelverschlussflaschen zu erwerben. Und die sind nicht nur süffig, sondern auch Kult - genauso wie die Christenstein Buam, eine verrückte Heilgersdorfer Männerrunde, die sich seit vielen Jahren todesmutig bei Schlittenrennen in der ganzen Welt die Hänge hinunterstürzt.

Biersorten
Märzen, Zwickel.

Saisonal
Bockbier (zur Fastenzeit)

Der Klassiker
Märzen

Festausrüster
Fassbier, Bierbänke, Kühlwagen, Schankwagen.

Anschrift & Kontakt

Hauptstraße 16
96145 Seßlach-Heilgersdorf
Tel.: 09569-1232
Fax: 09569-1232

Öffnungszeiten

Mo bis Do 10 bis 13 Uhr und ab
16.30 Uhr, Fr bis So ab 10 Uhr
Dienstag Ruhetag (oder nach
telefonischer Vereinbarung)

Website: www.scharpf-heilgersdorf.de

Termine

Bockbieranstich (Anfang der
Fastenzeit)
Backofenfest (1. Sa im August)
Seßlacher Altstadtfest (3. WE
im August)
Kirchweih (2. WE im Sept.)

BIER UND MUSIK, ALLES LIVE

Das Weiße Roß hat ebenso wie seine Brauerei einen echten Kultstatus erlangt. Besonders zur Kirchweih am zweiten Sonntag im September geht es hier rund, allerdings auch sonst an den Abenden, wenn sich diejenigen Heilgersdorfer, die das Bier lieber im Wirtshaus als im Wohnzimmer trinken, hier ein munteres Stelldichein zur Brotzeit geben. Warmes Essen gibt es nur auf Vorbestellung!

BRAUEREI - GASTWIRT-SCHAFT - TANZSAAL SCHARPF

Anschrift

Hauptstraße 16
96145 Heilgersdorf
Tel.: 09569-1232

Öffnungszeiten

Mo bis Do 10 bis 13 Uhr und ab
16.30 Uhr, Fr bis So ab 10 Uhr
Dienstag Ruhetag (oder nach
telefonischer Vereinbarung)

Spezialität

Hausmacher Brotzeiten

Gasthaus Brauerei Aichinger

Gründung: 1870 | Brauer: Erwin Aichinger | Ausstoß: 400 hl

SPITZENSPEZIALBIER

Karamellig, würzig, einfach richtig gut, das sind die Worte, die den Testern beim Probieren des hiesigen Spezialbieres einfielen. Die Konzentration auf dieses eine Bier mag vielleicht etwas minimalistisch erscheinen, für uns ist es aber genau richtig. Schließlich ist es doch besser, einen Volltreffer zu landen, als zehnmal daneben zu schießen.

Biersorten
Spezialbier.

Der Klassiker
Spezialbier

Festausrüster
Fassbier, Bierbänke, Schirme, Kühlwagen.

Termine

Kirchweih (letztes WE im Juni)
Kirchweih (2. WE im Oktober)

IM ANGESICHT VON SCHLOSS GREIFENSTEIN

So sitzen die Gäste im Gasthaus Drei Kronen bzw. Aichinger. Schließlich prangt das Schloss auf allen Bieretiketten. Doch der Blick wird schnell abgelenkt, wenn das gute Bier und das nicht minder gute Essen auf dem Tisch stehen. In der Gastwirtschaft ist neben Erwin Aichinger auch die Seniorchefin anzutreffen, die immer etwas über die aktuellen Missstände und Wehwehchen von sich und der Gesellschaft zu berichten weiß und damit den sowieso schon hohen Unterhaltungsfaktor der Wirtschaft weiter steigert.

Die Krönung für echte Bierfreunde!

www.bierakademie.net

Die ultimative Traumerfüllung für jeden Bier-Freak: Gemeinsam mit dem dreifachen Bundesehrenpreisträger Norbert Winkelmann sowie Brauereibuchautor Markus Raupach und Braumeister Hans Wächtler brauen die Teilnehmer der Brauseminare im renommierten Brauhaus am Kreuzberg Ihr eigenes Bier.

Von der Schrotmühle bis zum Gärbottich begleiten sie den frischen Gerstensaft, geben ihm Hopfen, Malz und Hefe und legen immer selbst Hand an.

Während der Pausen im Brauprozess lernen die Teilnehmer die Hintergründe und Raffinessen der Bierherstellung, sowie die Grundlagen der Verkostung kennen und absolvieren ein Bierseminar mit der Bierakademie-Diplomprüfung. Sechs Wochen nach dem Brautermin treffen sich alle wieder und stechen das erste Fass des selbstgebrauten Bieres gemeinsam an. Als kleines Geschenk erhält jeder eine stilvolle Literflasche mit dem Seminar-Bier.

Das perfekte Biererlebnis für jeden echten Franken, auch als Geschenk!

Infos und Tickets erhalten Sie direkt bei der Bierakademie: **www.bierakademie.net**

BIER
AKADEMIE
.net

Brauerei Penning-Zeissler

Gründung: 1623 | Brauer: Karlheinz Penning | Ausstoß: 4000 hl

Biersorten

Fränkisches Vollbier (vom Fass),
Pils, Lager, Leichtes.

Saisonal

Frühlingsfestbier (März bis Ende
April)
Maibock (April bis Juni)
Weihnachtsfestbier (Nov. bis Jan.)
Weihnachtsbock (Nov. bis Jan.)

Der Klassiker

Fränkisches Vollbier

Festausrüster

Fassbier, Bierbänke, Schirme,
Kühlwagen, Schankwagen.

Heimdienst

Im Landkreis Forchheim.

DUNKLES VOLLBIER VOM FASS

Das ist der Klassiker bei Karlheinz Penning, der momentan die seit 1623 bestehende familiäre Brautradition fortführt. Zudem braut er auch noch Pils, Lager, Maibock, Weihnachtsbock und Festbiere zum Frühling und zu Weihnachten. Besonders gut schmeckt das Bier im Sommer im großen Wirtschaftshof der Brauerei.

SONNTÄGLICHER DORFMITTELPUNKT

Klassisch gegenüber der Kirche gelegen, bietet es sich gerade am Sonntag nach der Messe für die Hetzelsdorfer an, zu ihrer Brauerei zu pilgern und sich dort gemeinsam auf die leckeren Braten, Schäuferla und Knöchla zu stürzen, mit einem guten dunklen Vollbier im Krug in der Hand. Im Herbst gibt es zudem frische Karpfen, bei schönem Wetter lockt der Biergarten im Wirtschaftshof zum gemütlichen Seidla mit Brotzeit.

Stöckel-Bräu Hintergereuth

Gründung: 1866 | Brauer: Georg Stöckel | Ausstoß: k.A.

MIT DEM WAHRSCHEINLICH JÜNGSTEN BRAUMEISTER DER WELT

Die Bierspezialitäten der Familienbrauerei Stöckel sind vielfältig. Neben den Hauptsorten Pils und Lager, die seit Jahrzehnten nach hauseigenem Rezept gebraut werden, hat die Familie Stöckel dunkles Bier, das Landbier und die Premium Weisse im Angebot. Die Brauerei Stöckel liegt übrigens unmittelbar am Ahorntaler Brauereienweg. Zur Sophienhöhle, Burg Rabenstein mit Falknerei und anderen Sehenswürdigkeiten der fränkischen Schweiz sind es nur wenige Fahrminuten.

Biersorten

Lager Hell, Ahorntaler Landbier, 1. Ahorntaler Premium Weisse, Stöckel Pils, Bernstein-Radler.

Saisonal

Festbier (ab Anfang November)

Der Klassiker

Ahorntaler Landbier

Festausrüster

Fassbier, Zelt, Bierbänke, Kühlwagen, Schankwagen.

Heimdienst

Im Umkreis von ca. 25 km.

NUN MIT BIERGARTEN

Erst vor kurzem wurde auf dem Brauereihof direkt neben der Brauereigaststätte ein überdachter Biergartenbereich eingerichtet, von dem aus man weit in die Landschaft schauen kann. Die Gaststätte hat von 12 bis 22 Uhr geöffnet, Montag ist Ruhetag. Es gibt verschiedene Brotzeiten, das Geräucherte ist besonders empfehlenswert. Warm gekocht wird nur auf Bestellung.

Brauerei-Gasthof Georg und Barbara Kraus

Gründung: 1845 | Brauer: Georg Kraus | Ausstoß: 7000 hl

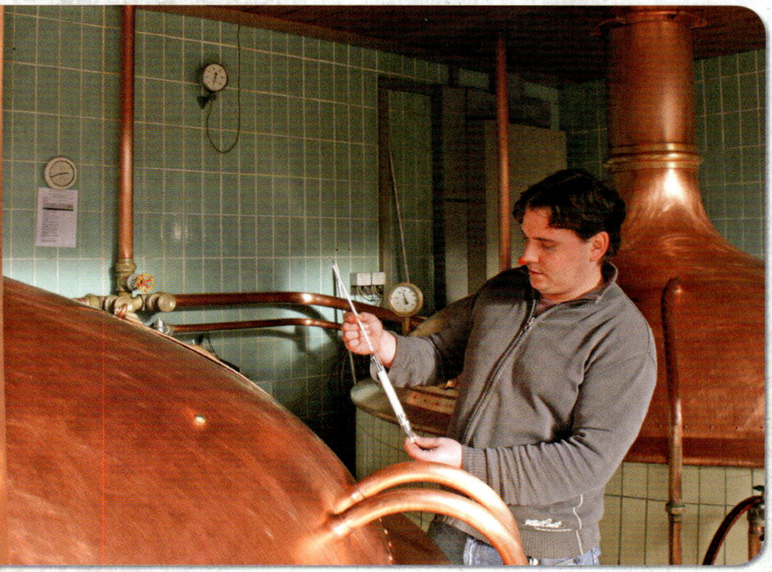

Biersorten

Kraus Lager, Kraus Pils, Kraus Hefeweizen, Kraus Leicht, Hirschentrunk (dunkel und rauchig).

Saisonal

Bockbier (ab November)
Festbier (ab Dezember)

Der Klassiker

Kraus Lager

Festausrüster

Fassbier, Bierbänke, Schirme, Kühlwagen, Schankwagen.

Heimdienst

Im Umkreis von 10 km.

GROSSES KINO IN HIRSCHAID

1845 hatte es Hirschaid geschafft, sich mit einer Anlegemöglichkeit und einem bescheidenen Bahnhof Anschluß an die wichtigsten Verkehrsstraßen Wasser und Land zu sichern. Damals zählte der Ort etwa 700 Einwohner und nicht weniger als acht Wirtschaften - die höchste Anzahl in einer Landgemeinde des Bamberger Umlandes. Eine von ihnen war das in diesem Jahr von dem aus Eggolsheim stammenden Müllerssohn Johannes Kraus übernommene „Kramer´sche Wirtschaftsguth" - unter anderem eine Brauerei. Seitdem ist die Brauergaststätte ohne Unterbrechung bis auf den heutigen Tag im Besitz der Familie Kraus und zählt in vielerlei Hinsicht zu den Vorzeigebetrieben der Branche.

Anschrift & Kontakt

Luitpoldstraße 11
96114 Hirschaid
Tel.: 09543-84440
Fax: 09543-844444

Öffnungszeiten

Mo bis Fr 7 bis 18 Uhr
Sa 8 bis 14 Uhr
(So Kastenbierverkauf im Gasthof
möglich)

Website: www.brauerei-kraus.de

Termine

Kirchweih (1. WE im Sept.)
Bockbierfest (Anfang Nov.)

GUT UND ERSCHWINGLICH

Der Brauereigasthof Kraus bietet eine breite Palette
fränkischer Köstlichkeiten, teils aus der eigenen Metzgerei. Vor allem die vielen Braten und Geflügelgerichte
haben eine große Fangemeinde, die dank des guten
Preis-Leistungs-Verhältnisses teilweise auch täglich
kommt, um sich gut verköstigen zu lassen. Mittendrin
Wirtin Barbara Kraus, die mit ihren Anekdoten und
ihrer herzlichen Art jedem ein Lächeln auf die Lippen
zaubert. Die guten Biere des Hauses kann man in verschiedenen Gebinden auch mit nach Hause nehmen,
Hirschentrunk und Kraus Lager mittlerweile auch in
der Bügelflasche.

**BRAUEREI-GASTHOF GEORG
UND BARBARA KRAUS**

Anschrift

Luitpoldstraße 11
96114 Hirschaid
Tel.: 09543-84440

Öffnungszeiten

Täglich ab 6.30 Uhr
Dienstag Ruhetag
Von 1. Mai bis Anfang Sep. bei
schönem Wetter kein Ruhetag -
Biergarten geöffnet

Spezialität

Bierknöchla

Brauereigasthof Reichold

Gründung: 1906 | Brauer: Jörg Reichold | Ausstoß: 3600 hl

Biersorten

Hochstahler Lager, Hochstahler Zwick'l, Hochstahler Weizen, Hochstahler Dunkel.

Saisonal

Hochstahler Maibock (ab April)

Der Klassiker

Hochstahler Lager

Festausrüster

Fassbier, Bierbänke, Kühlwagen, Schankwagen.

NICHT SO SÜSS, LEICHT GEHOPFT UND SEHR SÜFFIG

So beschreiben Fans das Lagerbier aus dem Hause Reichold, einer weiteren der Aufsesser Weltrekordbrauereien. Das über 100-jährige Familienunternehmen wird momentan von Jörg Reichold geführt, der neben dem Bier auch einen sehr feinen Bierschnaps in die Angebotspalette aufgenommen hat. Dank des guten Rufes verschickt er seine Bierkästen mittlerweile in die ganze Welt.

Anschrift & Kontakt

Hochstahl 24
91347 Aufseß
Tel: 09204-271
Fax: 09204-919276

Öffnungszeiten

Werktags 8 bis 18 Uhr

Website: www.reichold.de

Termine

Bockbieranstich (1. Mai)
Kirchweih (1. WE im Juli)
Kirchweih (WE nach dem
10. November)

NICHT VERPASSEN!

Das sollten sie den ersten Mai bzw. die Zeit danach, wenn der legendäre Maibock erst angestochen und dann ausgeschenkt wird. Dazu schmeckt die gutbürgerliche Küche mit Schnitzel,
Bräten, Wildgerichten und guter klassischer Brotzeit. Hier kann man übrigens den Aufseßer
Brauereienrundweg mit den vier Weltrekordbrauereien starten (oder weitergehen). Nach er-
folgreicher Beendigung wird Ihnen eine Urkunde überreicht.

**BRAUEREIGASTHOF
REICHOLD**

Anschrift

Hochstahl 24
91347 Aufseß
Tel.: 09204-271

Öffnungszeiten

April bis Oktober:
Mi bis So ab 8 Uhr, Mo und Di ab
17 Uhr, Kein Ruhetag
November bis März:
Mi bis So ab 8 Uhr, Mo und Di
Ruhetag, Urlaubszeiten bitte im
Internet nachlesen!

Spezialität

Schäuferla und Sauerbraten

Familienbrauerei Georg Meinel GmbH

Gründung: 1731 | Brauer: Hans-Joachim Hansen | Ausstoß: 18000 hl

Biersorten

Classic Pils, Gold Lager, Dark Lager, Märzen, Mephisto, Weizen.

Saisonal

Absolvinator (Fastenzeit), Hunnenbier (zum Burgfest im Mai), Konrad und Mariechen (ab Fronleichnam), Doppelbock hell (Okt. bis Weihnachten), Weizenbock (Okt. bis Weihnachten)

Der Klassiker

Classic Pils

Festausrüster

Fassbier, Zelt, Bierbänke, Schirme, Kühlwagen, Schankwagen.

Heimdienst

In Stadt und Landkreis Hof.

ÜBER ZEHN GENERATIONEN ALT

Seit bald 20 Jahren leitet Inhaberin Gisela Meinel-Hansen, Tochter von Friedrich Meinel, der die Brauerei zuvor Jahrzehnte lang führte, gemeinsam mit ihrem Ehemann und Braumeister Hans-Joachim Hansen den Betrieb. Mittlerweile sind auch die beiden Töchter Monika und Gisela mit im Boot und mischen die fränkische Brauerszene quasi von ganz oben auf. Von den zahlreichen Biersorten möchten wir den Absolvinator herausgreifen. Das kräftige, malzaromatische dunkle Starkbier trägt weltweit als einziges Bier den Namen einer Schülerverbindung (RAAV Absolvia Hof 1869) und wird jährlich zu Beginn der Fastenzeit angestochen.

Bus 4, 6344 Stadtpark, Hof (Saale)

Anschrift & Kontakt

Alte Plauener Straße 24
95028 Hof
Tel.: 09281-3514
Fax: 09281-77621

Öffnungszeiten

Mo bis Do von 7 bis 17.30 Uhr
Fr von 7 bis 17 Uhr
Sa von 8 bis 12 Uhr

Website: www.meinel-braeu.de

Termine

Bockbierfest (Mitte Oktober)
Absolvinatoranstich (Sa nach Aschermittwoch)
Hofer Volksfest (Ende Juli)
Burgfest (Anfang Mai)

DAS URGESTEIN

Meinel's Bas ist eine der ältesten Schankwirtschaften in Hof, benannt nach Kunigunde Barbara Meinel. Sie ließ 1861 das Haus von einer Schankwirtschaft in eine Speisegaststätte umbauen. Wegen ihrer Herzensgüte sehr beliebt, wurde sie im Volksmund die „Meinel's Bas" genannt. Heute findet sich hier auch einer der schönsten Biergärten der Region. Neben den Mitarbeitern der Brauerei relaxt ein bunt gemischtes Publikum bei feinen fränkischen Speisen und extrem frisch gezapftem Meinel Bier.

MEINEL'S BAS

Anschrift

Vorstadt 13
95028 Hof
Tel.: 09281-141366
www.meinels-bas.eu

Öffnungszeiten

Täglich ab 8 Uhr
Kein Ruhetag

Spezialität

Schäuferle

Scherdel Bier GmbH & Co. KG

Gründung: 1831 | Brauer: Günther Spindler | Ausstoß: 100000 hl

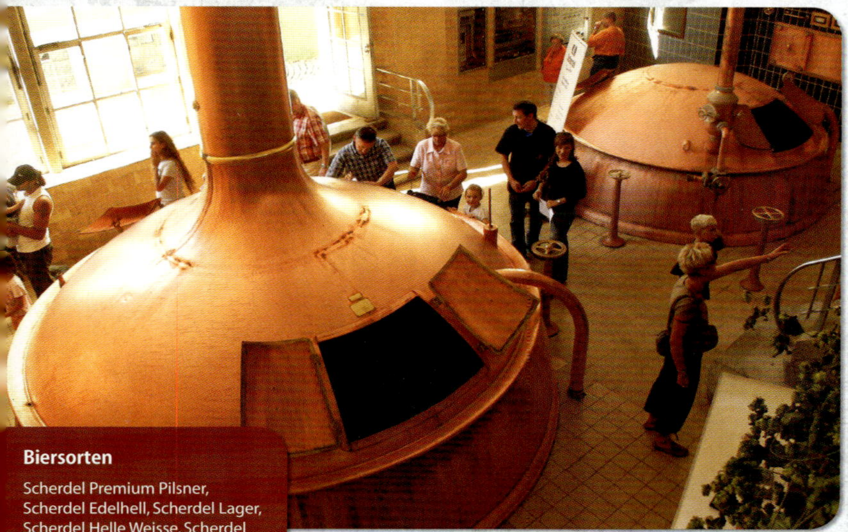

Biersorten

Scherdel Premium Pilsner, Scherdel Edelhell, Scherdel Lager, Scherdel Helle Weisse, Scherdel Schwarzes, Scherdel Landbier, Scherdel Light, Scherdel Free (alkoholfrei), Scherdel Radler, Scherdel Diät, Scherdel Kristall Weisse, Scherdel Leichte Weisse.

Saisonal

Schlappenbier (ab dem Montag nach Pfingstmontag solange Vorrat reicht)

Der Klassiker

Scherdel Premium Pilsner

Festausrüster

Fassbier, Bierbänke, Schirme, Kühlwagen, Schankwagen.

Heimdienst

Markgrafen Heimdienst
Lichtenfelser Straße 6
95326 Kulmbach

PILSKOMPETENZ

Die Wurzeln der Brauerei Scherdel reichen zurück bis ins Jahr 1610, offizielles Gründungsdatum ist jedoch 1831 als Georg Matthäus Scherdel sein eigenes Sudhaus im Unterkotzauer Weg baute. Mit dem legendären Scherdel Edelhell, einem kräftigen Pilsner, erhielt die Brauerei ihre heutige Bedeutung. Heute werden die Biere der Brauerei Scherdel im östlichen Oberfranken und der nördlichen Oberpfalz vertrieben und die Brauerei wird als eigenständige Tochter der Kulmbacher Brauerei AG geführt.

DB

Anschrift & Kontakt

Unterkotzauer Weg 14
95028 Hof
Tel.: 09281-8960
Fax: 09281-89644

Öffnungszeiten

Mo bis Do 7.30 bis 12 Uhr und
13 bis 16.30 Uhr
Fr 7 bis 13 Uhr

Website: www.scherdelbier.de

Termine

Hofer Volksfest (ab letztem WE
im Juli)

DONNERSCH-DOOCH IS KLEESS DOOCH

Bereits 1898 floss in der Weinkiste Scherdelbier aus dem Zapfhahn. Dazu kommt auch in den 2007 in der Ludwigsburg bezogenen neuen Räumen ein reichhaltiges Speisenangebot mit täglich wechselnden regionalen Spezialitäten. An jedem Donnerstag ist, wie „bei die oltn Hofer, Kleess-Dooch", dazu gibt es verschiedene Bratengerichte. Das Feierabendbier wird traditionell aus dem 15-Liter-Bauchfass geschenkt. Da dürfen es ruhig auch mal zwei oder drei Schnitt sein. Neben dem Pils wird Weissbier und Schwarzes Scherdel aus dem Fass geschenkt, auch im Angebot sind Landbier und das legendäre Edelhell. Für die Weinliebhaber birgt die umfangreiche Auswahl an fränkischen Weinen und Weinen aus aller Herren Länder ein reichhaltiges Angebot.

SCHERDELS WEINKISTE

Anschrift

Ludwigstraße 22
95028 Hof
Tel.: 09281-2181
www.weinkiste-hof.de

Öffnungszeiten

Mi und Sa 11 bis 14 und ab 17 Uhr
Täglich ab 17 Uhr
Sonntag Ruhetag (nach Anmeldung für Gruppen auch außerhalb dieser Zeiten geöffnet)

Spezialität

Hofer Brotzeitbrettla

Eine echte Bier-Erfolgsgeschichte

www.bierland-oberfranken.de

Würde man über Oberfranken ein Raster legen mit Quadraten, die eine Seitenlänge von sechs mal sechs Kilometer haben, so wäre in jedem dieser Raster eine Brauerei. Oder anders ausgedrückt: Egal von welcher Richtung man mit dem Auto durch Oberfranken fährt: im Durchschnitt kommt alle sechs Kilometer eine oberfränkische Brauerei.

Diese Tatsache ist zwar nicht neu, aber lange Zeit war das keinem bewusst. Erst die Initiative von Dr. Bernd Sauer und einigen Mitstreitern verschaffte den oberfränkischen Brauern Gemeinschaftsgefühl und Selbstbewusstsein. Schon der Auftakt mit einem kleinen Bierwettstreit Franken gegen Bayern (wohlgemerkt in München) sorgte für Furore, heute, einige Jahre später, ist der Begriff Bierland Oberfranken nicht mehr aus dem deutschen Tourismuswortschatz wegzudenken.

Am deutlichsten sichtbar machen dies die neuen Autobahnschilder, die seit kurzem an den Einfallstoren nach Oberfranken aufgestellt sind. Mit dem Text „Genussregion Oberfranken - Land der Brauereien" wird jedem Autofahrer klargemacht, dass er im wohl kulinarisch spannendsten Teil von Deutschland angekommen ist. Eine weltweit einzigartige Dichte von Brauereien, Bäckereien, Metzgereien und Brennereien erwartet die Gäste, es gilt über 1.000 verschiedene Biere zu verkosten - nach Aussage von Kennern eine wahre Lebensaufgabe.

Für alle, die erst einmal virtuell im Bierland Oberfranken stöbern möchten, initiierte der Verein eine komplette Online-Datenbank, in der alle Brauereien mit Portraits und Ausstattung zu finden sind. Darüber hinaus finden sich auch über 500 Bierkeller und Biergärten und 54 Brauereitouren, die das umfassende Angebot ergänzen. Mehr brauchen Sie nicht zur Urlaubsplanung in der Genussregion - Hunger und Durst kommen schließlich von selbst!

Infos im Internet:
www.bierland-oberfranken.de

Genussregion Oberfranken
Land der Brauereien

Bier.BY
BIERKULTUR ERLEBEN

Brauerei Zum Goldenen Adler

Gründung: 1775 | Brauer: Adam Endres | Ausstoß: 200 hl

MINI-BRAUEREI

Die kleine Familienbrauerei wird von Familie Endres geleitet. Bierliebhaber können im Brauerei-Gasthof ein ungespundetes, unfiltriertes Kellerbier genießen, das nach alter Familientradition gebraut wird. Die Höfener Brautradition geht bis auf das Jahr 1775 zurück, und auch noch heute schmeckt Einwohnern wie Gästen das bernsteinfarbene, gut ausgewogene, malzig und würzige Kellerbier vom ersten bis zum letzten Schluck.

Biersorten
Ungespundetes Lager.

Der Klassiker
Ungespundetes Lager

Anschrift & Kontakt

Höfen 21
96179 Rattelsdorf
Tel.: 09547-264
Fax: 09547-288

Öffnungszeiten

Mo bis Fr ab 15 Uhr
So ab 11 Uhr
Dienstag und Samstag Ruhetag

Website: www.bier.by

Termine

Brauereifest (Anfang September, alle 2 Jahre, in den geraden Jahren)
Kirchweih (1. WE im Oktober)

SELBST IST DIE FAMILIE

Nicht nur das Bier wird hier hausgemacht, auch die Brotzeiten, allem voran die Spezialitäten wie Presssack und Leberwurst stammen aus Hausschlachtung - und die guten Kuchen für den Kaffeetisch am Sonntag werden ebenfalls selbst gebacken. Für die warme Küche gibt es jeden Tag eine wechselnde Speisekarte, also lohnt sich der Besuch hier prinzipiell immer...

BRAUEREI-GASTHOF ZUM GOLDENEN ADLER

Anschrift

Höfen 21
96179 Rattelsdorf
Tel.: 09547-264

Öffnungszeiten

Mo bis Fr ab 15 Uhr
So ab 11 Uhr
Dienstag und Samstag Ruhetag

Spezialität

Bocksbraten

Brauereigasthof Hofmann

Gründung: 1897 | Brauer: Elfriede Hofmann | Ausstoß: 1500 hl

DIE FRAUEN UND DIE GUTEN TROPFEN

Drei Brauereien in Gräfenberg stehen unter der Ägide von Frauen, so auch die Brauerei Hofmann, bei der Elfriede Hofmann sich um Sudhaus & Co. kümmert. Heraus kommt ein edler Tropfen, der Hofmanns Tropfen. Das ist allerdings keine Medizin oder ein Schnaps, sondern so heißt das Bier des Hauses. Für alle Bahnreisenden: Die Brauerei stellt auf Anfrage einen kostenlosen Bustransfer vom und zum Bahnhof Gräfenberg zur Verfügung!

Biersorten

Hofmann Export (dunkel).

Saisonal

Weihnachtsfestbier (November bis Dezember)

Der Klassiker

Hofmann Export

DB

Anschrift & Kontakt

Hohenschwärz 16
91322 Gräfenberg
Tel.: 09192-251
Fax: 09192-6906

Öffnungszeiten

Täglich 7 bis 20 Uhr
Montag ab 15 Uhr
Dienstag Ruhetag

Website: www.brauerei-hofmann.de

ÜBER 110 JAHRE GASTLICHKEIT

In den rustikalen Gasträumen gibt es vor allem deftige Brotzeiten, samstags aber auch warme Spezialitäten, wie zum Beispiel Schälrippla und Salzknöchla. Zwei Termine im Jahreskreis sollten Sie sich vormerken: Das Thuisbrunner Frühlingsfest am letzten Wochenende im April und die Kirchweih in Hohenschwärz, die immer am letzten Sonntag im Juli stattfindet. Hinter dem Haus findet sich ein gemütlicher Biergarten.

Termine

Thuisbrunner Frühlingsfest
(letztes WE im April)
Kirchweih Hohenschwärz
(letzter So im Juli)

BRAUEREIGASTHOF HOFMANN

Anschrift

Hohenschwärz 16
91322 Gräfenberg
Tel.: 09192-251

Öffnungszeiten

Mo ab 15 Uhr
Mi bis So ab 9.30 Uhr
Dienstag Ruhetag

Spezialität

Schälrippchen (Sa)

Brauerei Grasser

Gründung: 1503 | Brauer: Johannes Grasser | Ausstoß: 12000 hl

Biersorten

Huppendorfer Vollbier, Huppendorfer Pils, Huppendorfer Zwickel, Huppendorfer Hefeweizen.

Saisonal

Josefibock (im März)
Kathreinbock (im November)
Weihnachtsfestbier (im Dezember)

Der Klassiker

Huppendorfer Vollbier

Festausrüster

Fassbier, Bierbänke, Kühlwagen.

Heimdienst

Im Umkreis von 25 bis 30 km.

BAMBERGER ERBSCHÄNKE

Diesen Titel darf sich die Brauerei Grasser seit einigen Jahren zueigen machen, nämlich seit die Geschichte nicht mehr nur auf das Jahr 1750, wie lange Zeit gedacht, sondern bis auf das Jahr 1503 zurückreicht. Aus der damaligen Erbschänke ist eine moderne, ökologisch handelnde Braustätte geworden, die vor allem für ihr Vollbier bekannt ist. Daneben brauen die Brüder noch Pils, Zwickel und Hefeweizen, sowie saisonal Bock- (März und November) und Festbier (Weihnachten). Immer wenn Johannes Grasser der Sinn danach steht, setzt er außerdem einen Unikum-Sud an.

Bus 975, 976 Huppendorf

DB

Anschrift & Kontakt

Huppendorf 25
96167 Königsfeld
Tel.: 09207-270
Fax: 09207-636

Öffnungszeiten

Mo bis Fr 7 bis 17 Uhr
Sa 8 bis 16 Uhr

Website: www.huppendorfer-bier.de

Termine

Sommerkerwa (letztes WE im Juli oder 1. WE im August - von Jahr zu Jahr verschieden)
Kathreinbockanstich (Mitte November)
Kathreinkerwa (WE nach Buß- und Bettag)
Josefibockanstich (um den 19. März)

ZWEI BRÜDER AM WERK

Johannes und Christian Grasser können stolz auf die Tradition ihrer Brauerei sein. Über 500 Jahre schon entsteht hier Gerstensaft, der in den Inflationswirren 1923 übrigens den Sensationspreis von 500 Milliarden Mark pro Liter erzielte. Ganz so kostbar ist das Bier heute zwar nicht mehr, die Familie steht aber weiterhin voll und ganz hinter ihrer Brauerei und Brennerei, die auch noch mit Hausschlachtung (zertifizierter Schlachtbetrieb) aufwarten kann. Zudem zeigt man sich äußerst innovativ und hat mit einer neuen Brauanlage nebst Hackschnitzelheizung dafür gesorgt, dass für das Huppendorfer Bier kein Tropfen Öl mehr fließen muss.

BRAUEREI-GASTSTÄTTE GRASSER

Anschrift

Huppendorf 25
96167 Königsfeld
Tel.: 09207-270

Öffnungszeiten

Täglich ab 9 Uhr
Dienstag Ruhetag

Spezialität

Schweinebraten aus eigener Aufzucht

Brauerei Hütten Michael Trassl OHG

Gründung: 1887 | Brauer: Horst und Wolfgang Nickl | Ausstoß: k.A.

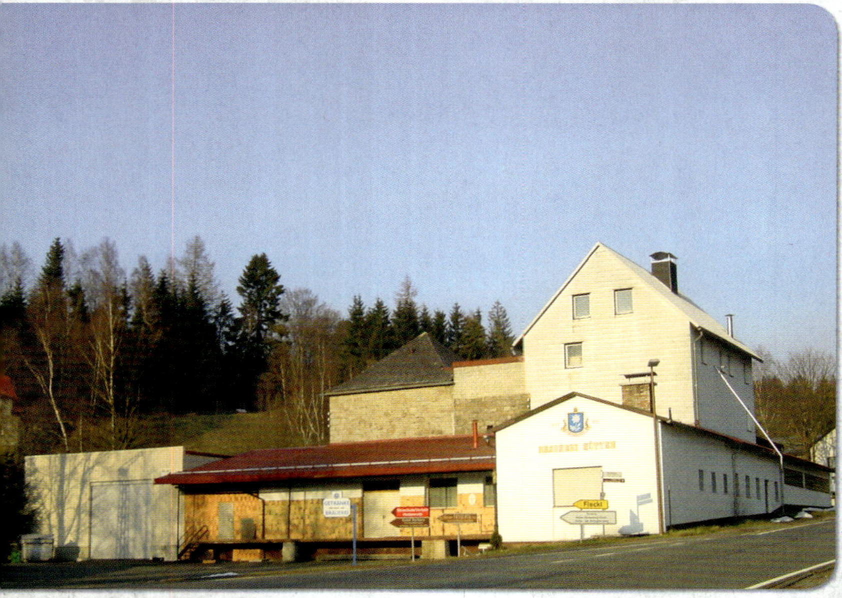

Biersorten

Pils, Dunkel, Märzen, Hefe Weisse, Leichte Weisse, Zwickl, Zoigl.

Saisonal

Export (April bis September)
Bockbier (November bis Februar)

Der Klassiker

Pils

Festausrüster

Fassbier, Zelt, Bierbänke, Schirme, Kühlwagen, Schankwagen.

Heimdienst

Im Umkreis von 30 km.

DAS NASS AUS DEM LUFTKURORT

Mitten im Herzen des Fichtelgebirges liegen der Luftkurort Warmensteinach und sein Ortsteil Hütten, wo sich auch die Brauerei Hütten befindet. Hier entspringen die Quellen für das gute Brauwasser der meisten oberfränkischen Brauereien, die Hüttener Brauerei sitzt also in der Pole Position. Aus dem Sudhaus kommen unter anderem ein kräftiges bernsteinfarbenes Märzen, ein dunkles, süffiges Festbier und das Hüttener Pils, das es auch als Zwerg in der kleinen Flasche gibt.

Anschrift & Kontakt

Hütten 6-8
95485 Warmensteinach
Tel.: 09277-312
Fax: 09277-1369

Öffnungszeiten

Mo bis Fr 7.30 bis 12 Uhr und 13
bis 17 Uhr
Sa 9 bis 12 Uhr

Website: www.brauerei-huetten.de

Brauerei Schleicher

Gründung: 1880 | Brauer: Oskar Döllinger | Ausstoß: 4800 hl

Biersorten

Kaltenbrunner Pils, Itzgrunder Landbier, Storchen Bier, Kaltenbrunner Vollbier.

Saisonal

Kaltenbrunner Bock (Oktober bis März)

Der Klassiker

Kaltenbrunner Pils

Festausrüster

Fassbier, Bierbänke, Kühlwagen, Schankwagen.

Heimdienst

Im Umkreis von 50 km.

UNERMÜDLICH

So arbeitet man bei der Brauerei Schleicher in Kaltenbrunn. Hatte man doch gerade erst alles neu renoviert, machte ein Brand im November 2009 wieder einen großen Teil der Arbeit zunichte. Glücklicherweise konnte es mit dem Bier schnell wieder weitergehen, und Familie, Nachbarn und Freunde halfen zusammen, damit alles wieder im alten Glanz erstrahlte. Der Klassiker aus der wiedererstandenen Brauerei ist das Vollbier, hell, klar und mit einem würzigen Geschmack. Ein weiteres Highlight stellt das Storchen-Bier dar, das es nur saisonal und in der 0,33l - Flasche gibt, ein mildes und schlankes sehr feines Bier.

Anschrift & Kontakt

Coburger Straße 22
96274 Itzgrund
Tel.: 09533-229
Fax: 09533-1567

Öffnungszeiten

Mo bis Sa 7 bis 19 Uhr

Website: www.brauerei-schleicher.de

Termine

Kirchweih (Mitte Juli)

NEUES BRÄUSTÜBLA

Die Patina der alten dunklen Holzbalken ist durch die Renovierung verschwunden, das Bräustübla kommt nun mit viel hellem Holz und sogar ein bisschen Innenraum-Fachwerk daher. Vor allem die vorbeifahrenden Hungrigen können nicht widerstehen, hier mitten im Ort die gute Küche zu genießen. Dank der üppigen Portionen werden immer alle satt. Zu den Braten oder auch der beliebten Bräustübla-Pfanne serviert Maria Döllinger echte Thüringer Klöße.

BRÄUSTÜBLA

Anschrift

Wirtsgasse 4
96274 Itzgrund
Tel.: 09533-980933

Öffnungszeiten

Fr und Sa ab 17 Uhr
So 11 bis 14 Uhr und ab 17 Uhr
Montag bis Donnerstag Ruhetag

Spezialität

Bräustübla-Pfanne

Wagner-Bräu GmbH & Co. KG

Gründung: 1788 | Brauer: Hubert und Georg Wagner | Ausstoß: 9000 hl

NICHT OHNE DIE PASSENDEN FRAUEN

1788 wurde die Brauerei erstmals urkundlich erwähnt. Seitdem haben Ururgroßvater, Urgroßvater, Großvater und jetzt Hubert und Georg Wagner eine echt fränkische Brauerei mit Gasthof wachsen lassen. Das wäre natürlich nicht ohne die passenden Frauen gegangen, die neben Haushalt auch noch Gastwirtschaft, Wäscherei und alles, was noch dazugehört, erledigt haben. Ein typischer, mittelständischer, traditioneller Familienbetrieb also, der nunmehr in der 5. Generation besteht und seit 2010 auch über ein komplett neues Brauhaus verfügt.

Biersorten

Pils, Märzen, ungespundetes Lagerbier, Schwarzbier, Landbier, Weizen, Rauchbier.

Saisonal

Festbier (zu Ostern, Pfingsten, Kirchweih und Weihnachten) Bockbier (ab November) Zwillingsbier (4 bis 5 x im Jahr für ca. einen Monat)

Der Klassiker

Pils

Festausrüster

Fassbier, Bierbänke, Kühlwagen, Schankwagen.

Heimdienst

Im Umkreis von ca. 20 km.

DB

Anschrift & Kontakt

Hauptstraße 15
96164 Kemmern
Tel.: 09544-6746
Fax: 09544-982072

Öffnungszeiten

Täglich 8 bis 19 Uhr
So ab 15 Uhr
Dienstag Ruhetag

Website: www.brauerei-wagner.de

Termine

Fischkirchweih (Ende Juni)
Seefest (Ende Juli)
Kirchweih (letztes WE im August)
Bockbieranstich (Anfang November)

DE PROFUNDIS

Aus der Tiefe kommt das frische Brauwasser, aus dem die Wagner-Biere in Kemmern entstehen. Es ist sicher mitverantwortlich für den unverwechselbaren Geschmack, beispielsweise des Schwarzbieres, das hier immer frisch aus dem Fass gezapft wird. Der traditionsreiche Familienbetrieb bringt es schon auf über 230 Jahre und wird heute von Senior Georg und den Brüdern Hubert und Lorenz Wagner geführt. Fleisch und Wurst kommen direkt von der Metzgerei gegenüber, dadurch ist vor allem ein reichhaltiges Brotzeitangebot garantiert.

GASTHOF BRAUEREI WAGNER

Anschrift

Hauptstraße 15
96164 Kemmern
Tel.: 09544-6746

Öffnungszeiten

Täglich ab 15 Uhr
Sonntag 10 bis 12 und ab 15 Uhr
In den Sommermonaten Mi und
Sa ab 12 Uhr, Dienstag Ruhetag

Spezialität

Hausplatte

Brauereigaststätte Hoh

Gründung: 1775 | Brauer: Johannes Seeber | Ausstoß: 800 hl

BIER-PROZESSION

Dieser Prozess beschreibt den uralten Weg der Gäste auf einem Bierkeller, mit dem leeren Krug zum Ausschank, als Belohnung die Befüllung, der Weg zurück, erfrischen und trinken, und schon ist der Krug wieder leer. Diese Sportart gibt es je nach Leistungsfähigkeit in der Halbliter- und Literklasse. Beides wird gerne bei Johannes Seeber, der den Betrieb seines Großonkels Pankraz Hoh übernommen hat, mit seinem guten dunklen Lagerbier zelebriert.

Biersorten
Dunkles Lagerbier.

Der Klassiker
Dunkles Lagerbier

DB

Anschrift & Kontakt

Köttensdorf 4
96110 Scheßlitz
Tel.: 09542-627
Fax: 09542-772458

Öffnungszeiten

Mo bis Fr ab 15.30 Uhr
Sa und So ab 15 Uhr
Mittwoch Ruhetag

Website: www.bier.by

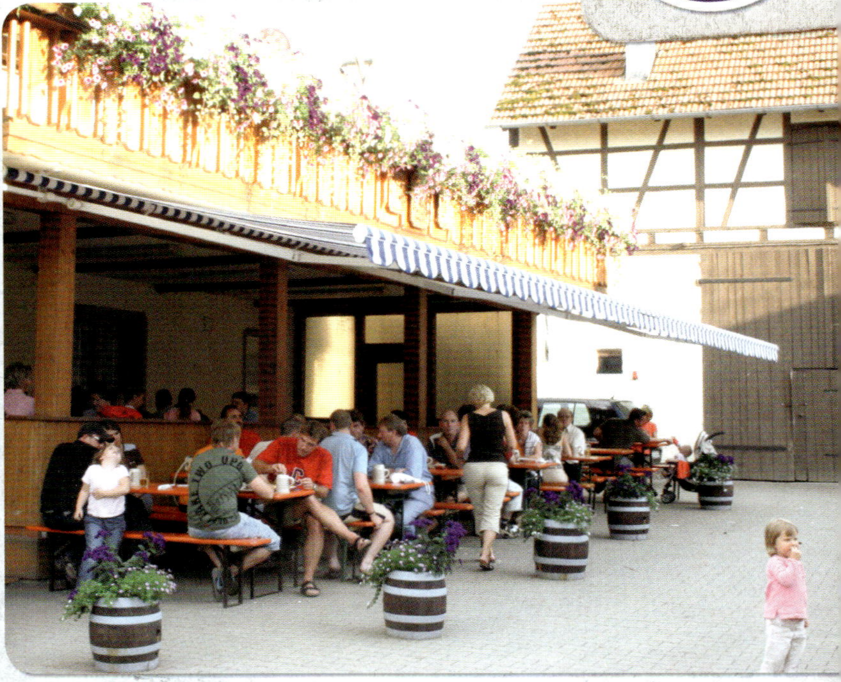

BRAUEREIGASTSTÄTTE HOH

Anschrift

Köttensdorf 4
96110 Scheßlitz
Tel.: 09542-627

Öffnungszeiten

Mo bis Fr ab 15.30 Uhr
Sa und So ab 15 Uhr
Mittwoch Ruhetag

Spezialität

Pfefferhähnchen

PFEFFERHÄHNCHEN MIT LAGERBIER

Die Küche bietet Hausmacher Brotzeiten und täglich eine mittelgroße Karte mit warmen Gerichten. Die Spezialitäten des Hauses sind Pfefferhähnchen, Currywurst und Mettwurstbrot mit Zwiebeln. Dazu kommt das gute Lagerbier und natürlich der tägliche Plausch rund um die Neuigkeiten in und um den kleinen Ort.

Antlabräu

Gründung: 2009 | **Brauer: Bernd Hautmann** | **Ausstoß: 1000 hl**

DIE HOCHZEITSBRAUEREI

Kronachs zweites Kind in Sachen Brauerei hat erst wenige Monate auf dem Buckel, ist aber trotzdem aus Kronachs Altstadt nicht mehr wegzudenken. Im Gegensatz zum Mittelalter enden Sturmangriffe nun erfolgreich - und so fallen immer wieder kleinere und größere Gruppen in der schmucken Gasthausbrauerei ein. Monatlich wechselnde Biere sorgen für Abwechslung, bieraffine Hochzeitspaare können sich ein ganz besonderes Vermählungsgeschenk machen: Bernd Hautmann braut mit ihnen rechtzeitig vor dem Fest ihren ganz eigenen Hochzeitssud - wenn das mal keine Motivation zum Heiraten ist!

Biersorten

`s Antla e1ns, `s Antla Flößer, `s Antla Kellerweizen.

Saisonal

Starkbier (6. Januar), Antlator (Februar), Frühlingsbier (April), Maibock (Mai), „Katharina von Bora" (Fronleichnam), Löschbier (Juli), Festbier (August), Erntedankbier (September), Schwärzla (Oktober), Weihnachtsbier (November)

Der Klassiker

`s Antla e1ns

HEISSE ENTE

Dass es in einer Gasthausbrauerei urig zugeht und auch so aussieht, kann man erwarten. Doch hier im Antla setzt man in jeder Hinsicht noch einen drauf. Süffige Biere und damit zubereitete Gerichte, ein traumhafter Biergarten und der Namensgeber des Hauses - ein Entengrill (Im Kronacher Dialekt Ente = Antla) sorgen für ein unverwechselbares Ambiente. Besonders lohnenswert ist der Besuch am Dienstag, denn dann ist Schaubrauen angesagt. Wir wünschen guten Appetit!

`S ANTLA

Anschrift

Amtsgerichtsstraße 21
96317 Kronach
Tel: 09261-50459-50

Öffnungszeiten

Di bis Fr 11 bis 14 Uhr u. ab 17 Uhr
Sa, So und Feiertage ab 11 Uhr
Montag Ruhetag

Spezialität

Braumeisterschnitzel

Bier.BY
BIERKULTUR ERLEBEN

Kaiserhof Brauerei Gebr. Kaiser GmbH & Co.KG

Gründung: 1830 | Brauer: Thomas Kaiser | Ausstoß: 12000 hl

Biersorten

Kaiserhof Pilsner, Kaiserhöfer Keller-Äffla Urhell, Kaiserhöfer Kellerbier, Kaiserhöfer Schwedentrunk, Kaiserhöfer Schmäußbräu, Kaiserhöfer Lucas Cranach-Lagerbier, Kaiserhof Radler, Kaiserhof Weisser Kaiser, Kaiserhof Schwarzer Kaiser.

Saisonal

Kaiserhöfer Schützenfestbier (Juli/August)
Kronacher Festbier (November/Dezember)
Kaiserhöfer Kronator (Dezember bis März)

Der Klassiker

Kaiserhof Pilsner

Festausrüster

Fassbier, Bierbänke, Schirme, Kühlwagen, Schankwagen.

Heimdienst

Im Umkreis von 20 km.

DIE SCHÖNEN MOMENTE, FÜR DIE DER DURST ERFUNDEN WURDE

Der „Kaiserhöfer" ist eine traditionelle Familienbrauerei. Heute leiten Braumeister Thomas Kaiser und sein Bruder, Diplom-Betriebswirt Ulrich Kaiser, das mittelständische Unternehmen. Die Geschichte des Familienunternehmens reicht schon bis 1879 zurück als damals Bruno Kaiser das Anwesen in der Friesener Straße kaufte. Nun steht bereits die vierte Generation an den Braukesseln. Zur Brauerei gehört auch ein Gasthof. Dieser wurde 1992 komplett renoviert und eine Bierschwemme – die Kaiserhof-Tenne – mit integriert. Ein ganz besonderes Hobby wird hier auch noch gepflegt. So reist man selten ohne eine Flasche des eigenen Bieres in Urlaub, um diese dort in den außergewöhnlichsten Situationen abzulichten. Die so entstehenden Kunstwerke können in der Brauerei bewundert werden (siehe auch Foto).

DB

ÜBER 500 JAHRE GASTLICHKEIT

Das Wirtshaus besteht schon seit dem 15. Jahrhundert. Mittlerweile hat man natürlich schon mehrfach umgebaut, beim letzten Mal kam mit der Kaiserhof-Tenne sogar noch eine Art Extra-Wirtschaft hinzu. Zum Bier gibt es fränkische Klassiker, aber auch bierige Gerichte, die mit den frischen Erzeugnissen aus der Brauerei verfeinert werden. Aus dem kleinen Biergärtchen hat man einen guten Blick auf die Brauerei und kann so sehen, wie das entsteht, was im Krug vor einem ist.

Kommunbräu Kulmbach

Gründung: 1992 | Brauer: Alexander Matthes | Ausstoß: 1200 hl

Biersorten

Bernstein, Hell.

Saisonal

Brezenbier (Januar)
Kommunator (Februar)
Märzen (März)
Hexenbier (April)
Deflorator (Mai)
Sommerbier (Juni)
Kerwafestbier (Juli)
Sommerweizen (August)
Roggenbier (September)
Kerwafestbier Dunkel (Oktober)
Kommoonbier (November)
Delirium (Dezember)
Kommunator Riserva (Dezember)

Der Klassiker

Bernstein

BOLLWERK FRÄNKISCHER WIRTSHAUSKULTUR

Mehr als 15 Jahre Kommunbräu dokumentieren stetiges Wachstum und kontinuierliche Investition in Haus und Technik zum Nutzen der Qualität des Bieres. Ein Bollwerk fränkischer Wirtshauskultur, Gemütlichkeit und Gastfreundlichkeit, die sich in die Herzen der Gäste verwurzelt haben. Eine Handwerksbrauerei mitten in der heimlichen Hauptstadt des Bieres erfolgreich zu betreiben, ist schon eine Herausforderung. Der Geschmack des Bieres ist hier wohl das Geheimnis des Erfolges.

Anschrift & Kontakt

Grünwehr 17
95326 Kulmbach
Tel.: 09221-84490
Fax: 09221-4566

Öffnungszeiten

Täglich ab 10 Uhr
Kein Ruhetag

Website: www.kommunbraeu.de

Termine

Kirchweih (1. WE im Juli und 2.
WE im Oktober)
Sommerfest (Mitte August)
Anstich des Bieres des Monats
(jeden 1. Mi im Monat, Bierka-
lender)

EINE BRAUEREI, DIE ALLEN GEHÖRT

Die Kommunbräu ist Alltag geworden. Viele der Gäste und Kunden sind überrascht, wenn sie hören, dass schon der 10. Geburtstag gefeiert werden konnte. Treffpunkt für Jung und Alt, Männlein und Weiblein, Zentrum für Begegnungen, Gespräche, gutes Essen, Kultur im Wirtshaus, aber alles überlagert von der Idee des anderen Bieres. Unfiltriert, handwerklich mit viel Zeit gebraut, geschmacksintensiv und daher auch schnell verderblich – für den Bierliebhaber zum zeitnahen Genuss. Dazu noch eine leckere, bierige Küche zu vernünftigen Preisen. Eine glaubwürdige Alternative, in jeder Hinsicht.

**BRAUEREIWIRTSHAUS
KOMMUNBRÄU**

Anschrift

Grünwehr 17
95326 Kulmbach
Tel.: 09221-84490

Öffnungszeiten

Täglich ab 10 Uhr
Kein Ruhetag

Spezialität

Braumeistersteak

Kulmbacher Brauerei AG

Gründung: 1996 | Brauer: Hermann Nothhaft und Stefan Simon | Ausstoß: 2,4 Mio hl

Biersorten

Über 30 Biersorten, bestehend aus den Marken Mönchshof, Kapuziner, EKU und Kulmbacher.

Saisonal

Kulmbacher Eisbock (zur Fastenzeit)
EKU Festbier (ab Juli)
Mönchshof Festbier (ab Juli)
Kulmbacher Festbier (ab Juli)
Mönchshof Bockbier (im Herbst)
Weihnachtsfestbier (zur Adventszeit)
Kapuziner Winterweizen (zur Adventszeit)

Der Klassiker

Kulmbacher Edelherb, Mönchshof Kellerbier, Kapuziner Weißbier, EKU Pils

Festausrüster

Fassbier, Kühlwagen, Schankwagen.

Heimdienst

Markgrafen Heimdienst
Lichtenfelser Straße 6
95326 Kulmbach

VIER BRAUEREIEN IN EINER

1996 wurden die ehemals eigenständigen Brauereien Reichelbräu, Sandlerbräu, Mönchshof und EKU unter dem Dach der Kulmbacher Brauerei AG vereint. Heute ist sie eine der führenden Pilsbrauereien Süddeutschlands. Dabei bekennt sich das Unternehmen zu ihren fränkischen Wurzeln, ist aber zugleich auf dem überregionalen Markt sehr aktiv. Unter dem Dach der Kulmbacher Brauerei werden heute über 30 verschiedene Biere eingebraut, eine in Franken einmalige Vielfalt! Dazu gehört übrigens auch das im Brauereimuseum gebraute Museumsbier.

Bus 8344 Berufsschule, Kulmbach

DB

IN DER ALTEN BRAUEREI

Über 600 Jahre Tradition spürt man in den liebevoll restaurierten Räumen der ehemals klösterlichen Anlage. Dicke Mauern, tiefe Gewölbe und ein Biergarten der Superlative erwarten die Besucher und verheißen jede Menge Köstlichkeiten rund um Hopfen und Malz. Im Brauerei- und Bäckereimuseum, das sich im selben Gebäude befindet, kann man die Biergeschichte nicht nur in der Theorie, sondern dank der Museumsbrauerei auch in der Praxis erleben.

Kulmbacher Bierwoche

www.kulmbacher.de/de/biwo/

Kulmbach nimmt für sich den Titel „heimliche Hauptstadt des Bieres" in Anspruch - teils zu Recht. Steht doch sogar im Duden: „Kulmbacher, das;-s (ein Bier)".

Der Ruf fußt auf den alten Tagen vor mehr als 100 Jahren, als Kulmbach noch mit C geschrieben wurde. Bereits damals war das Bier ein Exportschlager: 733000 Hektoliter gingen im Jahr 1900 in alle Welt. In der namibischen Wüste werden heute noch Flaschen aus dieser Zeit gefunden. Diese Tradition muss gefeiert werden: in der Bierwoche!

An jedem letzten Samstag im Juli vollzieht sich in der Bierstadt Kulmbach ein „heiliger Akt": Der Oberbürgermeister der Stadt Kulmbach bringt mit gezielten Hammerschlägen das Fest- bier zum Fließen – neun Tage lang versetzt die Kulmbacher Bierwoche die Markgrafenstadt am Fuße der Plassenburg in einen fröhlichen Ausnahmezustand. Und mehr als 100 000 Gäste feiern mit. Ziel aller Bierfreunde ist der legendäre Kulmbacher Bierstadl im Herzen der Stadt, wo ein Top-Programm geboten wird. Heimische Musikvereine sorgen bereits ab Mittag für Feier- laune im Stadl, während am Abend bekannte Stimmungskapellen das Zelt zum Beben bringen. Ein besonderer Höhepunkt ist der „Tag der Fanclubs" am ersten Bierfestsonntag: Hier ziehen Freunde des Kulmbacher Biers aus ganz Deutschland in einem Festzug mit originellen Wagen durch die Kulmbacher Innenstadt zum Kulmbacher Bierstadl, wo die schönsten Gefährten und Standarten prämiert werden.

Bayerisches Brauereimuseum mit Gläserner Brauerei

Gründung: 1994 | Brauer: Robert Boser

„Kultur und Genuss unter einem Dach" ist das Motto des Kulmbacher Mönchshofs, in dem das Bayerische Brauereimuseum, das Bayerische Bäckereimuseum, das Museumspädagogische Zentrum und die Brauereigaststätte „Zum Mönchshof-Bräuhaus" mit Biergarten beheimatet sind.

„HEUTE BACK' ICH, MORGEN BRAU' ICH"

Auf über 3.000 m² Ausstellungsfläche nimmt sich das Bayerische Brauereimuseum gekonnt des Spektrums Bier an und beleuchtet eindrucksvoll die herausragende Bedeutung, die das „flüssige Gold" in Bayern, Franken und speziell in Oberfranken spielt. Mit vielen interaktiven Stationen wird der Museumsbesuch zu einem unvergesslichen Erlebnis. Von der Kunst des handwerklichen „Bierbrauens um 1900" führt die Ausstellung zum technisierten und computergesteuerten „Bierbrauen heute". Die Themen „Bierkultur im Wandel der Zeit", „Bier und Werbung", sowie „Brauereiarchitektur" werden ebenso behandelt, wie auch die kleinen Fragen des Alltags beantwortet werden: „Ist Bier gesund?" oder „Macht Bier dick?". Wertvolle Exponate, wie eine 3000 Jahre alte Bieramphore, wundervolle alte Bierkrüge, Sudhäuser und bibliophile Kleinodien runden die eindrucksvoll inszenierten Themenbereiche stimmungsvoll ab.

Biersorten
Museumsbier

Saisonal
Heller Bock - ab 05. Januar
Gartenweizen - ab 01. Mai
Erntedankbier - ab Ende Sept.
Lebkuchenbier - ab Ende Nov.

Der Klassiker
Naturtrübes Museumsbier

BRAUEREI MUSEUM

Anschrift & Kontakt

Hofer Straße 20
95326 Kulmbach
Telefon: 09221/ 805-14
Fax: 09221/ 805-15
www.kulmbacher-moenchshof.de
Kulmbacher-Moenchshof@
kulmbacher.de

Öffnungszeiten Museum

Di bis So 10-17 Uhr
und nach Vereinbarung
Montag Ruhetag

MÖNCHSHOF-BRÄUHAUS
MIT TERRASSE & BIERGARTEN

Öffnungszeiten Gasthaus

Di bis So ab 10 Uhr
durchgehend
Montag Ruhetag

Spezialitäten

Kulmbacher Pfefferhaxe,
Mönchshof-Bierfleisch,
Fränk. Bratwurstpfännchen

Höhepunkt des Besuches ist der abschließende Gang durch die „Gläserne Brauerei" mit ihren durchscheinenden Sudkesseln und den glänzenden Kupferhauben. Hier schauen Sie Braumeister Robert Boser direkt über die Schultern und können ihn nach Herzenslust zu seiner Arbeit in der Kleinbrauerei befragen. Gerne lässt er Sie hier das vollmundige, goldgelbe Museumsbier aus dem Lagertank probieren.

Oder wollen Sie einmal einen ganzen Tag in die Welt des Bieres eintauchen? Dann wäre ein Bierseminar bei Robert Boser in der Gläsernen Brauerei genau das Richtige für Sie. Die Termine erhalten Sie gerne auf Anfrage.

Im urigen Wirtshaus, dem Mönchshof-Bräuhaus, kann dann nach all der Theorie zur Praxis übergegangen werden. Eine große Biersortenvielfalt und typisch fränkische Köstlichkeiten in klösterlichen Gewölben warten auf Sie. Der schöne Biergarten mit den großen, uralten Kastanien und der weitläufige Abenteuerkinderspielplatz lädt an sonnigen Tagen gerne zum Verweilen und Entspannen ein. Genießen Sie fränkische Lebensart und: „kommen´s amal vorbei"!

Bayerisches Bäckereimuseum mit Gläsernem Backofen

Gründung: 2008 | Bäcker: Albrecht Aldinger

Der Klassiker
Hauseigenes Museumsbrot

Getreu dem Motto:

„HEUTE BACK' ICH, MORGEN BRAU' ICH"

finden Sie neben dem „Bayerischen Brauereimuseum" auch das „Bayerische Bäckereimuseum" im Kulmbacher Mönchshof.

Sie starten den Rundgang bei einem alten Backhäuschen aus dem 17. Jahrhundert. Es wirkt, als würde die Hexe von Hänsel und Gretel jeden Augenblick um die Ecke kommen. Über eine kurze landwirtschaftliche Abhandlung „vom Halm zum Korn" wird dann der Blick frei auf eine dreistöckige Mühle. Hier können Sie sich über Antriebsarten historischer Mühlen und verschiedene Mehlsorten informieren. Rund um eine alte Backstube ist das Thema „vom Mehl zu den Backwaren" inszeniert. Welche Gebäckarten gibt es? Welche Zutaten werden benötigt und wie werden sie zubereitet? Welche Maschinen und Backformen wurden verwendet? Welche Essgewohnheiten sind uns überliefert? Auf all diese Fragen finden Sie hier eine Vielzahl von Exponaten, Hörstationen und Info-Tafeln, die Ihnen eine Antwort geben. Ein „Tante-Emma-Bäckerladen" und ein „Bäckerausfuhrwagen" beschreiben den Weg des Brotes vom Bäcker zum Kunden und zum Schluss geht es um Brauchtumsgebäck und wie das Brot Zuhause aufbewahrt wird. Auf dem beschriebenen Weg laden wir Sie zu kleinen Ausflügen in verschiedene Epochen ein: ins alte Ägypten, ins römische Reich, ins Mittelalter, in die Zeit der Industrialisierung und in das hier und heute. Kurz und gut: Von ägyptischer Backkultur bis zur heutigen Brotsortenvielfalt – das alles erfahren Sie im Bayerischen Bäckereimuseum. Am Ende des Rundgangs können Sie einen Happen Brot aus dem Steinbackofen verkosten. Sozusagen als kleine praktische Übung.

BÄCKEREI MUSEUM

MUPÄZ

Anschrift & Kontakt

Hofer Straße 20
95326 Kulmbach
Telefon: 09221-805 -14
Fax: 09221-805 -15
www.kulmbacher-moenchshof.de
Kulmbacher-Moenchshof@
kulmbacher.de

Öffnungszeiten Museum

Di bis So 10-17 Uhr
und nach Vereinbarung
Montag Ruhetag

MUSEUMSPÄDAGOGISCHES ZENTRUM (MUPÄZ)

Öffnungszeiten MUPÄZ:
Geöffnet nach Vereinbarung

Spezialitäten:
Museumspädagogische
· Kindergeburtstage
· Kochkurse
· Backaktionen
· Vorträge
· Themenführungen

Studieren, probieren, spielen - unter diesem Motto lädt das MUPÄZ ein, sich ganz praktisch mit dem Thema Ernährung auseinanderzusetzen. Das MUPÄZ ist kein neues Museum, sondern eine Ergänzung zu den beiden bestehenden Museen im Kulmbacher Mönchshof. Vorträge, Seminare, Tagungen sind im großen Vortragssaal mit seiner modernen Schauküche hervorragend untergebracht, der auch die Adalbert-Raps-Gewürzbibliothek beherbergt. Probieren – ist das Motto unserer Koch- und Backschule. Hier dürfen die Gäste selbst den Kochlöffel schwingen. Natürlich immer mit fachlicher Anleitung eines Profikochs! Kochaktionen für Jung und Alt stehen dabei ebenso auf dem Programm wie Kochseminare für Gruppen, Vereine, Schulen und Unternehmen. Oder es finden sich eben einfach „Gleichgesinnte", die hier den richtigen Ort für ihre Aktionen rund um das Thema Ernährung vorfinden. In unserem „Kinderreich" mit seinen attraktiven Spielmöglichkeiten lernen Kinder spielerisch und sammeln eigene Erfahrungen. Wir backen und kochen mit den Kindern und helfen ihnen Verantwortung für ihre Ernährung zu begreifen und übernehmen.

Brauerei Gradl

Gründung: 1683 | **Brauer: Hans und Stefan Wolfring** | **Ausstoß: 1500 hl**

MIT SCHUPFENFEST

Ganze 200 Seelen zählt das kleine Dorf Leups, das 1952 nach einem Blitzeinschlag zur Hälfte abgebrannt ist. Seitdem ist ein Viertel der Bevölkerung bei der Freiwilligen Feuerwehr. Doch das Feiern lassen sich die Leupser nicht nehmen, schon gar nicht, wo sie eine so gute eigene Brauerei besitzen. Da lässt sich prima der Durst löschen, was dann unter anderem auch die Stammtische Leupser Tal und Durstklopfer regelmäßig tun. Neben dem Schupfenfest im Juli lockt vor allem die Leupser Kerwa am ersten Septemberwochenende in den kleinen Ort, wenn Kerwaboum und Kerwamadla erst auf- und dann rumspielen . .

Biersorten
Leupser Dunkel, Leupser Pils.

Saisonal
Leupser Maibock (1. Mai)
Leupser Weihnachtsbock (eine Woche vor Weihnachten)

Der Klassiker
Leupser Dunkel

Anschrift & Kontakt

Leups 6
91257 Pegnitz
Tel.: 09246-247

Öffnungszeiten

Mo bis Sa 8 bis 16 Uhr

Website: www.bier.by

Termine

Kirchweih (1. So im September)
Schupfenfest (Juli)

BROTZEIT OHNE ENDE

Das ist das Programm im kleinen Leups. Natürlich gibt es auch ein paar warme Klassiker wie Currywurst & Co., allerdings schmecken die hausmacher Brotzeiten immer wieder verdächtig nach mehr. Abgerundet durch das süffige Dunkle vom Fass, lässt sich hier so mancher schöne Abend verbringen. Ein weiterer Geheimtipp aus dem kleinen Ort ist die Leupser Theatergruppe, die seit 2001 immer wieder kreative Stücke mit Namen wie „Die scharfe Maus" oder „Besuch aus dem All" auf die Bühne, den Leupser Schupfen, bringt.

GASTWIRTSCHAFT GRADL

Anschrift

Leups 6
91257 Pegnitz
Tel.: 09246-247

Öffnungszeiten

Täglich ab 9 Uhr
Dienstag Ruhetag

Spezialität

Hausmacher Sülze

Brauerei Gasthof Drummer

Gründung: 1763 | Brauer: Peter Drummer | Ausstoß: 1900 hl

IDEAL ZUR WANDERPAUSE

Die 1763 gegründete Brauerei hat sich auf die Stärkung der vielen Walberla-Wanderer eingestellt, die hier regelmäßig einkehren. Dafür ist das kräftige, dunkle Vollbier von Peter Drummer auch bestens geeignet. Im Sommer kann man diesen süffigen Gerstensaft auch im Biergarten um das Haus genießen.

Biersorten
Dunkles Vollbier, Helles Lager.

Der Klassiker
Dunkles Vollbier

Festausrüster
Fassbier, Bierbänke, Kühlwagen.

DB

Anschrift & Kontakt

Dorfstraße 10
91359 Leutenbach
Tel.: 09199-403
Fax: 09199-8720

Öffnungszeiten

Di bis Fr 11 bis 14.30 Uhr und ab
17 Uhr
Sa, So und Feiertage ab 11 Uhr
Montag Ruhetag

Website: www.bier.by

Termine

Kirchweih (2. So im Oktober)

RUSTIKAL UND FRÄNKISCH

Das sind die Attribute, die einem zum Gasthof der Drummers sofort einfallen. Beliebte Spezialitäten sind das mit Schinken, Käse und Zwiebeln gefüllte Schnitzel und die zahlreichen Brotzeiten aus der hauseigenen Metzgerei. Genau die richtige Kost für eine zünftige Wanderung auf oder um das Walberla.

BRAUEREI-GASTHOF DRUMMER

Anschrift

Dorfstraße 10
91359 Leutenbach
Tel.: 09199-403

Öffnungszeiten

Di bis Fr 11 bis 14.30 Uhr und ab
17 Uhr
Sa, So und Feiertage ab 11 Uhr
Montag Ruhetag

Spezialität

Bohnenkerne mit Kloß (Fr und Sa)

Sonnenbräu Lichtenberg

Gründung: 1904 | Brauer: Peter Trier | Ausstoß: k.A.

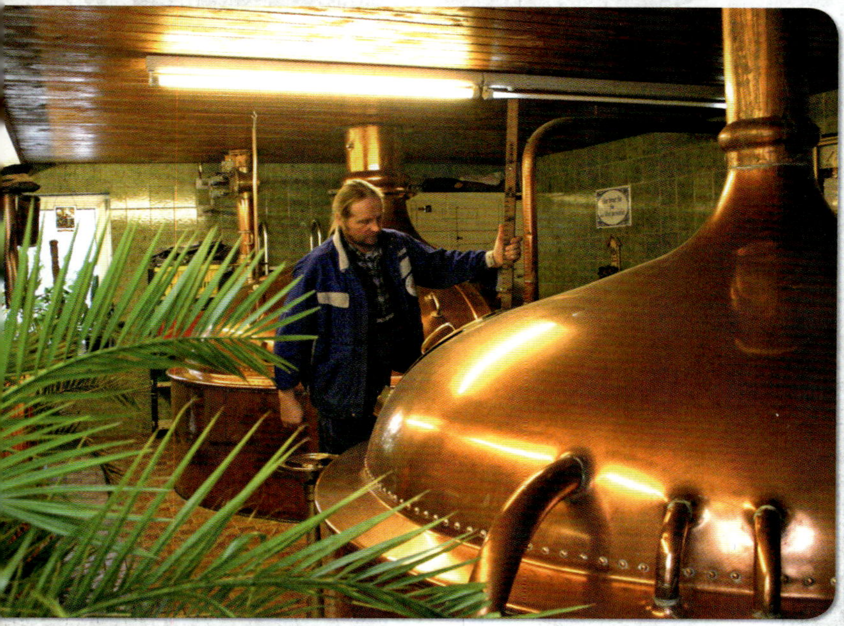

Biersorten

Sonnengold Pils, Hopfenperle Pils, Raubritter Dunkel, Märzen, Sonnen Weisse, Sonnengold Bock, Kräusen hefetrüb, Sonnenmalz.

Der Klassiker

Raubritter dunkel

Festausrüster

Fassbier, Zelt, Bierbänke, Schirme, Kühlwagen.

Heimdienst

Im Umkreis von 50 km.

DAS RITTERBIER

Die Sonnenbräu im kleinen Ritterstädtchen Lichtenberg entstand 1904 aus den Kommunbrauern der Stadt. Der letzte städtische Braumeister Christian Jungkunz kaufte um 1900 die Braurechte der Familien. Es waren ca. 65 Rechte an der Zahl. Er baute zunächst Eis-, Gär- und Lagerkeller an der Nailaer Straße und gründete 1904 die Sonnenbräu. Zum Portfolio der Brauerei gehört auch das sehr süffige dunkle Raubritterbier, bei dessen Verkostung man sich durchaus vorstellen kann, wie früher der kernige Ritter Kunibert aus Lichtenberg ausritt, um Franken zu erobern...

Anschrift & Kontakt

Nailaer Straße 20
95192 Lichtenberg
Tel.: 09288-304
Fax: 09288-924625

Öffnungszeiten

Mo bis Do 8 bis 12 Uhr und 15.30
bis 17 Uhr
Fr 8 bis 17 Uhr
Sa 9 bis 13 Uhr

Website: www.bier.by

Termine

Wiesenfest (3. WE im Juli)
Burgfest (2. WE im September)

Brauerei-Gasthof Wichert

Gründung: 1863 | **Brauer: Michael Wichert** | **Ausstoß: 3000 hl**

Biersorten
Wichert Edel Pils, Dunkel.

Saisonal
Doppelbock (im November)

Der Klassiker
Wichert Edel Pils

Festausrüster
Fassbier, Bierbänke, Kühlwagen.

Heimdienst
Im Umkreis von 10 km, nach telefonischer Anfrage.

DER ÜBRIG GEBLIEBENE

Braumeister Michael Wichert war lange der letzte Brauer in der deutschen Korbstadt. Die 1863 gegründete Brauerei hat so bekannte Namen wie Bürgerbräu, Rauch und Wicklespeter überlebt und ist dank der guten Zusammenarbeit von Mutter Josefine, Michael und seinem Bruder Rainer Wichert ein echtes Kleinod der fränkischen Bierkultur geblieben. Die Fans kommen vor allem aus dem Coburger Raum, wo die Brauereidichte noch geringer geworden ist und man einfach mal ein fränkisches Landbier genießen möchte. Dank der neuen Autobahn ist man ja auch in wenigen Minuten da.

GESUNDER FAMILIENBETRIEB

Rainer Wichert, dessen Bruder für das gute Bier verantwortlich zeichnet, führt den Brauerei-Gasthof, der ein wichtiges Standbein für das Überleben des kleinen Familienbetriebes ist. Und so steht auch Michael jeden Abend mit hinter dem Tresen und hilft Bruder und Mutter in der Wirtschaft aus. Das Pils hat übrigens beim Test durch Brauwelt-Chefredakteur Heyse eine Bestnote bekommen. Maximale Punktzahl bei Geschmack, Hopfenaroma und Prickelfaktor.

BRAUEREI-GASTHOF WICHERT

Anschrift

Alte Reichsstraße 50
96215 Lichtenfels
Tel.: 09571-3317

Öffnungszeiten

Täglich ab 11 Uhr
Montag Ruhetag

Spezialität

Rindfleisch mit Kren (Do)

Braumanufaktur Lippert

Gründung: 2012 | **Brauer: Markus Lippert** | **Ausstoß: 20 hl**

DIE BRAUEREI-EVOLUTION

Über zwei Jahre schon ist Markus Lippert „bierbegeistert". Was 2010 als Hobby begann, wurde 2012 schließlich zum Beruf. Fast gleichzeitig mit seinem Sohn erblickte die neue Braustätte das Licht der Welt. Statt des 20-Liter Einkochtopfes, mit dem alles begann, bildet nun ein ersteigerter 150-Liter Wurstkessel das Herzstück der Brauerei, geschürt wird noch mit Holzscheiten, die Lippert eigenhändig schlagen und spalten muss. Überhaupt wird hier noch jeder Handgriff persönlich erledigt, mit viel Liebe füllt Lippert jede einzelne Flasche ab. Zu kaufen gibt es den Gerstensaft auch im Bauernladen am Säumarkt in Lichtenfels.

Biersorten

Amber (Märzen), Räucherla (bernsteinfarbenes Rauchbier).

Saisonal

Weizen (im Sommer)

Der Klassiker

Amber

Festausrüster

Fassbier

DB

Anschrift & Kontakt

Markus Lippert
Wittelsbacher Straße 8
96215 Lichtenfels
Tel.: 09571-9739241

Öffnungszeiten

Auf Anfrage geöffnet,
bitte telefonisch anmelden

Website: www.braumanufaktur-lippert.de

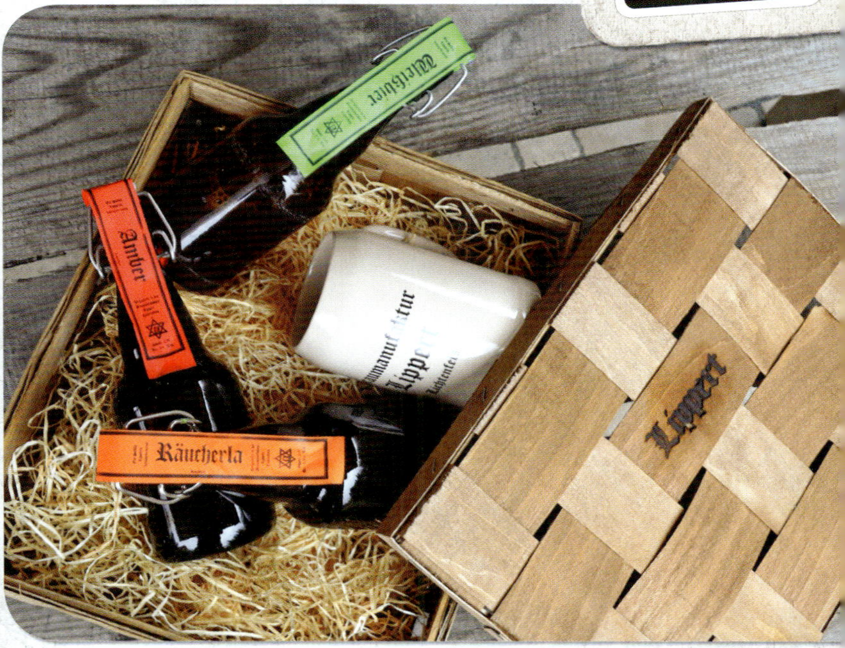

Brauerei & Gasthof Kürzdörfer

Gründung: 1866 | Brauer: Uwe Kürzdörfer | Ausstoß: 1300 hl

KLEINES BRAUHAUS IM GRÜNEN

Die Brauerei Kürzdörfer bietet die gesamte Fränkische Bierkultur konzentriert auf wenigen Quadratmetern. Schließlich verfügt die kleine Brauerei auch über eine hauseigene Metzgerei, einen urigen Gasthof und mittendrin sogar noch einen schönen Biergartenklassiker. Besonders beim Brauereifest (Termin wird noch bekanntgegeben) kann man das alles dann hautnah erleben. Dann teilen sich die Besuchermassen in zwei Gruppen: Die Vollbier- und die Landbier-Fans. Am gemeinsamen Feiervergnügen ändert das jedoch nichts.

Biersorten

Lindenhardter Vollbier, Lindenhardter Landbier Dunkel.

Saisonal

Töpferbier (Frühjahr und Herbst) Weihnachtsbock (ab Mitte November solange Vorrat reicht)

Der Klassiker

Lindenhardter Vollbier

Festausrüster

Fassbier, Zelt, Bierbänke, Kühlwagen, Schankwagen.

Heimdienst

Im Umkreis von 20 bis 25 km, bis Bayreuth und Umgebung.

DB

Anschrift & Kontakt

Brauhausgasse 3
95473 Creussen-Lindenhardt
Tel: 09246-221
Fax: 09246-989155

Öffnungszeiten

Täglich 8 bis 18 Uhr
So 11 bis 18 Uhr
Montag Ruhetag

Website: www.brauerei-kuerzdoerfer.de

Termine

Kirchweih (letzter So im September)

GANZE BÄUME FÜR GANZE KERLE

Erst einmal im kleinen Lindenhardt angekommen führt kein Weg an der Brauerei Kürzdörfer vorbei. Deren Bierkeller ist eigentlich eine Blockhütte und liegt buchstäblich in der Brauhausgasse. Nicht nur das ganz frisch gezapfte Bier ist hier aus erster Hand, auch die leckeren Brotzeiten werden frisch aus der Familie geliefert (der Sohn ist Metzger). Wenn Gasthaus und Biergarten geöffnet haben, sind Gast und Wirt unter dem Schatten der großen Bäume rund um das Holzhaus vereint. Ein echter Bierkeller mit kleiner Brauerei und frischen Brotzeiten - was will der Kulinarfranke mehr?

LANDGASTHOF KÜRZDÖRFER

Anschrift

Brauhausgasse 5
95473 Creussen-Lindenhardt
Tel.: 09246-221
www.landgasthof-kuerzdoerfer.eu

Öffnungszeiten

Täglich 11 bis 23 Uhr
So 10 bis 23 Uhr
Montag Ruhetag

Spezialität

Knoblauchwürste

Staffelberg-Bräu KG

Gründung: 1856 | Brauer: Karl-Heinz Wehrfritz | Ausstoß: 10000 hl

Biersorten

Loffelder Dunkel, Märzen, Hefe-Weißbier, Hopfen-Gold Pils, Landbier Hell.

Saisonal

Querkerla Rauchbier (April bis Juni), Heller Maibock (Mai), Festbier (ab Oktober), Doppel-Bock (ab November)

Der Klassiker

Hopfen-Gold Pils

Festausrüster

Fassbier, Zelt, Bierbänke, Schirme, Kühlwagen, Schankwagen.

Heimdienst

Im Umkreis von 80 km.

MIT EIGENER QUELLE

Das edle Wasser aus einer eigenen Bergquelle von Frankens heiligstem Hügel gibt natürlich als Rohstoff dem süffigen Bier einen ganz besonders heimischen Charakter. Quasi der heilige Veit persönlich steht Pate bei jedem Brauvorgang, und insbesondere das Loffelder Dunkel schmeckt so, wie man sich Franken als Bier vorstellen würde: Urig, würzig, kernig, frisch, mit einem großen, liebenswürdigen Charakter.

DB

Anschrift & Kontakt

Mühlteich 4
96231 Bad Staffelstein-Loffeld
Tel.: 09573-5925
Fax: 09573-31705

Öffnungszeiten

Mo bis Sa 7 bis 18 Uhr

Website: www.staffelberg-braeu.de

Termine

Loffelder Dorfkirchweih (WE
nach Christi Himmelfahrt)

FACHWERK MIT GÄRTCHEN

Das wunderschön renovierte Fachwerkhaus lädt einfach zum Verweilen ein. Nicht nur das gute Bier, sondern auch die gute Küche, die viele Spezialitäten aus eigener Schlachtung bietet. Verantwortlich dafür ist Karl-Heinz Wehrfritz, einer der Chefs des Hauses und Metzger- sowie Braumeister. Seit 2005 wird hier übrigens energiesparend im Schonkochverfahren gebraut. Ein vorbildlicher Betrieb.

**BRAUEREI-WIRTSHAUS
STAFFELBERG**

Anschrift

Mühlteich 4
96231 Bad Staffelstein-Loffeld
Tel.: 09573-5925

Öffnungszeiten

Täglich ab 10 Uhr
Montag Ruhetag

Spezialität

Loffelder Bratwürste

Brauerei Reh OHG

Gründung: 1901 | Brauer: Anja und Ferdinand Reh | Ausstoß: 15000 hl

Biersorten

Landbier hell, Landbier dunkel, Ellertaler Zwick'l, Reh Pils, Ellertaler Weiße.

Saisonal

Reh-Bock hell (März bis Mai)
Reh-Bock dunkel (November bis Januar)

Der Klassiker

Reh Pils

Festausrüster

Fassbier, Bierbänke, Schirme.

Heimdienst

Im Umkreis von 50 km.

SCHON WIEDER REKORDVERDÄCHTIG

Auf die 600 Einwohner des oberen Ellertales kommen zwei Brauereien, eine davon die Brauerei Reh. Das riecht verdächtig nach einem weiteren Rekord für die fränkische Braukunst. Ursprünglich hat die Familie vor über 100 Jahren mit einem Flaschenbierhandel und einer Metzgerei begonnen, heute stellen Anja und Ferdinand Reh die vierte Generation am Braukessel und führen damit eine Familientradition fort, die sich bei den Rehs mit besonders vielen anderen fränkischen Brauerfamilien kreuzt. So waren die Rehs bei anderen bekannten Namen in der Lehre oder hatten Söhne anderer Brauer bei sich im Betrieb. Zu nennen sind beispielsweise die Brauereien Wilde Rose und Mohrenpeter aus Bamberg oder die benachbarten Hölzleins aus Lohndorf.

Anschrift & Kontakt

Ellertalstraße 36
96123 Litzendorf-Lohndorf
Tel.: 09505-210
Fax: 09505-363

Öffnungszeiten

Mo bis Fr 7.30 bis 18 Uhr
Sa 8.30 bis 15 Uhr

Website: www.reh-bier.de

Termine

Lohndorfer Kirchweih (2. WE
im August)

Brauereigaststätte Hölzlein

Gründung: 1781 | Brauer: Heinrich Hölzlein | Ausstoß: 1700 hl

WER WEISS, WANN?

Wann die Brautradition in Lohndorf gestartet ist, kann wohl niemand genau sagen. Manche Quellen berichten von der ersten urkundichen Erwähnung um 1500, die Familie aber setzt das Jahr 1781 als Gründungsjahr an. Wie dem auch sei, es zählt das Jetzt und der Geschmack des süffigen Vollbieres. Der Nachwuchs Johann Hölzlein lernt übrigens bei Andreas Gänstaller, der die sensationelle Zoigl-Stube seiner Brauerei in Trabelsdorf betreibt.

Biersorten
Vollbier.

Der Klassiker
Vollbier

Festausrüster
Fassbier, Bierbänke, Schirme.

Heimdienst
Nur Litzendorf, Naisa und Pödeldorf, donnerstags.

DB

Anschrift & Kontakt

Ellertalstraße 13
96123 Litzendorf-Lohndorf
Tel.: 09505-357

Öffnungszeiten

Mo bis Fr ab 15 Uhr
Sa ab 12 Uhr
So ab 10 Uhr
Dienstag Ruhetag

Website: www.bier.by

Termine

Kirchweih (2. So im August)

REDUKTION AUF DAS WESENTLICHE

Vollbier vom Fass und hausgemachte Brotzeiten aus Hausschlachtung in überschaubarer Auswahl. Das ist das kleine, aber feine Programm in Lohndorf. Die geringe Quantität mindert aber bei weitem nicht die Qualität des Dargebotenen. So probiert man sich gerne durch und genießt im Sommer zudem den schönen Biergarten.

BRAUEREIGASTSTÄTTE HÖLZLEIN

Anschrift

Ellertalstraße 13
96123 Litzendorf-Lohndorf
Tel.: 09505-357

Öffnungszeiten

Mo bis Fr ab 15 Uhr
Sa ab 12 Uhr
So ab 10 Uhr
Dienstag Ruhetag

Spezialität

Fränkischer Schweinebraten

TRADITIONELLER BIERKELLER (TRABELSDORF)

Brauerei Nothhaft

Gründung: 1882 | Brauer: Otto u. Andreas Nothhaft, Frank Seyferth | Ausstoß: 17000 hl

Biersorten

Nothhaft Edel-Pils, Nothhaft Ur-Hell, Leichtes Schankbier, Rawetzer Weißbier Hell, Rawetzer Weißbier Dunkel, Rawetzer Weißbier Leicht, Rawetzer Zoigl, Rawetzer Premium Export, Rawetzer Radler, Zwickelbier, Aloisius Dunkel, Antonius Starkbier Hell und Dunkel (Doppelbock).

Saisonal

Knecht Ruprecht Bier (November bis Januar)

Der Klassiker

Nothhaft Ur-Hell

Festausrüster

Fassbier, Zelt, Bierbänke, Kühlwagen, Schankwagen

Heimdienst

Im Umkreis von etwa 15 km um Marktredwitz.

TRADITION IN FAMILIENHAND

1882 von Otto Nothhaft gegründet, wird die Brauerei fortwährend von der Familie Nothhaft geführt und ist wohl der älteste noch existierende Handwerksbetrieb sowie die einzig verbliebene Braustätte am Ort. Es wurde stetig modernisiert und man bietet heute eine breite Palette echter Bierspezialitäten. Eine Besonderheit der Region, die an die Oberpfalz grenzt, ist das Zoigl-Bier, das hier als Rawetzer Zoigl unfiltriert direkt vom Mutterfass abgefüllt wird. „Zoigl" kommt vom nordbairischen Wort für „Zeiger", womit ein Zeichen, also Aushängeschild gemeint ist. Damit zeigt der Zoiglbrauer an, dass bei Ihm gerade Zoigl ausgeschänkt wird. In der Regel hängten die „Rawetzer" = Marktredwitzer einen Tannenzweig vor ihr jeweiliges Haus.

Anschrift & Kontakt

Ottostraße 30
95615 Marktredwitz
Tel.: 09231-2077
Fax: 09231-64520

Öffnungszeiten

Mo bis Do 7.30 bis 12 Uhr und 13 bis 17 Uhr
Fr 7.30 bis 12 und 13 bis 16 Uhr
Sa 9 bis 12 Uhr

Website: www.brauerei-nothhaft.de

Termine

Rawetzer Altstadtfest (3. Sa im Juli)
Starkbierfest in der Nothhaft-Halle (Termin siehe www.narhalla-rot-weiss.de)
Volks- und Schützenfest (letztes WE im Juni)

DA GEHT'S ZUR SACHE

Wer einen der modernen Stadt-Strände erwartet, liegt hier ein bisschen falsch. In der Geburtsstätte der Brauerei Nothhaft, direkt am Bach Kösseine gelegen, scheint zwar gefühlt immer die Sonne, aber den Sand wird man vergebens suchen. Dafür schmeckt es umso besser, vor allem weil Pächterin Nicole Regnet dem allgemeinen Fastfood-Wesen den Kampf angesagt hat, denn in der Küche setzen ihr Vater Helmut und Bruder Holger Gläßl ausschließlich auf frische Zutaten. Die gut sortierte Speisekarte wird durch regelmäßig wechselnde regionale Spezialitäten ergänzt.

BRAUEREIGASTSTÄTTE AM STRAND

Anschrift

Ottostraße 32
95615 Marktredwitz
Tel.: 09231-2985

Öffnungszeiten

Mi bis So 10 bis 14 und 17 bis 22 Uhr
Montag und Dienstag Ruhetag

Spezialität

Strandschnitzel

Brauereigasthof Winkler

Gründung: 1889 | Brauer: Friedrich Winkler | Ausstoß: 700 hl

AM FUSSE DES GEISBERGS

Da wo der bayerische Rundfunk (noch) sein analoges Radio- und Fernsehprogramm ausstrahlt, lockt auch eine gute Brauerei: Die Winkler Bräu. Das Vollbier, fast ein bisschen ölig, kommt sehr süffig daher und macht Laune auf mehr. Die kommt auch nach einem Spaziergang, einer Wanderung oder einer Radtour, die man hier bestens in alle Richtungen starten kann.

Biersorten
Vollbier.

Saisonal
Festbier (zum Sommerfest, kein fester Termin)

Der Klassiker
Vollbier

Festausrüster
Fassbier, Bierbänke.

Anschrift & Kontakt

Otterbachstraße 13
96123 Litzendorf-Melkendorf
Tel.: 09505-224
Fax: 09505-805646

Öffnungszeiten

Mo bis Do ab 16 Uhr
Fr bis So ab 10 Uhr
Dienstag Ruhetag

Website: www.brauerei-winkler.onlinehome.de

Termine

Kirchweih (2. So im September
und 2. So im November)

VOLLES PROGRAMM

Wie vom Geisbergsender kommt auch aus der Küche hier ein volles Programm: Forellen aus eigener Aufzucht, Hähnchen, Hausmacher Brotzeiten und weitere Fränkische Spezialitäten. Das Gasthaus selbst besteht erst etwas mehr als 30 Jahre, hat sich aber in der Bevölkerung genauso wie bei den Besuchern schon einen guten Stand erarbeitet.

BRAUEREIGASTHOF WINKLER

Anschrift

Otterbachstraße 13
96123 Litzendorf-Melkendorf
Tel.: 09505-224

Öffnungszeiten

Mo bis Do ab 16 Uhr
Fr bis So ab 10 Uhr
Dienstag Ruhetag

Spezialität

Hähnchen mit Salat

235

Bier.BY
BIERKULTUR ERLEBEN

Brauerei-Gasthof Drei Kronen

Gründung: 1457 | Brauer: Hans-Ludwig Straub | Ausstoß: 500 hl

Biersorten

Stöffla (Kellerrauchbier), Lager, Hefe-Pils.

Saisonal

Caspar, Melchior und Balthasar (ab Drei König, jährlich Wechsel)
Fastenbier (ab Aschermittwoch)
Obergärige Biere wie Dinkelweisse, ... (ab 23. April)
Kerwabier (Mitte August)
Böckla (ab 31. Oktober)

Der Klassiker

Stöffla (Kellerrauchbier)

MIT STÖFFLA ZUM ERFOLG

Hans-Ludwig Straub gibt seit vielen Jahren Gas, um aus seiner kleinen Brauerei einen wahren Biergenusstempel zu machen. Nicht nur, aber auch in Sachen Bier setzt er auf die Zahl drei. So gibt es das süffige Kellerrauchbier namens Stöffla, ein Lagerbier und ein Hefe-Pils. Dazu im jährlichen Wechsel die drei Leckerschlücke Balthasar (hell), Caspar (schwarz) und Melchior (bernsteinfarben). Gerne erklärt der Chef das aber auch alles persönlich bei einer Brauereiführung, idealerweise mit anschließendem Bierkulinarium.

Termine

Bieranstich „Caspar, Melchior
oder Balthasar" (6. Januar)
Brauersilvester (30. September)
Böckla Anstich (31. Oktober)

DREI KRONEN ÜBERALL

In der Feinschmeckerbrauerei Drei Kronen begegnen einem die „Drei Könige" - Patrone der Wanderer und Reisenden - im ganzen Haus, als Raumdekoration, auf Gläsern und in der Speisenkarte. Die Zahl „Drei" hat es der Familie Straub angetan. Mit dem Wirtshaus, dem Hotel und der Brauerei betreibt man erfolgreich drei Geschäftsbereiche. Im Hotel werden drei Zimmerkategorien angeboten: vom Brauhauszimmer bis hin zum wohl schönsten Gästezimmer, dem Braumeistertempel. Während drei Köche bierige Gerichte zaubern, kümmern sich drei Servicekräfte um die begeisterten Gäste. Beim „Drei Gang Bierkuliarium" wird der Drei Klang von Wasser, Malz und Hopfen durch Auge, Nase und Gaumen zum besonderen Erlebnis.

GASTHOF DREI KRONEN

Anschrift

Hauptstraße 19
96117 Memmelsdorf
Tel.: 0951-944330

Öffnungszeiten

Täglich ab 9 Uhr
So ab 15 Uhr bis Mo 17 Uhr
Ruhetag

Spezialität

Tafelspitz

Brauerei Gasthof Höhn

Gründung: 1783 | Brauer: Georg Höhn | Ausstoß: 500 hl

BEKANNT AUS FUNK UND FERNSEHEN

Das sind die Höhns spätestens seit dem Fernsehbeitrag in der Sendung „La Vita". Geduldig begleitete damals ein Reporterteam den Brauer bei seiner Arbeit. Und das bedeutet hier auch noch selbst schroten und selbst mit Holz befeuern. Das vollmundige Ergebnis, „Görchla" genannt, gehört auf jeden Fall zu den Spezialitäten des Hauses, ebenso wie der hauseigene Bierbrand, die Kuchen und natürlich die vom Bier geprägte Küche. Und auch hier sind Birgit und Georg Höhn noch selbst am werkeln. Ein Mekka für den fränkischen Feinschmecker!

Biersorten

Görchla-Bier (naturtrüb).

Saisonal

Görchlabock (ab Anfang Oktober)

Der Klassiker

Görchla-Bier (naturtrüb)

Anschrift & Kontakt

Hauptstraße 11
96117 Memmelsdorf
Tel.: 0951-406140
Fax: 0951-4061444

Öffnungszeiten

Täglich ab 10 Uhr
Dienstag Ruhetag

Website: www.gasthof-hoehn.de

Termine

Kirchweih (Mitte August)
Bockbieranstich (Anfang Okt.)

NEU UND TROTZDEM ALT

Erst 1960 erbaut, kann der Brauereigasthof doch auf eine vielhundertjährige Geschichte zurückblicken. Die Höhns kamen 1783 ins Spiel, als sie der Bamberger Brauerei Keesmann das Anwesen abkauften und begannen, die Memmelsdorfer zu verwöhnen. Seitdem hat sich vor allem in der Brauerei nicht viel geändert. Georg Höhn setzt auf die traditionelle Herstellung mit Holzfeuer und Eisschwimmer, was dem Hausbier seinen eigenen Charakter verleiht. Birgit Höhn hingegen sorgt in der Küche für den guten Geschmack und bietet neben den Klassikern auch Wild, Pfifferlinge und Spargel (je nach Saison).

BRAUEREI GASTHOF HÖHN

Anschrift

Hauptstraße 11
96117 Memmelsdorf
Tel.: 0951-406140

Öffnungszeiten

Täglich ab 10 Uhr
Dienstag Ruhetag

Spezialität

Braumeisterpfanne

Brauerei Hummel

Gründung: 1556 | Brauer: Julius Hummel | Ausstoß: 9000 hl

Biersorten

Kellerbier, Pils, Märzen, Rauchbier, Schwarzbier, Hefeweißbier hell, Hefeweißbier dunkel, leichtes Weißbier,„1162" Jubiläums-Fest-bier (helles Fest-Rauchbier).

Saisonal

Festbier hell und dunkel (zu Ostern, Pfingsten, Kirchweih und Weihnachten)
Rauchbier-Doppelbock„Räucher-ator" (Fastenzeit)
Heller Maibock (April und Mai)
Weizenbock (Weihnachten)

Der Klassiker

Kellerbier

Festausrüster

Fassbier, Bierbänke, Kühlwagen, Schankwagen.

Heimdienst

Im Umkreis von 30 km.

VON RÄUCHERATOR UND FREGGÄLA

Durchgehend fränkisch präsentiert sich die Bierpalette der Brauerei Hummel aus Merkendorf. Am hervorstechendsten sicher das Räucherla, in der Doppelbock-Variante Räucherator, das nicht nur dem Namen nach ein urfränkisches Gewächs ist. Schließlich gibt es Rauchbier fast nur noch in Bamberg und dem direkten Umland, obwohl früher jedes Bier ein Rauchbier war - schließlich brauchte man Holzfeuer zum Trocknen des Malzes. Das Freggäla bezieht sich übrigens nicht auf eine bestimmte Biersorte, sondern auf die 0,33l Flasche, in der sich dann verschiedene Hummel-Biere befinden.

Anschrift & Kontakt

Lindenstraße 9
96117 Memmelsdorf-Merkendorf
Tel.: 09542-1247
Fax: 09542-1262

Öffnungszeiten

Täglich ab 7 Uhr
So und Feiertage 10 bis 12 Uhr
und ab 15 Uhr
Dienstag Ruhetag

Website: www.brauerei-hummel.de

Termine

Kirchweih (Ende August)
Dorffest (Mitte September)
Bockbieranstich (1. Sa im
November)

HIER FINDET JEDER WAS

Das ist die Antwort von Julius Hummel auf die Frage nach den Lieblingsgerichten seiner Gäste. Und das stimmt auch, eine breite Palette von Frankenköstlichkeiten, gute Brotzeiten und vor allem die Fleischspieße finden großen Anklang, dazu trinkt man dann üblicherweise eines der sieben süffigen Biere des Hauses. Das Räucherla macht dabei seinem Namen alle Ehre, für Bamberger zwar immer noch nur leicht geräuchert, hat es trotzdem seine deutliche eigene Note. Drei- bis viermal im Jahr gibt es Schlachtschüssel, der perfekte Termin für einen Besuch (und natürlich der Bockbieranstich, versteht sich ...).

BRAUEREI GASTHOF HUMMEL

Anschrift

Lindenstraße 9
96117 Memmelsdorf-Merkendorf
Tel.: 09542-1247

Öffnungszeiten

Täglich ab 9 Uhr
So u. Feiert. 10 bis 12 und ab 15 Uhr
An So und Feiertagen mit Mit-
tagstisch durchgehend geöffnet
(Termine siehe Aushang im Haus
und Homepage)
Dienstag Ruhetag

Spezialität

Selbst gemachter Fleischspieß

Brauerei Wagner GmbH Memmelsdorf - Merkendorf

Gründung: 1797 | Brauer: Günter Wagner und Rainer Wagner | Ausstoß: 17000 hl

BRAUEREI UND KRÄMERLADEN

Die Ursprünge der Brauerei lassen sich bis auf das Jahr 1797 zurückverfolgen, dabei wurde im Zusammenhang immer eine Gastwirtschaft sowie ein Krämerladen erwähnt. Heute sind Günter und Rainer Wagner für das kühle Nass aus dem Fass verantwortlich, von dem vor allem das ungespundete Lagerbier einen wahren Kultstatus in Bamberg und der Region inne hat. Mit 12,7% Stammwürze kommt es auf 5,3% Alkohol und gehört damit zu den kräftigeren Bieren. Der geringe Kohlensäuregehalt und eine gekonnte Hopfengabe geben ihm zudem eine sehr magenfreundliche Note.

Biersorten
Pils, ungespundetes Lagerbier, Märzen, Richard Wagner Dunkel, Festbier, Wagner Weisse, Jubiläumsbier 850 Jahre Merkendorf.

Saisonal
Festbier (Ostern, Pfingsten, Weihnachten und Kirchweih)
Bockbier hell (Nov./Dez.)
Bockbier dunkel (Nov./Dez.)

Der Klassiker
Ungespundetes Lagerbier

Festausrüster
Fassbier, Bierbänke, Kühlwagen.

Heimdienst
Im Umkreis von ca. 20 bis 25 km (Landkreis Bamberg).

Anschrift & Kontakt

Pointstraße 1
96117 Merkendorf
Tel.: 09542-620
Fax: 09542-650

Öffnungszeiten

Mo bis Sa 9 bis 20 Uhr

Website: www.wagner-merkendorf.de

Termine

Kirchweih (2. So nach Maria Himmelfahrt)
Bockbieranstich (Fr vor Buß- und Bettag)

SCHAFKOPF UND BIER ...

... so lautet das Motto bei den Stammgästen vom Wagner in Merkendorf. Denn das Spiel gehört für die sympathischen vier (Vater Richard, Söhne Günter und Rainer und Tochter Gabriele) einfach zum Biergenuss dazu. Neben den Kartlern haben auch die örtlichen Vereine die seit 1797 bestehende Gaststätte für sich entdeckt und geben sich hier jeden Tag ein Stelldichein. Bei all dem Spaß darf man die Küche nicht vergessen: Besonders beliebt sind die Schlachtschüssel- und die Klößtage. Letztere sind Dienstag und Donnerstag, erstere gibt es etwa alle sechs Wochen - einfach mal anrufen und nachfragen!

BRAUEREI-GASTSTÄTTE WAGNER

Anschrift

Pointstr. 1
96117 Merkendorf
Tel.: 09542-620

Öffnungszeiten

Täglich ab 9 Uhr
Montag Ruhetag

Spezialität

Sauerbraten mit Kloß

Brauerei Zehendner

Gründung: 1899 | Brauer: Alexander Zankl | Ausstoß: k.A.

EIN LECKERSCHLUCK, AUCH FÜR DIE EIDGENOSSEN

Die Brauerei Zehendner in Mönchsambach besteht seit 1899 und ist seit 1939 im Familienbesitz. Gebraut wird Export, ungespundetes Lagerbier, Hefeweizen, Weihnachtsbock und Maibock. Etwa drei- bis viermal mal in der Woche werfen die Brauer dafür das Sudhaus an, und man kann im ganzen Ort riechen, dass wieder feiner Gerstensaft entsteht. Der hat es übrigens schon geschafft, zum Schweizer Nationalfeiertag bei den Eidgenossen getrunken zu werden.

Biersorten

Export, ungespundetes Lagerbier, Hefeweizen.

Saisonal

Maibock (im Mai)
Weihnachtsbock (Dezember)

Der Klassiker

Ungespundetes Lagerbier

Festausrüster

Fassbier, Bierbänke.

Heimdienst

Im Umkreis von 15 km.

DB

Anschrift & Kontakt

Haus Nr. 18
96138 Mönchsambach
Tel.: 09546-380
Fax: 09546-92122

Öffnungszeiten

Täglich 8 bis 17 Uhr
Montag Ruhetag

Website: www.moenchsambacher.de

Termine

Kirchweih (Anfang November)
Weihnachtsbockbieranstich (Fr
vor dem 3. Advent)

FAMILIE UNTEN UND OBEN

Die als reiner Familienbetrieb geführte Gaststätte ist täglich (außer Montag) von 10 bis 24 Uhr geöffnet. Zum Export-Bier vom Faß gibt es vor allem die leckeren Bratwürste und Hausmacher Brotzeiten aus Hausschlachtung. Oben auf dem Dach findet sich seit vielen Jahren ein Storchenpaar ein, die Live-Bilder gibt es dann jeweils im Internet auf der Website zu verfolgen.

BRAUEREI ZEHENDNER

Anschrift

Haus Nr. 18
96138 Mönchsambach
Tel.: 09546-380

Öffnungszeiten

Täglich ab 10 Uhr
Montag Ruhetag

Spezialität

Hausgemachte Sülze mit selbst-
gebackenem Brot

Mühlenbräu Mühlendorf

Gründung: 1875 | Brauer: Alfons und Georg Merklein | Ausstoß: 1200 hl

BIER UND KARPFEN

Die Mühlenbräu an dem Flüßchen Aurach war ursprünglich eine der ältesten Mühlen Oberfrankens (Entstehungsjahr 1348/49). Um 1793 erhielt die Mühle das Brau- und Schenkrecht. Bis zur Modernisierung 1994 waren Brauerei und Mühle noch von Wasserkraft angetrieben und mit Holz geschürt worden. Mit dabei auch schon immer eine eigene Karpfenzucht, weshalb sich der Fisch auch im Wappen wiederfindet. In Sachen Bier kann man hier nichts verkehrt machen. Wir empfehlen auf jeden Fall den Eremitentrunk, ein echtes Klosterbier, das anläßlich der 700-Jahr-Feier Mühlendorfs kreiert wurde.

Biersorten
Pils, Hell, Dunkel, Weizen.

Saisonal
Maibock (Ende April)
Eremitentrunk (Ende August/ Anfang September)
Dunkler Bock (3. Fr im Oktober)

Der Klassiker
Pils

Festausrüster
Essen, Fassbier, Bierbänke, Schirme, Kühlwagen.

Heimdienst
Im Umkreis von 15 km, donnerstags und freitags.

Anschrift & Kontakt

Brückenstraße 19
96135 Stegaurach-Mühlendorf
Tel.: 0951-29119
Fax: 0951-290030

Öffnungszeiten

Mo ab 16 Uhr
Mi bis So ab 11 Uhr
Dienstag Ruhetag

Website: www.bier.by

Termine

Kirchweih (2. So im September)

DREI MÜHLSTEINE IM GASTZIMMER

Im Brauereigasthof „Alte Mühle" schenkt Familie Merklein ganzjährig Helles, Dunkles und Hefeweißbier aus. Dazu bieten sie deftige fränkische Hausmannskost mit hausgemachten Klößen. Und da das Flüsschen Aurach noch heute unter dem Gasthof seinen Lauf nimmt, kommen Forelle, Waller, Hecht, Zander sowie in den Monaten mit „R" die eigenen Karpfen hinzu. Da die Familie noch einen Teil ihrer Landwirtschaft betreibt, servieren sie aus eigener Aufzucht und Schlachtung zünftige Hausmacherbrotzeiten, Trockengesalzenes, hausgeräucherten Schinken und Zwetschenbames.

ALTE MÜHLE MÜHLENBRÄU

Anschrift

Brückenstraße 19
96135 Stegaurach-Mühlendorf
Tel.: 0951-29119

Öffnungszeiten

Mo ab 16 Uhr
Mi bis So ab 11 Uhr
Dienstag Ruhetag

Spezialität

Hausmacher Brotzeiten

Brauerei-Gasthof Zur Sonne

Gründung: 1868 | **Brauer: Daniel Schmitt, Horst Schmitt** | **Ausstoß: 600 hl**

DIE FACHWERKBRAUEREI

Nein, hier werden keine Mauern hergestellt, aber das wunderschöne Haus der Sonne gehört zum Fachwerkensemble in Mürsbach, das als Postkartenmotiv schon zigtausendfach um die Welt gegangen ist. Seit kurzem ist die Brauerei nach einer Renovierung wieder auf dem neuesten Stand der Technik, die Horst Schmitt beim Brauen des süffigen Lagerbieres unterstützt.

Biersorten

Kellerbier, helles Hefeweizen.

Saisonal

Bockbier (Ende November)
Festbier (Anfang Oktober)

Der Klassiker

Kellerbier

Festausrüster

Essen, Fassbier, Bierbänke, Schirme, Kühlwagen, Schankwagen.

Anschrift & Kontakt

Zaugendorfer Straße 4
96179 Mürsbach
Tel.: 09533-981017
Fax: 09533-981019

Öffnungszeiten

Mai bis September: Di bis Fr ab 11 Uhr, Sa, So
und Feiertage ab 10 Uhr, Montag Ruhetag
Oktober bis April: Di bis Fr 11 bis 14 und ab 17
Uhr, Sa, So/Feiertage ab 10 Uhr, Mo Ruhetag

Website: www.gasthaus-schmitt.de

Termine

Kerwa (Anfang Oktober)
Bockbieranstich (3. Fr im
November)

WO BIER NOCH HANDARBEIT IST

Alle zwei Wochen entsteht in dem alten Sudhaus der Hausbrauerei hier in der Sonne das süffige Lagerbier. Wenn man zufällig da ist, darf man auch gerne zusehen. Auch die Gaumenschmeichler werden hier noch per Hand gemacht, von der Schlachtplatte bis zum Kochkäse. Im schmucken Biergarten vor dem Haus finden Kinder eine eigene kleine Spielburg und auf der eigenen Kinderspeisekarte Gerichte von Asterix bis Tabaluga. Ein fester Termin ist der Muttertag, wenn in Mürsbach der traditionelle Pferdemarkt stattfindet.

BRAUEREI-GASTHOF ZUR SONNE

Anschrift

Zaugendorfer Straße 4
96179 Mürsbach
Tel.: 09533-981017

Öffnungszeiten

Mai bis September: Di bis Fr ab
11 Uhr, Sa, So und Feiertage ab 10
Uhr, Montag Ruhetag
Oktober bis April: Di bis Fr 11
bis 14 und ab 17 Uhr, Sa, So und
Feiertage ab 10 Uhr, Montag
Ruhetag

Spezialität

Schaschlik

Frankenwälder Brauhaus GmbH

Gründung: 1464 | Brauer: Daniel Heindl | Ausstoß: 15000 hl

Biersorten

1464 Pilsner, 1464 Fränkisch Hell, 1464 Weizen, 1464 Flämmla, 1464 Fichtenzäpfla, 1464 Kellerbier, Ahornberger Landbier würzig, Ahornberger Landbier hopfig, Ahornberger Dunkel Ahornberger Märzen, Ahornberger Premium, Icke Berliner-Typ (speziell für den Berliner Markt).

Saisonal

Ahornberger Maibock (Januar bis April)
Fränkisch Würzig (Festbier, April bis September)
Wintertrunk (Oktober bis März)

Der Klassiker

Pilsner

Festausrüster

Fassbier, Bierbänke, Kühlwagen, Schankwagen.

Heimdienst

Im Umkreis von ca. 50 km

ALLES NEU IN 2010

Bereits im Jahre 1464 verlieh Markgraf Johann IV. die Braurechte an die Gemeinde Naila. Die Tradition der einstigen Kommunbrauer wird seit 1928 bis heute durch das jetzige Frankenwälder Brauhaus aufrecht erhalten. Die Bürgerbräu Naila wurde von April 2008 bis Anfang 2010 durch den Insolvenzverwalter Gunter Neef geführt. Anfang Februar 2010 hat der Nailaer Unternehmer Walid Aziz die Brauerei gekauft und saniert. Die technisch veraltete Abfüllanlage wurde durch eine komplett neue ersetzt. Bei einer Menge von 10.000 Flaschen pro Stunde kann die neue Anlage neben den bewährten 0,33 l- und 0,5 l- Flaschen jetzt auch 0,75 l, 1 l- und Bügelverschluss-Flaschen in verschiedenen Größen abfüllen. Diese Angebotsvielfalt wird bereits von vielen Brauereien als Lohnabfüllung genutzt. Anfang August 2012 wurde die Ahornberger Landbrauerei aus einer Insolvenz übenommen und damit das Sortiment um die beliebten Ahornberger Bierspezialitäten in ihren speziellen Bügelverschlußflaschen erweitert.

Anschrift & Kontakt

Hofer Straße 21
95119 Naila
Tel: 09282-96090
Fax: 09282-960930

Öffnungszeiten

Brauerei-Direktverkauf:
Mo bis Fr 9 bis 18 Uhr
Sa 9 bis 13 Uhr
Bürozeiten: Mo bis Fr 8 bis 17 Uhr

Website: www.buergerbraeu-naila.de

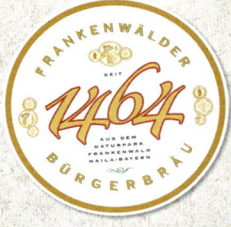

Termine

Nailaer Frühling (3. WE im Mai)
Nailaer Herbst (1. WE im Okt.)

Bier.BY
BIERKULTUR ERLEBEN

Brauerei-Gaststätte Schroll Zum Weißen Lamm

Gründung: 1848 | Brauer: Georg Schroll | Ausstoß: 2000 hl

INDIVIDUELLES BIER MIT CHARAKTER

Der Name Nankendorf, das früher Anckendorf hieß, geht wahrscheinlich auf das lateinische Wort für Lamm, agnus, zurück. Dies ist wohl auch der Grund, warum sich ein Lamm im Wappen der Brauerei befindet, die in dem über 1.000-jährigen Ort Landbier, Bock und Helles produziert. Braumeister Georg Schroll findet vor allem seinen Bock bärenstark, was wir nur bestätigen können!

Biersorten
Landbier, Helles.

Saisonal
Bockbier (November bis Ostern)

Der Klassiker
Landbier

DB

Anschrift & Kontakt

Nankendorf 41
91344 Waischenfeld
Tel.: 09204-248
Fax: 09204-919266

Öffnungszeiten

Täglich ab 9 Uhr
Dienstag Ruhetag

Website: www.brauerei-schroll.de

ERST EINS, DANN ZWEI, DANN DREI, DANN VIER...

BRAUEREI SCHROLL

Anschrift

Nankendorf 41
91344 Waischenfeld
Tel.: 09204-248

Öffnungszeiten

Täglich ab 9 Uhr
Dienstag Ruhetag

Spezialität

Ziebeleskäse

Nein, wir haben nicht das süffige Bier des Hauses gemeint, was aber auch durchaus sein könnte, sondern die Bratwurstbestellung, die hier so funktioniert wie bei den Eisdielen die Kugelbestellung. Mindestens drei sollten es bei einem normalen Hunger schon sein, und der ist dann auch sicher einem wohligen Geschmacksgefühl gewichen. Wer eher auf Brotzeiten steht, kann zwischen Hausmacherplatte, Schinken, Pressack und Göttinger wählen.

Brauerei Reblitz

Gründung: 1805 | Brauer: Reinhold Reblitz | Ausstoß: 350 hl

KLEINES BRAUHAUS IN NEDENSDORF

Der Name „Kleines Brauhaus in Nedensdorf" hat seinen Ursprung in der Tatsache, dass die Brauerei, wenn man die Jahresproduktion betrachtet, eine der kleinsten der Welt ist. Trotzdem arbeitet man hier mit modernster Technik und schafft so eine hohe Qualität. Das dunkle Lagerbier besticht durch seinen süffigen Charakter und macht Lust auf mehr, ebenso das im Sommer ausgeschenkte Nedensdorfer Hefeweizen. Am Freitag nach Allerheiligen freuen sich die Bierfans regelmäßig, wenn Reinhold Reblitz seinen urigen Bock ansticht.

Biersorten
Nedensdorfer Dunkles Landbier.

Saisonal
Weizenbock (ca. Mitte Januar bis Ende der Fastenzeit), Räuchlerla (ca. März/April), Nedensdorfer Hefeweißbier (Freitag vor Karfreitag bis Ende Oktober), Festbier (ca. Mitte September bis Ende Oktober), Reblitz-Bock (Freitag nach Allerheiligen bis Mitte Januar)

Der Klassiker
Nedensdorfer Dunkles Landbier

Heimdienst
nur Selbstabholer. keine 0,5-Liter-Flachen Abfüllung. nur 1 + 2 Liter Syphons und 5 Liter Partyfässer und Mehrwegfässer ab 10 Liter

Anschrift & Kontakt

Am Mahlberg 1
96231 Bad Staffelstein-Nedensdorf
Tel.: 09573-96500

Öffnungszeiten

Di bis Fr ab 16 Uhr
Sa ab 15 Uhr
So und Feiertage ab 10 Uhr
Montag Ruhetag

Website: www.brauerei-gasthof-reblitz.de

Termine

Kirchweih (1. Mai und 2. So im Oktober)
Bockbieranstich (Fr nach Allerheiligen)
Weißbieranstich (Freitag vor Karfreitag)
Patronatsfest (22. August)
Stärkantrinken (Dreikönig)

GUTE AUSSICHT

Von der Gaststätte und vor allem der wunderschönen Sonnenterrasse bietet sich die schönste Aussicht für Bierfreunde: Ein direkter Blick auf's Sudhaus. Bei selbstgebrautem Bier und fränkischen Schmankerln oder einer deftigen Brotzeit (die uns ganz besonders begeistert hat!) lässt es sich hier wirklich gut leben. Sonntag Mittag Bratenküche mit Klößen.

BRAUEREI-GASTHOF REBLITZ

Anschrift

Am Mahlberg 1
96231 Bad Staffelstein-Nedensdorf
Tel.: 09573-96500

Öffnungszeiten

Di bis Fr ab 16 Uhr
Sa ab 15 Uhr
So und Feiertage ab 10 Uhr
Montag Ruhetag

Spezialität

Pfefferhaxen

Franken Bräu Lorenz Bauer GmbH & Co. KG

Gründung: 1520 | Brauer: Edgar Schönmüller | Ausstoß: k.A.

Biersorten

Franken Bräu Premium Pilsener, Franken Bräu Weißbier, Franken Bräu Schwarzbier, Franken Bräu Radler, Franken Bräu Urhell, Mc Malz.

Saisonal

Franken Bräu Festbier (Fassbier, August), Franken Bräu Kellerbier (Fassbier, Mai bis Oktober), Franken Bräu Winterbier (Oktober bis März)

Der Klassiker

Franken Bräu Premium Pilsener

Festausrüster

Fassbier, Bierbänke, Schirme, Kühlwagen, Schankwagen.

Heimdienst

Im Umkreis von 50 km.

DIE KUNDSCHAFT IST WIEDER DA

Alles begann in einem kleinen Bauernhaus mit Braurecht. Nach und nach belieferte die Inhaberfamilie Bauer auch benachbarte Gasthäuser und erwarb deren Braurechte, denn zu jener Zeit konnte eine über das Braurecht hinausgehende Biermenge nicht gebraut werden. Ein schwerer Rückschlag kam mit der Zonengrenze nach dem Zweiten Weltkrieg: 70% der Kundschaft war für lange Zeit verloren. Mit der Zeit erholte sich der Betrieb, die Wende kam. Heute kann man mit Stolz auf eine Mitarbeiterschar von über 50 Betriebsangehörigen und den wohl jüngsten Brauereichef der Welt blicken.

Anschrift & Kontakt

Neundorf 41-43
96268 Mitwitz
Tel.: 09266-721
Fax: 09266-6341

Öffnungszeiten

Mo bis Do 7 bis 12 Uhr und 13
bis 17 Uhr
Fr 7 bis 14 Uhr

Website: www.frankenbraeu.de

Vasold & Schmitt Privatbrauerei GmbH & Co. KG

Gründung: 1888 | **Brauer: Peter Schmitt** | **Ausstoß: 5000 hl**

URIGE BIERE UND EIN GUTER BRÄUER

Das ist seit vielen Jahren das Rezept der Privatbrauerei Vasold & Schmitt. Hervorzuheben gilt es neben dem Pilsner auch das Benedikt Dunkel, ein uriges malziges Bier, das die Kehle wie Öl hinunterläuft. Die sympathische kleine Brauerei hat viele Gastwirtschaften in der Umgebung, die sie beliefert und deswegen auch eine große Fangemeinde. Die trifft sich immer am ersten Sonntag im Oktober zur Kirchweih und zum Bürger- und Heimatfest am dritten Wochenende im Juli.

Biersorten
Vasold Lager, Vasold Pilsener, Benedikt Dunkel.

Der Klassiker
Vasold Pilsener

Festausrüster
Fassbier, Bierbänke, Schirme, Kühlwagen, Schankwagen.

Heimdienst
Im Gebiet Forchheim, Fränkische Schweiz, Erlangen und Nürnberg, montags bis donnerstags.

Anschrift & Kontakt

Schellenberger Weg 3
91077 Neunkirchen am Brand
Tel.: 09134-99410
Fax: 09134-994123

Öffnungszeiten

Mo bis Do 7 bis 11.30 Uhr und 13
bis 16 Uhr
Fr 7 bis 11.30 Uhr

Website: www.bier.by

Termine

Kirchweih (1. So im Oktober)
Bürger- und Heimatfest (3. WE
im Juli)

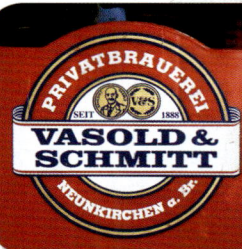

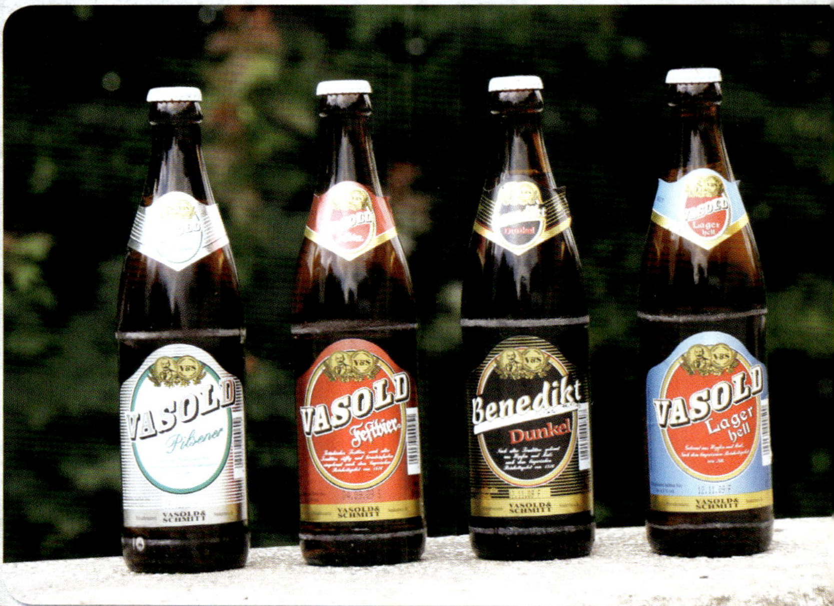

Bier.BY
BIERKULTUR ERLEBEN

Held Bräu

Gründung: 1860 | Brauer: Helmut Polster | Ausstoß: 3000 hl

Biersorten
Helles Bier, Dunkles Bauernbier, Weizenbier, Pils.

Saisonal
Bock (Fastenzeit)
Weizenbock (ab November)

Der Klassiker
Dunkles Bauernbier

Festausrüster
Fassbier, Bierbänke, Kühlwagen.

DAS BIER FÜR HELDEN

Seit über 300 Jahren versorgt die Familie von Helmut Polster die durstigen Kehlen mit dem Gerstensaft im Zeichen des Helden. Und die Besucher und Kunden danken es ihren Bierhelden mit regem Zuspruch und Begeisterung für die guten Biere, allen voran das urige dunkle Bauernbier, das mit unzähligen Aromen von Kaffee bis Malz aufwarten kann.

DB

Anschrift & Kontakt

Oberailsfeld 19
95491 Ahorntal
Tel.: 09242-295
Fax: 09242-743030

Öffnungszeiten

Täglich ab 10 Uhr
Mittwoch Ruhetag

Website: www.held-braeu.de

Termine

Kirchweih (3. So im August)

ES SCHMECKT!

Nicht nur das Bier, sondern auch die typisch fränkischen Spezialitäten und deftigen Brotzeiten, die hier aus der Küche kommen. Dass das süffige Bier dazu nicht fehlen darf, versteht sich von selbst. Nicht verpassen sollten Sie die Kirchweih am dritten Augustsonntag und die Bockbierzeit im Frühjahr und Advent.

GASTWIRTSCHAFT HELD BRÄU

Anschrift

Oberailsfeld 19
95491 Ahorntal
Tel.: 09242-295

Öffnungszeiten

Täglich ab 10 Uhr
Mittwoch Ruhetag

Spezialität

Schäuferle

Brauerei Wagner

Gründung: 1550 | Brauer: Klaus Bendner | Ausstoß: k.A.

FÜR JEDES JAHRHUNDERT EIN BIER

So könnte man die Geschichte und das Angebot der Brauerei Wagner in Oberhaid zusammenfassen. Schließlich ist man hier schon seit 1550 am Werk und braut heute mit Bock, Dunkel, Keller, Pils und Vollbier fünf feine Biere, die es im Sommer auch auf dem Hannla-Keller außerhalb der Ortschaft für die durstigen Bierfreunde gibt.

Biersorten
Dunkel, Keller, Pils, Vollbier.

Saisonal
Bock (Dezember)

Der Klassiker
Keller

Festausrüster
Fassbier, Bierbänke.

Heimdienst
Im Umkreis ca. 80 km.

Anschrift & Kontakt

Bamberger Straße 2
96173 Oberhaid
Tel.: 09503-229
Fax: 09503-4151

Öffnungszeiten

Täglich ab 9 Uhr
Kein Ruhetag

Website: www.brauerei-wagner-oberhaid.de

Termine

Kirchweih (Ende August)

BAUDENKMAL UND BRAUEREI

Susanne Simons und Klaus Bendner führen heute die 1550 gegründete Brauerei, deren Fachwerkhaus aus dem 18. Jahrhundert stammt und als Baudenkmal gilt. Für die Genießer gibt es neben dem guten Bier eine breite Palette fränkischer Köstlichkeiten, darunter sonntags mehrere Bräten und hauseigene Kuchen. Für den großen Appetit empfiehlt sich das Braumeistersteak und dazu ein leckeres Kellerbier vom Fass.

WAGNER BRÄU OBERHAID

Anschrift

Bamberger Strasse 2
96173 Oberhaid
Tel.: 09503-229

Öffnungszeiten

Täglich ab 9 Uhr
Kein Ruhetag

Spezialität

Schnitzel nach Art des Hauses

Bier.BY
BIERKULTUR ERLEBEN

Brauerei Gasthof Ott

Gründung: 1678 | Brauer: Stefan Ott, Manfred Ott | Ausstoß: 7000 hl

GROSSER SUD IM LEINLEITERTAL

Mit ihrem fünfstelligen Bierausstoß gehört die Brauerei Ott zu den großen im Landkreis, hat sich aber trotzdem ihre Urigkeit als fränkisches Brauhaus bewahrt. Sie steht am Fuß des 520 Meter hohen Kreuzsteinfelsens, von dem aus man einen perfekten Blick über das Leinleitertal und den Fränkischen Jura hat. Bockbieranstich ist im November.

Biersorten
Obaladara, Export, Edel-Pils, Weizen.

Saisonal
Bockbier (ab November)
Festbier (ab November)

Der Klassiker
Obaladara

Festausrüster
Fassbier, Bierbänke, Kühlwagen.

Heimdienst
Im Raum Bamberg, Erlangen und Forchheim.

DB

Anschrift & Kontakt

Oberleinleiter 6
91332 Heiligenstadt
Tel.: 09198-997649
Fax: 09198-594

Öffnungszeiten

Mo bis Fr 8 bis 18 Uhr

Website: www.brauerei-ott.de

Termine

Kirchweih (1. So im September)
Bockbierfest (im November)

GRÜSS GOTT HERR OTT

Die Otts haben es sich zur Aufgabe gemacht, Kontakte zu allen Namensvettern in der Welt aufzubauen. Gar kein leichtes Unterfangen bei allein 40.000 Namensträgern in Deutschland. Aber man hat es hier mit den großen Herausforderungen, im Gasthaus steht beispielsweise noch ein Holzfass mit einem Volumen von 3.036 Litern. Kulinarisch ist natürlich fränkisch angesagt, allerdings mit kreativen Varianten wie zum Beispiel der Presssackpizza, die nicht nur, aber auch wegen der Hausschlachtung eine besonders würzige Erfindung ist.

BRAUEREI GASTHOF OTT

Anschrift

Oberleinleiter 6
91332 Heiligenstadt
Tel.: 09198-271

Öffnungszeiten

Täglich ab 9 Uhr
Montag Ruhetag
(wenn Montag Feiertag, dann
Dienstag Ruhetag)

Spezialität

Hähnchen mit hausgemachtem
Kartoffelsalat

Jura Bräu

Gründung: 1900 | Brauer: Wilhelm Knopf | Ausstoß: k.A.

ANNO 1900

Die Geschichte der Jura Bräu hat ihre Anfänge weit vor 1900 in der Hauptstraße 63 in Pegnitz, dem heutigen Standort der Eisdiele Dolomiti und der Pilsbar Lämpla. Damals noch unter dem Namen Brauerei Knopf bekannt, wurde hier in den Kellerräumen Malz hergestellt, im städtischen Dürrhaus getrocknet und anschließend zu Bierwürze im kommunalen Sudhaus verarbeitet. Vergoren in der Hauptstraße 63 wurde das Bier anschließend im Schlosskeller gelagert. Heute erinnern noch die Rezepte und Namen der Biere sowie die Flinderertradition an diese alten Tage.

Biersorten
Anno 1900, Jura Bräu Pils, Jura Bräu Lager, Zwick'l.

Saisonal
Flinderer (ab Ostern, für ca. 12 Wochen)

Der Klassiker
Anno 1900

Festausrüster
Fassbier, Bierbänke, Schirme, Kühlwagen, Schankwagen.

Heimdienst
Im Umkreis von 30 km.

DB

Anschrift & Kontakt

Buchauer Berg 8-10
91257 Pegnitz
Tel.: 09241-2019
Fax: 09241-2522

Öffnungszeiten

Täglich 7 bis 12 und 13 bis 16 Uhr
Fr 7 bis 12 Uhr
Sa 9 bis 11.30 Uhr

Website: www.jura-braeu.de

Termine

Flinderertermine (ab Dienstag nach Ostern)
Waldstockfestival (Sa um den 10. Juli)

HOTEL RESTAURANT RATSSTUBE PEGNITZ

Anschrift

Hauptstraße 43
91257 Pegnitz
Tel.: 09241-809084
www.ratsstube-pegnitz.de

Öffnungszeiten

Täglich ab 17 Uhr
Sonntag Ruhetag
(für Privatfeiern ab 15 Personen
auch schon mittags geöffnet)

Spezialität

Flammkuchen

EIN KLASSIKER IN PEGNITZ

Die Ratsstube steht für alle Facetten des Lebens in der einst bömischen Stadt. Drinnen urige Wirtschaft mit Hang zum Exquisiten (vor allem die Flammkuchen sind sehr beliebt), draußen Mittelpunkt des Sehens und gesehen Werdens, perfekter Lauschplatz für die Freunde der zahlreichen Straßenmusikanten und Veranstaltungen und natürlich auch Biergarten für den erfrischenden Schluck zwischendurch. Natürlich ist man hier auch Flinderer-Schauplatz (Meist im Mai).

Brauer-Vereinigung Pegnitz GmbH

Gründung: 1923 | Brauer: Egid Lottes | Ausstoß: 2500 hl

Biersorten

Böheim Hell, Böheim Pils, Böheim Altfränkisch (Landbier), Böheim Hefeweizen.

Saisonal

Böheim Flindererbier (April)
Böheim Kerwabier (Juli)
Böheim Hexensud (Oktober)
Böheim Weihnachtsfestbier (November)
Böheim Bock (Dezember)
Böheim Kurierhüttenbier (Dezember)

Der Klassiker

Hell

Festausrüster

Fassbier, Zelt, Bierbänke, Kühlwagen.

Heimdienst

Im Umkreis von 20 km, dienstags und freitags.

DIE ACHT TAPFEREN BRAUER

In den Wirren des Inflationsjahres 1923 blieben auch die örtlichen Kommunbrauer von Pegnitz nicht verschont. Die explodierenden Rohstoffpreise waren nicht mehr zu finanzieren. Acht tapfere Brauer aber schafften es, durch eine gemeinsame Kommunbrauerei zu überleben - die Brauer-Vereinigung Pegnitz war geboren. Nach einer kurzen Blütezeit brachten die Kriegs- und Nachkriegsjahre fast das Aus für die kleine Brauerei, doch schaffte man es, 1950 das Ruder herumzureißen und ein mittelständisches Brauhaus zu werden. Mit zu den Eigenheiten von Pegnitz gehört die Flinderertradition. Von April bis Juli jeden Jahres wird während dieser fünften Jahreszeit in mehreren Wirtschaften das Flindererbier ausgeschenkt (siehe Wirtshaus).

LEBENDIGE FLINDERER-TRADITION

Das Flindern bezeichnet die Verlosung, die die örtlichen Kommunbrauer früher während der Sommermonate zwangsweise durchführen mussten. Pro Woche war nämlich immer nur dreien erlaubt, ihr Bier auszuschenken. Wichtig war, dass immer ein Metzger zu den Flinderern gehörte, denn nur der durfte dann auch Bratwürste & Co. zum Bier anbieten. Im Gasthaus Ponfick wird diese Tradition jedes Jahr hochgehalten, der Name geht übrigens auf eine der Gesellschafter-familien zurück, die mit August und Fritz Ponfick auch langjährige Geschäftsführer der Brauer-Vereinigung stellte.

Brauerei Leicht

Gründung: 1870 | Brauer: Friedrich Leicht | Ausstoß: 250 hl

EINE ALTEINGESESSENE FAMILIENBRAUEREI

Bereits seit 1870 befindet sich das Brauhaus in Pferdsfeld im Besitz der Familie Leicht. Durch Georg Leicht gegründet, von Sohn Sebastian bis 1920, von Anna Leicht bis 1942 und von Gottfried Leicht bis 1982 weitergeführt, werden Gasthaus und Brauerei seitdem von Kunigunda Leicht betrieben. Das hauseigene Vollbier braut ihr Sohn Georg, der damit die Brautradition weiterhin hochhält.

Biersorten
Landbier.

Der Klassiker
Landbier

Anschrift & Kontakt

Pferdsfeld 22
96250 Ebensfeld
Tel: 09573-236

Öffnungszeiten

Nur auf Anfrage geöffnet

Website: www.bier.by

Termine

Kirchweih (So vor Christi
Himmelfahrt und 2. So im
September)

ZWISCHEN CLEMATIS UND OLEANDER

GASTHOF LEICHT

Anschrift

Pferdsfeld 22
96250 Ebensfeld
Tel: 09573-236

Öffnungszeiten

Täglich ab 16 Uhr
Sa und So ab 10 Uhr
Donnerstag Ruhetag

Spezialität

Hähnchen

So sitzt man vor allem im Sommer im Pferdsfelder Biergarten. Zu dem Ensemble gehören auch Palmen und Linden, vor allem letztere spenden auch an heißen Tagen Schatten. Die ganze Woche über außer Donnerstag gibt es deftige Brotzeiten. Zum Bier schmeckt besonders gut der der selbstgemachte weiße Käs oder auch die leckeren sauren Zipfel. Freitag bis Sonntag stehen auch warme Mittagsgerichte auf der Karte. Dazu gehören vor allem Sauerbraten, Rehbraten und Enten aus eigener Zucht.

Brauerei Mager

Gründung: 1774 | **Brauer: Georg Mager, Andreas Mager** | **Ausstoß: k.A.**

MIT DEM FUHRWERK IM LOGO

Als man noch Natureis in der Brauerei verwendete, musste das Bier nach dem Brauprozeß zum etwa 800 Meter entfernten Felsenkeller transportiert werden. Dies erledigte ein Pferdegespann mit Fuhrfass, das dann nach einigen Wochen das fertige Bier zur Abfüllung wieder zurückbrachte. Diese Szenerie begeisterte Vater Georg Mager und Sohn Andreas so, dass sie sie ins offizielle Brauereilogo aufnahmen. Aus der Brauerei kommen heute vier süffige Biere und saisonal verschiedene Fest- und Starkbiere.

Biersorten
Urhell, Märzen, Pils, Dunkel.

Saisonal
Starkbier (Fastenzeit)
Bartholomäus Festbier (3. WE im August)
Weihnachtsbier (Dezember)

Der Klassiker
Pils

Festausrüster
Fassbier, Zelt, Bierbänke, Schirme, Kühlwagen.

Heimdienst
Im Umkreis von 70 km.

DIE RENAISSANCE DER ROULADE

Totgesagte leben länger. War doch vor zwanzig Jahren der vermeintliche Abgesang der Roulade als fränkische Bratenrolle bereits eingeläutet, hat sich das Rindfleischrund mittlerweile wieder bis in die Gourmetküchen hochgearbeitet. Hier in Pottenstein gibt es die ganz ursprüngliche fränkische Roulade, für die die Gäste von weit her angereist kommen - und natürlich das gute Bier der Brauerei dazu genießen.

Gasthausbrauerei Hufeisen

Gründung: 1803 | Brauer: Josef Wiegärtner, Peter Wiegärtner | Ausstoß: k.A.

ZÜNFTIGE BIERPROBEN

Im Hufeisen wird in den Sommermonaten regelmäßig am Mittwoch und Donnerstag gebraut. Riechen, schmecken und probieren Sie mitten im Brauvorgang sitzend die Entstehung der Hufeisen – Bierspezialitäten Pottensteiner Urdunkel, Hufeisen Kellerweizen und Pottensteins Premium Pils. Am Mittwoch oder Donnerstag wird Ihnen der Braumeister Fragen über den bekannten Pottensteiner Bierbrand oder zur Bierherstellung beantworten. Zünftige Bierproben mit Wissenswertem über die jeweiligen Biersorten mit dem Braumeister auf Anfrage!

Biersorten
Pottensteiner Urdunkel, Premium Pils, Kellerweizen, Pottensteiner Bio-Dunkel.

Saisonal
Servus Roggenmix

Der Klassiker
Pottensteiner Urdunkel

Anschrift & Kontakt

Hauptstraße 38
91278 Pottenstein
Tel.: 09243-260
Fax: 09243-7429

Öffnungszeiten

Ostern bis einschl. 1. Nov.-woche sowie vom
2. Weihnachtsfeiertag bis einschl. 6. Jan.:
Täglich ab 11 Uhr, Mo Ruhetag (an Feiertagen geöffnet), Sonst auf Anfrage;

Website: www.hufeisen-braeu.de

ALLES RICHTIG GEMACHT

Bei der Gasthausbrauerei Hufeisen gibt es alles, was fränkische Brauereikultur ausmacht. Die Gasthausbrauerei ist in fränkischen Fachwerkhäusern untergebracht - erbaut 1738, der Biergarten befindet sich am Fuße der über 1000-jährigen Burg Pottenstein, der alte Gärkeller wurde mit viel Aufwand und Liebe zur „Kellerschänke" umgebaut - entstanden ist dort eine, wie eine Höhle in den Fels gehauene, naturbelassene Kellerwirtschaft. Wohl einmalig in Franken. Neben den frischen Kellerbieren gibt es auch deftige Brotzeiten, bei schönem Wetter kann man natürlich auch im Freien vor dem Keller die wunderbare Aussicht geniessen!

GASTHAUSBRAUEREI HUFEISEN

Anschrift

Hauptstraße 38
91278 Pottenstein
Tel.: 09243-260

Öffnungszeiten

Ostern bis einschl. 1. November-
woche sowie vom 2. Weihnachtsfeiertag bis einschl. 6. Januar:
Täglich ab 11 Uhr, Montag Ruhetag (an Feiertagen geöffnet), Rest-
liche Zeit auf Anfrage geöffnet

Spezialität

Brauerschmaus

Bruckmayers Urbräu

www.bruckmayers-pottenstein.de

Seit jeher hat die Familie Bruckmayer ihren Gästen in Pottenstein mit viel Herzlichkeit eine besondere Atmosphäre geboten. Dabei wurden auch die leckeren Schmankerl und feinen Biere fränkischer Braukunst weit über die Fränkische Schweiz hinaus bekannt.

Das Urbräu ist eine Erlebnis-Braustätte in der über viele Jahrzehnte die Bruckmayerschen Bierspezialitäten entsprangen. Gebraut hat sie nach alten Rezepturen guter Tradition von 1516 seinerzeit Seniorchef Franz Bruckmayer. Nach dessen frühem Tod führte Sohn Franz-Josef das Erbe fort, indem er zunächst seine Studien in München betrieb und mit dem Diplom-Braumeister abschloss.

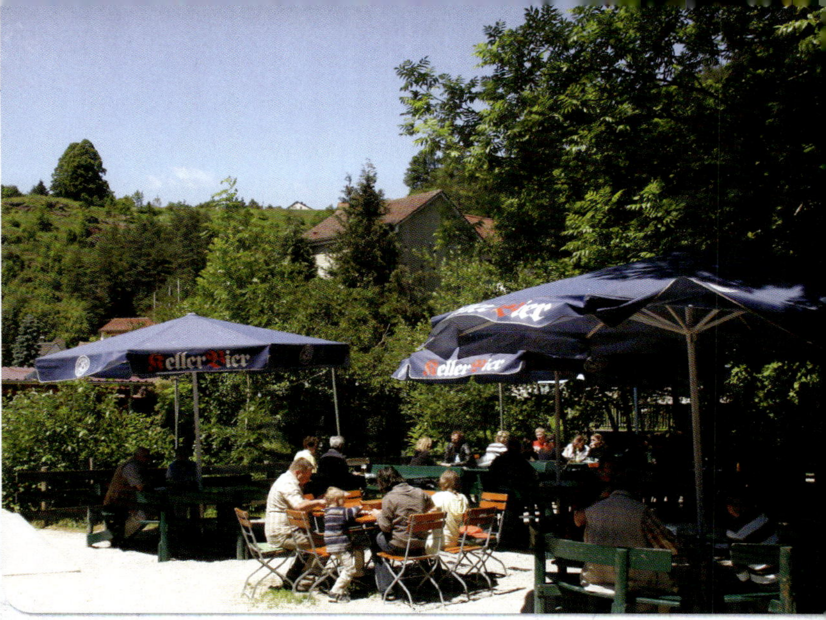

Sein Bruder, Theo Bruckmayer, machte sich zur selben Zeit auf dem klassischen Gastro-
nomie- und Hotelsektor kundig. Sein Weg führte ihn durch verschiedene renommier-
te Häuser schließlich zurück nach Pottenstein. Zusammen mit seiner Frau Anna-Maria
machte er den Gasthof „Wagner Bräu" zum Treffpunkt von Liebhabern echt fränkischer
Gaumenspezialitäten.

Mit der Eröffnung eines fränkischen Biergartens rundete die Familie ihr Angebot ab.
Gesäumt vom Forellenbach „Püttlach", beschirmt von den grünen Baumkronen großer
Kastanien, genießt der Gast hier die herzhaften Brotzeitteller-Schmankerl aus Küche
und Keller.

Bei der historischen Brauereiführung durch das Urbräu kann noch einmal alles Wissenswerte über die historische Brauerei Speziellen und über Bier im Allgemeinen erlebt werden. Ein Biervortrag mit Umtrunk und anschließender Brauereibesichtigung findet von
April bis September jeden Mittwoch und Freitag ab 17 Uhr oder für Gruppen ab 20 Personen auf Anfrage statt.

Bruckmayers Urbräu
Nürnberger Str. 10
91278 Pottenstein
Tel: 09243-700167
Fax: 09243-7351

Nikl Bräu

Gründung: 2008 | Brauer: Mike Schmitt | Ausstoß: 1000 hl

NIKL-BRÄU IN PRETZFELD

Das kommt wirklich nicht alle Tage vor: Zu den Brauereien Meister in Unterzaunbach und Penning-Zeißler in Hetzelsdorf kam in der Gemeinde Pretzfeld eine dritte Brauerei dazu. Am 11. Oktober 2008 haben Braumeister Mike Schmitt und seine Frau Alexandra die Nikl-Bräu in Pretzfeld in der Egloffsteiner Straße eröffnet. Das Brauereiwirtshaus wurde in einen ehemaligen Stall gebaut, und das besondere daran: die Wirtshausbesucher haben direkten Blick ins Sudhaus, das nur durch Glasfenster vom Wirtshaus getrennt ist. Ein Alleinstellungsmerkmal der besonderen Art also, das den Gästen eine besondere Beziehung zu den Bieren der Nikl-Bräu geben wird. Der Name der Brauerei, so Mike Schmitt, kommt übrigens vom Großvater, dem Nikl, der über Pretzfeld hinaus als Heimatdichter bekannt war.

Biersorten

Helles Lagerbier, Dunkles Kellerbier, Sommerweizen.

Saisonal

Winterbier (Januar)
Rauchbier (Fastenzeit)
Festbier zum Kirschenfest (Juli)
Rauchbierbock (Oktober)
Weihnachtsbier (Dezember)
zusätzlich immer wieder verschiedene Spezialbiere

Der Klassiker

Helles Lager

Festausrüster

Fassbier, Bierbänke.

Anschrift & Kontakt

Egloffsteiner Straße 19
91362 Pretzfeld
Tel.: 09194-725025
Fax: 09194-725026

Öffnungszeiten

Mo 16 bis 20 Uhr Bierverkauf
Do ab 17 Uhr
Fr bis So ab 9 Uhr
Dienstag und Mittwoch Ruhetag

Website: www.brauerei-nikl.de

Termine

Kirchweih (1. WE im Oktober)
Bockbieranstich (3. Sa im Oktober)

GASTSTÄTTE BRAUEREI NIKL

Anschrift

Egloffsteiner Straße 19
91362 Pretzfeld
Tel.: 09194-725025

Öffnungszeiten

Mo 16 bis 20 Uhr Bierverkauf
Do ab 17 Uhr, Fr bis So ab 9 Uhr
Dienstag und Mittwoch Ruhetag

Spezialität

Saure Lende mit Kloß

VOM SCHWEINE IN DEN KUHSTALL

Diesen Weg legen die feinen fränkischen Gerichte und Brotzeiten zurück, wenn Sie von der Küche, die im ehemaligen Schweinestall liegt, in den Gastraum, den ehemaligen Kuhstall, gebracht werden. Ein weiteres Gimmick bei Alexandra und Mike Schmitt: Man kann direkt vom Gastraum in die Brauerei und das Sudhaus schauen. Da machen sowohl essen als auch trinken Spaß!

Bier.BY
BIERKULTUR ERLEBEN

Brauerei Schrüfer Priesendorf

Gründung: 1898 | Brauer: Otto Schrüfer | Ausstoß: 400-500 hl

REALE SCHANK- UND GASTGERECHTIGKEIT

Biersorten
Vollbier (12,5% Stammwürze).

Der Klassiker
Vollbier

Festausrüster
Fassbier, Bierbänke.

Heimdienst
innerhalb der Gemeinde

Was anno 1847 im Katasteramt gut war, ist heute nach wie vor aktuell. Denn bei Schrüfers, die mittlerweile schon in der vierten Generation hinter dem Tresen stehen, geht es absolut gerecht zu. Jeder bekommt ein Vollbier. Und das ist auch gut so. Alfons Schrüfer, der Vater des heutigen Inhabers und Braumeisters, hat beim Bamberger Spezial gelernt, aber sich nicht dazu verleiten lassen, auch in Priesendorf ein Rauchbier zu brauen. Das Ergebnis - ein typisch fränkisches, sehr geschmacksintensives Bier - überzeugt jeden Gast immer wieder auf's Neue.

Anschrift & Kontakt

Hauptstraße 31
96170 Priesendorf
Tel.: 09549-317
Fax: 09549-987468

Öffnungszeiten

Täglich ab 10 Uhr
Mittwoch Ruhetag
(wenn Mittwoch Feiertag, Donnerstag Ruhetag)

Website: www.bier.by

Brauerei Schrüfer
Priesendorf

Termine

Kirchweih Priesendorf (letzter
So im August)

LAMM
UND
BIERSCHNAPS

Zu dem kräftigen Vollbier der Schrüfers passt am besten ein deftiges Essen. Deswegen setzt man hier auf Bräten (Schwein aus eigener Schlachtung, Lamm aus eigener Aufzucht, Wildschwein aus der Region, Rind, Kalb etc.) und hausmacher Brotzeiten. Letzteres vor allem zur Biergartensaison, wenn Ziebeleskäs, Roter und Weißer Presssack, Göttinger, Roher Schinken und Dosenfleisch auf dem Programm stehen. Am besten hat es uns am Samstag gefallen, wenn Otto Schrüfer seinen großen Oklahoma-Grill anwirft und die Gäste mit Fisch, Steaks und Bratwürsten verwöhnt.

GASTSTÄTTE SCHRÜFER

Anschrift

Hauptstraße 31
96170 Priesendorf
Tel.: 09549-317

Öffnungszeiten

Täglich ab 10 Uhr
Mittwoch Ruhetag
(wenn Mittwoch Feiertag, Donnerstag Ruhetag)

Spezialität

Hausmacher Brotzeiten

Schlossbrauerei Reckendorf Georg Dirauf

Gründung: 1597 | Brauer: Georg Merklein | Ausstoß: 25000 hl

Biersorten

Hausbrauerbier, Recken Light, Lager Hell, Export Hell, Dunkel, Weissbier, Radler, Kellerbier, Festbier „1597".

Saisonal

Henrici Bock (ab Oktober)
Weizenbock (ab Dezember)

Der Klassiker

Pils

Festausrüster

Fassbier, Bierbänke, Schirme, Kühlwagen, Schankwagen.

Heimdienst

Kein eigener Heimdienst, jedoch Belieferung im Heimdienst über unsere Partner

BRAUEREI STATT SCHLOSS

Dort, wo heute alljährlich das große Kirchweihzelt steht, befand sich der Standort des einstigen Schlosses. Ab 1597 war das Anwesen mit einer Schank- und Braugerechtigkeit ausgestattet. Im Verlauf des 19. Jahrhunderts verfiel das Wasserschlösslein zusehends und wurde schließlich vollständig abgetragen. Lediglich die Brauerei mit Gastwirtschaft blieb erhalten. Auf Bitten des seinerzeit in Reckendorf amtierenden Pfarrers pachtete schließlich 1930 der gebürtige Reckendorfer Georg Dirauf Brauerei und Gastwirtschaft, der 1952 das Anwesen auch kaufte. Nach seinem Tod leitete seine Tochter Lonia Eichhorn das Unternehmen. Als deren Nachfolger lenkt heute ihr Sohn, Diplom-Ingenieur und Braumeister Dominik Eichhorn die Geschicke der Brauerei.

Anschrift & Kontakt

Mühlweg 16
96182 Reckendorf
Tel.: 09544-94210
Fax: 09544-942121

Öffnungszeiten

Mo bis Do 7 bis 17 Uhr
Fr 7 bis 16 Uhr
Sa 8 bis 12 Uhr
Sonntag Ruhetag

Website: www.recken.de

Termine

Kirchweih (1. So im September)
Weißbierfest (2. Sa im Juni)

LASS DIR RECKEN SCHMECKEN!

Freiherr Christoph von Wiesenthau ließ 1597 das Haus als Gemeindehaus erbauen, allerdings auch gleich mit Brauerei, damit die Gäste des Würzburger Bischofs nicht auf dem Trockenen waren. Diese Tradition der Gastlichkeit hat sich bis heute bewahrt, mittlerweile allerdings seit drei Generationen unter der bürgerlichen Ägide von Familie Dirauf. Für die durchaus kreative Küche wird noch viel selbst hergestellt, unter anderem auch das leckere Eis des Hauses. Eine besondere Empfehlung sind die Grillhähnchen an Fronleichnam, quasi eine Institution in Reckendorf!

GASTHAUS SCHLOSSBRÄU

Anschrift

Mühlweg 8
96182 Reckendorf
Tel.: 09544-94950
www.gasthaus-schlossbraeu.de

Öffnungszeiten

Gasthaus:
Mo, Do, Fr und Sa 10 bis 13.30 Uhr
und ab 16 Uhr
So und Feiertage ab 10 Uhr
Mi ab 16 Uhr oder auf Anfrage
Dienstag Ruhetag

Reckendorfer Schlossgarten:
Mai bis August:
Täglich ab 16 Uhr
So und Feiertage ab 14.30 Uhr
Dienstag Ruhetag

Spezialität

Karpfen aus eigener Aufzucht

Brauerei Gasthof Schroll

Gründung: nicht bekannt | **Brauer: Karl-Heinz Schroll** | **Ausstoß: 2800 hl**

URTRUNK IN RECKENDORF

Bis 1965 hieß die Brauerei noch Schmitt, der Namens-wechsel ist auf die Übergabe an den Schwiegersohn zurückzuführen, der aber an der Brautradition nichts geändert hat. Tradition heißt hier vor allem Urtrunk, der Bierklassiker des Hauses. Das dunkelbraune Bier hat eine deutliche Malznote und ist zu Weihnachten und in der Fastenzeit auch als Bockbier erhältlich.

Biersorten

Urtrunk.

Saisonal

Bock (zu Weihnachten und zur Fastenzeit)

Der Klassiker

Urtrunk

Anschrift & Kontakt

Hauptstraße 38
96182 Reckendorf
Tel.: 09544-20338

Öffnungszeiten

Täglich ab 9 Uhr
Donnerstag Ruhetag

Website: www.bier.by

Termine

Kirchweih (1. So im September)

UR UND EDEL

Das sind die beiden Namen desselben Bieres, das mit seiner kräftigen Malznote hier aus den Zapfhähnen fließt. Unter den urigen Holzdecken schmecken die fränkischen Gerichte aus der Küche wunderbar dazu. Ein kleiner Tipp am Rande: Nach der Auskunft der Stammgäste gibt es hier den besten Gänsebraten weit und breit. Allerdings muss man nachfragen, wann das knusprige Federvieh aus dem Backofen kommt, ganz sicher können Sie nur an Martini gehen ...

BRAUEREI GASTHOF SCHROLL

Anschrift

Hauptstraße 38
96182 Reckendorf
Tel.: 09544-20338

Öffnungszeiten

Täglich ab 9 Uhr
Donnerstag Ruhetag

Spezialität

Gänsebrust (auf Anfrage)

Bier.BY
BIERKULTUR ERLEBEN

Brauerei Müller

Gründung: 1874 | **Brauer: Andreas Müller** | **Ausstoß: 700 hl**

Biersorten

Kellerbier (im Sommer vom Fass), Pils (im Winter vom Fass).

Saisonal

Bockbier (Oktober)

Der Klassiker

Kellerbier

Heimdienst

Im Umkreis von 5 km, donnerstags und samstags.

DER AUFSTEIGENDE AST

Nicht zuletzt dank des wunderschön gelegenen Schmausenkellers konnte die Brauerei Müller in den letzten Jahren eine richtige Renaissance erleben. Gebraut werden drei Biere, Kellerbier im Sommer (ein relativ herbes Kellerbier mit deutlichen Malz- und Hopfennoten), Pils im Winter (eher ein Landbier als ein Pils, mit vielen Hopfen- und Malzaromen) und ein würziger Bock, der perfekt zur Herbst- und Weihnachtszeit passt.

DB

Anschrift & Kontakt

Lange Straße 2
96158 Frensdorf-Reundorf
Tel.: 09502-280
Fax: 09502-924732

Öffnungszeiten

Flaschenbierverkauf auf dem
Schmausenkeller (s. unten)

Website: www.schmausenkeller.de

Termine

Reundorfer Kirchweih (2. WE im
Oktober)
Maibaumaufstellen auf dem
Schmausenkeller (1. Mai)

BIERKELLER-EVOLUTION

Vor Jahren noch ein unscheinbarer Geheimtipp und eher im Schatten der eigentlichen Brauereigaststätte, hat sich der Schmausenkeller in Rekordzeit gemausert und ist jetzt die Hauptanlaufstelle für Brauerei(be)sucher. An der traumhaft gelegenen Lichtung hinter Reundorf ist nun ein richtig großes Gasthaus entstanden. Man hat wirklich alles, was das Besucherherz begehrt: Gutes Bier, warme und kalte Küche (und Kuchen), einen großen Spielplatz und keinen Autoverkehr. Übrigens: Sogar ein Pferdeparkplatz ist vorhanden.

SCHMAUSENKELLER

Anschrift

Keller: Am Bahnhof 13
96158 Reundorf
Tel.: 09502-608

Öffnungszeiten

Mo bis Fr ab 16 Uhr
Sa ab 15 Uhr
So und Feiertage ab 11 Uhr

Mitte März bis Mitte Okt:
Kein Ruhetag
Bei schlechtem Wetter Donnerstag Ruhetag

Mitte Nov. bis Anfang Feb.:
Mittwoch und Donnerstag
Ruhetag

Spezialität

Hähnchen

Brauerei Weber

| Gründung: 1800 | Brauer: Friedrich Weber | Ausstoß: 2100 hl |

DER CHEF PERSÖNLICH

In der Brauerei wacht der Chef persönlich über die Qualität seiner Biere, die auch in Partyfässern und in der umweltfreundlichen Bügelverschlußflasche am Brauereihof erhältlich sind. Beim selbstgebrauten Landbier, ob dunkles Lager oder Rauch, sitzen Einheimische und Fremde in der Wirtsstube einträchtig zusammen und genießen eine zünftige Hausmacher-Brotzeit oder ein typisch fränkisches Gericht.

Biersorten

Brauerei Weber Hell, Brauerei Weber Rauch, Brauerei Weber Füchsla.

Der Klassiker

Brauerei Weber Hell

Festausrüster

Fassbier, Bierbänke.

Anschrift & Kontakt

Ringstraße 46
96114 Röbersdorf
Tel.: 09543-7882

Öffnungszeiten

Täglich 10 bis 19 Uhr
Mittwoch Ruhetag

Website: www.bier.by

Termine

Kirchweih (2. WE im Juni)

NICHT NUR, ABER AUCH FÜR FISCHFREUNDE

Wer ein uriges Landhaus mit seiner typischen Atmosphäre zu schätzen weiß, der ist im Gasthof Weber genau richtig. Spezialität des Hauses sind in der Saison Karpfen, Karpfenfilet blau und gebacken, zubereitet vom Chef persönlich. Ab Mai gibt es bei schönem Wetter dienstags Heringe, Makrelen und Forelle frisch vom Holzkohlengrill!

GASTHOF WEBER

Anschrift

Ringstraße 46
96114 Röbersdorf
Tel.: 09543-7882

Öffnungszeiten

Täglich ab 9 Uhr
Mittwoch Ruhetag

Spezialität

Karpfenfilet

Brauerei Gasthof Grosch

Gründung: 1492 | Brauer: Albin Deuerling, Fabian Behnsch | Ausstoß: 3200 hl

GUT GELEBTE TRADITION

In der Brauerei Grosch hat man den Spagat zwischen Traditionsbewusstsein und den nötigen Veränderungen zum wirtschaftlichen Überleben sehr gut hinbekommen. Insbesondere mit seinen Spezialbieren wie dem Fuhrmanns- oder dem Luthertrunk hat Inhaber Christoph Pilarzyk den Nerv der Bierfans der Region getroffen. Süffig, individuell und charakterstark, so sind die Biere aus dem Hause Grosch, was dafür sorgt, dass kaum ein Sud ein langes Leben hat.

Biersorten

Grosch Pils, Grosch Zwickelbier, Grosch Fuhrmannstrunk, Grosch Luthertrunk (Bio), Grosch Radler.

Saisonal

Hochzeitsbier (ab April)
Bockbier (ab Mitte Oktober)

Der Klassiker

Fuhrmannstrunk

Festausrüster

Essen, Fassbier, Bierbänke, Schirme, Kühlwagen, Schankwagen.

Heimdienst

Im Umkreis von 25 km.

DB

Anschrift & Kontakt

Oeslauerstraße 115
96472 Rödental
Tel.: 09563-7500
Fax: 09563-750147

Öffnungszeiten

Mo bis Fr 7 bis 15 Uhr

Website: www.der-grosch.de

Termine

Luthertrunkanstich (Januar/
Februar)
Bockbieranstich (Mitte
Oktober)
Kirchweih (Mitte Oktober)

ALLE WAREN DA

Martin Luther, Wallenstein, Napoleon, Queen Victoria und viele andere Persönlichkeiten der Weltgeschichte sind bereits im Braugasthof Grosch abgestiegen und haben hier, in einem der ältesten Gasthäuser Europas (1425 erstmals erwähnt), gespeist und genächtigt. Übrigens verläuft hier der Kloßäquator, man isst die kleinen Kartoffelbällchen in der thüringischen Variante mit einem hohen Anteil an roh geriebenen Kartoffeln. Wo es den Großen der Welt geschmeckt hat, da wird es auch Ihnen munden, darauf können Sie sich verlassen!

GASTHOF GROSCH

Anschrift

Oeslauerstraße 115
96472 Rödental
Tel.: 09563-7500

Öffnungszeiten

Täglich ab 7 Uhr
Kein Ruhetag

Spezialität

Hausgemachte Roulade

Brauerei Sauer Roßdorf

Gründung: 1784 | **Brauer: Richard und Christian Sauer** | **Ausstoß: 2400 hl**

MEHR ALS 200 JAHRE TRADITION UND ERFAHRUNG

Das ist das Motto von Richard und Christian Sauer, die die 1784 gegründete Brauerei heute betreiben. Das sind mittlerweile schon sechs Generationen, die hier hinter Sudkessel und Läuterbottich standen und stehen. Die hohe Qualität von Bier und Speisen zeigt auch die Auszeichnung durch die Zeitschrift Feinschmecker als besonders empfehlenswerter Genießertipp. Im Sommer lohnt auch der Weg zu der urigen Außenstelle, dem ehemaligen Felsenkeller der Brauerei - hier lohnt sich auch eine Führung durch die Stollen.

Biersorten
Unfiltriertes Roßdorfer Urbräu (Lager), Roßdorfer Pils, Roßdorfer Weissbier, Roßdorfer Braunbier.

Saisonal
Roßdorfer Bockbier (ab Ende Oktober)

Der Klassiker
Unfiltriertes Roßdorfer Urbräu

Festausrüster
Essen, Fassbier, Zelt, Bierbänke, Schirme, Kühlwagen.

Heimdienst
Heimdienst liefert in Bamberg, Gemeinde Strullendorf, Gemeinde Hirschaid und Gemeinde Litzendorf, wöchentlich.

Anschrift & Kontakt

Sutte 5
96129 Roßdorf am Forst
Tel.: 09543-1578
Fax: 09543-850204

Öffnungszeiten

Täglich ab 11 Uhr, Mo Ruhetag
Brauereieigener Getränkeladen:
Di bis Fr von 16 bis 18 Uhr
Sa von 9 bis 13 Uhr

Website: www.brauerei-sauer.de

Termine

Kirchweih (2. WE im Juli)
Bockbieranstich (Ende
Oktober)

AUSGETROCKNET...

... ist hier nur der alte Dorfbrunnen, dem der Bau der Kanalisation den Hahn zugedreht hat. Offen dagegen sind die Zapfhähne für Bierfreunde und solche, die es werden. Schließlich ist man seit 1720 Brauerei und versteht sein Handwerk. Und das auch in Sachen Essen. Innovativ und lecker: Die Brauer-Flammkuchen. Klassisch und deftig: Alle zwei Monate Schlachtschüssel (bitte reservieren!). Es ist also für jeden was dabei, selbst die Fischfreunde werden freitags nicht vergessen. Bierkellerfreunde sollten den unweit gelegenen Felsenkeller der Brauerei aufsuchen.

BRAUEREI SAUER ROSSDORF

Anschrift

Sutte 5
96129 Roßdorf am Forst
Tel.: 09543-1578

Öffnungszeiten

Täglich ab 11 Uhr
Montag Ruhetag

Spezialität

Themenmenü Bockbier mit Vortrag und Besichtigung etc.

293

Brauerei Stadter

Gründung: 1884 | Brauer: Martin Schuster | Ausstoß: 350 hl

DIE ERLEBNISBRAUEREI

Dipl.-Pädagoge und Brauer Martin Schuster versteht sein Handwerk. Als Teil der Weltrekordgemeinde Aufseß tragen er und seine Familie ihr Stück zum Kultstatus bei. Hier wird nämlich einerseits noch sehr traditionell gebraut, andererseits gibt es dabei auch Gelegenheit mitzumachen und anzufassen. An den Erlebnisbrautagen, die regelmäßig im Jahr veranstaltet werden, schlüpfen die Gäste für einen ganzen Tag in die Rolle des Brauers und kredenzen selbst ein fränkisches Landbier, mit Holzbefeuerung und Schweiß an den Riemen, Zahnrädern und Hebeln der Brauerei.

Biersorten
Bernsteinfarbenes Landbier.

Der Klassiker
Bernsteinfarbenes Landbier.

Festausrüster
Fassbier, Bierbänke.

DB

Anschrift & Kontakt

Pottaschhütte 2a
95447 Bayreuth
(nur Verwaltung)
Tel.: 0921-66816

Öffnungszeiten

Verwaltung in Bayreuth, Brauerei
in Sachsendorf nur an den Erlebnisbrautagen geöffnet

Website: www.braulehrer.de

Termine

Kirchweih
(1. WE im September)

KEIN LEICHTER JOB

Schließlich müssen Michael Benker und seine Frau Christine eine Speisekarte rund um das Weltrekordlandbier der
Brauerei fabrizieren. Dabei setzen die beiden vor allem auf
Bewährtes und bieten die bekannten Brotzeitklassiker sowie
Pfannenschnitzel und Bratwürste und an Sonn- und Feiertagen eine Bratenkarte. Man weiß also, was man bekommt, und
das bekommt - vorzüglich!

BRAUEREIGASTHOF STADTER

Anschrift

Hauptstraße 26
91347 Sachsendorf
Tel.: 09274-8193
www.brauerei-stadter.de

Öffnungszeiten

Di bis Fr ab 10 Uhr
Sa, So und Feiertage ab 9 Uhr
Montag Ruhetag
(Wenn Montag Feiertag, dann
Dienstag Ruhetag)

Spezialität

Pfannenschnitzel

Bier.BY
BIERKULTUR ERLEBEN

Brauerei Hennemann

Gründung: 1870 | Brauer: Hans Hennemann | Ausstoß: 1000 hl

Biersorten
Lager, Zwickel, Landweiße.

Saisonal
Sommergold (Mai bis Sept.)
Bockbier (zur Weihnachtszeit)

Der Klassiker
Lager

Festausrüster
Fassbier, Bierbänke, Kühlwagen.

BÄCKER UND BRAUER

Beide Berufsstände gehörten früher bekanntlich zusammen, schließlich war die Hefe sowohl für das Brot backen als auch für das Bier brauen wichtig, auch wenn man die genauen Geheimnisse erst in der Moderne enthüllen konnte. Auch der Brauerei Gasthof Hennemann geht aus einem ehemaligen Doppelbetrieb hervor. Inzwischen in der vierten Generation hat sich der Braumeister Hans Hennemann ganz der Braukunst verschrieben. Den Betrieb zeichnet unter anderem das süffige Zwickelbier und ein dunkles Lagerbier aus, welche man direkt vom Fass in der Gaststätte (und bei schönem Wetter im gemütlichen Biergarten) genießen kann. Auch Weißbierfreunde kommen bei der Hennemann Landweiße auf ihre Kosten. Bequem lassen sich alle Biere auch in der Bügelflasche mit nach Hause nehmen.

SALZWASSERFLEISCH IN SAMBACH

Das ist der absolute Klassiker, für den die Gäste aus Erlangen und Bamberg anreisen. Es handelt sich um um einen mageren, gepökelten Schweinebauch, der knusprig gebraten wird und - im Gegensatz zu seinem Namen - gar nicht salzig schmeckt. Dazu gibt es Rübenkraut, das nur einmal im Jahr angebaut wird, Klöße und eine feine Biersauce. Mindestens einmal im Jahr sollte man das gekostet haben - auf der Speisekarte steht das Salzwasserfleisch allerdings nur von Oktober bis zum Frühjahr.

Brauerei Knoblach GmbH

Gründung: 1880 | Brauer: Michael Knoblach | Ausstoß: k.A.

VOM RÄUSCHLA ZUM NARRENBIER

Eine solche Karriere kann der Gast in Schammelsdorf verfolgen. Schließlich laufen mit dem Räuschla und seinem Bruder, dem ungespundeten Lager, von den Einheimischen auch Narrenbier genannt, zwei echte Süffigkeitsgaranten aus dem Zapfhahn. Der kleine Rausch kommt dabei süßlich/malzig, das Lager eher wie echtes flüssiges Brot mit einer deutlichen Bitternote im Abgang daher. Beide Biere haben echtes Weitertrinkpotenzial, gut, dass man sich hier noch im Bamberger Stadtbusbereich befindet.

Biersorten
Ungespundetes Lager, Räuschla, Hefeweizen, dunkles Landbier.

Saisonal
Bockbier (Oktober bis Dezember) Fastenbier (Februar bis Ostern)

Der Klassiker
Räuschla

Festausrüster
Fassbier, Bierbänke, Schirme, Schankwagen.

Heimdienst
Im Umkreis von Bamberg und Umgebung, 1 x pro Woche donnerstags.

Anschrift & Kontakt

Kremmeldorfer Straße 1
96129 Schammelsdorf
Tel.: 09505-267
Fax: 09505-6184

Öffnungszeiten

Di bis Fr ab 15 Uhr
Sa, So und Feiertage ab 9 Uhr
Montag Ruhetag (wenn Montag
Feiertag, dann Dienstag Ruhetag)

Website: www.brauerei-knoblach.de

Termine

Schammelsdorfer Biertage
(Pfingsten)

DAS RÄUSCHLA IST PROGRAMM...

... zumindest in Sachen Bierpalette. Zuviel sollte man natürlich auch von dem so genannten bernsteinfarbenen Leckerbier nicht trinken, nicht zuletzt, weil die hauseigene Schnapsbrennerei durchaus noch mit geschmackvollen Verstärkern aufwarten kann. Einen legendären Ruf haben sich mittlerweile die Schammelsdorfer Biertage erworben, die wie eine Dorfversion des Oktoberfestes anmuten - alles ehrenamtlich organisiert. An vier Tagen um Pfingsten ist dann kompletter Ausnahmezustand, die Straßen sind gesperrt und das große Fußballderby Schammelsdorf gegen eine Nachbarmannschaft hat Zuschauer wie sonst nur die Bundesliga...

BRAUEREI-GASTSTÄTTE KNOBLACH

Anschrift

Kremmeldorfer Straße 1
96129 Schammelsdorf
Tel.: 09505-267

Öffnungszeiten

Di bis Fr ab 15 Uhr
Sa, So und Feiertage ab 9 Uhr
Montag Ruhetag
(wenn Montag Feiertag, dann
Dienstag Ruhetag)

Spezialität

Gögerla

Brauerei Will

Gründung: 1742 | Brauer: Konrad, Bernd und Johannes Will | Ausstoß: k.A.

MIT FERRARI-DAY

Biersorten
Dunkles, Hefeweizen.

Saisonal
Kräftiger Landbock (zwischen Allerheiligen und Dreikönig)

Der Klassiker
Dunkles

Festausrüster
Fassbier, Bierbänke, Schirme, Kühlwagen, Schankwagen.

Die Brauerei Will steht für vollmundige Biere vom Land- bis zum Weißbier, feine fränkische Brotzeiten und jede Menge Events. Egal ob Großleinwand-Übertragung der Formel1-Rennen (am regelmäßigen Ferrariday wird Schederndorf zu Klein-Maranello), Kirchweih (zweiter Sonntag im September), Wald- und Wiesenfest oder Theatersommer - es ist immer was geboten. Damit die Tradition erhalten bleibt, steht schon die nächste Generation am Sudkessel bereit. Auch die Söhne des Hauses, Bernd und Johannes Will, haben das Brauhandwerk von der Pike auf gelernt!

Anschrift & Kontakt

Haus Nr. 19
96187 Stadelhofen-Schederndorf
Tel.: 09504-262
Fax: 09504-283

Website: www.schederndorf.de

Öffnungszeiten

Täglich 8 bis 20 Uhr

Termine

Patronatsfest (2. So im Februar)
Kerwa (2. So im September)

DER NACHSCHUB ROLLT

In Schederndorf geht es fränkisch-rustikal zu, das gilt besonders auch für die gemütliche Brauerei-Wirtschaft. Wenn recht viel los ist, wird auf den Bänken und an den Tischen eben ein bisschen zusammengerückt. Besonders an kälteren Tagen sind die Plätze am urigen, grünen Kachelofen heiß begehrt. Da hat sich schon so mancher Wanderer-Rücken wieder entspannt! Außerdem ist von hier der Weg zum Ausschank kurz: Das nächste Schederndorfer lässt sich auf Zuruf bestellen. Insider legen ihren geleerten Krug auf den Tisch - und der Nachschub rollt! Tipp: Ziebeleskäs nach altem Hausrezept.

BRAUEREI-GASTHAUS WILL

Anschrift

Haus Nr. 19
96187 Stadelhofen-Schederndorf
Tel.: 09504-262

Öffnungszeiten

Täglich ab 11 Uhr
Dienstag Ruhetag

Spezialität

Ziebeleskäs

Brauerei Drei Kronen

Gründung: 1749 | Brauer: Josef Lindner | Ausstoß: 1500 hl

Biersorten

Schääzer Kronabier (Lagerbier), Premium, Original 1837 dunkel, Weißbier.

Saisonal

Weizenbock (Fastenzeit)
Roggenbier (ab 23. April bis Dez.)
Kirchweihfestbier (Juli bis Aug.)
Bock (November bis Dezember)
Weihnachtsfestbier (Nov. bis Dez.)

Der Klassiker

Schääzer Kronabier

Festausrüster

Essen, Fassbier, Zelt, Bierbänke, Kühlwagen.

GUTES GEGENÜBER DER KIRCHE

Josef Lindner leitet die Traditionsbrauerei als Vertreter der sechsten Generation und verwendet vor allem regionale Rohstoffe für seine ausgezeichneten Biere. Das sind sie übrigens im wahrsten Sinne des Wortes. Beispielsweise bekam der Weizenbock 2008 den European Beerstar in Gold - eine Ehre, die wir nach dem Test absolut nachvollziehen konnten. Eine besondere Erwähnung verdient auch das Roggenbier „Roggn"!

Anschrift & Kontakt

Hauptstraße 39
96110 Scheßlitz
Tel.: 09542-1564
Fax: 09542-921595

Öffnungszeiten

Täglich 9.30 bis 13 und ab 17 Uhr
Mittwoch Ruhetag

Website: www.kronabier.de

Termine

Weizenbockanstich (2. Fr nach
Aschermittwoch)
Tag des Bieres (23. April)
Brauereifest (1. So im August)
Kirchweih (letzter So im
August)
Bockbieranstich (Freitag nach
Buß- und Bettag)

SCHÄÄTZER KRONABIER

Sechs urige Tische laden zur typisch fränkischen Brauwirtshausgemütlichkeit ein. Die dicken dunklen Holzbalken haben schon viel erlebt, von dem der sympathische Chef Josef Lindner auch jede Menge erzählen kann. Beispielsweise, dass er als Kind noch die traditionellen Säumärkte und vor allem die anschließenden ausführlichen Wirtshausbesuche der Bauern bei „Saura Fleck und Kronabier" erlebt hat, oder wie der Zuchtbulle des Ortes durch das Wirtshaus in den Hof gebracht werden musste. Der Name Drei Kronen kommt in der hiesigen Gegend relativ häufig vor und rührt wohl daher, dass Oberfranken im Dreißigjährigen Krieg von den Schweden besetzt war, deren lokale Statthalter nicht in einer Kaserne, sondern jeweils im besten Wirtshaus des Dorfes residierten. Und die drei Kronen aus dem Schwedenwappen gaben den Gaststuben dann jeweils ihren Namen.

**BRAUEREI GASTHOF DREI
KRONEN**

Anschrift

Hauptstraße 39
96110 Scheßlitz
Tel.: 09542-1564

Öffnungszeiten

Täglich 9.30 bis 13 und ab 17 Uhr
Mittwoch Ruhetag

Spezialität

Fränkische Bratwürste mit Sauerkraut und Bauernbrot

BLICK VODER GIECHBURG NACH SCHESSLITZ

Brauereigaststätte Witzgall

Gründung: 1761 | **Brauer: Matthias Witzgall** | **Ausstoß: 1000 hl**

URIG, URIG, URIG

Bischof Adam Friedrich zu Bamberg und Würzburg erteilte am 19.10.1761 die Brau-, Schank- und Schildgerechtigkeit für die Schlammersdorfer Brauerei. Seit 1898 stehen hier die Witzgalls an Sudhaus und Tresen und stehen für das Wort urig persönlich ein. Das Schlammersdorfer Landbier gilt als eines der besten in der ganzen Region und erhält selbst bei internationalen Rankings immer wieder gute Noten. Wir fragen uns allerdings, wie es das Bier bis dorthin schafft, denn erstens ist Schlammersdorf einer der verschlafensten Orte, die wir kennen gelernt haben, und zweitens ist das Bier so süffig, dass es kaum durch viele Hände gehen dürfte, ohne getrunken zu werden...

Biersorten
Vollbier, unfiltriertes Landbier.

Saisonal
Weihnachts-Festbier (Mitte November bis Mitte Januar)

Der Klassiker
Vollbier

Bus 265 Schlammersdorf Kapellenweg

DB

Anschrift & Kontakt

Schlammersdorfer Straße 17
91352 Hallerndorf
Tel.: 09545-7452

Öffnungszeiten

Täglich ab 9 Uhr
Donnerstag Ruhetag
Mai bis Sep.: So und Feiertage 9
bis 12.30 Uhr

Website: www.bier.by

ERST DAS FASS UND DANN DER KRUG

Hinter dem Zapfhahn am frisch angestochenen Fass stehen der Brauereichef Helmut Witzgall oder sein Bruder Erich und füllen die Krüge der Durstigen bis zum Rand. Die bringen ihre Deckel zum Striche-Machen selber mit, setzen sich dann bei schönem Wetter draußen unter die mächtigen Eichen, Linden und Buchen und genießen ihr Bierchen nebst der guten Brotzeit des Hauses. Die historischen Kellergewölbe unter den Kellerbierbänken sind übrigens über ein Vierteljahrhundert alt und teilweise bereits verfallen.

BRAUEREIGASTSTÄTTE WITZGALL

Anschrift

Schlammersdorfer Straße 17
91352 Hallerndorf
Tel.: 09545-7452

Öffnungszeiten

Täglich ab 9 Uhr
Donnerstag Ruhetag
Mai bis Sep.: So und Feiertage 9
bis 12.30 Uhr

Spezialität

Hausmacher Platte

Brauereigasthof Günter **Scheubel Sternbräu**

Gründung: 1828 | Brauer: Günter Scheubel | Ausstoß: 2500 hl

INS FREILANDMUSEUM UMGEZOGEN

Seit 1828 wird von der Familie Scheubel Bier gebraut. Hierzu wurde das im Jahr 1737 gebaute Kommunbrauhaus genutzt. Heute steht dieses Gebäude mit seiner historischen Sudpfanne aus dem Jahr 1850 im Freilandmuseum Bad Windsheim und steht somit der Allgemeinheit zur Verfügung. Im Brauhaus Scheubel werden trotzdem die alten Traditionen bewahrt und mit moderner Brautechnik von heute kombiniert. Seniorchef Gerhard Scheubel bringt Ihnen gerne bei einer der Brauereiführungen die Geschichte des Hauses näher. Nach Voranmeldung erfahren Gruppen alles Wissenswerte rund ums Bier.

Biersorten
Vollbier hell, Festbier dunkel, Hausbrauerbier.

Der Klassiker
Vollbier hell

Festausrüster
Fassbier, Bierbänke.

Heimdienst
Im Umkreis von 10 km.

DB

Anschrift & Kontakt

Kirchplatz 12
96132 Schlüsselfeld
Tel.: 09552-320

Öffnungszeiten

Täglich ab 9 Uhr
Montag Ruhetag

Website: www.brauerei-scheubel.de

Termine

Johannikirchweih (So nach Johanni)
Martinikirchweih (So nach Martini)

HAUSSCHLACHTUNG UND BOBBY CARS

Angefangen bei den herzhaften Wurstspezialitäten aus der eigenen Schlachtung und der Aufzucht, deftigen Fleischgerichten mit Klößen und an den Wochenenden herrlicher selbstgebackener Kuchen - hier bekommt man die volle Breitseite fränkischer Genusskunst präsentiert. Im Sommer lockt zudem der Scheubel-Keller, eine wahre Idylle am Ortsrand. Man sitzt unter alten Bäumen bei einem kühlen Bier und guter Brotzeit. Die Kleinsten haben ihren Spaß beim Bobby-Car fahren und toben auf dem Spielplatz.

BRAUEREIGASTHOF GÜNTER SCHEUBEL STERNBRÄU

Anschrift

Kirchplatz 12
96132 Schlüsselfeld
Tel.: 09552-320

Öffnungszeiten

Täglich ab 9 Uhr
Montag Ruhetag

Spezialität

Schweinebraten mit Kloß

Brauerei und Gasthof Adler-Bräu Schwarzer Adler

Gründung: 1811 | Brauer: k.A. | Ausstoß: 3500 hl

Biersorten
Vollbier, Weizen.

Saisonal
Bockbier (Januar)
Kirchweihbier (Mitte November)

Der Klassiker
Vollbier

Heimdienst
Im Umkreis von 10 bis 15 km.

140 JAHRE TRADITION

Die verkörpert die Braustätte mitten in Schlüsselfeld. Im Sudhaus wird ein sehr süffiges Vollbier und ein frisches Weizen fabriziert. Die etwa 1.300 Schlüsselfelder sind froh und stolz auf die Adlerbräu, ist es doch eine von zwei Brauereien, die hier im Ort übrig geblieben sind.

Anschrift & Kontakt

Marktplatz 6
96132 Schlüsselfeld
Tel: 09552-359
Fax: 09552-921360

Öffnungszeiten

Täglich ab 10 Uhr
Montag Ruhetag

Website: www.schwarzer-adler-schluesselfeld.de

Termine

Kirchweih (Mitte November)

GEMÜTLICH UND GUT

So könnte man die Haupteigenschaften des Brauereigasthofes zusammenfassen. Immerhin ist er einer von zweien, die dem Ort geblieben sind, der übrigens zwischen 1972 und 1978 sechs Jahre lang zu Mittelfranken gehörte. Gerade am Sonntag finden sich zahlreiche Stammtische in der Brauerei ein, um die örtlichen Probleme und Problemchen durchzudiskutieren. Also eine Art außerparlamentarische Diskussionsplattform.

GASTHOF SCHWARZER ADLER

Anschrift

Marktplatz 6
96132 Schlüsselfeld
Tel.: 09552-359

Öffnungszeiten

Täglich ab 10 Uhr
Mo und Di Ruhetag

Spezialität

Verschiedene Bräten (So)

Bier.BY
BIERKULTUR ERLEBEN

Gänstaller Bräu Hallerndorf

Gründung: 2011 | Brauer: Andreas Gänstaller | Ausstoß: 1200 hl

BRAUSTÄTTE MIT HERZ UND SACHVERSTAND

Andreas Gänstaller hat schon viele Jahrzehnte Brauereierfahrung auf dem Buckel. Nach vielen Jahren in einer Bamberger Brauerei übernahm er erst eine Trabelsdorfer Brauerei, bis er sich dann in Schnaid den Traum von seiner perfekten Brauerei erfüllen konnte. Neben seinen süffigen Bierklassikern Kellerbier, Zoiglbier und Zwickelpils braut er regelmäßig Spezialsude vom edlen Dunklen bis zum kernigen Rauchbier. Für seine vor allem internationalen Auftraggeber stellt Gänstaller außerdem ganz besondere Schätze wie beispielsweise Imperial Indian Pale Ale oder den im Internet hoch gerühmten Quartor-Doppelbock her.

Biersorten

Kellerbier, Zoiglbier, Zwickelpils, regelmäßig verschiedene Spezialbiere.

Saisonal

Ganzjährig wechselnde Bock- und Doppelbockbiere

Der Klassiker

Zoiglbier

DB

Termine

Brauereifest (Anfang Mai, in der Zoiglstube in Straßgiech)

DIE BIER-SCHLEMMER-STUBE

Der Manuela und Andreas Gänstaller haben mit Ihrer Speisekarte quasi ein unverwechselbares kulinarisches Lebenswerk geschaffen. Jedes der Gerichte wird unter der Verwendung von Bier aus der eigenen Brauerei zubereitet und mit regionalen Kräutern und anderen auserlesenen Zutaten verfeinert. Einmal angekommen, findet sich der Gast in einer eigenen, urigen Welt, die alle Zeit und Nöte vergessen lässt. Neben den Klassikern wie Treberschnitzel, Zoiglbiersalat und Rumpsteak - eingelegt in Kellerbiermarinade - finden sich jede Woche neue Kreationen, so wird der Besuch in Straßgiech immer wieder aufs Neue zu einem spannenden Erlebnis.

Lang-Bräu Schönbrunn

Gründung: 1853 | Brauer: Richard Hopf | Ausstoß: 20000 hl

Biersorten

Schönbrunner Hell, Schönbrunner Pils, Schönbrunner Spezial, Burggraf dunkel, Benedikt XVI. (heller Bock), Weizen Hell, Weizen Dunkel, Weizen Medium, u.hu Bier (das Bier für Senioren unter hundert), Erotik-Bier, Schönbrunner Radler, Siebensternchen Pils, Schönbrunner Leicht, Jean Paul-Bier.

Saisonal

Maibock (März bis Juni)
Festbier (Oktober bis Januar)

Der Klassiker

Erotik Bier

Festausrüster

Fassbier, Bierbänke, Schirme, Kühlwagen.

Heimdienst

Im Umkreis von ca. 50 km.

DER NACKTE WAHNSINN

Mit seinem Erotik-Bier hat Richard Hopf einen Volltreffer gelandet. Das sympatische Schlitzohr hatte die Zeichen der Zeit erkannt und den alten Wein in neue Schläuche gefüllt, mit großem Erfolg. Zudem, weil er jetzt auch noch ein Erlebnisbesichtigung mit Erotik-Lagerkeller anbieten kann: Unter buntem Lichtergewirr fährt zu infernalischer Musik ein Ebenbild des Brauers selbst im Keller herum. Bitte nicht falsch verstehen: es ist wirklich bewundernswert, wie hier eine kleine Brauerei für sich eine sehr erfolgreiche Nische gefunden hat. Und wer einmal trifft, trifft wieder, siehe den Bock mit dem Namen Benedikt XVI.

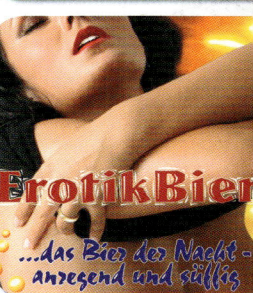

BRÄUSTÜBERL MIT HERZ

Der kleine, traditionsreiche Gasthof mit dem Reiz und dem rustikalen Flair alter Bausubstanz aus dem 18. Jahrhundert begeistert auf den ersten Blick. Randvoll gefüllt mit allerlei Bierdevotionalien und natürlich der sympathischen Ausstrahlung von Wolfgang Kodisch und seinem Vater, die hinter dem Tresen stehen. Im Sommer lockt zudem der schöne Garten vor dem Haus.

Gasthausbrauerei Ploß

Gründung: 1897 | Brauer: Peter Ploß | Ausstoß: k.A.

SELBER BIERSCHNAPS

Biersorten
Lager, Selber Weisse.

Saisonal
Dunkles Zoigl (Frühjahr und Herbst)

Der Klassiker
Lager

Festausrüster
Fassbier, Bierbänke.

Der Ort, an dem das Brauhaus Ploß heute steht, ist, was Bier anbelangt, sehr geschichtsträchtig. Hier stand vor 100 Jahren das Gesellschaftsbrauhaus von Selb. 1897 wurde dieses Brauhaus Eigentum der Brauerei Rauh & Ploß und bis 1940 als Mälzerei genutzt. Der jetzige Eigentümer vom Brauhaus, Peter Ploß, war bis Ende 1991 Mitinhaber der Privatbrauerei Rauh & Ploß, die 1998 geschlossen wurde. Er setzt seit 1998 die Brautradition der Familie mit dieser kleinen Gasthausbrauerei fort und braut seine sämtlichen Biere selbst.

Anschrift & Kontakt

Schillerstraße 23
95100 Selb
Tel.: 09287-890342
Fax: 09287-91231

Öffnungszeiten

Täglich ab 10.30 Uhr
Feiertage ab 17 Uhr
Sonntag Ruhetag
(für Gesellschaften auch außerhalb dieser Zeiten geöffnet)

Website: www.brauhaus-ploss.de

GRENZGÄNGER

Im Brauhaus Ploß erlebt man den Zwiespalt, in dem sich die gesamte Region befindet. Einerseits sind die Ortsansässigen unglücklich über die wirtschaftliche Lage, andererseits fahren sie
regelmäßig über die Grenze, um günstig im Nachbarland einzukaufen und beschäftigen auch
tschechische Aushilfskräfte in den wenigen verbliebenen Betrieben. Allerdings scheint sich so
manches mittlerweile wieder einzurenken - die hervorragende Qualität der Speisen jedenfalls
hat - wie unser Test bewiesen hat - nicht gelitten.

GASTHAUSBRAUEREI PLOSS

Anschrift

Schillerstraße 23
95100 Selb
Tel.: 09287-890342

Öffnungszeiten

Täglich ab 10.30 Uhr
Feiertage ab 17 Uhr
Sonntag Ruhetag
(für Gesellschaften auch außerhalb dieser Zeiten geöffnet)

Spezialität

Schwammerlbrühe mit Semmel-
knödel

Brauerei Leonhard Schübel OHG

Gründung: 1872 | Brauer: Jürgen Münch | Ausstoß: 2000 hl

Biersorten

Schübel Pils, Schübel Florian-Trunk, Schübel Nordeck-Trunk, Schübel Dunkel, Schübel Edelweisse, Pressecker Drachen-seidla, Schübel Radler, Schübel A fränkisch.

Saisonal

Schübel Bock (November bis Februar)
Schübel Leonhardor (bernstein-farbener Bock, zur Fastenzeit)

Der Klassiker

Schübel Pils

Festausrüster

Fassbier, Zelt, Bierbänke, Schirme, Kühlwagen, Schankwagen.

Heimdienst

Im nordöstlichen Landkreis Kulmbach.

ALTE KOMMUNBRAUEREI

Wo man früher im Ort gemeinsam Bier braute, stehen heute Jürgen Münch und seine Frau Andrea Schübel am Sudkessel und brauen so leckere Biere wie das Pressecker Drachenseidla oder den Nordeck-Trunk. Sehr beliebt ist auch das Halbzeit-Seidla, ein klassisches helles Vollbier, das nicht nur, aber auch in der Pause des schönsten Spiels der Welt seine Anwendung findet. Zur Fastenzeit lockt der Leonhardor, ein echtes Starkbier mit 17,3% Stammwürze.

Anschrift & Kontakt

Knollenstraße 12
95346 Stadtsteinach
Tel.: 09225-95590
Fax: 09225-955965

Öffnungszeiten

Brauerei: Mo bis Fr 7 bis 16 Uhr
Getränkestadel: Mo bis Fr 9 bis
18 Uhr, Sa von 8.30 bis 13 Uhr

Website: www.schuebel-braeu.de

Termine

Brauereifest (3. So im August)
Kirchweih (2. So im Oktober)

1/2 Meter Bier

Brauerei Hertlein

Gründung: 1870 | Brauer: Steffen Wolter | Ausstoß: k.A.

HEUTE OBERHAID

Biersorten
Lagerbier dunkel (vom Fass).

Der Klassiker
Lagerbier dunkel

Das im Maintal direkt am Main und im Naturpark Haßberge gelegene Staffelbach (Stafelebach) wurde im Jahre 953 n. Chr. erstmals genannt. Das Wort kommt vermutlich von einem „steinernen Steg" (= Stapfel oder Staffel) über den Mühlbach, an dessen Stelle der Ort Staffelbach entstand. Nach langer Eigenständigkeit und vielem Hin und Her gehört der Ort heute zu Oberhaid und damit ist die Brauerei Hertlein nicht mehr die einzige im Ort. Gebraut wird hier ein klassisch fränkisches Lagerbier mit einem dezenten Charakter, welches daher auch recht süffig ist.

Anschrift & Kontakt

Hallstadter Straße 12
96173 Oberhaid
Tel.: 09503-7890
Fax: 09505-7890

Öffnungszeiten

Mi ab 17 Uhr, Sa ab 15 Uhr
So 10 bis 12 Uhr und ab 17 Uhr
Montag, Dienstag, Donnerstag
und Freitag Ruhetag

Website: www.bier.by

Termine

Kirchweih (letztes WE im Juli)

BRAUEREIGASTHOF HERTLEIN

Anschrift

Hallstadter Straße 12
96173 Oberhaid
Tel.: 09503-7890

Öffnungszeiten

Mi ab 17 Uhr, Sa ab 15 Uhr
So 10 bis 12 Uhr und ab 17 Uhr
Montag, Dienstag, Donnerstag
und Freitag Ruhetag

Spezialität

Hausmacher Brotzeiten

JEDE MENGE AUFREGER

In Staffelbach werden die Nachrichten in der Regel erst im Wirtshaus der Brauerei Hertlein diskutiert, bevor sie weiter nach außen dringen. Ob das ein Grund für die vielen abstrusen Geschichten aus dem Ort ist, wissen wir aber nicht. Beispielsweise wurden hier schon Straßen mit in der Mitte der Fahrbahn stehenden Strommasten gebaut, Schwimmbagger versenkt, oder auch ein Riesenfreizeitland mit Jesus-Statue á la Rio geplant. Letztes Endes siegte jedoch immer die Vernunft und man kann nach wie vor ungefährdet auf eine gute Brotzeit bei Hertleins vorbeischauen.

Hausbräu Stegaurach

Gründung: 2001 | Brauer: Jürgen Winkler | Ausstoß: 2000 hl

EIN WIRKLICH AUFSTEIGENDER AST

In der wunderschönen oberfränkischen Landschaft mit der größten Brauereidichte in Deutschland hat sich 2001 der gelernte Brauer- und Mälzermeister Jürgen Winkler selbstständig gemacht und die Hausbräu Stegaurach gegründet. Der erste Braukessel steht mittlerweile im Garten, nachdem im Juni 2002 das neue Sudhaus eingerichtet wurde, vervollständigt mit dem neuen Kühlhaus im April 2003. Auch die Unternehmensnachfolge ist bereits gesichert, unter Freunden wird Jürgen Winkler auch der „Büchsenmacher" (3 Töchter) genannt ;-). Es bleibt nur zu hoffen das der Nachwuchs ebenso viel Ehrgeiz zeigt. Eine gute strategische Allianz ist Winkler mit der Kooperation mit der Bamberger Kneipengröße Volker Wrede gelungen. Nicht nur, dass es das Hausbräu nun in mehreren Kultlocations der Stadt gibt, es ist sogar das Festbier im Sandkerwa-Festzelt. Ein besonderes Lob verdient das neue Schwarzbier, das dank einem kleinen Roggenanteil besonders urig schmeckt.

Biersorten
Lagerbier, Pils, Rauchbier, Schwarzbier, Weizen.

Saisonal
Oktoberbock (Okt. bis Weihnachten), Rauchbock (Okt. bis Weihnachten), Weizenbock (Okt. bis Weihnachten), Festbier anlässlich 1200 Jahre Stegaurach (ab Ende März)

Der Klassiker
Lagerbier

Anschrift & Kontakt

Ruhlstrasse 6
96135 Stegaurach
Tel.: 0951-299709
Fax: 0951-290002

Öffnungszeiten

Mo bis Sa 8 bis 20 Uhr

Website: www.hausbraeu-stegaurach.de

NUN AUCH MIT EIGENEM WIRTSHAUS

Mit dem Pilspub Struwwelpeter hat die Hausbräu mittlerweile auch eine eigene Kneipe in Stegaurach. Hier geht es jeden Abend richtig zünftig zu, natürlich eher als Kneipe und weniger als Gasthaus, wenngleich es immer ein wechselndes Tagesgericht und mehrere kleine Snacks, Würstchen und Bagettes gibt. Jürgen Winkler hat alle seine Biere direkt vom Fass am Zapfhahn, so dass der wahre Biergenießer sich auch in Ruhe durchtesten kann. Dazwischen geht sicher eine Runde Schafkopf, Dart oder ähnliches. Im Sommer lockt der wunderschöne Biergarten, in dem es sich gerade an lauschigen Sommerabend richtig schön chillen lässt.

PILSPUB STRUWWELPETER

Anschrift

Bamberger Straße 26
96135 Stegaurach
Tel.: 0951-296273

Öffnungszeiten

Täglich ab 17 Uhr
Sonntag und Montag Ruhetag

Spezialität

Hausgemachte Baguettes

Hübner Bräu

Gründung: 1720 | Brauer: Thomas Will | Ausstoß: 6500 hl

Biersorten
Vollbier.

Saisonal
Festbier (3 Wochen nach Pfingsten zur Kirchweih und Anfang Nov. zum Patronatsfest), Osterbier (Ostern), Christkindla (Dez.)

Der Klassiker
Vollbier

Festausrüster
Fassbier, Bierbänke, Schirme, Kühlwagen.

Heimdienst
Im Umkreis von 10 km.

BIER UND SCHNAPS

Die mittelständische Privatbrauerei kann auf eine langjährige Familientradition mit uriger Brauereigaststätte am Tor zur fränkischen Schweiz zurückblicken. Gebraut wird nach einem alten von Generation zu Generation weitergegebenen Familienrezept. Diese Mischung verleiht dem süffigen Vollbier seinen typisch fränkischen Geschmack. Neben der Brauerei wird heute noch eine eigene Schnapsbrennerei betrieben, deren Ergebnisse ebenfalls nicht zu verachten sind.

DAS GLÜCK DER BROTZEITFREUNDE

Die urige Gaststube lädt in ihrer gemütlichen Atmosphäre zum Verweilen bei feinen fränkischen Hausmacherbrotzeiten ein. Das gute Bier und die gesellige Stimmung locken Gäste aus den verschiedensten Regionen an, zu denen auch die unterschiedlichsten Fußballfans gehören, was an Ligaspieltagen immer wieder zu lustigen Diskussionen führt. An warmen Tagen ist der gemütliche Biergarten mit großen, Schatten spendenden Bäumen geöffnet.

Brauerei Gasthaus Roppelt

Gründung: 1880 | Brauer: Franz Roppelt | Ausstoß: 3500 hl

AM FUSSE DES KREUZBERGS

Dort liegt der Bierkeller der 1870 gegründeten Brauerei Roppelt, der zum Ruf des Kreuzberges als Bierkellergänger-Mekka ein gutes Stück beiträgt. Dort gibt es dann das süffige Kellerbier, Hausmacher Brotzeiten, selbstgebackene Kuchen und warme Klassiker wie Schäuferla, Haxe und Knöchla. Alle zwei Wochen feiern die Roppelts das Fassen des Hausbrauerbieres, quasi ein 14-tägiger Mini-Bockbieranstich. Das Bier der Brauerei gibt es übrigens nur in der Wirtschaft und auf dem Keller, dafür immer frisch vom Fass.

Biersorten
Kellerbier, Weizenbier.

Saisonal
Festbier (ab Ende November)

Der Klassiker
Kellerbier

Anschrift & Kontakt

Stiebarlimbach 9
91352 Hallerndorf
Tel.: 09195-7263
Fax: 09195-4383

Öffnungszeiten

Täglich ab 8.30 Uhr

KARPFEN UND WILD

Das sind die Spezialitäten der Brauereigaststätte - abgesehen vom Bier. Zum Aischgründer Karpfen (aus eigenen Weihern) servieren die Roppelts den hausgemachten Kartoffelsalat, der selbst auch eine eigene kleine Fangemeinde wert wäre. Ansonsten kommen auch die Wildfreunde besonders auf ihre Kosten. Reh, Hase, Wildschwein und Wildente aus eigener Jagd stehen hier regelmäßig auf dem Programm. Ein richtiger Klassiker ist auch der Bierkeller, etwa 200 Meter von der Brauerei entfernt.

BRAUEREI GASTHAUS ROPPELT

Anschrift

Stiebarlimbach 9
91352 Hallerndorf
Tel.: 09195-7263

Öffnungszeiten

Täglich ab 10 Uhr
Mi und Do Ruhetag
von Mai bis Sept. geschlossen

Roppelts Keller:
Mai bis September
Täglich ab 11 Uhr
Mi und Do ab 15.30 Uhr
Kein Ruhetag

Spezialität

Aischgründer Karpfen

Brauerei Gasthof Hennemann

Gründung: 1856 | Brauer: Thomas Hennemann | Ausstoß: k. A.

Biersorten

Stublanger Lagerbier (bernstein-farben), Stublanger Hefeweizen (naturbelassen). Räucherla, Stublanger Landpils und dunkles Bauernbier (immer eines dieser drei Biere im Wechsel).

Saisonal

Weizenbock (Mai)
Heller Bock Fabiator (ab November)
Dunkler Bock Mogglator (ab November)

Der Klassiker

Stublanger Landbier

DIE BIERDREIFALTIGKEIT

Die bilden hier das Lagerbier, das Hefeweizen und eines der drei wechselnden Biere (Räucherla, Landpils und dunkles Bauernbier), wobei insbesondere das Räucherla eine große Fangemeinde besitzt. Das Weizen hingegen kann mittlerweile stolz auf einen Ableger, den Weizenbock, sein, den es erst seit kurzem zu probieren gibt. Highlights sind der erste Sonntag im Juli (Kirchweih) und das Patronatsfest (Sebastiani) Mitte Januar sowie die beiden Bockbieranstiche im Mai und im November.

Anschrift & Kontakt

Am Dorfbrunnen 13
96231 Bad Staffelstein-Stublang
Tel.: 09573-96100
Fax: 09573-961055

Öffnungszeiten

Nur nach Vereinbarung

Website: www.gasthof-hennemann.de

Termine

Kirchweih (1. So im Juli), Sebastiani (Patronatsfest, Mitte Januar), Weizenbock-Bieranstich (im Mai), Bockbieranstich (im November)

DAS SCHNELLE BIER AN DER THEKE

Das sollte zwar nicht die Regel sein, aber es ist möglich, schließlich gibt es eigens eingerichtet zwei schöne Tresenplätze für das Bierchen zwischendurch. Wer es dann doch ausführlicher liebt, darf sich auf ofengebackenes Bauernbrot, Brotzeiten aus eigener Schlachtung und Wildgerichte aus eigener Jagd freuen. Zusammen mit dem dunklen Landbier ist das eine unschlagbare Mischung Frankenkultur!

BRAUEREIGASTHOF HENNEMANN

Anschrift

Am Dorfbrunnen 13
96231 Stublang
Tel.: 09573-96100

Öffnungszeiten

Täglich ab 10 Uhr
Montag Ruhetag

Spezialität

Bauernschnitzel

Brauerei Dinkel

Gründung: 1870 | Brauer: Hubert Dinkel | Ausstoß: 600 hl

Biersorten
Dunkles Lagerbier unfiltriert.

Saisonal
Bockbier (November)

Der Klassiker
Dunkles Lagerbier

Festausrüster
Fassbier, Bierbänke, Schirme,
Kühlwagen, Schankwagen.

Heimdienst
Im Umkreis von ca. 15 km.

WO DIE WEISSE FRAU SPUKT

Einer alten Sage nach haben die Lichtenfelser das Lagerbier erfunden. Ein Schusterlehrling hatte eine Flasche Bier unter einem Baum vergraben. Überraschenderweise schmeckte das Bier fünf Jahre später immer noch sehr gut, und so begannen nun die Brauer ihre Biere eine Zeit lang vor dem Ausschank in den unterirdischen Gängen zu lagern. Und in eben diesen Lagerkellern soll die weiße Frau Podica aus dem Hause Schaumburg spuken, der die Brauerei Dinkel sogar schon einen eigenen Bierdeckel gewidmet hat.

Anschrift & Kontakt

Am Dorfbrunnen 19
96231 Bad Staffelstein-Stublang
Tel.: 0170-3073281
Fax: 09573-5160

Öffnungszeiten

Mo bis Sa 8 bis 18 Uhr
Auf Anfrage auch außerhalb
dieser Zeiten geöffnet

Website: www.dinkel-stublang.de

Termine

Kirchweih (1. So im Juli)
Brauereibiergarten (1. Mai,
Christi Himmelfahrt, Fron-
leichnam)
Bockbieranstich (November)

HAUSSCHLACHTUNG UND WILDSPEZIALITÄTEN

Das sind die Garanten für die Qualität der Küche von Jürgen Dinkel, der hier der Herr hinter Pfannen und Kochtöpfen ist. Besonders die Bratwürste aus der eigenen Herstellung kommen bei den Gästen immer gut an, die natürlich das Bier aus der Hausbrauerei dazu genießen. Wer's etwas edler mag, sollte Fisch- oder Wildgerichte bestellen. Auch hier hat der Küchenchef dank seines reichen Erfahrungsschatzes viel zu bieten.

GASTHOF DINKEL

Anschrift

Frauendorfer Straße 18
96231 Bad Staffelstein-Stublang
Tel.: 09573-6424

Öffnungszeiten

Täglich ab 11 Uhr
Mittwoch Ruhetag

Spezialität

Pfefferhaxen

Elch-Bräu

Gründung: 2007 | Brauer: Georg Kugler | Ausstoß: 1200 hl

DER NATURTRÜBE ELCH

Biersorten

Dunkel (naturtrüb), Pils (naturtrüb), Weizen.

Saisonal

Räucherla (Dezember bis Januar)

Der Klassiker

Dunkel

Festausrüster

Fassbier, Bierbänke.

Ganz neu in Gräfenberg durchbrach die Elch-Bräu gleich eine Domäne: Die der Braumeisterinnen, die bisher die anderen drei Gräfenberger Braustätten geleitet haben. Aber Georg Kugler ist ein sehr verträglicher Zeitgenosse, so dass er sich seit der Eröffnung 2007 gut eingelebt hat. Außerdem war er ja vorher schon der Inhaber und Betreiber des Landgasthofs Seitz, nur den Traum der Brauerei konnte er sich erst kürzlich erfüllen. Aus den Zapfhähnen kommen Pils, Dunkles und Bock, alle drei naturtrüb und voller gesunder Inhaltsstoffe. Mit zur Brauerei gehört auch eine Brennerei, aus der sehr erlesene Tröpfchen tropfen ...

Website: www.elchbraeu.de

DER GAST IST KÖNIG

Ein abgedroschener Spruch, meint man, doch man muss ihn erstmal leben. So wie es Georg Kugler seit vielen Jahren hier in Thuisbrunn tut. Sein Jahresprogramm umfasst viele Bierthemen (Verkostung, Schaubrauen, Führungen), aber auch saisonale Gaumenfreuden wie Forelle und Karpfen. Dazu gibt es echte Klassiker wie Baggers mit Apfelmus, Bratwürste mit Kraut, Schweinsbraten mit Klös oder Schäuferle. Wir wünschen guten Appetit!

Braumanufaktur Hertl

Gründung: 2012 | **Brauer: David Hertl** | **Ausstoß: 40 hl**

EINE FAMILIE IM BRAU-FIEBER

David Hertl wusste schon mit 15 Jahren, was er will: Brauer werden! Und so ging es los. Nach einem Jahr Praktikum in sieben Brauereien folgte die Lehre bei der Krautheimer Brauerei Düll. Im Anschluss folgte die Weiterbildung zum Meister, während der der Nachwuchsbrauer parallel in zwei weiteren fränkischen Braustätten Erfahrung sammelte. Am 20.12.2012 war es dann so weit: Hertl gründete seine Braumanufaktur und verwöhnt seitdem eine wachsende Schar von Bier-Jüngern mit seinen außergewöhnlichen Starkbier-Klassikern. In der Brauerei, die er weitestgehend selbst geplant und gebaut hat, arbeitet die gesamte Familie mit, sei es an der bohrmaschinengetriebenen Schrotmühle oder beim Treber ausfahren, was sich Mama Vroni nicht nehmen lässt. Überhaupt geht hier alles Hand in Hand, weswegen es eigentlich keinen kurzen Zwischenstopp gibt. Denn Vroni hat immer eine Köstlichkeit aus ihrer Küche auf Lager und Sohnemann David eine neue Bierkreation, die er gerne mit Besuchern verkosten will. Für kleinere Gruppen bietet das Familien-Ensemble aus Vater, Mutter und drei Söhnen auch komplette Brauseminare an, bei denen man das spannendste Handwerk der Welt auch live miterleben kann. Auf Wunsch kann man auch Bier mit eigenen Etiketten bestellen.

Biersorten
Roggenbock, IPA (India Pale Ale), Dunkler Doppelbock. Spezialität: Whisky-Bock

Der Klassiker
IPA (India Pale Ale)

Anschrift & Kontakt

Thüngfeld 61
96132 Schlüsselfeld
Tel: 09552-981028
Fax: 09552-981069

Öffnungszeiten

Nach Absprache

Website: www.bier.by

Termine

Mittelaltermarkt Burgwind-
heim (Mitte Juli, David braut
live in Mönchskutte)

Brauerei Hönig Gasthof zur Post

Gründung: 1478 | **Brauer: Alfons Hönig** | **Ausstoß: 6500 hl**

WO NUN PROMILLE STATT BRIEFMARKEN GESAMMELT WERDEN

Bis 1911 stand hier in Tiefenellern auch die Poststation, in früheren Jahrhunderten auch mit Pferdestall und Umsattlerei, heute bietet das Haus nur noch Bier - moment, ganz falsch ausgedrückt: es bietet ein sensationelles Bier! Sehr süffig und urig kommen Lager und Posthörnla rüber, gebraut nach den über 250 Jahre alten Rezepten, und wecken immer wieder die Lust auf ein weiteres Seidla...

Biersorten
Pils, Lager, Posthörnla, Weizen.

Saisonal
Heller Bock (Weihnachten)
Festbier (Weihnachten)

Der Klassiker
Pils

Heimdienst
Im Umkreis von 30 km.

Anschrift & Kontakt

Ellernbergstraße 15
96123 Litzendorf-Tiefenellern
Tel.: 09505-391
Fax: 09505-950683

Öffnungszeiten

Mo bis Fr 7 bis 17 Uhr

Website: www.brauerei-hoenig.de

Termine

Kirchweih (2. So im August)
Bockbieranstich (letzter Fr im Oktober)

WO DAS BROT DREI ECKEN HAT

GASTHOF ZUR POST

Anschrift

Ellernbergstraße 15
96123 Litzendorf-Tiefenellern
Tel.: 09505-391

Öffnungszeiten

Mo, Di und Mi ab 15 Uhr
Fr, Sa, So und Feiertage ab 10 Uhr
Donnerstag Ruhetag

Spezialität

Rindersaftschinken mit Brot und Butter

Zumindest mag man das meinen, wenn man eine Brotzeit bestellt und dann den hier typischen Kanten Brot dazu bekommt, ein dreieckiges Stück, meist noch mit diversen Schnittspuren, als hätte jemand versucht, ein 3D-Puzzle zu erstellen. Das ist einem aber dann nach zwei Seidla auch relativ egal, und man versucht eher, sich mit der Nachbarin zusammenzupuzzeln als den Brotlaib zu vervollständigen. Fazit: Es schmeckt vorzüglich, in jeder Hinsicht!

Bier.BY
BIERKULTUR ERLEBEN

Beck-Bräu OHG

Gründung: 1895 | Brauer: Herbert Beck | Ausstoß: k.A.

VATER MIT DEM SOHNE

Im schönen Trabelsdorf im Aurachtal liegt die Familienbrauerei Beck. Sie wurde um die Jahrhundertwende vom Urgroßvater des jetzigen Besitzers Herbert Beck erworben und zeichnet sich seitdem vor allem durch ihre süffigen Biere und den schönen Brauereigasthof, direkt an der Brauerei gelegen, aus. Sohn Andreas macht im Sommer 2013 seinen Diplombraumeister und führt damit den Betrieb in 4. Generation weiter. Seit neuestem gibt es das leicht hopfenbittere Beck-Kräusenbier, welches Vater Herbert mit dem Sohn kreiert hat. Beliebt sind auch die Brauereiführungen, bei denen unter anderem der alte Felsenkeller aus dem 17. Jahrhundert besichtigt wird.

Biersorten
Pils, Lagerbier, Kellerbier naturtrüb, Weizen, Dunkles Jahrhundertbier, leichtes Bier.

Saisonal
Bockbier naturtrüb (ab Oktober/November)

Der Klassiker
Kellerbier naturtrüb

Festausrüster
Fassbier, Bierbänke, Schirme, Kühlwagen, Schankwagen.

Heimdienst
Bamberg, Stegaurach, Walsdorf, Burgebrach, Lisberg gesamte Gemeinde, Priesendorf über Dankenfeld - Trossenfurt - Eltmann - Ebern

Anschrift & Kontakt

Steigerwaldstraße 6-8
96170 Trabelsdorf
Tel: 09549-252
Fax: 09549-1034

Öffnungszeiten

Di bis Fr 8 bis 17 Uhr
Sa 8 bis 13 Uhr
Montag geschlossen

Website: www.beck-braeu.de

WOCHENENDBETRIEB

In der Küche und an der Theke der Brauereigaststätte werkelt Chefin Jutta Beck noch selbst. Mit ihrem Team bietet sie einen abwechslungsreichen Speisenplan mit fränkischen Spezialitäte. Je nach Jahreszeit gibt es Karpfen, Brotzeiten, Braumeisterschnitzel, Salate der Saison und viele andere Köstlichkeiten. Jeden ersten Sonntag im Monat heißt es in der Brauereigaststätte Beck „Frühstück auf dem Land". Ab 9.30 Uhr kann hier ausgiebig geschlemmt werden. Für die ganz hungrigen empfiehlt sich das saftige Clubsteak, eine weitere Spezialität des Hauses.

BRAUGASTSTÄTTE BECK

Anschrift

Steigerwaldstraße 6-8
96170 Trabelsdorf
Tel.: 09549-252

Öffnungszeiten

Fr ab 16 Uhr
Sa und So ab 15 Uhr
Montag bis Donnerstag Ruhetag

Spezialität

Clubsteak (Dry-aged-Beef)

Bier.BY
BIERKULTUR ERLEBEN

Brauerei Haberstumpf

Gründung: 1531 | Brauer: Hans Wernlein | Ausstoß: 1200 hl

Biersorten

Haberstumpf Zunft-Pils, Haberstumpf Lager Hell, Aecht's Haberstumpf Zwickl, Haberstumpf Kellerkrönla (Bio), Haberstumpf Anno 1531.

Saisonal

Haberstumpf Fastenbock (Bio, Fastenzeit), Haberstumpf Maibock (Bio, ab Mai), Haberstumpf Kupferkrönla (Bio, im Sommer) Haberstumpf Weizenbier (Juli bis September), Haberstumpf Hopfenbock (Doppelbock, November und Dezember)

Der Klassiker

Haberstumpf Zwick'l

Festausrüster

Fassbier, Bierbänke, Schirme, Kühlwagen.

Heimdienst

Zwischen Kulmbach und Bayreuth

BIER-FEDERWEISSER

So bezeichnen Yvonne und Hans Wernlein ihr Zwick'l, das wohl spannendste Bier in ihrer Palette guter fränkischer Gerstensäfte. Im Grunde ist es ein nur fast fertiges Bier, mit lebendiger Hefe und einem ungemein süffigen Geschmack. Da kommt es dem Vergleich mit dem Federweißen sehr nahe. Das übrigens auch in Sachen Haltbarkeit - es sollte also nicht zu lange lagern, was aber sicher nicht passiert, dazu schmeckt es einfach zu gut, wie wir im Selbstversuch mehrmals festgestellt haben. Das Brauwasser kommt übrigens aus dem eigenen 75 Meter tiefen Brunnen.

DB

Anschrift & Kontakt

Bergstraße 31
95367 Trebgast
Tel.: 09227-351
Fax: 09227-2273

Öffnungszeiten

Mo bis Fr 7 bis 18 Uhr
Sa 8 bis 13 Uhr

Website: www.bier-erleben.de

Termine

Fastenböcken (nach Ascher-
mittwoch in der Fastenzeit)
Frühschoppen zum Tag des
Bieres (letzter So im April)
Zwickl-Bierfest (Anfang Juni)
Kerwa (4. WE im August)
Böckschiessen mit Hop-
fenbockanstich (2. WE im
November)

LEBENDIGES BIER GENIESSEN

Das ist das Motto in der nagelneuen Bräuschänke von Yvonne Wernlein. Mit viel Esprit und Liebe haben sie und ihr Vater eine wahre Biererlebniswelt geschaffen, die sich über zwei Etagen erstreckt. Überall finden Sie kleine Überraschungen rund um die Braukunst, meistens geschickt versteckt von Papa Hans. Dazwischen wuselt stolz Tochter Yvonne herum und serviert die feinen Biere des Hauses. Im Sommer finden Sie hier einen der bierigsten Biergärten Frankens. Lassen Sie sich überraschen, hier wird Gastfreundschaft noch richtig gelebt!

BRÄUSCHÄNKE

Anschrift

Bergstaße 31
95367 Trebgast
Tel.: 09227-351
www.die-braeuschaenke.com

Öffnungszeiten

Täglich ab 16 Uhr
Ende April bis Ende September
So ab 14 Uhr
Samstag Ruhetag

Spezialität

Krüsdla

Hausbrauerei Reichert

Gründung: 2004 | **Brauer: Manfred Reichert** | **Ausstoß: 400 hl**

DER NEUE METZGERBRÄU

Mehr oder weniger aus einer Schnapsidee entstand 2004 im Wurstkessel eine neue Brauerei unter dem Motto „Im Land der Nüsse gibt es hier bei Reichert Schinken und auch Bier". Und so braute Metzger Reichert mal ein Lager und mal ein Weizen, zur Freude der Gäste und Kunden, zum Verdruss der anderen Brauer in Bad Staffelstein, die den „Kollegen mit dem Wurstkessel" nicht so recht ernst nehmen wollten. Seit 2013 weht allerdings ein anderes Lüftchen, denn ein hochmodernes Brauhaus erblickte im beschaulichen Uetzing das Licht der Welt. Und das sollten Sie sich - auch wegen der schnittigen LED-Beleuchtung - nicht entgehen lassen!

Biersorten

Lagerbier, Weizenbier.

Saisonal

Fastenbock (ab Aschermittwoch bis Ostern)
Maibock (ab Ostern bis Ende Mai)
Bockbier (Oktober bis April)

Der Klassiker

Lagerbier

DB

Anschrift & Kontakt

Stublanger Straße 2
96231 Bad Staffelstein-Uetzing
Tel.: 09573-6304
Fax: 09573-6304

Öffnungszeiten

Mo bis Fr 6.30 bis 12.15 Uhr und
14 bis 21 Uhr
Sa 6.30 bis 18 Uhr

Website: www.bier.by

SICH MIT DEM SCHINKEN RÄUCHERN LASSEN

Während im alten Räucherofen die Schweineschinken auf ihre Reifung warten, macht der Geschmack der guten Wurstwaren jede Menge Appetit auf ein echtes Metzgerbräu. Das alles kann nun auch auch von mehreren Genießern gleichzeitig im neuen Brauhaus vor Ort genossen werden. Mitten im Sudhaus und quasi auf dem Räucherofen - viel näher kann man der Nahrungsmittelproduktion nicht sein. Wer will, kann sich natürlich sowohl Wurst als auch Bier in beliebiger Menge mit nach Hause nehmen.

HAUSBRAUEREI REICHERT

Anschrift

Stublanger Straße 2
96231 Bad Staffelstein-Uetzing
Tel.: 09573-6304

Öffnungszeiten

Mo bis Fr 6.30 bis 12.15 Uhr und
14 bis 21 Uhr
Sa 6.30 bis 18 Uhr
Sonntag Ruhetag
(für Gruppen nach Anmeldung auch
außerhalb dieser Zeiten geöffnet)

Spezialität

Hausmacher Schinken

Brauerei Büttner

Gründung: 1782 | Brauer: Michael Büttner | Ausstoß: k.A.

IN DER MITTE FRANKENS

Da liegt die Brauerei der Büttners in Untergreuth, die ihr süffiges Hausbrauer-Bier immer noch nach einem mittlerweile sieben Familiengenerationen altem Rezept herstellt. Verantwortlich dafür ist Braumeister Michael Büttner, der auch noch oft selbst an seinem Zapfhahn steht. Doch nicht nur das, zwischendurch kümmert er sich auch noch um seine Schweine, die regelmäßig auf den Tellern der Wirtshausgäste landen.

Biersorten
Helles.

Saisonal
Bockbier (November bis Januar)

Der Klassiker
Helles

Anschrift & Kontakt

Untergreuth 8
96158 Frensdorf-Untergreuth
Tel.: 09502-342

Öffnungszeiten

Fr bis So ab 15 Uhr

Website: www.brauerei-buettner.de

Termine

Frensdorfer Kirchweih (3. WE im September)

MIT HAUS-SCHLACHTUNG

Bereits in der siebten Generation widmet man sich bei Büttners mit Liebe dem Gerstensaft. Und nicht nur dem Gerstensaft – die Brotzeiten kommen aus eigener Hausschlachtung. So kann das Helle vom Fass im großen Brauereihof in Untergreuth dann auch lecker mit einer Hausplatte oder einer selbst gemachten Pizza untermalt werden. Durch die schöne Lage des Orts bietet sich der Biergarten optimal als Zwischenstation für Wanderer und Radler an.

WIRTSSTUBE BÜTTNER

Anschrift

Untergreuth 8
96158 Frensdorf-Untergreuth
Tel.: 09502-342

Öffnungszeiten

Fr bis So ab 14 Uhr
Montag bis Donnerstag Ruhetag

Spezialität

Schnitzel nach Art des Hauses

Brauerei Martin

Gründung: 1868 | Brauer: Johann Martin | Ausstoß: 150 hl

ALS MOSES AUF DEN FELSEN KLOPFTE...

... geschah es, dass das Wasser tropfte. Doch größ're Wunder find'st Du hier, denn wenn Du hier klopfst, gibt's ein Bier! So lautet der Spruch an einer der Wände der urigen Brauerei in Unterneuses. Das bernsteinfarbene Vollbier ist nicht das einzige Hausprodukt von Hans Georg „Hagi" Martin, der auch noch selbst schlachtet und seine eigenen Gänse züchtet. Kult ist das jährlich am 23.12. stattfindende Outdoor-Fest „Kalta Füß und kalta Nasn" mit Bier, Punsch, Holzfeuer und Grill.

Biersorten
Bernsteinfarbenes Vollbier.

Der Klassiker
Bernsteinfarbenes Vollbier

DB

Anschrift & Kontakt

Viehtriebweg 3
96250 Ebensfeld-Unterneuses
Tel.: 09573-4382
Fax: 09573-235652

Öffnungszeiten

Mo bis Sa ab 16 Uhr
So ab 10 Uhr
Mittwoch Ruhetag

Website: www.bier.by

Termine

Kirchweih (Pfingsten, Do bis Di)

SELBST GEMACHT

Ist hier fast alles, was Wirt und Inhaber Hans-Georg „Hagi" Martin bietet. Der passionierte Angler kennt jede Menge Geschichte aus dem dazugehörigen Latein, seine Speisen allerdings beweisen, dass zumindest hier die Wahrheit auf dem Teller liegt. Ein Highlight ist der Donnerstag, wenn es frische Bratwürste und Bratwurstfülle gibt, aber auch Martinsgans, Wild aus heimischer Jagd und Karpfenfilet haben viele Fans gefunden. Die Vielfalt und Liebenswürdigkeit hat der Brauerei auch schon 1999 das begehrte Sympathieseidla des Braukulturellen Wandervereins eingebracht.

BRAUEREI MARTIN

Anschrift

Viehtriebweg 3
96250 Ebensfeld-Unterneuses
Tel.: 09573-4382

Öffnungszeiten

Mo bis Sa ab 16 Uhr
So ab 10 Uhr
Mittwoch Ruhetag

Spezialität

Hausmacher Bauernplatte

Brauerei Murmann

Gründung: 1862 | Brauer: Eberhard Murmann | Ausstoß: k.A.

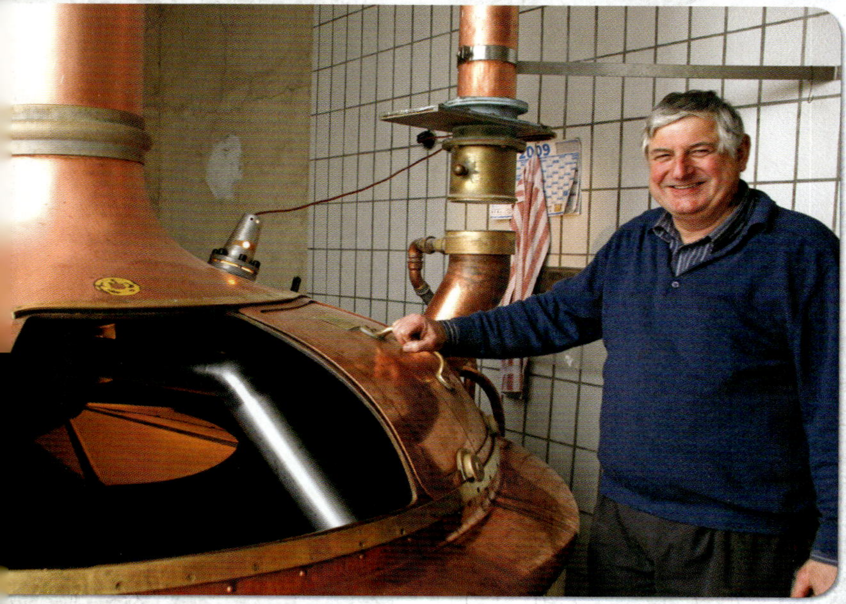

Biersorten

Pils, Lager, Premium, Festbier, Dunkel, Halbe M, Hausbrauerbier, Hefeweizen, Prinz Eugen dunkel.

Saisonal

Bockbier (im Herbst)

Der Klassiker

Prinz Eugen dunkel

Festausrüster

Fassbier, Bierbänke, Kühlwagen.

Heimdienst

Im Umkreis Coburg, Bamberg, Lichtenfels.

ERST DAS WASSER, DANN DAS BIER

Die Brauerei wurde von Johann Nicolaus Höllein am heutigen Standort neu gegründet. Er erwarb das Brau- und Schankrecht von seinem Vater Gastwirt Georg Nicolaus am 20.03.1860. Dieser braute schon vorher in einer Braustätte am Teich. Aufzeichnungen von Gerichtsakten von einem Wasserrechtsstreit 1839 Höllein / Könitz belegen das. Hier wurde das Wasserrecht der späteren Brauerei zugesprochen. Leider ist das Brauereiwirtshaus schon seit längerem verwaist, interessierte Pächte sollten sich bei Eberhard Murmann melden.

Anschrift & Kontakt

Coburger Straße 6
96253 Untersiemau
Tel.: 09565-811
Fax: 09565-6982

Öffnungszeiten

Mo bis Fr 8 bis 12 Uhr und 13 bis
17 Uhr
Sa 8 bis 12 Uhr

Website: www.brauerei-murmann.de

Bier.BY
BIERKULTUR ERLEBEN

Brauerei-Gasthof Georg Meister

Gründung: 1865 | Brauer: Georg Meister | Ausstoß: 5000 hl

**Meister-Bräu,
Meisterbier aus
Meisterhand.**

Biersorten
Vollbier.

Saisonal
Unfiltriertes Zwicklbier (März bis Oktober)
Festbier (November und Dezember)

Der Klassiker
Vollbier

Festausrüster
Fassbier, Bierbänke, Kühlwagen.

Heimdienst
Nur im Gemeindegebiet.

MEISTERHAFTES BIER

Mitten im Landkreis Forchheim liegt das kleine, zu Pretzfeld gehörende Unterzaunsbach. Das süffige Vollbier des Hauses hat einen wahren Feinschmeckersiegeszug angetreten und ist in ganz Franken immer wieder anzutreffen, oft gerade da, wo die jeweiligen Gastronomen ihren Gästen wirklich Außergewöhnliches bieten wollen. So dann auch ein außergewöhnlich feines Bier, für das nach wie vor die Familie Meister persönlich zuständig ist.

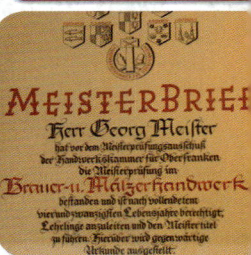

UND NOCHMAL MEISTERLICH

Zu einer guten Brauerei gehört natürlich auch ein nicht minder gutes Wirtshaus mit einer kleinen aber feinen Palette fränkischer Klassiker, die hier sowohl mittags als auch abends angeboten werden. Die perfekte Gelegenheit für einen Zwischenstopp in der Fränkischen Schweiz! Im Sommer lockt zudem der Biergarten, der dank der Brauerei auch noch echte Erlebnisse und natürlich auch Einblicke in die Braukunst bietet.

Bier.BY
BIERKULTUR ERLEBEN

Brauerei-Gasthof Mainlust Bayer GbR

Gründung: 1848 | Brauer: Bayer Ludwig | Ausstoß: 700 hl

Biersorten
Vollbier, Zwickelbier, dunkles Lager.

Der Klassiker
Vollbier

Festausrüster
Essen, Fassbier, Bierbänke.

SECHS GENERATIONEN

Seit 1848 ist die „Brau-Gaststätte Mainlust" in Familienbesitz. Als Fassbier gibt es frisches, urtypisches Märzenbier mit 11,5% Stammwürze. Märzen wurde früher nur im Winter (fehlende Kühlräume) bis in den März hinein eingebraut und dann den Sommer über ausgeschenkt. Weitere Biere sind das Zwickelbier, ein sehr verträgliches, ansonsten würziges und „süffiges" Bier mit allen natürlichen Schweb- und Trübstoffen, und das Vollbier, ebenfalls untergärig mit 11,5% Stammwürze

DB

Anschrift & Kontakt

Hauptstraße 9
96191 Viereth-Trunstadt
Tel.: 09503-7444
Fax: 09503-615

Öffnungszeiten

Täglich ab 8 Uhr
Freitag Ruhetag

Website: www.mainlust.com

Termine

Kirchweih (2. WE im Juli)

DREI SPIELPLÄTZE UND EINE KEGELBAHN

Damit ist der Unterhaltungswert schon mal gesichert. Die Grundlagen für die typisch fränkische Speisekarte stammen fast ausschließlich aus der eigenen Landwirtschaft, Wurst und manche Gerichte wie etwa die Saure Lunge gibt es sogar auch in Dosen zum Mitnehmen. Wer Glück hat, trifft auch den Stammtisch „Die Gläubigen" hier an, sechs junge Männer, die so schnell nichts aus der Ruhe bringt.

GASTSTÄTTE MAINLUST BAYER

Anschrift

Hauptstraße 9
96191 Viereth-Trunstadt
Tel.: 09503-7444

Öffnungszeiten

Täglich ab 8 Uhr
Freitag Ruhetag

Spezialität

Rauchfleisch mit Bohnen

Brauerei Trunk Alte Klosterbrauerei

Gründung: 1803 | Brauer: Andreas Trunk, Matthias Martin | Ausstoß: 5000 hl

IM GOTTESGARTEN GANZ OBEN

Unmittelbar hinter der Basilika Vierzehnheiligen befindet sich die Alte Klosterbrauerei mit Bräustüberl und großem Biergarten. Gebraut wird dort, seit es die Wallfahrtskirche gibt. Und seit 1803 stehen die Trunks an Sudpfanne und Läuterbottich. Das Bier, das hier erzeugt wird, ist für die Fans wahrhaft göttlich, ein echter Genießerschluck. Unser Favorit dabei: Der dunkle Nothelfer Trunk. Urig, süffig, malzig, einfach ein richtig gutes typisch fränkisches Bier, das es am besten einfach zu probieren gilt.

Biersorten

Nothelfer Trunk Dunkel, Nothelfer Pils, Nothelfer Lager, Nothelfer Bio-Weisse.

Saisonal

Nothelfer Silberbock (Mitte November bis Januar)
Nothelfer Festbier (Mitte November bis Januar)
Nothelfer Erntebier (Anfang September bis Erntedank)

Der Klassiker

Nothelfer Trunk Dunkel

Festausrüster

Fassbier, Bierbänke, Kühlwagen.

Heimdienst

Im Umkreis von ca. 30 km.

DB

Anschrift & Kontakt

Vierzehnheiligen 3
96231 Bad Staffelstein
Tel.: 09571-3488
Fax: 09571-758984

Öffnungszeiten

Täglich 10 bis 20 Uhr
Kein Ruhetag

Website: www.bier.by

VIERZEHNHEILIGENER BIER

Termine

Bockbieranstich (Mitte November)
Stärke antrinken (Dreikönig und Karfreitag)

ERST DIE KIRCHE, DANN DAS BIER

So sollte zumindest normalerweise die Reihenfolge beim Besuch von Basilika und Klosterbrauerei in Vierzehnheiligen sein. Wer möchte, kann den Besuch in der Gastwirtschaft auch gleich noch mit einer Brauereiführung verbinden. Im Unterschied zur Kirche kann man hier genau sehen, wo die Wohltaten herkommen. Die Wirtschaft schließlich lockt mit Brotzeiten aus Hausschlachtung, die im Sommer am besten in dem schönen Biergarten schmecken.

GASTWIRTSCHAFT TRUNK

Anschrift

Vierzehnheiligen 3
96231 Bad Staffelstein
Tel.: 09571-3488

Öffnungszeiten

Täglich 10 bis 20 Uhr
Kein Ruhetag

Spezialität

Hausmacher Wurst

VIERZEHNHEILIGEN

Brauerei Heckel

Gründung: ca. 1900 | **Brauer: Rainer Heckel** | **Ausstoß: 300 hl**

Biersorten
Heckel-Bier.

Der Klassiker
Heckel-Bier

ZUM WOHLE DER WAISCHENFELDER

Viele Jahrhunderte wurde in der Region Waischenfeld eigener Hopfen angebaut. Anfang des 17. Jahrhunderts errichteten die Einwohner dann ein Kommunbrauhaus, das bis Anfang der 80er Jahre von mehreren ortsansässigen Gasthäusern zur Bierherstellung genutzt wurde. Seit 1981 wird nun das „Heckel-Bier" im eigenen Brauhaus in der Zeubacher Straße gebraut, dort setzt Brauer- und Mälzermeister Rainer Heckel etwa einmal im Monat einen Sud an. Das helle, unfiltrierte Bier wird nur in der eigenen Gaststätte ausgeschenkt, wo es auch einen Bierverkauf „über die „Gasse" gibt". Dies bedeutet, dass die von Kunden mitgebrachten Gefäße (z. B. Kannen, Krüge, Siphonflaschen) befüllt werden können. Wer gerade nichts Passendes zur Verfügung hat, kann natürlich auch eine der bekannten 2-Liter-Flaschen mit dem guten „Heckel-Bier" erwerben.

Anschrift & Kontakt

Vorstadt 3
91344 Waischenfeld
Tel.: 09202- 493

Öffnungszeiten

Sa 8 bis 18 Uhr

Website: www.bier.by

GASTWIRTSCHAFT HECKEL

Anschrift

Vorstadt 3
91344 Waischenfeld
Tel.: 09202- 493

Öffnungszeiten

Mo bis Fr ab 16.30 Uhr
Sa 9 bis 13 Uhr und ab 16.30 Uhr
(von Mitte November bis Ostern)
Sa 9 bis 13 Uhr (von Ostern bis
Mitte November)
So und Feiertage 10 bis 12.30 Uhr
und ab 16.30 Uhr
Kein Ruhetag

Spezialität

Essen selbst mitbringen

DAS ORIGINAL MIT ORIGINALEN

„Dunkel, winzig und meist von singenden Eingeborenen besetzt" - so beschreibt ein Besucher die Gastwirtschaft, die die einzige Verkaufsstelle des süffigen ehemaligen Kommunbieres ist. Die Brotzeit kann (und nach der Aussage einiger Besucher sollte) man sich mitbringen, nach einigen Bierchen kann man dann auch sicher in den Chor der Bierseligkeit einstimmen.

Brauerei Hübner

Gründung: 1806 | Brauer: Johannes Hübner | Ausstoß: k.A.

URIGE BIERE VOM FASS

Bernsteinfarbenes Lagerbier und kellertrübes Zwickel-Pils, das ist das Rezept für Bierfreunde bei Johannes Hübner in Wattendorf. Die Brauerei am Tor zur Fränkischen Schweiz darf bald ihr 300-jähriges Jubiläum feiern, präsentiert sich aber jung und modern. So hat man die gesamte Braustätte renoviert, die alten Rezepturen aber beibehalten. Besonders gut zum Bier passen übrigens die Brotzeiten aus Hausschlachtung.

Biersorten
Dunkles, Zwickel-Pils, 3-Ähren-bier.

Saisonal
Bockbier (nach Fasching solange Vorrat reicht)

Der Klassiker
Dunkles

Festausrüster
Fassbier, Bierbänke.

DB

Anschrift & Kontakt

Hauptstraße 28
96196 Wattendorf
Tel.: 09504-207
Fax: 09504-591

Öffnungszeiten

Mo bis Fr ab 10 Uhr
Mittwoch Ruhetag

Website: www.brauerei-huebner.de

Termine

Taubenmarkt (jeden Do von Anfang Januar bis Anfang April), Sommerkirchweih (Ende Juli), Martini-Kirchweih (Anfang November)

LECKER BIER UND LECKER BROTZEIT

Hier im nordöstlichen Zipfel des Bamberger Landkreises hat die Fränkische Schweiz schon längst begonnen, wenngleich vielen nicht bewusst ist, dass auch das Gebiet nördlich der A70 zum Naturpark gehört. Wer's nicht glauben will, soll einfach ins fünf Kilometer entfernte Kleinziegenfelder Tal fahren, dann ist alles klar. Beim Hübner geht es etwas puristisch zur Sache, anders gesagt, man bringt die Fränkische Küche auf den Punkt: Eigenes Bier, Schäuferla, Schweinebraten, Haxe und Hausmacherbrotzeit. Mehr braucht der Franke nicht zum Glücklichsein. Dementsprechend lächeln hier die meisten Gäste, spätestens nach ein oder zwei Seidla...

GASTHAUS BRAUEREI HÜBNER

Anschrift

Hauptstraße 28
96196 Wattendorf
Tel.: 09504-207

Öffnungszeiten

Täglich ab 11.30 Uhr
Montag ab 16 Uhr
Mittwoch Ruhetag

Spezialität

Sauerbraten mit Kloß und Salat

Brauerei Gaststätte Dremel

Gründung: 1773 | Brauer: Gerd Dremel | Ausstoß: 500 hl

BIER AUS ALTER TRADITION

Die Brauerei Dremel existiert seit 1773 und ist seit 1865 im Familienbesitz. Hier gibt es ein süffiges Lagerbier (hell und dunkel), das nach langjähriger Familientradition und mit Holzfeuerung gebraut wird. Bierfreunde sollten sich auch das 1. Wochenende im August (Hoffest mit Festbier) und Ende Oktober bzw. Anfang November (Bockbieranstich) in ihrem Terminkalender notieren.

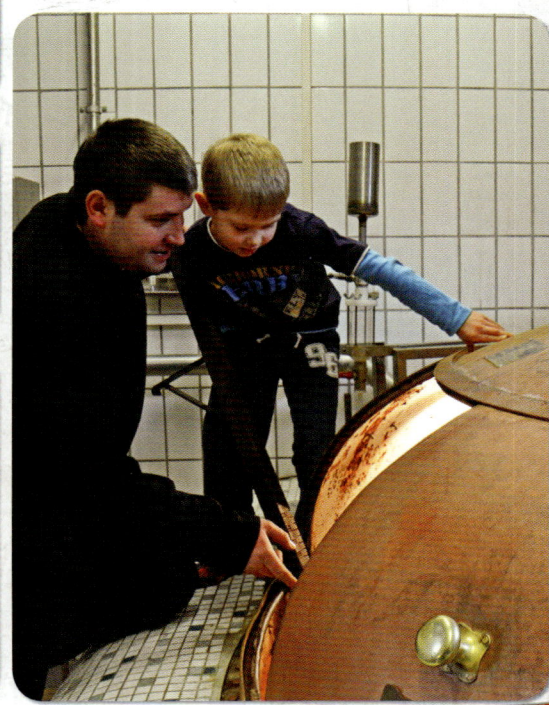

Biersorten
Helles Lagerbier, Dunkles Lagerbier, Weizen.

Saisonal
Festbier (Anfang August)
Bockbier (Anfang November)

Der Klassiker
Helles Lagerbier

Festausrüster
Essen, Fassbier, Bierbänke.

Anschrift & Kontakt

Hauptstraße 21
96196 Wattendorf
Tel.: 09504-271
Fax: 09504-9239019

Öffnungszeiten

Mi bis Sa ab 16 Uhr
So und Feiertage ab 10 Uhr
Montag und Dienstag Ruhetag

Website: www.brauerei-dremel.de

Termine

Kirchweih (WE nach Christi Himmelfahrt)
Hoffest (1. WE im August)
Bockbieranstich (Anfang November)
Barbarakirchweih (Anfang Dezember)

HAUSMACHER BROTZEITEN UND DREMEL-BIER

Beim Dremel laden Gaststube, Kaminzimmer und Wintergarten mit ihrer gemütlichen Atmosphäre zum Verweilen bei einer guten fränkischen Hausmacherbrotzeit ein. Am Wochenende gibt es ab etwa 16 Uhr verschiedene Schnitzelvariationen und leckere Rindersteaks. An Sonn- und Feiertagen lockt der Mittagstisch mit Bräten - eine Reservierung ist hier allerdings zu empfehlen. Das unfiltrierte Zwickelbier ergänzt das zünftig-fränkische Genusserlebnis optimal. Alle 14 Tage gibt es am Freitag Pizza (Termine unter www.brauerei-dremel.de).

BRAUEREI UND GASTWIRTSCHAFT DREMEL

Anschrift

Hauptstraße 21
96196 Wattendorf
Tel.: 09504-271

Öffnungszeiten

Mi bis Sa ab 16 Uhr
So und Feiertage ab 10 Uhr
Montag und Dienstag Ruhetag

Spezialität

Bratengerichte mit Kloß

Brauerei Gasthof Pfister

Gründung: 1848 | Brauer: Stefan Pfister | Ausstoß: 800 hl

BIO UND BIER

Die Biere, die aus der Brauerei kommen, werden ausschließlich aus ökologisch angebauten Braurohstoffen hergestellt, was man durch das Bioland-Siegel unterstreicht. Dem Geschmack tut das allerdings keinen Abbruch, im Gegenteil, sowohl das Öko-Landbier als auch das Öko-Kellerbier sind supersüffig. Zu Weihnachten beschert Stefan Pfister als Öko-Christkind zudem ein feines Öko-Bockbier. Im Sommer sollte man einen Besuch des Schwarzen Kellers einplanen, der zwar nur am Wochenende geöffnet, aber neben dem guten Bier auch einen sensationellen Ziebeleskäs zu bieten hat.

Biersorten
Pfister Öko-Landbier, Pfister Öko-Schwarz Keller Bier (dunkel naturtrüb), Pfister Öko-Hefeweizen.

Saisonal
Öko-Bockbier (Anfang November bis Ende Dezember)

Der Klassiker
Öko-Landbier

Anschrift & Kontakt

Eggerbachstraße 22
91330 Eggolsheim-Weigelshofen
Tel.: 09545-94260
Fax: 09545-942650

Öffnungszeiten

Täglich ab 11 Uhr
Mi ab 17 Uhr
Dienstag Ruhetag

Website: www.gasthof-pfister.de

Termine

Sommerfest im Brauerei-Hof
(Ende Juli)
Bockbieranstich (Anfang
November)

ANNO 1612

Damals begann die Schank-Geschichte in Weigelshofen. Stefan Pfisters Vorfahr Johann startete dann 1848 in der Brauerei. Wo sonst im Lande die Revolutionswirren tobten, besann man sich in Weigelshofen auf das Wesentliche: Gutes Bier. Und gutes Essen, beispielsweise blauer Karpfen und Forelle in den Monaten mit „r". Die Bratenfans kommen jeden Sonntagmittag auf ihre Kosten.

BRAUEREI GASTHOF PFISTER

Anschrift

Eggerbachstraße 22
91330 Eggolsheim-Weigelshofen
Tel.: 09545-94260

Öffnungszeiten

Täglich ab 11 Uhr
Mi ab 17 Uhr
Dienstag Ruhetag

Spezialität

Gansbraten

Brauerei Gasthof Kundmüller

Gründung: 1874 | Brauer: Roland Kundmüller | Ausstoß: 20200 hl

Biersorten

Weiherer Lager, Weiherer Weisse,
Weiherer Pils, Weiherer Keller,
Weiherer Rauch, Weiherer Lager
Select, Weiherer Bock, Weiherer
Keller-Pils, Weiherer Urstöffla,
Weiherer Landbier.

Saisonal

Weiherer Maibock (ab Mitte April)
Weiherer Bock (ab Mitte Oktober)

Der Klassiker

Weiherer Lager

Festausrüster

Fassbier, Bierbänke, Schirme,
Kühlwagen, Schankwagen.

MIT GANZ VIEL LIEBE

So betreiben die Kundmüllers ihre Brauerei im kleinen
Örtchen Weiher. Nach einigen Modernisierungen, zuletzt
der Inbetriebnahme des 600 Quadratmeter großen Füll-
zentrums, ist man aus dem Status der ganz kleinen Brau-
häuser heraus, aber immer noch ganz tief in den Herzen
der Bierfans der Region verwurzelt. Neben dem Kellerbier hat vor allem auch das Rauchbier eine Erwähnung
verdient, beide wurden bereits mit dem European Beer
Star in Gold ausgezeichnet. Auch die Bio-Biere Urstöffla
und Keller-Pils erfreuen sich großer Beliebtheit, genauso
wie das neu eingeführte Landbier. Im Sommer bietet sich
der Bierkeller um das Anwesen an, der zudem mit selbst
gebackenem Brot und guten Brotzeiten aufwarten kann.

Anschrift & Kontakt

Weiher 13
96191 Viereth-Trunstadt
Tel.: 09503-4338
Fax: 09503-7868

Öffnungszeiten

Mo bis Fr 8 bis 17 Uhr

Website: www.brauerei-kundmueller.de

Termine

Maibock-Anstich (4.WE im April)
Kirchweih (4.WE im Mai)
Bockbieranstich (3.WE im Okt)

VOM JAGDSCHLOSS ZUM STREICHELZOO

Wo im 16. Jahrhundert noch der Adel seinem Vergnügen nachging, helfen die Kundmüllers heute dem ganz normalen Einwohner zum Ausflugsspaß, allerdings bereichert um gute fränkische Küche und vor allem Brotzeiten mit hausgebackenem Brot und dem leckeren Hausbier. Der große Kinderspielplatz bietet sogar einen Streichelzoo, und die umliegenden Wälder laden zu Spaziergängen ein. Nicht verpassen sollten Sie die Bockbieranstiche (Ende April und Mitte Oktober) und die Mai-Kerwa.

BRAUEREI-GASTHOF KUNDMÜLLER

Anschrift

Weiher 13
96191 Viereth-Trunstadt
Tel.: 09503-4338

Öffnungszeiten

Täglich ab 9 Uhr
Mittwoch Ruhetag

Spezialität

Selbstgemachter Leberkäs

Weismainer Püls-Bräu OHG

Gründung: 1798 | Brauer: Thomas Gommelt | Ausstoß: k.A.

Biersorten

Weismainer Urhell, Weismainer Landbier, Weismainer Premium, Weismainer Krone Pils, Weismainer Hopfengold, Weismainer Feinherb, Weismainer Weisse, Weismainer Weisse leicht.

Saisonal

Abt-Knauer Bock (Oktober bis März)

Der Klassiker

Weismainer Premium

Festausrüster

Fassbier, Zelt, Bierbänke, Schirme, Kühlwagen, Schankwagen.

Heimdienst

Täglich im Raum Lichtenfels, Kronach, Kulmbach, Coburg, Frankenwald.

DIE GROSSE BRAUEREIKARRIERE

Aus kleinsten Anfängen entwickelte sich die Brauerei zu einem der führenden Unternehmen seiner Branche in Oberfranken. Mit Liebe und Sorgfalt wird bei der Weismainer Püls-Bräu seit mehr als 200 Jahren ein exklusives Biersortiment gepflegt, das wegen seiner Qualität viele treue Freunde gefunden hat. Zahlreiche DLG- und CMA-Prämierungen bestätigen die überdurchschnittliche Güte der Biere aus dem Hause Püls. Selbst die höchstmögliche Auszeichnung -„Der Preis der Besten in Gold" - wurde der Weismainer Püls-Bräu schon mehrfach verliehen. Das ist immerhin die härteste und anerkannteste Qualitätsprüfung für Bier in Deutschland.

BIER UND WURST

Der Gasthof zur Krone ist nicht direkt bei der Brauerei, sondern im Stadtkern von Weismain. Dorthin kommen allerdings auch die meisten, um das gute Bier und die feinen Erzeugnisse aus der dazugehörigen Metzgerei zu verkosten. Ein Höhepunkt war die Zeit von 1996 bis 1999, als der örtliche Fußballverein in der dritthöchsten Liga spielte und allerlei Prominenz ins Waldstadion pilgerte. Nach dem Spiel war dann Zeit für Bier und Abendessen in der Krone. Das bisher letzte Großereignis dieser Art spielte sich im Januar 2009 in Weismain ab, als der FC Bayern, damals noch mit Trainer Klinsmann in Weismain ein Freundschaftsspiel gegen den 1. FC Eintracht Bamberg beging.

Gampert Bräu Gebr. Gampert GmbH & Co. KG

Gründung: 1514 | Brauer: Christian Höfner | Ausstoß: 80000 hl

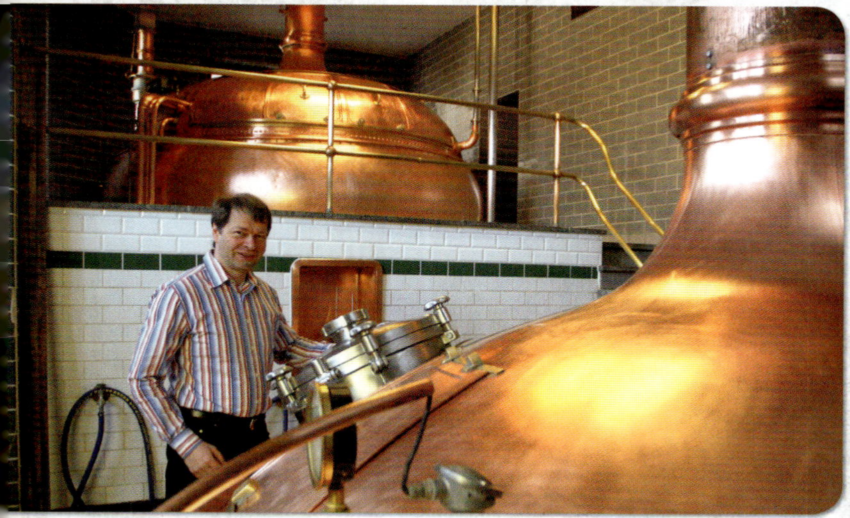

Biersorten

Förster Pils, Förster Gold, Förster Hell, Förster Weisse, Förster Dunkel, Förster Export, Förster Leicht, Radler.

Saisonal

Osterfestbier (zu Ostern) Schützenfestbier (im August) Weihnachtsfestbier (im Dezember)

Der Klassiker

Förster-Pils

Festausrüster

Fassbier, Zelt, Bierbänke, Kühlwagen, Schankwagen.

Heimdienst

Im Umkreis von ca. 15-20 km.

ÄLTER ALS DAS REINHEITSGEBOT

Die Privatbrauerei Gampertbräu aus Weißenbrunn bei Kronach zählt zu den traditionsreichsten Brauereien Bayerns. Seit fast 500 Jahren befindet sich die Brauerei im Familienbesitz. Im Jahre 1514 verlieh Peter von Redwitz zu Theisenort das Brau-Recht an Fritz Zollstab aus Weißenbrunn bei Kronach. Dieses Braurecht mitsamt der Schenkstatt ging später auf die Familie Gampert über, so dass 1514 als das Gründungsjahr der Gampertbräu angesehen werden kann. Sie ist damit zwei Jahre älter als das bayrische Reinheitsgebot von 1516, nach dem die hervorragenden Biere der Gampertbräu noch heute gebraut werden.

Anschrift & Kontakt

Braustraße 2-4
96369 Weißenbrunn
Tel.:09261-60330
Fax:09261-603342

Öffnungszeiten

Mo bis Do 7 bis 16.30 Uhr
Fr 7 bis 14.30 Uhr

Website: www.gampertbraeu.de

Termine

Kirchweih in Weißenbrunn (4. WE im September)

DIE WIRKLICH KLEINSTE BRAUEREI DER WELT

Ist natürlich nicht die Brauerei Gampert, aber hier ist man ihr trotzdem schon sehr nahe. Im Brauer- und Büttnermuseum Weißenbrunn steht das kleine Prachtstück, mit dem auch wirklich Bier gebraut werden kann. Drumrum stehen und liegen noch viele weitere interessante Stücke der Biergeschichte, liebevoll zusammengetragen.

Termine und Öffnungszeiten nach Vereinbarung:
09261-40431 oder 09261-91663; Website: www.bbmuseum.de

Bier.BY
BIERKULTUR ERLEBEN

Klosterbrauerei Weissenohe GmbH & Co. KG

Gründung: 1058 | Brauer: Urban Winkler | Ausstoß: 19000 hl

EINE KLOSTERBRAUEREI ZUM ANFASSEN

Biersorten

Altfränkisch Klosterbier, Classic Bioland, Benediktiner Pils, Weissenoher Pils, Kloster-Sud, Bonifatius Dunkel, Eucharius Märzen, Glocken Hell Vollbier, Barrique Klosterbier, Cannabis Club, Amrita Ingwerleichtbier, Bonator Doppelbock.

Der Klassiker

Altfränkisch Klosterbier

Festausrüster

Fassbier, Zelt, Bierbänke, Kühlwagen.

Seit 1827 ist die Brauerei in Familienbesitz. Heute wird sie in der fünften Generation von Urban Winkler und seiner Frau geführt, tatkräftig unterstützt von 13 Mitarbeitern. Das Motto: „Das bayrische Reinheitsgebot war gestern!" Heute gilt in Weissenohe das ökologische Reinheitsgebot. Ein neuer Maßstab für die Qualität herausragender Biere. Der hohe Anspruch zeigt sich im gesamten Produktionsprozess. Von der Kontrolle der Rohstoffe über deren Herkunft und Verwendung bis hin zum traditionellen Brauvorgang und Abfüllung.

DB

Anschrift & Kontakt

Klosterstraße 20
91367 Weißenohe
Tel.: 09192-591
Fax: 09192-8052

Öffnungszeiten

1. Nov. bis 31. März: Mo bis Fr 8 bis 17 Uhr,
Sa 9 bis 12.30 Uhr
1. Apr. bis 31. Okt.: Mo bis Fr 7 bis 18 Uhr,
Sa 9 bis 12.30 Uhr

Website: www.klosterbrauerei-weissenohe.de

ENDLICH WIEDER DA!

Termine

Bockbierfest/Stärkantrinken
(Drei König)
Kirchweih (1. WE im Juli)

Versorgungsengpässe zwangen 1943 dazu, den zugehörigen Gaststättenbetrieb einzustellen. Inzwischen wuchs eine neue Generation heran und im Frühjahr 2000 war es schließlich so weit: Franz Winkler eröffnete die traditionsreiche Brauereigaststätte mit Gartenbetrieb in neuer Frische und dem Leitspruch „persönliche Nähe". Das gilt in der Brauerei und eben ganz besonders in der Gaststätte. Herausragende Biere, ein wirklich traumhaft gutes Essen und das urige, klösterliche Ambiente machen jeden Ausflug zu einem ganz besonderen Erlebnis. Seit 2. Januar 2011 führen Elke und Frank Sandner das Wirtshaus.

WIRTSHAUS KLOSTER-BRAUEREI WEISSENOHE

Anschrift

Klosterstraße 20
91367 Weißenohe
Tel.: 09192-6357
www.wirtshaus-klosterbrauerei-
weissenohe.de

Öffnungszeiten

Anfang Apr. bis Ende Okt.:
Di ab 16 Uhr
Mi bis Fr ab 11 Uhr
So und Feiertage ab 10 Uhr
Mo Ruhetag (an Feiert. geöffnet)
Anfang Nov. bis Ende März:
Mi ab 16 Uhr
Do bis So ab 11 Uhr
Mo und Di Ruhetag (an Feiertagen geöffnet)

Spezialität

Schäuferla mit Dunkelbiersoße

Brauerei Hermann Michael e.K.

Gründung: 1906 | Brauer: Hermann Michael | Ausstoß: k.A.

Biersorten

Luchs Pils, Luchs Kellerbier, Luchs Radler.

Saisonal

Festbier (Mitte Juli für ca. 3 Wochen)

Der Klassiker

Luchs Bier

Festausrüster

Fassbier, Zelt, Bierbänke, Schirme.

Heimdienst

In Weißenstadt, den Nachbarstädten und Nachbardörfern.

JEDER SCHUSS EIN TREFFER

So könnte man sagen. Schließlich konnte Hermann Michael bei den Best of Bio Awards mit jedem seiner fünf Biere einen Preis erringen, und das als einzige deutsche Bio-Brauerei. Kein Wunder, denn die malerisch gelegene Weißenstädter Brauerei braut seit 1906 mit ihrem eigenen Brauwasser und hat mittlerweile sehr erfolgreich auch auf Bio gesetzt. Neu im Sortiment ist das Luchs Dinkel, dem man das Urgetreide noch richtig anschmeckt.

Anschrift & Kontakt

Kirchenlamitzer Straße 64-66
95163 Weissenstadt
Tel.: 09253-265
Fax: 09253-8597

Öffnungszeiten

Mo bis Do 8 bis 12 Uhr und 14 bis
17.30 Uhr
Fr 8 bis 17.30 Uhr
Sa 8.30 bis 12 Uhr

Website: www.brauerei-michael.de

Brauerei Gasthof Hellmuth

Gründung: 1756 | Brauer: Andreas Hellmuth | Ausstoß: 400 hl

DER URSTOFF

Das ist hier ein dunkles Bier mit dem Namen Eierberg Urstoff, das Braumeister Andreas Hellmuth nach einem vielleicht 250 Jahre alten Rezept herstellt. Neu im Programm ist dagegen die Wiesner Weiße, die erst im Jahre 2003 das Licht der Welt erblickte. Die Begrüßung war dafür umso feierlicher, mit Bürgermeister und Blaskapelle war einiges geboten.

Biersorten
Eierberg-Urstoff (dunkel), Wiesner Weiße.

Der Klassiker
Eierberg-Urstoff (Dunkel)

Anschrift & Kontakt

Wiesen 14
96231 Bad Staffelstein
Tel.: 09573-43 95

Öffnungszeiten

Täglich ab 11 Uhr
Montag Ruhetag

Brauerei Hellmuth
250 Jahre
seit 1756
Wiesen/Bad Staffelstein

Website: www.gasthaus-hellmuth.de

Termine

Kirchweih (2. So im Juli)

GASTWIRTSCHAFT HELLMUTH

Anschrift

Wiesen 14
96231 Bad Staffelstein
Tel.: 09573-4395

Öffnungszeiten

November bis März:
Di bis Fr ab 16 Uhr
Sa und So ab 11 Uhr
Montag Ruhetag
März bis Oktober:
Täglich ab 11 Uhr
Montag Ruhetag

Spezialität

Fränkische Bauernschnitzel mit
Biersoße

GERLINDE, SIMONE UND MEISTER XIANG WANG

Die drei sind die Schutzpatrone des Brauereigasthofes der Hellmuths in Wiesen. Gerlinde und Simone, beide aus der Familie Hellmuth, sorgen für die guten fränkischen Spezialitäten, die den Gästen hier stets serviert werden. Der Chinese hingegen ist nicht nur Meister, sondern sogar zweimaliger Weltmeister - im Gemüseschnitzen. Diese Kunst hat er Simone beigebracht, und die zaubert nun regelmäßig wahre Kunstwerke auf kalten Platten und Buffets, beispielsweise einen Fisch aus einem Kürbis, wie man auch auf der Website wunderbar sehen kann ...

Brauerei Gaststätte Thomann

Gründung: 1770 | Brauer: Alfons und Stefan Thomann | Ausstoß: 400 hl

EINE BRAUEREI FÜR 150 EINWOHNER

Das ist der Schnitt in Wiesen, das - wäre es eigenständig - damit den Guinness-Rekord von Aufseß brechen würde. So verhelfen die Thomanns Staffelstein zu einer ungemeinen Biervielfalt. Ihr Hausgebräu, auch „Stoff" genannt, ist ein süffiges, dunkles Lagerbier, von dem Braumeister Alfons Thomann alle drei Wochen einen Sud von etwa 25 Hektolitern ansetzt. Von Frühjahr bis Herbst kredenzt er zudem sein „Chef-Weizen", ein frisches Sommerweizen, das auch schon viele Freunde gewonnen hat.

Biersorten
Dunkles Lagerbier, Hefeweizen.

Der Klassiker
Dunkles Lagerbier

DB

TEAMWORK

Brigitte und Alfons Thomann managen ihre Brauereigaststätte gemeinsam mit einem kleinen, festen Team. Die Speisekarte ist wie in vielen fränkischen Wirtshäusern eher einfach gehalten, Brotzeiten, Schnitzelvariationen und ein paar Ausreißer. Doch lieber weniger und gut, als viel und unterdurchschnittlich. Insofern konzentriert man sich auf das Wesentliche und bietet zudem an Sonn- und Feiertagen mit Wild- und Geflügelgerichten ein echtes Festmahl.

Seit 1848: Der Kreit'n Büttner

www.kreitn-buettner.de

Seit nunmehr schon über 160 Jahren besteht die Büttnerei Hofmann – der Kreit'n Büttner – in Hirschaid bei Bamberg. Sie ist die einzige noch verbliebene Büttnerei im Landkreis. Neben Bier-, Wein- und Schnapsfässern, Bottichen, Zubern und Pflanzkübeln werden hier die sogenannten "Stutzen" hergestellt. Stutzen sind Holzbierkrüge, aus Eichenholz gefertigt und innen mit Pech ausgekleidet. Sie sind in vielen verschiedenen Größen erhältlich.

Der "Kreit'n Büttner", Anton Hofmann, legt großen Wert auf die Qualität und Originalität seiner Produkte. So stammt das verwendete Holz aus Franken, die Fässer und Bierkrüge sind handgefertigt und in vielen individuellen Ausführungen möglich. Es sind die Sonderanfertigungen und individuellen Wünsche der Kunden, die Anton Hofmann als willkommene Herausforderung betrachtet. So sind aufgrund seines fundierten handwerklichen Könnens unter anderem runde Türen, Biertheken, Zapftische, Tropfgefäße, Badezuber und Badewannen entstanden.

Darüber hinaus repariert er natürlich auch Fässer und Bierkrüge und picht sie neu aus. Beim Kreit´n Büttner gibt es viel zu entdecken. Der Hofladen der Büttnerei bietet neben Stutzen, Fässern, Bottichen und Holzbierdeckeln auch verschiedene Marmeladen- und Senfsorten, darunter auch der leckere Fränkische Biersenf, aus eigener Herstellung. Im Hof findet man vielerlei Gartenfässer, Pflanzkübel und Badezuber, natürlich alles aus Holz und in traditioneller Handwerkstechnik gefertigt.

Seit 2006 hat Anton Hofmann auch eine historische Schauwerkstatt eingerichtet, in der Besucher das alte Handwerk hautnah erleben können und auch selbst mit Hand anlegen dürfen. Darüber hinaus zeigt er seine Handwerkskünste auch bei Brauereifesten, historischen Veranstaltungen, Mittelaltermärkten und Gartenfesten. Wer von Hirschaid aus das Bierland Franken genießen will, der kann in der Büttnerei Hofmann auch wohnen: Zwei Ferienwohnungen wurden 2006 neu eingerichtet und bieten gemütliches Ambiente für zwei bis drei Personen.

Und das ist immer noch nicht alles: In unregelmäßigen Abständen finden im Innenhof des Kreit´n Büttner kulturelle Veranstaltungen statt!

Ladenöffnungszeiten nach Vereinbarung!

Aus unserem Fass:

Holzgefäße aller Art, neu
oder gebraucht
Fassreparaturen
Handwerksvorführungen
historische Schauwerkstatt
Hofladen
Fränkischer Biersenf
Ferienwohnungen
Veranstaltungen

INFOS

Kreit´n Büttner
Anton Hofmann
Rathausstr. 10
96114 Hirschaid
Tel. 09543.1766

kontakt@kreitn-buettner.de
www.kreitn-buettner.de

Brauerei Gasthof Hartmann

Gründung: 1550 | Brauer: k.A. | Ausstoß: 10000 hl

Biersorten

Felsentrunk, Erbschänk 1550, Edelpils, Hell, Felsenweisse, Weissbier, Ur-Märzen, Biker Leichte.

Saisonal

Felsenkeller (mit Whiskymalz, im Sommer)
Bock dunkel (Winter)

Der Klassiker

Felsentrunk

Festausrüster

Fassbier, Bierbänke, Schirme, Kühlwagen, Schankwagen.

Heimdienst

In Stadt und Landkreis Bamberg.

DIE BIER-PIONIERE

Schon seit 1550 fließt hier das Bier vom Zapfhahn in die durstigen Kehlen. Damit ist die Würgauer Brauerei eine der ältesten von ganz Bayern. Für den guten Geschmack sorgen seit jeher das eigene Brauwasser aus einer Felsenquelle und die ebenfalls hiesige Juragerste. Der Bierklassiker ist nach dem Gründungsjahr benannt: Erbschänk 1550. Neben diesem Schwarzbier sollten Sie auf jeden Fall auch den Felsentrunk und im Sommer das mit Whiskymalz hergestellte Felsenkeller probieren.

Anschrift & Kontakt

Fränkische-Schweiz-Straße 26
96110 Würgau
Tel.: 09542-920300
Fax: 09542-920309

Öffnungszeiten

Mo bis Fr 7 bis 17 Uhr

Website: www.brauerei-hartmann.de

Termine

Anstich Felsenkeller (1. Mai)
Sommerkirchweih (3. WE im Juli)
Bockbieranstich (Mitte Oktober)

DAS BIER AUS DER QUELLE

Natürlich kommt hier kein fertiges Bier aus dem Berg, aber immerhin ein besonders gutes Brauwasser, aus dem unter anderem der berühmte Felsentrunk entsteht. Früher war der Würgauer Berg übrigens Schauplatz großer Autorennen, deren Fans dann traditionell hier einkehrten und die jeweiligen Sieger feierten. Die Autos fahren mittlerweile nur noch alle zwei Jahre, der Kultstatus aber ist geblieben und die feine Küche auch - heute erfreulicherweise mit einem echten Biertouch, so kredenzt man eine geniale Dunkelbiersoße oder für die Leckermäulchen ein echtes Bieramisu.

GASTHOF HARTMANN

Anschrift

Fränkische-Schweiz-Straße 26
96110 Würgau
Tel.: 09542-920300

Öffnungszeiten

Täglich ab 9 Uhr
Dienstag Ruhetag
Weihnachten geschlossen

Spezialität

Bierprobe mit oder ohne „Brauer-schmaus" (3-Gang-Biermenü)

Hönicka-Bräu GmbH & Co. KG

Gründung: 1778 | **Brauer: Andreas Purucker** | **Ausstoß: 8500 hl**

Biersorten

Luisenburg Pils, helles Landbier, Weißbier hell, Weißbier dunkel, Weißbier leicht, dunkler Wonnesud, Zwickl unfiltriert, Zoigl unfiltriert, Radler, Heiner's Original, Schwarzenberger Doppelbock dunkel.

Saisonal

Hönickator Doppelbock (ab November)

Der Klassiker

Luisenburg Pils

Festausrüster

Fassbier, Bierbänke, Schirme, Kühlwagen, Schankwagen.

Heimdienst

Um Wunsiedel und um Bayreuth.

DIE FESTSPIELBRAUEREI

Die Geschichte der Familie Hönicka in Wunsiedel und Bernstein lässt sich bis ins 15. Jahrhundert zurückverfolgen. Heute gehören die Biere zum Wunsiedler Leben wie die Luisenburg-Festspiele oder das Brunnenfest. Schon die Namen verdeutlichen die feste Verbundenheit der Hönicka-Bräu zu der Festspielstadt: Wunsiedler Weißbier, Hönickator Doppelbock, Unser Landbier, Wonnesud und Luisenburg Pils. Insbesondere den Doppelbock sollten Sie bei Gelegenheit unbedingt verkosten!

Anschrift & Kontakt

Hofer Straße 31
95632 Wunsiedel
Tel.: 09232-2044
Fax: 09232-2042

Öffnungszeiten

Mo bis Fr 7 bis 12 Uhr und 13 bis 17 Uhr
Sa 9 bis 12 Uhr

Website: www.hoenicka.de

Termine

Brunnenfest Wunsiedel
(Samstag vor Johanni)

DIE RATSSTUBEN

Am 9. 2. 1889 erlangte Julius Ferdinand Hönicka die Konzession für „Verleitgabe von kalten und warmen Speisen während des Bierausschankes für das Haus Nr. 17". Die heutigen Ratstuben sorgen mit ihren leckeren fränkischen Spezialitäten und den frisch gezapften Hönickabieren für viel Gastlichkeit in gemütlichem Ambiente. Im Sommer lädt der geschützte Biergarten für lauschige Stunden unter Freunden ein.

RATSSTUBEN

Anschrift

Maximilianstraße 22
95632 Wunsiedel
Tel.: 09232-2770
www.ratsstuben-wunsiedel.de

Öffnungszeiten

Mo, Do und Fr ab 11 Uhr
Mi ab 17 Uhr
Sa, So und Feiertage ab 10 Uhr
Dienstag Ruhetag

Spezialität

Schäuferle mit Sauerkraut und Klößen

Bier.BY
BIERKULTUR ERLEBEN

Seelmann Bräu

Gründung: 1608 | **Brauer:** Rudolf Seelmann | **Ausstoß:** 300 hl

Biersorten
Unfiltriertes Lager.

Saisonal
Bockbier (ab Mitte November)

Der Klassiker
Unfiltriertes Lager

DIE SEELMANNS BLEIBEN DRAN

Nach einigem hin und her haben es die Brauer rund um Inken Seelmann geschafft: Es geht weiter. Nach einigen Restaurierungsarbeiten wird das klassische Kellerbier in reiner Handarbeit gebraut und nur frisch abgegeben. Das bedeutet, dass Sie ein geeignetes Gefäß (Siphon, Literflasche, Fass) mitbringen müssen, um den Gerstensaft auch mitnehmen zu können. Oder Sie rufen vorher an, vielleicht hat die Gastwirtschaft ja gerade geöffnet...

DB

Anschrift & Kontakt

Zettmannsdorfer Hauptstraße 18
96185 Zettmannsdorf
Tel.: 09546-595990
Fax: 09546-595991

Öffnungszeiten

Keine festen Öffnungszeiten
Nur auf Voranmeldung sicher
geöffnet

Website: www.brauerei-seelmann.de

Termine

Kirchweih (2. WE im Sept.)
Bockbieranstich (3. WE im
November)
Stärkantrinken (1. WE im
Januar)

AUCH
WIEDER NEU

Nach diversen Versuchen von der Pizzeria bis zur Discothek wird die Gaststätte nun wieder ihrer eigentlichen Bestimmung zugeführt und dient als Brauereigaststätte mit den üblichen fränkischen Zünftigkeiten. Neuestes Inventar ist ein Holzbackofen, in dem das Brot für die Gäste gebacken wird. Wer eher mit großem Hunger kommt, sollte das beliebte XXL-Schnitzel bestellen, davon wurde bisher jeder satt! Im urigen Biergarten befindet sich zudem ein schöner Kinderspielplatz, der natürlich ganzjährig zur Verfügung steht.

GASTHOF SEELMANN

Anschrift

Zettmannsdorfer Hauptstr. 18
96185 Schönbrunn-
Zettmannsdorf
Tel.: 09546-595990

Öffnungszeiten

Keine festen Öffnungszeiten
Nur auf Voranmeldung sicher
geöffnet

Spezialität

Steak in Biersoße

Wärme, Wasser & Salz...

www.obermaintherme.de

Meerwasser – wohlig warm und mit einem Mineralgehalt, der es in sich hat: Die Obermain Therme Bad Staffelstein mit Bayerns wärmster und stärkster Thermalsole bietet Ihnen Entspannung, Aktivität und Gesundheit. Das großzügige ThermenMeer, ein SaunaLand der Extraklasse und das kostenfreie Aktivprogramm sind, neben der einzigartigen Mineralsole, die Highlights Frankens beliebtester Therme.

Im ThermenMeer erwartet Sie die riesige Wasserfläche von 1.600 m², verteilt auf 16 Innen- und Außenbecken, in denen es an unzähligen Stellen sprudelt und blubbert. Sieben Whirlpools, Hydro-Düsen und ein Wasserfall bringen das Nass in Bewegung. An Land bietet sich das Türkische Dampfbad oder der WaveDream-Raum für einen Abstecher an.

Neben dem einzigartigen Meerwasser erwartet Sie in der Obermain Therme auch ein Hauch von Luxus: Ayruveda-Öl-Massagen, Aqua-Relaxing zur schwerelosen Entspannung oder romantische Stunden zu zweit in den orientalischen Piscina…

Lassen Sie sich verwöhnen!

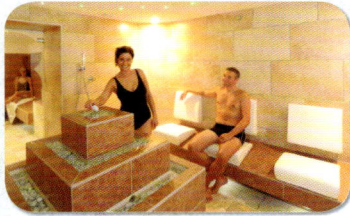

Schwitzen können Sie auch woanders, nur nicht so schön. Dies gilt für das SaunaLand der Extraklasse auf über 5.000 m² mit zahlreichen Attraktionen. Ob Kivi- (Stein) Sauna, die stimmungsvolle Ruusu- (Rosen) Sauna, die holzbefeuerte Maa- (Erd) Sauna oder das Valo- (Licht) Bad: Sie haben die Wahl. In der großzügigen Suuri-Sauna und in der Nurmi- (Kräuter) Sauna werden regelmäßig wechselnde Aufgüsse für Sie zelebriert. Im Anschluss können Sie verschiedene Ruhezonen, eine Kaminecke und die VitaBar nutzen, um Ihre Zeit entspannt zu genießen. Der weitläufige Außenbereich mit Sole-Whirlpool, Sole-Inhalation, Bachlauf und Kräutergarten ergänzt die einzigartige Anlage, die vom Deutschen Saunabund mit der höchsten Auszeichnung „SaunaPremium" mit fünf Sternen bewertet wird.

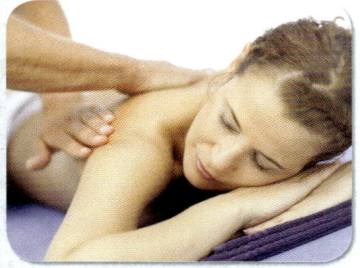

Der 2008 durchgeführte Bädertest von Antenne Bayern belegt: Das SaunaLand der Extraklasse in der Obermain Therme bietet ein Schwitzvergnügen der besonderen Art. „Sauna-Liebhaber werden kaum eine bessere Therme in Bayern finden" – so der Originalkommentar des Senders.

Haben Sie jetzt auch „Lust auf Meer" bekommen? Die Obermain Therme ist zu jeder Jahreszeit ein attraktives Ziel. Tauchen Sie ein und spüren Sie Salz auf Ihrer Haut!

Gutscheine individuell gestalten

Gestalten Sie schnell und bequem Ihren Online-Gutschein zum Selbst-Ausdrucken. Gerne können Sie eigene Fotos hochladen und Widmungen einfügen. Einfacher und individueller kann Schenken kaum sein! www.obermaintherme.de

Info & Kontakt

Obermain Therme
Am Kurpark 1
96231 Bad Staffelstein

Telefon 09573/9619-0
service@obermaintherme.de
www.obermaintherme.de

Das private Fass für zu Hause

In vielen fränkischen Kleinbrauereien und Kommunbrauhäusern hat sich die Tradition des Bierfassens erhalten. Hier können die Gerstensaftfans das frische Jungbier direkt aus dem Lagertank in ihre eigenen Behältnisse füllen.

Idealerweise sind das kleine Fässer um die zehn Liter Füllmenge oder Glassiphons mit einer Füllmenge zwischen einem und drei Litern. Oft kann man letztere auch bei den Brauereien direkt erwerben. So hat man dann immer frisches Bier zu Hause.

So ein Zehnliterfass kann durchaus über eine Woche getrunken werden. Das Geheimnis dabei ist, dass man das Bier normal zapft, aber das Spundloch oben im Fass nicht öffnet. Durch die beim Hausbräu noch aktive Hefe baut sich immer wieder frischer Druck im Fass auf und es kann immer wieder frisches Bier herausgelassen werden. Nur wenn man über das obere Spundloch Luft ans Bier lässt, ist dieser Effekt vorbei und das Bier wird schnell schal.

Dieses „lebendige" Bier hat viele Vorteile - erstens ist es unfiltriert, hat also noch jede Menge vitale und gesunde Inhaltsstoffe wie Mineralien und Spurenelemente, und zweitens lebt die Hefe noch, man sagt ihr eine stärkende Wirkung für's Immunsystem, Blutzuckerregulierung und einen positiven Einfluss auf Hautreinheit und Wundheilung nach. Sie sehen: Hausbräu ist nicht nur etwas für den Gaumen, sondern auch für die Gesundheit. Und seine Gäste beeindrucken kann man obendrein!

Und hier können Sie sich Ihr Bier ins Fass oder in den Siphon holen (Bitte vorher bei den Brauereien anrufen, diese Liste ist ohne Gewähr und erhebt keinen Anspruch auf Vollständigkeit):

Aisch
Dörfleins
Geisfeld (Strullendorf)
Grasmannsdorf
Hallerndorf
Herrnsdorf
Hetzelsdorf
Hirschaid
Höchstadt(Aisch)
Huppendorf
Kaltenbrunn
Merkendorf
Mönchsambach
Neuhaus (Aisch)
Unterzaunsbach
Uehlfeld
Reckendorf
Sambach
Schnaid (Hallerndorf)
Schlüsselfeld
Steinfeld
Stiebarlimbach
Trossenfurt
Uetzing
Untergreuth
Wiesen
Zehntbechhofen
Zettmannsdorf

Jetzt im Buchhandel!

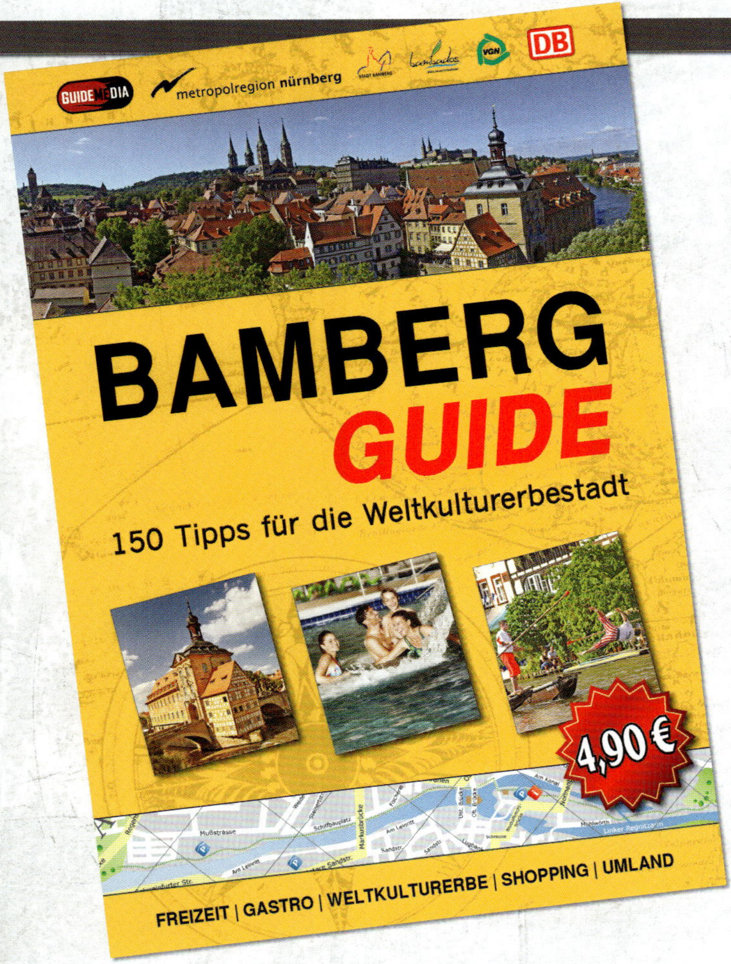

GUIDEMEDIA · metropolregion nürnberg · bamberg · VGN · DB

BAMBERG
GUIDE
150 Tipps für die Weltkulturerbestadt

4,90 €

FREIZEIT | GASTRO | WELTKULTURERBE | SHOPPING | UMLAND

Der ultimative Stadtführer für die Welterbestadt!

Jetzt bei Amazon
oder im Buchhandel
erhältlich...

Bamberg-Guide. 150 Tipps für die Weltkulturerbestadt

Verlag: GuideMedia Verlag Bamberg

24 Seiten, 5 Faltkarten

Preis: 4,90

ISBN: 978-3981269369

Mittelfranken

A3

Kitzingen

Höch

518
520

466
496
442

494

Ochsenfurt

476

Neustadt

404
406

506

Mittelfranke

522

A7

412

Rothenburg
o. d. T.

456

464

Ansbach

A6

Altmühl

B13

530

Gunzenhausen

492

416 418
420

434

Bier.BY
BIERKULTUR ERLEBEN

Ortsverzeichnis zur Karte auf der vorangehenden Doppelseite

Ein komplettes Namensverzeichnis mit allen Brauereinamen finden Sie ab Seite 666

Das Herz der Metropolregion

Hauptstadt des bevölkerungsreichsten fränkischen Regierungsbezirkes ist zwar traditionell die 40.000-Einwohner-Stadt Ansbach, aber der Ballungsraum Nürnberg/Fürth/Erlangen/Schwabach bildet in vielerlei Hinsicht den wahren Mittelpunkt der Region. Allerdings hat der Südwesten durch den Bau des Fränkischen Seenlandes erheblich an Bedeutung und Attraktivität gewonnen. So pendelt das Leben hier zwischen der hektischen Arbeitswelt in der Großstadt und dem touristischen Treiben im Seenland und der Fränkischen und der Hersbrucker Schweiz. Bei der Gebietsreform 1972 ging Eichstätt an Oberbayern verloren, womit auch die eigentlich fränkische Traditionsbrauerei Gutmann nach Bayern gekommen ist.

Neben dem Bier schlägt das Herz der Mittelfranken meist entweder für den „Club", den 1. FC Nürnberg, oder für das „Kleeblatt", die SpVgg Greuther Fürth. Klar, dass es hier immer wieder hitzige Diskussionen um diese Glaubensfrage gibt. Mit einem guten Beispiel voran geht hier die Tucher Bräu mit ihrem Zweistädtesudhaus, das genau auf der Grenze zwischen Nürnberg und Fürth steht. In Nürnberg selbst kann man beispielsweise im Altstadthof ein vorbildliches Ensemble aus Gasthausbrauerei (Bio), Brennerei und Veranstaltungs-Location erkunden. Am besten, Sie nehmen sich die Zeit und steigen auch einmal in die Katakomben hinunter, in denen auch heute noch Bier gelagert wird.

Ganz im Süden begegneten uns viele Extreme. Einerseits die letzte kommunale Brauerei Deutschlands in der Hopfenmetropole Spalt, andererseits der Starkbier-Rekordhalter Schorschbräu in Gunzenhausen, deren Inhaber Georg Tscheuschner sich mit einer schottischen Brauerei einen wahren Bierkrieg liefert. Titelte doch vor kurzem eine britische Zeitung: „Schorschbräu blitzkriegs Scottish beerdrinkers". Und ganz im Süden fanden wir mit dem Arraunerskeller in Weißenburg einen phantastischen Bierkeller, wie es nur noch wenige in Franken gibt. Sie sehen, auch Mittelfranken ist immer eine Bierreise wert!

Brauerei und Gasthaus Rittmayer

Gründung: 1685 | Brauer: Alois Rittmayer | Ausstoß: 1900 hl

MIT DEM RITTER IM WAPPEN

Hier ist einmal die belegte Familiengeschichte älter als die Brauereigeschichte. Das liegt daran, dass Kaiser Sigismund der Familie schon zu Beginn des 15. Jahrhunderts ihr eigenes Wappen verlieh, mit einem Ritter auf schwarzem Feld und drei vornehmen silbernen Federn am gekrönten Helm. Es versteht sich von selbst, dass die Rittmayers noch heute stolz dieses Zeichen ihrer langen Familiengeschichte tragen. In der Brauerei entsteht ein uriges Hausbrauerbier, das jeden Mittwoch an die Beteiligten abgegeben wird. Für die Wirtschaft kredenzt Alois Rittmayer zudem noch ein süffiges, naturtrübes und ungespundetes Hausbier, im Volksmund Aascher Wasser genannt.

Biersorten
Aascher Hausbier.

Saisonal
Kerwabier (ab 1. WE im August eine Woche lang)

Der Klassiker
Aascher Hausbier

Anschrift & Kontakt

Aischer Hauptstraße 5
91325 Adelsdorf-Aisch
Tel.: 09195-7222
Fax: 09195-928343

Öffnungszeiten

Di bis Fr 8 bis 14 Uhr und 17 bis 20
Uhr. Sa und So 9 bis 14.30 Uhr ab
17 Uhr. Montag Ruhetag

Website: www.rittmayer-aisch.de

Termine

Kirchweih (1. WE im August)

EIN ECHTES KLEINOD

Wie in alten Zeiten erlebt man hier noch klassische fränkische Wirtshauskultur. Natürlich gehören Brotzeiten aus Hausschlachtung und Karpfen aus eigenen Weihern genauso dazu wie eine kleine Braten- und eine größere Schnitzelpalette. Im Sommer lockt ein großer Biergarten, den die vielen Hausbierfans auch regelmäßig und vollständig bevölkern, insbesondere am ersten Augustwochenende, wenn die Rittmayers zur Kirchweih laden.

GASTHAUS RITTMAYER

Anschrift

Aischer Hauptstraße 5
91325 Adelsdorf-Aisch
Tel.: 09195-7222

Öffnungszeiten

Täglich 9 bis 14.30 Uhr und ab
17 Uhr
Montag Ruhetag

Spezialität

Karpfen und Karpfenfilet

Bier.BY
BIERKULTUR ERLEBEN

Ammerndorfer Bier Dorn-Bräu H. Murmann GmbH & Co. KG

Gründung: 1730 | Brauer: Helmut Murmann | Ausstoß: 10000 hl

Biersorten

Ammerndorfer Hell, Ammerndorfer Spezial, Ammerndorfer Pils, Ammerndorfer Dunkel, Ammerndorfer Jubiläum, Ammerndorfer Leicht, Ammerndorfer Lager Urtyp, Ammerndorfer Weissbier.

Saisonal

Ammerndorfer Bock (November bis März)

Der Klassiker

Ammerndorfer Hell

Festausrüster

Fassbier, Bierbänke, Schirme, Kühlwagen, Schankwagen.

Heimdienst

Im Umkreis Nürnberg, Fürth, Erlangen, Roth, Schwabach, alle zwei Wochen.

ZWEI TÖCHTER IN DEN STARTLÖCHERN

Christine und Claudia Murmann unterstützen ihren Vater Helmut schon heute bei der Arbeit in der Traditionsbrauerei. Sie verkörpern die zehnte Familiengeneration, die die Geschicke der schon über 500 Jahre alten Brauerei lenken wird. Das historische Gebäude stammt aus der Zeit nach dem Dreißigjährigen Krieg, der in der Nürnberger Gegend bekanntermaßen heftig wütete. Die Biere sind allesamt echte Originale - man schmeckt einfach, dass hier noch keine große Industrie dahintersteckt, sondern noch echte Handwerkstradition gelebt wird.

VOM BÄCKER
ZUM GRIECHEN

Das Fachwerkhaus von 1608 beherbergte einst eine Bäckerei, bis sie zum Gasthof der gegenüberliegenden Brauerei umgebaut wurde. Heute steht neben der fränkischen vor allem die griechische Küche auf dem Programm von Anastasios Athanasiou, der sich der Gaststätte und ihrem lindenbeschatteten Garten angenommen hat. Am Ortsrand wartet zudem noch der wunderschön gelegene Sommerkeller auf seine Gäste. Das Areal, unter dem sich ein riesiger unterirdischer Lagerkeller befindet, steht heute unter Naturschutz und ist alljährlich auch Schauplatz des beliebten Weißbierfestes.

Beste Technik für Ihr Bier

www.kaspar-schulz.de

Die älteste heute noch in Betrieb befindliche Braupfanne aus dem Hause KASPAR SCHULZ steht im fränkischen Freilandmuseum Bad Windsheim. Die Technische Ausstattung aus dem Jahr 1844 sieht eine direkte Holzbefeuerung des Sudkessels vor.

Dabei muss man bedenken, dass der Brauprozess seit jeher sehr energieintensiv und das Sudhaus auch heute noch der größte Wärmeverbraucher einer jeden Brauerei ist. Die Mengen an Holz, die der Braumeister in Bad Windsheim fachmännisch Scheit für Scheit nachlegen muss sind also nicht unerheblich. Ein Stück Holz zuviel, und die technologisch gewünschte Temperatur wird überschritten. Viel Geschick ist hierbei notwendig um letztendlich die Bierwürze zum Sieden zu bringen.

Heute nach über 150 Jahren technischer Entwicklung sieht man diese antiquierte Art der Bierherstellung wieder mit ganz anderen Augen. Im Zuge der rasanten Entwicklung seit der Nachkriegszeit, wurden fast alle Sudhäuser auf Dampfbeheizung umgerüstet. In speziellen Druckkesseln wird Wasser in Dampf umgewandelt, der dann als Wärmeträger die gesamte Brauerei versorgt. Aber das Zeitalter der grenzenlos billigen Energie geht zu Ende und zwingt zur Suche nach neuen Lösungen. Effizienz vor Substitution lautet die Devise, wenn man von regenerativen Energieträgern profitieren will. Die technologischen Entwicklungen aus dem Hause SCHULZ zeigen hierbei, was mit dem Wissen aus Jahrhunderten und heute zur Verfügung stehender Technik machbar ist. Durch ein speziell entwickeltes Brauverfahren ist es heute möglich, auf den energieintensiven und teuren Einsatz von Dampf als Heizmedium zu verzichten. Was in Bad Windsheim der sogenannte Diffuseurböden und das Kühlschiff leisten, macht heute ein Würzeverteilschirm und eine Nachverdampfung mittels Düsentechnik oder Vakuum. Als Wärmeträger dient gewöhnliches Wasser, das in einem Heizungskessel aufgeheizt wird. Verbrannt wird in dem Kessel nämlich Biomasse in Form von Holzhackschnitzeln, Holzpellets oder anderen Stoffen. Der Unterschied zum Museumsbetrieb liegt allerdings darin, dass diese Anlagen automatisch gesteuert werden. Das geschickte Nachheizen übernimmt eine Lambdasonde, welche die exakte Brennstoff- und Luftzufuhr regelt. Beste Abgaswerte sorgen nicht nur für eine saubere Umwelt, sondern entlasten auch noch die Atmosphäre. Auch die Einbindung eines Solarkollektors oder die Kraft- Wärmekopplung können nun problemlos in die Energieversorgung einer modernen Brauerei erfolgen. KASPAR SCHULZ arbeitet seit Jahren konsequent an dem Konzept zur CO_2 neutralen Energieversorgung einer Brauerei. Dieser Ansatz erscheint realistisch, wenn man bedenkt, dass in den Restsoffen wie Hefe, Treber und Abwasser bereits über 40% des Wärme- und über 70% des Strombedarfs einer Brauerei stecken. Diese Ressource möchte SCHULZ durch sprichwörtlich beste Technik nutzbar machen. Die Brauerei der Zukunft entsteht heute, damit Sie auch morgen Ihr Bier mit gutem Gewissen genießen können.

Brauhaus Döbler

Gründung: 1867 | Brauer: Otto Kinzinger, Wilhelm E. Döbler | Ausstoß: 3000 hl

Biersorten

Altstadt Hell, Windsheimer Reichsstadtbier naturtrüb, Döbler Hefeweizen, Döbler Pils, Döbler Leichtes Pils, Land Märzen, Museums-Löschauer dunkel, Museumsbier hell, Museumsbier dunkel.

Saisonal

Fränkisches Festtagsbier (Kirchweih letztes WE im August) Döbler Doppelbock (Martini bis Ostern) Weihnachtsfestbier (zur Weihnachtszeit)

Der Klassiker

Altstadt-Hell

Festausrüster

Fassbier, Zelt, Bierbänke, Schirme, Kühlwagen, Schankwagen.

Heimdienst

In Bad Windsheim und seinen Ortsteilen, 3 x pro Woche.

DIE BIERUNIVERSITÄT

Als kleine Brauerei mit großen Bieren bezeichnet sich die Windsheimer Traditionsbrauerei am Kornmarkt. Zu Recht, wie wir finden. Schließlich weiß die Angebotspalette vollends zu überzeugen. Zudem kann man hier nicht nur Gerstensaft genießen, sondern auch noch richtig viel über ihn lernen. Einerseits im Fränkischen Freilandmuseum, für deren Wirtshaus die Brauerei Döbler das Museumsbier braut, andererseits bei Führung und Seminar im Hause selbst. Denn nach bestandener Prüfung darf man den Titel Dr. b.c. (=bierologis causa) führen.

Anschrift & Kontakt

Kornmarkt 6
91438 Bad Windsheim
Tel.: 09841-2002
Fax: 09841-79777

Öffnungszeiten

Mo bis Fr 7 bis 17.30 Uhr
Sa 8 bis 12 Uhr

Website: www.brauhaus-doebler.de

Termine

Aischgründer Bierfest (1. WE im Aug.)
Kirchweih (letztes WE im Aug.)
Brauersilvester im Brauhaus
Döbler (Ende Sept./Anfang Okt.)
Bockbier-Anstich (3. WE im Okt.)

KLEINES ALTSTADTPARADIES

Seit vielen Jahrhunderten schenken die Brauer hier ihr Bier aus und servieren dazu eine breite Palette an fränkischen Brotzeiten vom Schmalzbrot bis zur großen Braumeisterplatte (mindestens für zwei Personen). Wer zufällig mit einer größeren Gruppe anreist, sollte den Gewölbekeller reservieren - kultiger geht es eigentlich nicht. Komplettiert wird das Gastro-Ensemble durch einen kleinen Bierkeller, in dem im Sommer etwa 50 Gäste Platz finden.

BRAUGASTSTÄTTE DÖBLER

Anschrift

Kornmarkt 6
91438 Bad Windsheim
Tel: 09841-2002

Öffnungszeiten

Mo, Mi und Fr ab 10 Uhr
Do 10 bis 19 Uhr
Sa 10 bis 17 Uhr
Dienstag, Sonntag und Feiertage
geschlossen

Spezialität

Braumeisterplatte

Bad Windsheimer Bürgerbräu Privatbrauerei

Gründung: 1923 | Brauer: Sigi Brückler (Museum), Jürgen Strauß | Ausstoß: 3000 hl (Mus.), 10000 hl

DAS ÄLTESTE NOCH FUNKTIONSFÄHIGE BRAUHAUS DER WELT

Biersorten

Bürgerbräu Vollbier, Bürgerbräu Primus Pils, Bürgerbräu Windsheimer Weiße, Bad Windsheimer Freilandmuseum Zwickel, Bad Windsheimer Freilandmuseum Dunkel.

Der Klassiker

Bad Windsheimer Freilandmuseum Zwickel

Festausrüster

Fassbier, Bierbänke, Schirme, Kühlwagen.

Das steht hier im Fränkischen Freilandmuseum und stammt von 1695 und eigentlich aus Schlüsselfeld. Dort wurde es in den 1990er Jahren komplett abgetragen und dann im Originalzustand im Windsheimer Freilandmuseum wieder aufgebaut. Das Museumsstück ist auch noch aktiv und für das Museumsbier zuständig. Die Bürgerbräu an sich ist ein Zusammenschluss aus vier Windsheimer Brauerfamilien (Teufel, Deininger, Strauß und Oettinger) und kooperiert heute mit der Tucher Bräu aus der Frankenmetropole, die die Bürgerbräu-Biere nach den alten Rezepten herstellt.

HAXEN UND FERKEL AUS DEM STEINOFEN

Elmar Röder kann stolz auf sein Wirtshaus am Freilandmuseum Bad Windsheim sein. Nicht nur, dass man sich in einem Museum und neben dem ältesten noch betriebenen Brauhaus der Welt befindet, auch in der Küche bietet er individuelle Klassiker nach historischem Vorbild. Dazu gehören die Bräten aus dem Steinbackofen genauso wie die Biergerichte, beispielsweise die Malzschaufel (Kotelett mit Malzsoße, das auf einer Malzschaufel serviert wird). Die Aischgründer Karpfen kommen vom Teich in den Fischkasten im Biergarten des Wirtshauses - und deswegen absolut fangfrisch auf den Teller.

Museum unter blauem Himmel

www.freilandmuseum.de

Wie haben unsere fränkischen Vorfahren eigentlich ihren Alltag bestritten? Ein Rundgang durch das Fränkische Freilandmuseum des Bezirks Mittelfranken in Bad Windsheim ist eine Zeitreise durch 700 Jahre fränkische Alltagsgeschichte. Das Museum zählt zu den größten Freilandmuseen Süddeutschlands und weiß jung und alt zu begeistern.

Rund 100 Gebäude, Bauernhäuser, Schäfereien, Öl- und Getreidemühlen, Brauereien, Hopfen-, Färber- und Weinberghäuser, Schmieden, eine Holzschuhwerkstatt und eine Kräuter-Apotheke sind originalgetreu eingerichtet und zeigen, wie die ländliche Bevölkerung in Franken gelebt und gearbeitet hat.

Museums-Info

Fränkisches Freilandmuseum
Eisweiherweg 1
91438 Bad Windsheim
Tel. 09841-66 80 0
Fax 09841- 66 80 99

Öffnungszeiten

Genaue Öffnungszeiten finden Sie auf
der Website www.freilandmuseum.de

Mitte Dezember bis Anfang März
geschlossen. Im März, April, Oktober,
November und Dezember montags
geschlossen, Ostermontag geöffnet.

Sehenswert ist auch das Museum „Kirche in Franken" in der Baugruppe „Stadt" des Freilandmuseums. Dazu gibt es von Mai bis Oktober täglich wechselnde Handwerkervorführungen wie Weben auf dem Handwebstuhl, Wollspinnen, Besenbinden, Korbmachen, Büttnerei, Holzschuhmachen, Schmieden oder Feldarbeit mit den Museumsgespannen. Rund 60 Veranstaltungen jährlich machen das Museum auch für Dauerbesucher immer wieder interessant und lebendig. Besonders empfehlenswert: Die Museumsnacht am letzten Samstag im Juni, das Freilandtheater im Juli und August oder die Mittelaltertage Anfang Oktober.

Brauerei Gundel

Gründung: 1602 | Brauer: Jörg Gundel | Ausstoß: 2500 hl

Biersorten

Gundel Urhell, Gundel Pils, Gundel Dunkles Gold, Gundel Export, Gundel Zwickelt´s, Gundel Nimm´s leicht, Gundel Radler.

Saisonal

Fastenbock (ab Aschermittwoch)
Weihnachtsbier (ab Anfang Dez.)
Weihnachtsbock (ab Anfang Dez.)

Der Klassiker

Gundel Urhell

Festausrüster

Fassbier, Bierbänke, Schirme, Kühlwagen, Schankwagen.

Heimdienst

Im Umkreis von ca. 30 km.

GUTES BIER SEIT FÜNF GENERATIONEN

Familie Gundel, bestehend aus Seniorchef Georg, Frau Brigitte und Junior und Braumeister Jörg, steht gemeinsam mit ihrem Gesellen Günther Schlirf für die süffigen Biere aus Barthelmesaurach. Letzterer arbeitet schon seit mehr als einem Vierteljahrhundert in der Traditionsbrauerei, deren Wurzeln bis zum Jahr 1602 zurückreichen. Gebraut werden sechs Sorten Gerstensaft. Als zusätzlichen Leckerschluck gibt's noch das Zwickelt's im kultigen Zweiliter-Siphon für den gemütlichen Feierabend zuhause. Durchtesten können Sie beispielsweise am Pfingstwochenende, wenn das jährliche Brauereifest steigt.

Anschrift & Kontakt

Nördlinger Straße 15
91126 Barthelmesaurach
Tel.: 09178-1504
Fax: 09178-5793

Website: www.brauerei-gundel.de

Öffnungszeiten

Mo bis Fr 7 bis 18 Uhr
Sa 8 bis 17 Uhr

Termine

Brauereifest (Pfingsten)
Kirchweih (3. WE im August)

Dorn-Bräu

Gründung: 1766 | Brauer: Karl Dorn | Ausstoß: 7700 hl

NUN AUCH MIT WEISSBIER

Der freundliche Karl Dorn ist allseits beliebt - sowohl bei seinen Einheimischen als auch bei allen Gästen und Touristen, die ihm allesamt Bestnoten ins Gästebuch schreiben. Ihm und seinem Bier, allem voran dem Dunklen, das eine echte Klasse für sich darstellt. Der Braumeister verkörpert mittlerweile die sechste Familiengeneration und zeigt seinen Arbeitsplatz auch gerne einmal interessierten Gästen (bitte anmelden). Neu im Sortiment ist die Gambrinus Weiße, ein feines Bier mit Ambitionen, ein echter Klassiker zu werden.

Biersorten

Vollbier Hell, Export, Dunkles, Pils, Gambrinus Weisse.

Saisonal

Narren-Weiße (zur Faschingszeit) Doppelbock (Nov. bis März)

Der Klassiker

Vollbier Hell

Festausrüster

Fassbier, Zelt, Bierbänke, Schirme, Kühlwagen, Schankwagen.

Anschrift & Kontakt

Markgrafenstraße 3
91590 Bruckberg
Tel: 09824-326
Fax: 09824-1387

Öffnungszeiten

Mo bis Fr 7 bis 17 Uhr

Website: www.dorn-braeu.de

Termine

Brauereifest (1. WE im August,
alle 3 Jahre, wieder 2015)
Kirchweih (1. WE im Sept.)

LECKER AM HASELBACH

Bei Georg Dorn kommt die perfekte Ergänzung zu den kräftigen Bieren der Brauerei aus der Küche. Vor allem die Schnitzelvariationen sind sehr beliebt und mindestens einmal auf jedem Bestellzettel vertreten. Dazu passt dann auf jeden Fall immer das legendäre Dunkle, und die Welt ist in Ordnung. Wer eher auf Braten steht, sollte sonntags vorbeischauen, für Bockbierfreunde empfiehlt sich der Besuch zur Adventszeit, wenn der nicht minder legendäre Weihnachts-Doppelbock auf der Getränkekarte steht.

DORN-BRÄU

Anschrift

Markgrafenstraße 3
91590 Bruckberg
Tel.: 09824-326

Öffnungszeiten

Täglich ab 8 Uhr
Mo 8 bis 14 Uhr
Mittwoch und letzter Sonntag im
Monat Ruhetag

Spezialität

Schweizer Schnitzel

Brauhaus Brandmeier - Cadolzburger Biermanufaktur

Gründung: 2013 | Brauer: Michael Brandmeier | Ausstoß: 100 hl

GESCHMACKSVIELFALT IM KELLER

Michael Brandmeier ist nicht nur Wirtschaftsingenieur, Business Coach und Projektleiter, sondern auch Braumeister. Nach 15 Jahren in der Beraterbranche hat er nun einen Weg gefunden, seine langjährige Leidenschaft für hausgebraute Biere mit einer eigenen kleinen Brauanlage zu krönen. Einmal in der Woche verschwindet der Bier-Enthusiast in seinem Keller und köchelt seine feinen „Cadolzburger". Neben den vier Klassikern, zu denen auch ein Rotbier gehört, gibt es auch eine Gourmetbier-Linie, mit der sowohl Brauer als auch Biertrinker ihren Horizont immer wieder erweitern können. Wir sagen Prost zu dieser - zum Zeitpunkt des Erscheinens des vorliegenden Buches - neuesten fränkischen Brauerei!

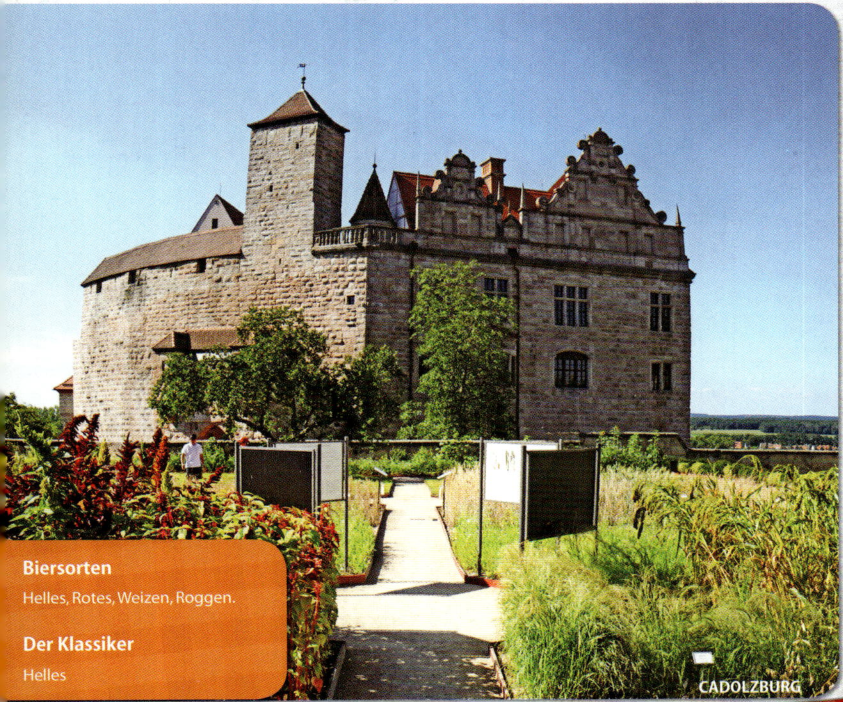

Biersorten
Helles, Rotes, Weizen, Roggen.

Der Klassiker
Helles

CADOLZBURG

Anschrift & Kontakt

Hindenburgstraße 59
90556 Cadolzburg
Tel.: 09103-7129990
Fax: 09103-719711

Öffnungszeiten

Siehe Website

Website: www.brauhaus-brandmeier.de | www.cadolzburger.de

Weib's Brauhaus Dinkelsbühl

Gründung: 1999 | Brauer: Melanie Gehring | Ausstoß: 250 hl

WO DAS WEIB DAS BIER BRAUT

Mit dem Weib ist Melanie Gehring gemeint, die in der Gasthausbrauerei am Sudkessel steht. Die ersten zehn Jahre hat die Brauerei schon hinter sich und sich auch bestens in dem Touristenort Dinkelsbühl etabliert. Die Eröffnung von 1999 wird in jedem Jahr am zweiten Novemberwochenende mit einem rauschenden Bierfest auf's Neue begangen und gefeiert. Dann sind Gasthaus und Braumeistersaal prall gefüllt und Dinkelsbühl freut sich über sein jüngstes Bier-Kind. Wir freuen uns mit!

Biersorten
Weib's Helles, Weib's Weißbier.

Der Klassiker
Weib's Helles

Bus 871 Dinkelsbühl Schranne

Anschrift & Kontakt

Untere Schmiedgasse 1
91550 Dinkelsbühl
Tel.: 09851-579490
Fax: 09851-5794949

Website: www.weibsbrauhaus.de

Öffnungszeiten

Täglich ab 11 Uhr
Mi ab 18 Uhr
Dienstag Ruhetag

Termine

Kneipenfestival (2. WE im März)
Dinkelsbühl leuchtet (1. WE im Juni)
Kinderzeche (3. WE im Juli)
Jubiläum (2. WE im November)

FRÄNKISCHER BIERGENUSS - MITTEN IN DER BRAUEREI

WEIB'S BRAUHAUS DINKELSBÜHL

Anschrift

Untere Schmiedgasse 1
91550 Dinkelsbühl
Tel.: 09851-579490

Öffnungszeiten

Täglich ab 11 Uhr
Mi ab 18 Uhr
Dienstag Ruhetag

Spezialität

Biergulasch

Was soll man zu einer Gasthausbrauerei Neues schreiben? Das Ambiente ist einzigartig, besonders spannend, wenn man zufällig an einem der Brautage hier ist und der Geruch des frischen Gerstensaftes in der Luft hängt. Da sitzen dann die Hopfenjunkies vor dem Sudhaus und schnuppern um die Wette. Über riesige Fenster lässt sich übrigens auch direkt in den Gärkeller blicken. Zu den beiden Bieren, die man auch nur hier verkosten kann, empfiehlt sich eines der passenden Gerichte wie beispielsweise das Biergulasch oder das geheimnisvolle Weib's Töpfle.

Brauerei Hauf KG

Gründung: 1901 | Brauer: Peter Bayerlein, Walter Gögelein | Ausstoß: k.A.

KLEIN, ABER FEINER!

So lautet das Motto der sympathischen Brauerei, die 1934 aus Platzgründen vom ursprünglichen Standort in der Wörnitzstraße (wo heute die Brauereigaststätte steht) ausgelagert und 1962 sowie 1973 nochmals erweitert wurde. Im Sommer sollten Sie unbedingt das Dinkelsbühler Kinderzechbier probieren, das natürlich auch außerhalb der Aufführungen des Spektakels genossen werden kann. Zur Fastenzeit lockt hingegen der Dinkelator, ein dunkler Doppelbock, der es in sich hat - kräftig, süffig und eben stark!

Biersorten

Friedrich Hauf - 1901 - Bayerisch Dunkel, Hauf Edel-Hell, Hauf Pils, Hauf Export, Hauf Hefe-Weissbier, Hauf´s Dunkle Weisse.

Saisonal

Hauf Festbier – Dinkelsbühler Kinderzechbier (Mai bis August) Hauf Weihnachts-Bier Spezial (November bis Dezember) Hauf Dinkelator Doppelbock (Mitte November bis Februar)

Der Klassiker

Hauf Pils

Festausrüster

Fassbier, Bierbänke, Kühlwagen, Schankwagen.

Heimdienst

Im Bereich der Stadt Dinkelsbühl.

Anschrift & Kontakt

Heiningerstraße 28
91550 Dinkelsbühl
Tel.: 09851-57520
Fax: 09851-575222

Öffnungszeiten

Ende April bis Sept.: Mo bis Fr 7 bis 12 u.
13 bis 16.30 Uhr, Sa 9 bis 12 Uhr
Oktober bis Ende April: Mo bis Do 7.30 bis
12 Uhr und 13 bis 16.30 Uhr, Fr 7.30 bis 12
Uhr, Sa 10 bis 12 Uhr

Website: www.hauf-bier.de

ERST FREMD, DANN WILDFREMD UND NUN WILD

So lautet die Namensgeschichte der liebenswürdigen Brauereigaststätte direkt an der Wörnitz. Vor dem Haupttor gelegen empfing die frühere Herberge die fremden bzw. wild-fremden Gäste, die Dinkelsbühl besuchten. In barocken Zeiten hieß das Haus dann nur noch „Zum wilden Mann". 1901 kaufte Friedrich Hauf, Gründer der gleichnamigen Brauerei, die Wirtschaft und machte sie zur Brauereigaststätte. Ganz besonders schön ist der kleine Biergartenableger vor dem Haus, direkt am Fluss-Ufer. Eigentlich ein Pflichtbesuch, wenn Sie nach Dinkelsbühl kommen.

BRAUEREIGASTSTÄTTE ZUM WILDEN MANN

Anschrift

Wörnitzstraße 1
91550 Dinkelsbühl
Tel.: 09851-552525
www.wilder-mann-dinkelsbuehl.de

Öffnungszeiten

Täglich ab 10 Uhr
Mittwoch Ruhetag

Spezialität

Gefülltes Wammerl nach altbaye-
rischer Art mit Dunkelbiersoße.

Brauerei Stefansbräu

Gründung: 2008 | Brauer: Stefan Klein | Ausstoß: 500 hl

BRAUEREI AM START

Biersorten
Helles Weizen, Heller Zwickl, Märzen.

Saisonal
Dunkler Bock (Fastenzeit)

Der Klassiker
Heller Zwickl

Festausrüster
Fassbier, Bierbänke.

Diplombraumeister Stefan Klein ist dabei, sich einen Traum zu verwirklichen. Vor den Toren von Dinkelsbühl installierte er in seinem Hof auf der Wilhelmshöhe eine kleine Brauerei. Darin entstehen ein uriges Zwicklbier, ein süffiges Weizen sowie ein Märzen. Demnächst soll auch noch ein Dinkelbier dazukommen, ganz in der Tradition der Dinkelsbühler, schließlich steht der Name der Stadt schon für dieses Urgetreide. Wir wünschen der Stefansbräu viel Erfolg und freuen uns schon auf den neuen Gerstensaft. Freuen Sie sich mit!

Anschrift & Kontakt

Wilhelmshöhe 1
91550 Dinkelsbühl
Tel.: 09851-582393
Fax: 09851-582413

Öffnungszeiten

Do und Fr 9 bis 18 Uhr
Sa 9 bis 15 Uhr

Website: www.stefansbraeu.de

Fürstliches Brauhaus Ellingen

Gründung: 1690 | Brauer: Stefan Mützel | Ausstoß: k.A.

KÖSTLICHES SPIELZEUG

1815 erhielt der verdiente Ex-Feldmarschall Carl Philipp Fürst von Wrede das Ellinger Lehen vom bayerischen König Max I. Joseph. Die zugehörige Braustätte datiert mindestens 125 Jahre früher und so konnte sich der bierbegeisterte Pensionär dem bayerischen Grundnahrungsmittel Nr. 1 widmen. Heute führt sein direkter Nachfahre Fürst Carl Christian von Wrede in der 7. Generation mit der gleichen Begeisterung das Fürstliche Brauhaus Ellingen. Das bedeutet auch, dass Besucher immer willkommen sind und ihnen mit viel Liebe auch die Brauerei gezeigt wird. Mit dabei sogar ein 3D-Film!

Biersorten
Fürst Carl Edelsud, Fürst Carl Edelpils, Fürst Carl Schlossgold, Fürst Carl Dunkel, Fürst Carl Urhell, Fürst Carl Kellerbier, Fürst Carl Radler, Fürst Carl Leichtes.

Saisonal
Fürst Carl Hofnarr (Faschingszeit) Fürst Carl Josefi Bock (Fastenzeit) Fürst Carl Winterbock (in den Wintermonaten)

Der Klassiker
Fürst Carl Schlossgold

Festausrüster
Fassbier, Bierbänke, Schirme, Kühlwagen, Schankwagen.

Heimdienst
Im Umkreis von ca. 30 km.

Anschrift & Kontakt

Schloßstraße 10
91792 Ellingen
Tel.: 09141-97860
Fax: 09141-97858

Öffnungszeiten

Mo bis Fr 7 bis 12 Uhr und 13 bis
16.30 Uhr

Website: www.fuerst-carl.de

Termine

Brauerei-Volksfest (1. WE im Juli)

AUS EIMERN
WURDEN KRÜGE

Gleich mit zwei schönen Biergärten kann das Schlossbräustübl aufwarten, in dem zu alten Zeiten das Bier noch in Eimern ausgeschenkt wurde, was heute selbstverständlich in Krügen passiert. Der eine liegt unter großen Kastanienbäumen auf der Ostseite des Hauses und verspricht viel Ruhe, der andere liegt auf der anderen Seite quasi im Schloss-Innenhof und ermöglicht einen schönen Blick auf die Fassade der Residenz und das geschäftige Treiben rund um das fürstliche Brauhaus, immerhin Bayerns einzig verbliebenes. Die Räumlichkeiten im Inneren des Bräustüberls waren früher der Brauereischalander und dienen erst seit den 1970er Jahren als Gaststätte - mit deftiger fränkischer und österreichischer Küche!

SCHLOSSBRÄUSTÜBL

Anschrift

Schloßstraße 6
91792 Ellingen
Tel.: 09141-70340
www.schlossbraeustuebl-
ellingen.de

Öffnungszeiten

Täglich ab 10 Uhr
Montag Ruhetag

Spezialität

Österreichische Küche

Bier.BY
BIERKULTUR ERLEBEN

Brauerei Enzensteiner

Gründung: 1998 | Brauer: Martin Kreß | Ausstoß: 1000 hl

SINNE UND GEFÜHL

„Wenn es um Qualität und Geschmack von Bier geht, verlasse ich mich zuerst auf meine Sinne und mein Gefühl und dann erst auf die Technik." So fasst Brauer Martin Kreß seine Philosophie zusammen, nach der er zwei bis dreimal pro Monat seine Bierkreationen ansetzt. Gebraut wird nach Bioland-Richtlinien, gerne auch gemeinsam im Brauseminar, das entweder mit dem bestandenen Bierkennerdiplom oder zusätzlich noch mit dem eigenen Biersud enden kann. Die Biere tragen teils kryptische Namen wie Seelentröster (ein Dreifachbock) oder Vetus Millena. Letzteres basiert auf echter absoluter Handarbeit, die man im Video auf der Website der Brauerei auch genauestens nachvollziehen kann.

Biersorten
Landbier, Hefeweizen, Dunkles, Emmer Starkbier, Schwarzhaferbier, Imperialgerstenbier mit Pilscharakter.

Saisonal
Seelentröster (April bis Mai)
Heller Bock (Ende Okt. bis Mai)
Dunkler Bock (Ende Okt. bis Mai)
Vetus Millena (ab Anfang Nov.)
Märzen (ohne genauen Termin)
Festbier (ohne genauen Termin)
Dunkles Weizen (ohne genauen Termin)

Der Klassiker
Landbier

Anschrift & Kontakt

Enzenreuth 8
91220 Schnaittach
Tel.: 09153-924733
Fax: 09153-924734

Öffnungszeiten

Mo bis Fr 10 bis 17 Uhr (Brauerei)
Fr bis So und Feiertage ab 11 Uhr

Website: www.enzensteiner.de

Termine

Tag des Bieres (WE um den 23. April)
Maibockfest (1. Mai)
Nacht der 100 Feuer (Ende Juli)

EIN TRAUM-BIERGARTEN

Ein Ausflug zum Hof der Familie Kreß lohnt sich nicht nur wegen des Bieres, sondern auch wegen der traumhaften Atmosphäre im Biergarten. Die genießene die Stammgäste vor allem freitags, wenn es frische Makrele vom Grill und Rippchen aus dem Holzbackofen gibt (bitte vorbestellen), und sonntags bei traditionell fränkischen Mittagstisch. Zwischendurch finden auch immer wieder Live-Konzerte oder Ende Juli die Nacht der hundert Feuer statt. Sie sehen: Hier ist immer was los, gutes Wetter vorausgesetzt!

BRAUEREI ENZENSTEINER

Anschrift

Enzenreuth 8
91220 Schnaittach
Tel.: 09153-924733
Fax: 09153-924734

Öffnungszeiten

Fr ab 11 Uhr, Sa, So und Feiertage ab 10 Uhr, Montag bis Donnerstag geschlossen, (für Gruppen ab 10 Personen auf Anfrage auch außerhalb dieser Zeiten geöffnet)

Spezialität

Zwiebelflammkuchen aus dem Holzbackofen

Hausbrauerei Steinbach-Bräu

Gründung: 1861 | Brauer: Christoph Gewalt | Ausstoß: k.A.

WIEDERBELEBTES URGESTEIN

Nach jahrhundertelanger Brautradition auf dem Anwesen musste durch die Inflationswirren des Jahres 1923 das Brauen der Steinbach Bräu eingestellt werden. Doch irgendwie blieb das Brauergen in der Familie erhalten, und 1995 konnte Braumeister Christoph Gewalt, der Urenkel des Firmengründers Carl Steinbach, mit seiner Gasthausbrauerei wieder altbekannte Düfte durch die Hallen wehen lassen. Die alten Rezepte garantieren in Kombination mit modernem Brauverfahren und Spezialmalzen ein ganz besonderes Biererlebnis, das in regelmäßigen Spezialsuden gipfelt. So kommt auch mal ein Whiskybier oder Ale aus dem Zapfhahn.

Biersorten
Storchenbier.

Saisonal
Bergkirchweihbier (ab 23. April)
Weihnachtsbier „Sündikus" (ab 6. Dezember)
zusätzlich wechselnd Bier des Monats, z. B. Goldblondchen, Dunkles Goldblondchen, Heller Weizenbock - der „Ladykiller", Alterlanger, Braunbier, ...

Der Klassiker
Storchenbier

Anschrift & Kontakt

Vierzigmannstraße 4
91054 Erlangen
Tel.: 09131-895912
Fax: 09131-895922

Öffnungszeiten

Mo bis Fr ab 9 Uhr
Sa und So 11 bis 13 Uhr

Website: www.steinbach-braeu.de

Termine

Bergbierprobe (immer am 23. April)
Bergkirchweih (ab Do vor Pfingsten)
Altstadtfest (1. WE im August)

BESUCH AUF DEM DACH

Schon von weitem erkennt man das Anwesen der Gasthaus-Brauerei. Zumindest, wenn die jährlichen Gäste auf dem Dach eingetroffen sind. Dann nämlich nisten Störche in Erlangen, und zur Feier der Ankunft schenkt der Braumeister sein Storchenbier aus. Im Gastraum lässt sich Meister Adebar dann über eine Live-Kamera beim Schnäbeln zuschauen, der Gast hat meist einen fränkischen Braten, Bratwürste oder eine Brotzeit auf dem Teller. Logisch, dass es auch bierige Gerichte gibt, am besten hat uns das Bierkutschersteak geschmeckt.

HAUSBRAUEREI STEINBACH-BRÄU SUDHAUS

Anschrift

Vierzigmannstraße 4
91054 Erlangen
Tel.: 09131-895915

Öffnungszeiten

Täglich ab 17 Uhr
Kein Ruhetag

Spezialität

Fränkische Bratwürste mit Kraut

Die Erlanger Biergeschichte

www.steinbach-braeu.de

Oberhalb des Sudhauses der Steinbachbräu finden Bierfans seit 2010 ein ganz besonderes Highlight: Ein waschechtes Brauerei-museum. Hier werden nicht nur die Geschichte der Braukunst und der Werdegang des Bieres erklärt, sondern auch viele interessante Einzelheiten über die Erlanger Biergeschichte erzählt.

Über 20 Braustätten befanden sich der-einst in der Hugenottenstadt, darunter so klangvolle Namen wie Erich Bräu und Hofbräu. Deren Standorte kann man an-hand einer übersichtlichen interaktiven Karte genau nachvollziehen und dann auch die zugehörigen Bierdeckel und -krüge entdecken.

Absolut sehenswert ist auch das Berg-kirchweihpanorama des 1918 geborenen Hermann Seißler. Der Feinmechaniker und Siemens-Ingenieur schuf mit 88 Jahren ein mechanisches Ebenbild der Bergkerwa von 1925. Mit Karussell, Schiff-schaukel, Süßigkeitenbude und - natür-lich - dem Steinbachbräu-Keller. Der ist übrigens - dank der Umsicht der Vorfah-ren - noch immer in der Hand der Gewalts und damit seit Beginn der wiederaktivier-ten Braugeschichte einer der Garanten des Erfolges. Momentan müssen Sie sich für einen Museumsbesuch noch zuvor anmelden, in der Regel ist das aber dann alles schnell ermöglicht.

4

VOM FASS
INS GLAS

Fassherstellung
Fässer, Krüge, Flaschen, Gläser
Transport des Bieres
Zapfen des Bieres

INFO

Vierzigmannstraße 4
91054 Erlangen
Telefon: 09131 - 8959-12
Fax: 09131 - 8959-22
eMail: gewalt@steinbach-braeu.de
Website: www.steinbach-braeu.de

Kitzmann-Bräu KG

Gründung: 1712 | **Brauer: Benjamin Kloos (1. BM), Stefan Herz (2. BM)** | **Ausstoß: 100000 hl**

DER PLATZHIRSCH

Neben der wiederbelebten Steinbachbräu ist von Erlangens ehemaliger Biervielfalt nur noch Kitzmann übrig geblieben. Trotzdem ist man hier aber ein Familienunternehmen geblieben, dass seine Wurzeln kennt und lebt. Deswegen freuen wir uns, das die sympathischen Kitzmänner mit ihrem Konzept auf der Erfolgsspur bleiben. Allerdings haben sie mit der Bergkirchweih auch die beste Werbeveranstaltung, die man sich als Brauerei nur vorstellen kann. Neben den verschiedenen Bierspezialitäten, die der Lage am Pilsäquator Rechnung tragen (klassisches Pils und Vollbier) gibt es übrigens auch Bockbierschokolade, Weißbierkren, Bockbiersenf und Bockbierschnaps und -likör (eigene Brennerei). Sehr vorbildlich ist die Bierkarte der Kitzmann Bräu, auf der jedes Bier perfekt vom Sommelier beschrieben ist.

Biersorten

Kitzmann Edelpils, Kitzmann Dunkles Erlanger, Kitzmann Jubiläumsbier 300, Kitzmann Weißbier, Kitzmann Leichtes Weißbier, Kitzmann Dunkles Weißbier, Kitzmann Erlanger Berg Radler, Kitzmann Helles, Kitzmann Kellerbier.

Saisonal

Kitzmann Echtes Erlanger Bergkirchweihbier (April bis August) Kitzmann Wintergold (Oktober bis März) Kitzmann Weißbier-Bock (Oktober bis März) Kitzmann Urbock (Oktober bis März)

Der Klassiker

Kitzmann Edelpils

Festausrüster

Fassbier, Zelt, Bierbänke, Schirme, Kühlwagen, Schankwagen.

Heimdienst

Gebiet Stadt Erlangen, montags und mittwochs bis freitags.

Anschrift & Kontakt

Südliche Stadtmauerstraße 25
91054 Erlangen
Tel.: 09132-83530
Fax: 09132-835342

Öffnungszeiten

BräuKontor (Abholmarkt):
Mo bis Fr 10 bis 19 Uhr
Sa 10 bis 17 Uhr

Website: www.kitzmann.de

Termine

Bergkirchweih (ab Do vor
Pfingsten)
Brauereihoffest „Erlanger Bier-
frühling" mit Wahl der Bierköni-
gin (Ende April/Anfang Mai)
Bockbieranstich (3. Sa im
Oktober)

URIG UND TRADITIONELL

So mancher traut einer vermeintlichen Großbrauerei wie Kitzmann eine so heimelige und ge-
mütliche Brauereigaststätte gar nicht zu. Doch Florian Dittmeyer und Axel Müller beweisen das
Gegenteil: Mit fränkischer Küche rund um Schnitzel, Braten und Kloß, jeder Menge Herzlichkeit
und einem stimmigen Ambiente lassen sie die Hektik des Tages schnell vergessen - und die
Freude an fränkischer Gastlichkeit beginnt. Übrigens finden Sie in der BräuSchänke die Erlanger
Bierwalhalla, ca. 30 Portraits von Erlanger Bier-Persönlichkeiten.

KITZMANN BRÄUSCHÄNKE

Anschrift

Südliche Stadtmauerstraße 25
91054 Erlangen
Tel.: 09131-810833
www.bräuschänke.de

Öffnungszeiten

Täglich ab 10 Uhr
Kein Ruhetag

Spezialität

Schäuferle in Dunkelbiersoße
mit Kloß

Die Bergkerwa

www.der-berg-ruft.de

Zur Bergkerwa macht die gesamte Erlanger Universität zwölf Tage blau (seit kurzem nicht mehr offiziell, was aber nichts geändert hat) – das sagt eigentlich schon alles. Was für die Kölner der Karneval, ist für die Erlanger der „Berch".

Start ist traditionell am Donnerstag vor Pfingsten mit dem Marsch von der Innenstadt zum Entla's Keller, wo pünktlich um 17 Uhr das erste Fass Kitzmann angestochen wird (natürlich vom Oberbürgermeister persönlich). Anschließend leeren alle Anwesenden gemeinsam das erste Fass – schließlich ist es Freibier (allerdings bekommt die Prominenz zuerst, weswegen bei weitem nicht jeder durstige Bergbesucher eine Gratismaß erhält). Damit ist die Marschroute vorgegeben – die nächsten zehn Tage verlegen die meisten Erlanger ihren Wohnsitz auf den „Berch" (gemeint ist der Burgberg, auf dem bzw. in dem die Bierkeller liegen).

Nicht-Einheimische sollten unbedingt vorher die Straßenkarten und Busfahrpläne sondieren, denn auch auf das Verkehrswesen hat das ehemalige Schützenfest (2005 war es das 250.) einen nicht unbedeutenden Einfluss. Fast schon mit Tränen in den Augen begraben die Erlanger dann am letzten Abend das letzte Fass unter herzzerreißendem Getöse der anwesenden Blaskapellen (Lilly Marleen) und winken zum Abschied mit ihren Taschentüchern. Dieser Termin ist Pflichtprogramm für jeden ernsthaften Leser dieses Buches. Seien Sie also dabei, wenn es das nächste Mal heißt: „Der Berg ruft!"

Forstquell-Brauerei

Gründung: 1731 | **Brauer: Helmut Rieß, Ludwig Metz** | **Ausstoß: k.A.**

DIE MUTTER DES RIESEN

Nur 20 Kilometer entfernt, liegt - bereits in Schwaben - die Oettinger Brauerei, deren Gruppe mit 6,4 Millionen Hektolitern Produktion ganz Franken locker in die Tasche stecken kann. Doch hier in Fürnheim im Stammhaus der Oettinger Brauerei ist die Welt noch in Ordnung. Die drei Biere kommen aus der eigenen Brauerei, die komplett in die Gasträume integriert ist, sogar der Brunnen liegt 50 m unter der Brunnenstube. Beim Brauen beachtet man neben dem bayerischen Reinheitsgebot vor allem die viel ältere Brauordnung der Grafen von Oettingen aus dem Jahre 1389.

Biersorten

Forstquell Kupfer, Forstquell Gold, Forstquell Weizen.

Saisonal

Forstquell Bock
(ab Aschermittwoch)
Forstquell Roggen
(ab Anfang Oktober)

Der Klassiker

Forstquell Kupfer

Anschrift & Kontakt

Fürnheim 35
91717 Wassertrüdingen
Tel.: 09832-9657
Fax: 09832-9672

Website: www.forstquell.de

Öffnungszeiten

März bis Nov: Täglich ab 11 Uhr
Nov. bis März: Mo bis Fr ab 16 Uhr
Sa, So und Feiertage ab 11 Uhr

Termine

Bockbieranstich (Aschermitt-woch)
Kirchweih (Mitte Oktober)

FORSTQUELL GASTHAUS UND TAFERNWIRTSCHAFT

Anschrift

Fürnheim 35
91717 Wassertrüdingen
Tel.: 09832-9657

Öffnungszeiten

März bis November:
Täglich ab 11 Uhr
November bis März:
Mo bis Fr ab 16 Uhr
Sa, So und Feiertage ab 11 Uhr

Spezialität

Schlot-Engeli (gerauchte Brat-würste)

WO DIE SCHLOT-ENGELI WACHEN

Nein, es gibt keine neuen Bierheiligen, hinter dem Namen Schlot-Engeli verstecken sich geräucherte Brat-würste, die den anderen feinen Spezialitäten aus der Küche von Günther und Ingrid Kollmar durchaus Kon-kurrenz in Sachen Beliebtheit machen. Doch auch das Biertreberschnitzel oder die fränkischen Brotzeiten (mit selbst gebackenem Brot) wissen zu überzeugen. Nach dem Essen empfiehlt es sich, eines der vielen selbst ge-brannten Wässerli des Hauses zu kosten.

Tucher Bräu GmbH & Co. KG

Gründung: 1672 | Brauer: Bernhard Wagemann | Ausstoß: k.A.

Biersorten

Nürnberger Pils (Tucher), Tucher Pilsener, Tucher Diät Pils, Tucher Light, Tucher Frei, Tucher Helles Hefe Weizen, Tucher Dunkles Hefe Weizen, Tucher Kristall Weizen, Tucher Leichtes Hefe Weizen, Tucher Hefe Weizen Alkoholfrei, Tucher Urfränkisch Dunkel, Tucher Urbräu Hell, Tucher Übersee Export, Tucher Reifbräu Alkoholfrei, Tucher Radler Alkoholfrei, Tucher Cola Weizen, Tucher Bajuvator Doppelbock.

Saisonal

Tucher Christkindlesmarkt Bier (Oktober bis Dezember) Tucher Bergkirchweih Festbier (April bis Mai)

Der Klassiker

Tucher Urbräu Hell

Festausrüster

Fassbier, Bierbänke, Schirme, Kühlwagen, Schankwagen.

BIER IN ALLE WELT

Bereits anno 1672 berichten die Chroniken vom „Städtischen Weizenbrauhaus" zu Nürnberg. Sie sehen - die Tucher Bräu hat eine lange Geschichte, gespickt mit vielen Kuriositäten. Eine ist beispielsweise, dass sie das einzige Zweistädte-Sudhaus der Welt besitzt, das genau auf der Stadtgrenze der durch ihre spezielle Hassliebe verbundenen Städte Nürnberg und Fürth steht. Eine andere ist das Wappen, auf dem Sie einen Mohren entdecken. Dieses Symbol ist Zeugnis der internationalen Bedeutung, die das Brauhaus schon im 19. Jahrhundert erlangte. 1875 beispielsweise gingen bereits zwei Drittel der Produktion in alle Welt hinaus und noch heute finden Wanderer in den Wüsten von Namibia alte Tucher-Flaschen. Später firmierte und fusionierte die Brauerei mehrmals um, heute gehören unter anderem die Marken Tucher, Lederer, Patrizier, Hasenbräu, Zirndorfer und Siechen zum Konzern.

DB

Anschrift & Kontakt

Tucherstraße 10
90763 Fürth
Tel.: 0911-97760
Fax: 0911-9776370

Öffnungszeiten

kein Zutritt für Betriebsfremde

Website: www.tucher.de

NEBEN HOPFENGARTEN UND BIERPIPELINE

Seit 2009 verfügt die Tucher Brauerei endlich über ihren eigenen Schalander. Das rustikal eingerichtete Gasthaus bietet dank Pächter Oliver Hinkel eine urige und bierige Küche wie beispielsweise den Bierkutscherbraten in Starkbiersauce. Im Sommer sitzt es sich wunderschön im Biergarten neben dem Haus, von dem aus man direkt in den Hopfengarten der Brauerei blicken kann. Ein weiteres Kuriosum der Brauerei ist übrigens die Bierpipeline, die das Bier von der Brauerei bis zur Abfüllanlage transportiert.

Termine

Frühlingsfest Nürnberg (Anfang bis Mitte April)
Oster-Plärrer Augsburg (Anfang bis Mitte April)
Bergkirchweih Erlangen (Mitte bis Ende Mai)
Kirchweih Wassertrüdingen (Mitte August)
Herbst-Plärrer Augsburg (Ende August bis Anfang September)
Herbstvolksfest Nürnberg (Ende August bis Mitte September)
Volksfest Beilngries (Anfang September)
Kirchweih Gunzenhausen (Anfang bis Mitte September)
Michaelis-Kirchweih Fürth (Anfang bis Mitte Oktober)

TUCHER SCHALANDER

Anschrift

Tucherstraße 10
90763 Fürth
Tel.: 0911-9776175

Öffnungszeiten

Mo bis Fr 5 bis 18 Uhr
Samstag und Sonntag Ruhetag
(für Gruppen nach Anmeldung auch am Wochenende geöffnet)

Spezialität

Fränkische Schäufele

Bayerns größte Stadtkirchweih

www.fuerther-kirchweih.de

Der Beginn dieses typisch fränkischen Bierfestes ist immer am Samstag, der dem Namenstag des Erzengels Michael (29. September) folgt. Höhepunkt ist der am zweiten Kirchweihsonntag stattfindende Erntedankfestzug mit mehr als 3.000 Mitwirkenden und über 100.000 Zuschauern. Die erste Michaelis-Kirchweih könnte vor über 900 Jahren nach der Errichtung der Michaeliskirche um 1100 stattgefunden haben.

Die Fürther Kirchweih dürfte zudem die einzige sein, die eine eigene Währung besitzt. Für nur 90 Cent kann man den sogenannten Kärwa-Taler erstehen, der auf dem gesamten Festgelände den Wert von einer Euro-Münze hat. Der Besucher hat also quasi 10% Kirchweih-Rabatt. Wer bei all dem Trubel eine Auszeit braucht, ist am Helmplatz bei der Feuerwache richtig. Die Schausteller richten neben dem eigens dafür schön dekorierten Brunnen erstmals eine Ruhezone mit Sitzgelegenheiten zum Verweilen ein. Hier können Besucher das Kärwa-Geschehen von einem etwas ruhigeren Platz aus beobachten und sind dennoch mittendrin.

Öffnungszeiten

Werktags von 10 bis 23 Uhr,
sonn- und feiertags von 11
bis 23 Uhr

Brauerei Norbert Fischer

Gründung: 1702 | Brauer: Norbert Fischer | Ausstoß: 1200 hl

BEKANNT IM GANZEN LAND

Das ist das Fischer-Bier unter anderem, weil Norbert Fischer jährlich bei Veranstaltungen wie der Berliner Biermeile oder der Karlsruher Bierbörse teilnimmt. Dort entlockt das Bier dem Publikum jedesmal Stürme der Begeisterung. Schließlich kennen die „Preußen" weder Rauch- noch ordentliches Fränkisches Landbier. Gebraut wird der Gerstensaft der über 300 Jahre alten Brauerei seit 1987 im damals neu gebauten und am Vatertag eingeweihten Sudhaus, das man nach Absprache auch gerne besichtigen kann.

Biersorten
Lagerbier, Rauchbier, Hefeweizen, Kellerbier.

Saisonal
Bockbier (ab Anfang Oktober)

Der Klassiker
Lagerbier

Festausrüster
Fassbier, Bierbänke, Kühlwagen, Schankwagen.

ZEHN EIGENE KARPFENWEIHER

Die garantieren die Versorgung der vielen Gäste der Fischers mit dem Frankenfisch schlechthin. Vor allem die gebackene Variante erfreut sich hier größter Beliebtheit. Nachdem das Gasthaus selbst keine Außenplätze hat, lohnt im Sommer der Ausflug zum Biergarten im 900 Meter entfernten Zentbechhofen. Der feierte 2010 seinen zehnten Geburtstag und ist auf zwei Ebenen gelegen. Am Waldrand, mit einigen großen Bäumen besetzt, serviert man das süffige, selbst gebraute Rauchbier und Brotzeiten vom Metzger um die Ecke. Bestens auch für Familien geeignet, weit ab von der Straße und ein liebevoll gemachter Spielplatz mit Bierfassbaumhaus.

Brauerei Windsheimer GmbH

Gründung: 1767 | Brauer: Hans Windsheimer | Ausstoß: k.A.

HUSTENSAFT UND MAGENTRUNK

Nein, wir wollen hier kein Bier schlecht machen! Man kann die Gerstensäfte der Brauerei Windsheimer natürlich bestens auch einfach genießen. Allerdings bieten die Gutenstettener auf ihrer Website eine Menge Rezepte rund um ihr Bier, darunter eben auch Hustensaft und Magentrunk. Und dann wäre da noch das FLOP. Auch hier geht es um etwas ganz Positives, nämlich die in der Bügelflasche abgefüllten Biere. Hier am Aischgrund geht man also absolut mit der Zeit, auch in Sachen Technik. Schließlich baute man 2008 ein neues vollautomatisches Sudhaus, das sicher eines der modernsten in der ganzen Region ist.

Biersorten
Lager, Pils, Dunkel, Vollbier, Märzen.

Saisonal
Weihnachtsbock (Dezember)

Der Klassiker
Lager

Festausrüster
Fassbier, Zelt, Bierbänke, Schirme, Kühlwagen, Schankwagen.

Heimdienst
Im Raum Nürnberg, Erlangen, Rothenburg.

Anschrift & Kontakt

Hauptstraße 13
91468 Gutenstetten
Tel.: 09161-2293
Fax: 09161-664785

Öffnungszeiten

Mo bis Fr 7.30 bis 12 Uhr und 13
bis 17.30 Uhr
Sa 9 bis 14 Uhr

Website: www.brauerei-windsheimer.de

Termine

Kirchweih (2. WE im Juli)

DIE ALTE SCHEUNE

Vor den Toren von Neustadt gelegen, bietet sich Gutenstetten sowohl für den kleinen als auch den großen Radausflug entlang der Aisch an. Oder auch - natürlich - für die Wanderer entlang der Aischgründer Bierstraße. Deswegen baute Familie Windsheimer 1994 auch die ehemalige Zehntscheune gegenüber der Brauerei zur Gastwirtschaft aus. Und Betreiberin Anke Wirth verfolgt auch konsequent die Brauereilinie: Mit hausgemachtem Treberbrot, bierigen Gerichten und weiteren Kreationen rund um das fränkische Nationalgetränk, wie etwa ihrem feinen Biergelee.

LANDGASTHOF RADLERTREFF

Anschrift

Hauptstraße 14
91468 Gutenstetten
Tel.: 09161-61164

Öffnungszeiten

Mai bis September:
Do bis Mo ab 10 Uhr
Dienstag und Mittwoch Ruhetag
Oktober bis April:
Do, Fr und Mo 10 bis 14 und ab
17 Uhr
Sa und So ab 10 Uhr
Dienstag und Mittwoch Ruhetag

Spezialität

Hausgebackenes Treberbrot

Mit acht Exponaten begann die Sammlung

So war es vor 23 Jahren als Maschinenbauer Johannes Schlender seine ersten Wagen auf Flohmärkten erstand. Heute sind es mehrere Tausend Ausstellungsstücke, die der sympathische Technikfreak in verschiedenen Räumen auf seinem Grundstück präsentiert.

Darunter auch viele Raritäten aus der Biergeschichte wie fränkische und bayerische Maßkrüge, die Vorläufer der Bügelverschluss-Flasche und historischen Holzkrüge.

Moment, werden Sie denken, was ist so toll an Maßkrügen? Einfache Antwort: Die Füllmenge! Denn in Bamberg betrug um das Jahr 1800 ihr Inhalt 1,350 Liter, in Bayreuth nur 1,113 Liter, in Ellingen gar lediglich 0,949 Liter, dafür in Aschaffenburg stolze 1,820 Liter. Diese Unterschiede können Sie hier direkt nebeneinander im Regal begutachten. Genauso wie verschiedene Bierflaschenverschlussarten, Bierkannen und Steingutflaschen für den Gerstensaft. Ein wirklich sehenswertes Museum, mit einem Besitzer, der Ihnen die verblüffenden Zusammenhänge schnell, ausdauernd und sehr anschaulich erklären kann.

Kontakt und Info:
Museum Wiegen und Messen
Pfarrer-Kneipp-Strasse 1
91572 Bechhofen-Königshofen
Telefon 09822-5856

Öffnungszeiten:
Jeder 2. Sonntag im Monat (April bis Oktober)
von 13 bis 17 Uhr oder nach telefonischer
Vereinbarung.

Zeiger-Briefwaage
mit Zahnrad-Antrieb
und 360° Anzeige

Bürgerbräu Hersbruck Deinlein & Co. KG

Gründung: 1858 | Brauer: Markus Will | Ausstoß: 20000 hl

Biersorten

Hersbrucker Lager, Hersbrucker Kellerbier, Hersbrucker Landbier, Little Lager, Hersbrucker Dampfsud, Hersbrucker Gold, Hersbrucker Edel-Pils, Hersbrucker Albweizen hell, Hersbrucker Albweizen dunkel, Hersbrucker Albweizen leicht, Hersbrucker Radler.

Saisonal

Hersbrucker Bock (November bis Mai)

Der Klassiker

Hersbrucker Lager

Festausrüster

Fassbier, Bierbänke, Schirme, Kühlwagen.

Heimdienst

In Hersbruck.

BIER AUS CITTÀSLOW

Nein, es handelt sich nicht um einen Druckfehler. Hersbruck ist Mitglied der Vereinigung Lebenswerter Städte, die sich jeweils Cittàslow nennen dürfen, mit dabei in Franken auch Schwarzenbruck und Wirsberg. Die Aufnahme müssen sich die Städte redlich verdienen, vor allem mit einer Betonung der heimischen Erzeugnisse, Gastfreundschaft und Qualitätsbewusstsein. Für Hersbruck spielen dabei natürlich auch Bier und Hopfen eine Rolle. Ausführlich verkosten kann man die Bürgerbräu-Erzeugnisse während des Altstadt- und des Bürgerfestes im August bzw. Oktober.

Anschrift & Kontakt

Lohweg 38
91217 Hersbruck
Tel.: 09151-3003
Fax: 01951-2839

Öffnungszeiten

Mo bis Do 7 bis 16.30 Uhr
Fr 7 bis 13.30 Uhr

Website: www.hersbrucker-bier.de

Termine

Sommerfest der Stadt Hersbruck (2.und 3.WE im Juli)
Altstadtfest (1.WE im August)
Kirchweih (3.WE im Oktober)

Privatbrauerei Hans Heller

Gründung: 1874 | **Brauer: Cornelia Heller, Alexander Heller, Hans Heller** | **Ausstoß: 3000 hl**

BÄCKER, RITTER, HELLER

So könnte man die Geschichte des Hauses beschreiben, das ungefähr seit 1700 an Ort und Stelle steht. Die ersten Besitzer waren Bäcker, die auch eine Herberge für Wanderhandwerker einrichteten. Nach ihnen kam eine Brauersfamilie namens Ritter, die dann nach Hof umzog und 1874 an die Hellers übergab. Heute betreiben Hans Heller als vierte und seine Tochter Cornelia mit Ehemann Alexander als fünfte Generation die Brauerei. Besondere Beachtung verdienen die vielen saisonalen Bierspezialitäten - hier gibt es eigentlich immer etwas Neues zu entdecken.

Biersorten

Hell Export, Pils, Schwarzes, Hefe-Weißbier.

Saisonal

Kirchweihbier (Anfang Juli bis Mitte August und Anfang Dezember bis Mitte Januar)
Festmärzen (Mitte August bis Anfang Dezember und Mitte Januar bis Anfang Juli)
Bock Hell (Ende Oktober bis Ende Januar)
Weihnachtsfestbier (Anfang November bis Ende Januar)

Der Klassiker

Pils

Festausrüster

Fassbier, Bierbänke, Schirme, Kühlwagen, Schankwagen.

Heimdienst

Im Umkreis von Herzogenaurach und Umgebung, dienstags bis donnerstags.

Anschrift & Kontakt

Hauptstraße 33
91074 Herzogenaurach
Tel.: 09132-2073
Fax: 09132-773014

Öffnungszeiten

Mo bis Fr 7.30 bis 17.30 Uhr
Sa 8 bis 12.30 Uhr

Website: www.brauerei-heller.de

Termine

Altstadtfest (WE nach Fronleichnam)
Brauereihoffest (Pfingstsamstag und -sonntag, alle 2 Jahre, in den geraden Jahren)
Sommerkerwa (ab dem 2. WE im Juli)
Martinikerwa (WE nach Allerheiligen)

BIERKULTUR FÜR ADIDAS UND PUMA

Durch die beiden Weltfirmen kommen viele internationale Gäste nach Herzogenaurach, unter anderem auch Nationalmannschaften und berühmte Vereinsteams. Die legendäre Bierkultur der Franken hat sich mittlerweile in aller Welt herumgesprochen, weswegen der multikulturelle Besuch natürlich schnell die Brauereigaststätte der Hellers findet und sich dann mit Einheimischen, Bratwurst & Co. konfrontiert sieht. Mit dem Landgasthaus im nahegelegenen Buch gehört eine zweite Gaststätte der Brauerei, die natürlich ebenfalls fränkische Küche anbietet und außerdem einen sehr schönen Biergarten besitzt.

BRAUEREI HANS HELLER

Anschrift

Hauptstraße 33
91074 Herzogenaurach
Tel.: 09132-2073

Öffnungszeiten

Mo, Mi und Fr 9 bis 13 Uhr und ab 15 Uhr
Di 9 bis 13 Uhr und 15 bis 19 Uhr
Do 9 bis 13 Uhr
Sa 9 bis 15 Uhr und ab 19 Uhr
So 9 bis 12 Uhr

Spezialität

Bratwürste

Hochholzer Brauhaus Pöverlein GbR

Gründung: 2005 | Brauer: Detlef Pöverlein | Ausstoß: 75 hl

VORBILDLICHE BRAUKUNST

Schon seit den frühen 1990er Jahren setzte Braumeister Detlef Pöverlein eher hobbymäßig seine Sude an, bis 2005 die große Stunde der Eröffnung von Frankens südlichster und wohl auch kleinster Brauerei erfolgte. Das Bier entsteht meist in Brauseminaren, das Rezept wird jeweils vorher abgesprochen, und die Teilnehmer stehen dann selbst an Sudkessel und Gärbottich. In echter Handarbeit entsteht dabei ein Stück Franken zum Trinken. Die örtlichen Vereine haben so schon ihre eigenen Bierrezepte, wie beispielsweise der Gesangsverein, der im Juli und August Anstich feiern darf. Wer sich nicht längerfristig anmelden möchte, kann sich auch einem Kurzfristseminar anschließen - Termine auf der Website.

Biersorten

Vollbier Dunkel, Weizen Hell,
Weizen Dunkel, Landbier.

Saisonal

Gsangsverein Helles (Juli und August)
Dunkler Weizendoppelbock „Sir Rollius" (im Dezember)

Der Klassiker

Vollbier Dunkel

Anschrift & Kontakt

Hochholz 4a
91807 Solnhofen
Tel.: 09145-837237
Fax: 09145-839831

Öffnungszeiten

Sa 8 bis 12 Uhr und nach
telefonischer Vereinbarung

Website: www.hochholzer-brauhaus.de

Termine

Aufstellen des Maibaumes (immer am 30. April ab 18 Uhr)

Brauerei Blauer Löwe

Gründung: 1907 | Brauer: Ingo Sauer | Ausstoß: k.A.

VOM GOLDENEN ZUM BLAUEN LÖWEN

Wir hoffen nicht, dass dieser Namenswechsel von der Wirkung des Gerstensaftes herrührt, den Braumeister Ingo Sauer in seiner komplett renovierten Brauerei kredenzt. Immerhin steht das ehemalige Kommunbrauhaus schon seit 1633, als Höchstadt nach der Zerstörung durch die Schweden wieder komplett neu aufgebaut werden musste, für das Bayerisch-Fränkische Grundnahrungsmittel Nummer Eins. Die Hausbrautradition hatte noch lange Bestand, und noch heute gibt es den Haustrunk an jedem Dienstag. Falls Sie hier mal im Winter vorbeischauen, versäumen Sie nicht Wintertraum und Winterweiße zu kosten!

Biersorten

Vollbier, Pils, Märzen, Dunkel, Weißbier.

Saisonal

Radler (Frühling bis Herbst)
Weißbierbock (Okt. bis Februar)
Winterweisse (Nov. bis Februar)
Wintertraum (Nov. bis Februar)
Weihnachtsbier (Dez.)
Festbier (nur zu Festen wie Ostern, Pfingsten, Kirchweih, etc.)

Der Klassiker

Pils

Festausrüster

Fassbier, Zelt, Bierbänke, Schirme
Kühlwagen, Schankwagen.

Heimdienst

Im Umkreis von 15 km.

Anschrift & Kontakt

Brückenstraße 9
91315 Höchstadt an der Aisch
Tel.: 09193-8219
Fax: 09193-698790

Öffnungszeiten

Mo bis Fr 6.30 bis 18.30 Uhr
Sa 7 bis 16 Uhr

Website: www.brauerei-blauer-loewe.de

Termine

Kirchweih (1. WE im Juli, alle 2 Jahre, in den ungeraden Jahren)

Brauhaus Höchstadt/Aisch e. G.

Gründung: 1926 | Brauer: Michael Ackermann | Ausstoß: 6000 hl

BIER KANN AUCH ZU HAUSE REIFEN

In den 1920er Jahren spitzte sich die Lage am Höchstadter Biermarkt drastisch zu. Einerseits schlossen immer mehr Privatbrauer ihre Pforten, andererseits war das Kommunbrauhaus nicht in der Lage, die schnell ansteigende Nachfrage zu befriedigen. So schlossen sich am 8. Dezember 1926 sieben Höchstädter Gastwirte zusammen und gründeten eine Brauereigenossenschaft, das Brauhaus Höchstadt. Heute sind es zwölf Brauer, die zusammen etwa 6.000 hl Bier im Jahr herstellen. In der alten Tradition findet an jedem letzten Donnerstag im Monat das Hausbrauer Fassen statt, wenn sich die Beteiligten das Bier in ihre Fässer füllen lassen, in denen es dann zu Hause fertig reifen kann.

Biersorten

Vollbier hell, Pils, Kellerberg, Zwickl, Weizen, leichtes Schankbier, Landbier hell.

Saisonal

Weihnachtsfestbier
(ab Mitte November)
Doppelbock
(ab Mitte November)

Der Klassiker

Kellerberg

Festausrüster

Fassbier, Bierbänke, Schirme, Kühlwagen, Schankwagen.

Heimdienst

Im Umkreis von ca. 15 km.

DB

Anschrift & Kontakt

Kellerstraße 11
91315 Höchstadt an der Aisch
Tel.: 09193-8367
Fax: 09193-7633

Öffnungszeiten

Mo bis Fr 7.15 bis 17.30 Uhr
Sa 7.30 bis 12 Uhr

Website: www.brauhaus-hoechstadt.de

Termine

Kirchweih (1. So im Juli, alle zwei Jahre, in den geraden Jahren)

Brauerei Reindler GmbH & Co KG

Gründung: 1663 | Brauer: Willi Zwengauer | Ausstoß: 6000 hl

MIT LANGER TRADITION

Nach dem Dreißigjährigen Krieg bauten österreichische Exulanten das von Tilly zerstörte Jochsberg wieder auf - und wurden 1663 mit einem markgräflichen Brauhaus belohnt. Deren Tradition währt bis heute, wo Susanne Reindler in der achten Familientradition dem Unternehmen vorsteht. Ein bisschen von der langen Vergangenheit kann man im Heimatmuseum Leutershausen besichtigen. Dort steht nämlich ein Modell des im 19. Jahrhundert abgebrochenen Jochsberger Schlosses. Und wenn Sie schon mal da sind, sollten Sie auch das Gustav-Weißkopf-Museum im oberen Stockwerk besuchen - denn eigentlich wurde das moderne Fliegen von einem Leutershausener erfunden.

Biersorten

Reindler Edel-Pils, Reindler Spezial Dunkel, Reindler Gold Export, Reindler Hell, Reindler Landbier, Reindler Hefeweizen.

Saisonal

Reindler Seckenator (Doppelbock, November bis Januar)

Der Klassiker

Reindler Edel-Pils

Festausrüster

Fassbier, Zelt, Bierbänke, Schirme, Kühlwagen, Schankwagen.

Heimdienst

Im Umkreis von 30 km.

DB

Anschrift & Kontakt

Am Ring 5
91578 Leutershausen-Jochsberg
Tel.: 09823-203
Fax: 09823-93046

Öffnungszeiten

Täglich ab 9 Uhr
So ab 15 Uhr
Samstag und letzter Sonntag im
Monat Ruhetag

Website: www.brauerei-reindler.de

Termine

Altstadtfest in Leutershausen
(Ende Juli)
Jochsberger Kirchweih (2. WE
im Juli)

SELBST GEBACKENES BROT ZUM BIER

Keine Angst, es gibt natürlich auch mehr als Brot aus der Küche von Susanne Reindler, aber insbesondere ihr Brot hat - neben dem Bier, versteht sich - eine große Fangemeinde. Ein weiterer Hochgenuss sind - nach der Auskunft von Stammgästen - die Bratkartoffeln, die hier vor allem zum Schnitzel serviert werden. Bleibt noch, das Rätsel um die Tomaten zu lüften: In Jochsberg lebt Robert Meier, so etwas wie ein Tomatenpapst, der über 100 verschiedene Sorten der Paradiesäpfel anbaut und sogar ein eigenes Bewässerungssystem für sie erfunden hat.

BRAUEREIGASTHOF REINDLER

Anschrift

Am Ring 5
91578 Leutershausen-Jochsberg
Tel.: 09823-203

Öffnungszeiten

Täglich ab 9 Uhr
So ab 15 Uhr
Samstag und letzter Sonntag im
Monat Ruhetag

Spezialität

Schnitzel mit Bratkartoffeln

Brauerei Simon GmbH

Gründung: 1875 | **Brauer: Robert Wunderlich** | **Ausstoß: 8000 hl**

Biersorten
Simon Spezial, Simon Weissbier.

Saisonal
Schwarze Kuni (Weizenbock, ab Anfang Oktober solange Vorrat reicht)

Der Klassiker
Simon Spezial

Festausrüster
Fassbier, Zelt, Bierbänke.

AM KUNIGUNDENBERG

Eines der größten Spektakel in Lauf ist die Kirchweih auf dem Kunigundenberg. Dabei reitet eine als Kaiserin Kunigunde verkleidete Dame im alten Ornat den Berg hinauf bis zur über 500 Jahre alten Kunigundenkirche. Im Sinne dieser Tradition stellt die Brauerei Simon ihren dunklen Weizenbock her, die Schwarze Kuni. Verantwortlich dafür ist Braumeister Robert Wunderlich, der im Sudhaus der Brauerei werkelt, die seit etwa 20 Jahren zur Kaiserbräu Neuhaus gehört, wo auch das Bier abgefüllt wird.

Anschrift & Kontakt

Heroldstraße 12
91207 Lauf an der Pegnitz
Tel.: 09123-2323
Fax: 09123-2328

Öffnungszeiten

Fr 15 bis 17 Uhr
Sa 9 bis 12 Uhr

Website: www.brauerei-simon.de

Termine

Altstadtfest (letztes WE im Juni)
Kirchweih (1. WE im Juli)

Dreykorn-Bräu KG

Gründung: 1831 | **Brauer: Friedrich Vogel, Stefan Niklaus** | **Ausstoß: 8000 hl**

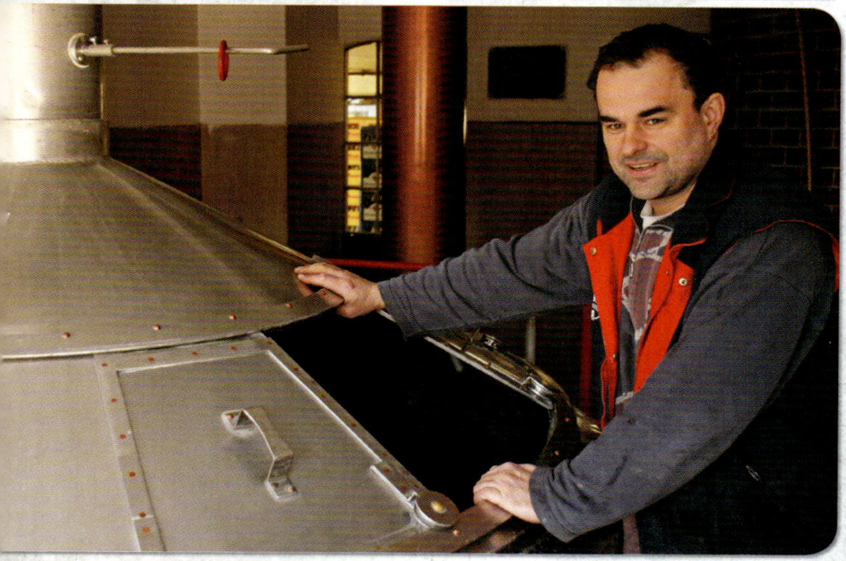

Biersorten

Dreykorn Helles, Dreykorn Dunkel, Dreykorn Pils, Dreykorn Weizen, Dreykorn Landbier, Dreykorn Festbier, Dreykorn Märzen.

Saisonal

Dreykorn Bockbier (ab Nov.)

Der Klassiker

Dreykorn Helles

Festausrüster

Fassbier, Bierbänke, Schirme, Kühlwagen, Schankwagen.

Heimdienst

Umkreis von ca. 20 km, 1 x pro Woche donnerstags.

LAUFER BOTSCHAFTER

Nicht nur die Einheimischen, auch die Bierfans aus der großen Metropole und dem internationalen Ausland sind von den Gerstensäften der Dreykorn-Bräu begeistert. Leider verfügt die Brauerei über keine eigene Wirtschaft, aber für ausreichend Platz zur Verkostung nach einer Brauereiführung ist auf jeden Fall gesorgt. Das ändert sich zur Kirchweihzeit, wenn man an vielen Stellen das gute Bier von Brauer Friedrich Vogel genießen kann. Unser Tipp: Das Helle!

Anschrift & Kontakt

Mauergasse 9-13
91207 Lauf an der Pegnitz
Tel.: 09123-2424
Fax: 09123-83559

Öffnungszeiten

Mo bis Fr 7 bis 15 Uhr

Website: www.bier.by

Termine

Kirchweih (1. We im Juli)

Brauerei Bub in Leinburg

Gründung: 1617 | Brauer: Ernst Koller | Ausstoß: 10000 hl

Biersorten

Leinburger Hell, Leinburger Dunkel, Leinburger Pils, Leinburger Weißbier, Leinburger Lager.

Saisonal

Leinburger Weihnachtsfestbier (Anfang November bis Ende Dezember)

Der Klassiker

Leinburger Hell

Festausrüster

Fassbier, Zelt, Bierbänke, Kühlwagen, Schankwagen.

Heimdienst

Nur in der Großgemeinde Leinburg, immer freitags und samstags.

ÜBER GESCHMACK LÄSST SICH STREITEN

So ist es zumindest bei der Frage nach dem beliebtesten der Biere der Brauerei Bub. Fragt man die Einheimischen, fällt die Wahl klar auf das Hell, in Nürnberg hingegen favorisiert man das Dunkel. Und die Nürnberger kennen sich aus - schließlich ist man in der Burgstadt schon seit dem 15. Jahrhundert Leinburger Bier-Fan, wie die Stadtchroniken belegen. Zu dieser Zeit lieferten vier Brauereien aus dem kleinen Ort in die große Stadt. Von denen blieb allerdings nur die Brauerei Bub, ehedem Goldene Krone, die nachweislich seit 1617 ununterbrochen als Braustätte bekannt ist. Wir empfehlen: Machen Sie einfach selbst den Test, welches der fünf Biere Ihr Favorit ist. Enttäuscht werden Sie von keinem!

Anschrift & Kontakt

Marktplatz 14
91227 Leinburg
Tel.: 09120-204
Fax: 09120-8340

Öffnungszeiten

Mo bis Fr 8 bis 12 Uhr und 13 bis
18 Uhr
Sa 9 bis 12 Uhr

Website: www.leinburger-bier.de

BEI MARCO

Nach dem Tod von Vorgänger Günther „Belle" Bellmann hat nun Marco Kabalbo die Traditionsgaststätte übernommen. Neben langjähriger Erfahrung in der Fränkischen Küche stand er auch über zehn Jahren in einem eigenen italienischen Restaurant seinen Mann hinter dem Herd. Deswegen gibt es neben den Klassikern wie Bratwurst, Sülze und Schweinebraten auch Saltimbocca, hausgemachte Nudeln und Steinofenpizza. Im hauseigenen Bassin schwimmen Forelle und Karpfen, die ganz frisch auf den Tisch natürlich am besten schmecken. Unsere Empfehlung ist jedoch der Dienstag, wenn „Schwärtla" auf dem Programm stehen, eine Art Schlachtschüssel, aber ohne Wurst.

BRAUEREIGASTHOF BEI MARCO

Anschrift

Marktplatz 14
91227 Leinburg
Tel.: 09120-1836322

Öffnungszeiten

Okt. bis Ende Apr.: Täglich ab 17
Uhr, Dienstag 11 bis 14.30 Uhr
und ab 17 Uhr, So ab 11 Uhr, Mi
Ruhetag
Mai bis Ende Sept.:
Täglich 11 bis 14.30 Uhr und ab
17 Uhr, So ab 11 Uhr, Mi Ruhetag

Spezialität

Hausgemachte Fleischsülze

Hauff-Bräu Lichtenau

Gründung: 1489 | Brauer: Franz Pedersen, Sebastian Wieland | Ausstoß: k.A.

Biersorten

Pils, Urhell, Konrad Hauff Landbier, Hefeweizen, Schwarzbier, Goldmärzen.

Der Klassiker

Pils

EIN HALBES JAHRTAUSEND HAUFF-BIER

Bis zum Ende des Zweiten Weltkrieges gehörte die Hauff Bräu zu den kleineren ihrer Zunft, danach kam jedoch eine Zeit des rasanten Wachstums. Heute gehört man zu den Großen in Franken, hat sich aber trotzdem klar der fränkischen Brautradition und ihren Sorten verschrieben, ganz getreu dem Wahlspruch: „Ein Schluck aus vollem Zuge, genieße es bei vollem Kruge, fränkisch ist's der Brauch, gutes Bier von Hauff. Jedes Glas einzigartig, wie der Brauer, wie der Wirt, wie der Genießer aus Überzeugung." Dementsprechend sind es die Menschen in der Brauerei, die den Bieren ihren Stempel aufdrücken, wovon man sich bei einer Brauereiführung überzeugen kann. Danach serviert man übrigens Speis und Trank, auch wenn es sonst kein Wirtshaus gibt.

Anschrift & Kontakt

Marktplatz 1
91586 Lichtenau
Tel.: 09827-92330
Fax: 09827-923333

Öffnungszeiten

Mo bis Fr 9 bis 15 Uhr

Website: www.hauff-braeu.com

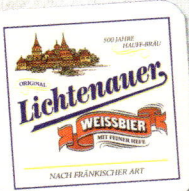

Termine

Brauereifest (Ende August)

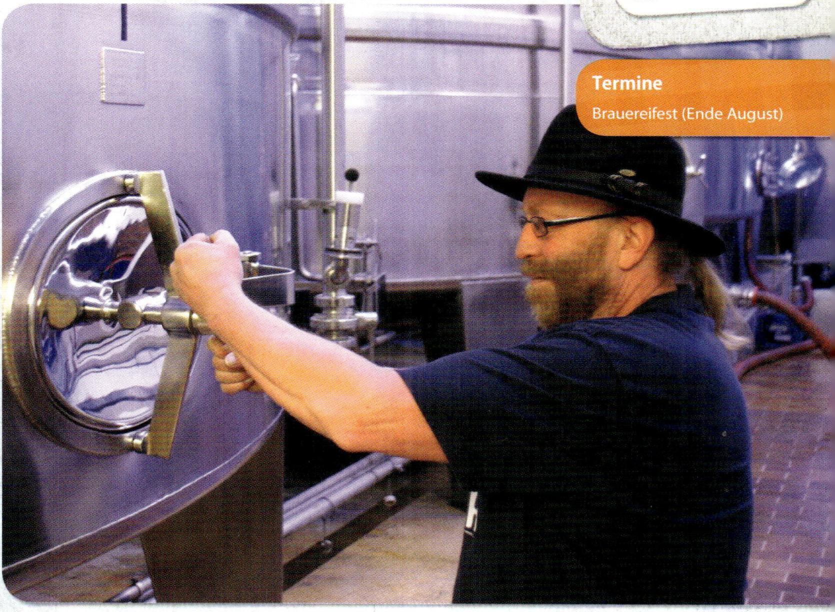

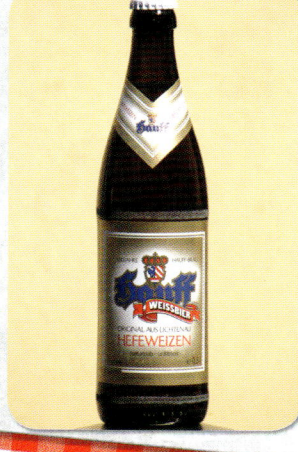

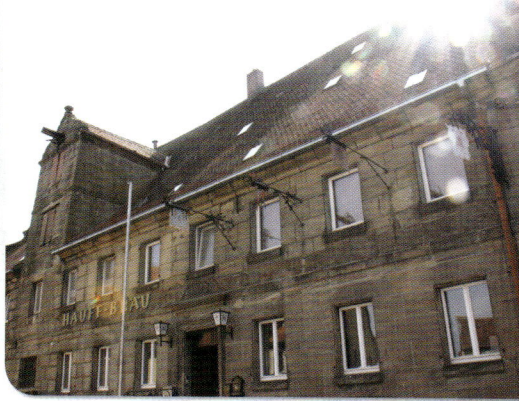

Brauerei Loscher GmbH & Co. KG

Gründung: 1881 | Brauer: Thomas Schmitt | Ausstoß: 35000 hl

HEIMAT DER LOSCHER-BURSCHEN

Das kleine Münchsteinach teilt sich zur Kirchweih in zwei Fraktionen, die Loscher-Burschen und die Flory-Burschen. Letztere benannten sich ursprünglich nach der 1959 geschlossenen Klosterbrauerei Münchsteinach, die einmal Brauerei Flory hieß. Doch nicht nur die Kirchweihburschenschaften sind etwas Besonderes in diesem Ort, auch der beliebte Schauspieler Günter Strack lebte und starb in der 1.500-Einwohner-Gemeinde, was 1999 zu einem bisher hier nicht erlebten Medienauflauf führte. Die Loscher-Brauerei besteht nun seit etwa 130 Jahren und kann auf eine erfolgreiche Geschichte zurückblicken, die vor kurzem in der Eröffnung eines eigenen Getränkemarktes gipfelte.

Biersorten

Loscher Pils, Loscher Premium, Loscher Hell, Loscher 1881 Export, Münchsteinacher Zwickel Pils, Loscher Schwarzbier, Loscher dunkles Weizen, Loscher helles Weizen, Loscher Kristallweizen, Loscher leichtes Weizen, Loscher Weißbierpils, Loscher Radler, Hefeweißbier Leicht, Hopfenthaler (alkoholfrei), Privat Malz, Weizenthaler (alkoholfrei).

Der Klassiker

Loscher Pils

Festausrüster

Fassbier, Zelt, Bierbänke, Schirme, Kühlwagen, Schankwagen.

Heimdienst

Im Umkreis von 70 bis 80 km, alle 14 Tage

Anschrift & Kontakt

Steigerwaldstraße 21-23
91481 Münchsteinach
Tel.: 09166-607
Fax: 09166-825

Öffnungszeiten

Mo bis Do 7 bis 12 Uhr und
13 bis 16.30 Uhr
Fr 7 bis 12 Uhr

Website: www.brauerei-loscher.de

Termine

Kirchweih (4. WE im August)

HOME OF ZWICKELBRATEN

Neben dieser hier einzigartig guten Spezialität stehen neben den üblichen Frankengerichten auch frisches Wild aus dem Steigerwald und Karpfen aus den eigenen Gewässern auf der Speisekarte. Im Sommer sollte man sich übrigens in den schattigen kleinen Biergarten der Krone begeben, eine echte Oase der Ruhe und Gemütlichkeit. Das im Zwickelbraten verwendete süffige Zwickel Pils gewann übrigens den CMA-Spezialitäten-Preis 2003, also sollten sie unbedingt den Rohstoff zum Gericht dazubestellen!

BRAUEREIGASTHOF KRONE

Anschrift

Steigerwaldstraße 21
91481 Münchsteinach
Tel.: 09166-227
Fax: 09166-825

Öffnungszeiten

April bis Oktober:
Täglich ab 11 Uhr
Montag Ruhetag
November bis März:
Täglich ab 15 Uhr, So ab 11 Uhr
Montag Ruhetag

Spezialität

Zwickelbraten

Ritter St. Georgen Brauerei

Gründung: 1645 | **Brauer: Dietmar Gloßner, David Geck** | **Ausstoß: 12000 hl**

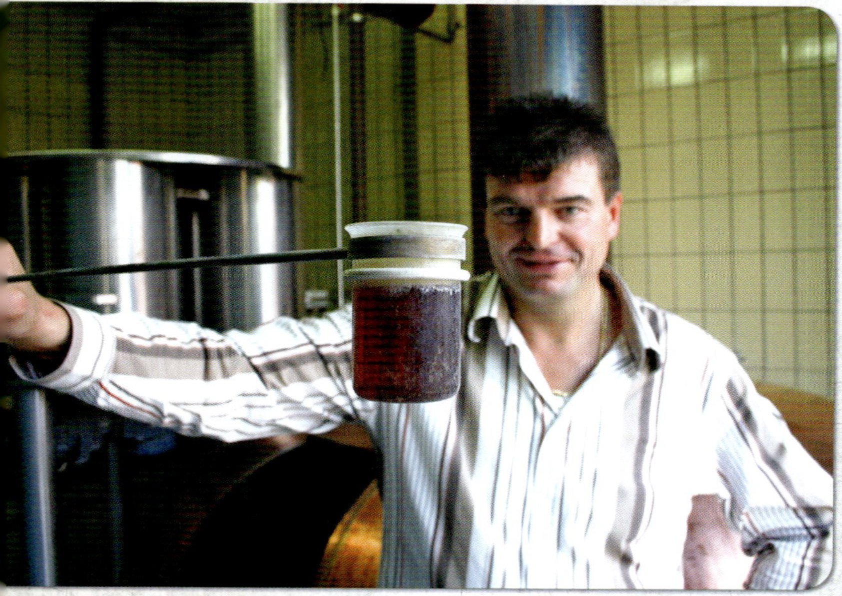

Biersorten

Ritter hell, Ritter Pils, Ritter 1645, Georgi Sud, Weißer Franke hell, Weißer Franke leicht, Schwarzer Ritter, Kult 11 Kellerbier, RED ALE (obergäriges Alebier), Weißer Franke alkoholfrei, Gerchla (Radler).

Saisonal

Ritter heller Bock (ab Mitte Nov.) Starker Ritter (ab Mitte Nov.)

Der Klassiker

Ritter hell

Festausrüster

Fassbier, Bierbänke, Kühlwagen.

DAS URGESTEIN

Die Ritter St. Georgen Brauerei ist eine der ältesten Brauereien der Region und wurde 1645 erstmals urkundlich erwähnt. Es geht aber die Sage um, dass bereits 1050 Bischof Gundekar anlässlich der Kircheneinweihung in Nennslingen den heute noch gültigen Namen verlieh. Die wirklich vollmundigen, süffigen Biere entstehen getreu der Losung: „Für jeden Geschmack und zu jedem Anlass das passende Ritter." Dafür steht Inhaber, Braumeister und Brautechniker Dietmar Gloßner persönlich. Eine Besonderheit des Hauses sind die „Großen", Biere in der Dreiliter-Magnum-Flasche. Erhältlich als Ritter 1645, Georgi-Sud und Weißer Franke.

Anschrift & Kontakt

Marktplatz 1
91790 Nennslingen
Tel.: 09147-246
Fax: 09147-1889

Öffnungszeiten

Mo bis Fr 8 bis 18 Uhr
Sa 8 bis 12 Uhr

Website: www.ritter-bier.de

Termine

Kirchweih (letztes WE im August)

20 JAHRE ERFAHRUNG

Stehen hinter Wirtin Josepha Vinkovics, die seit zweieinhalb Jahren die Ritterstub'n übernommen hat. Sie bereitet alles frisch zu, selbst die Soßen, weswegen die kleine Wirtschaft zu einem echten Geheimtipp geworden ist. Neben den Wildgerichten und Braten serviert sie auch sehr leckere Brotzeiten, besonders heimelig fanden wir es hier im Winter, als der Kachelofen Wärme und Knistern in die holzgetäfelte Gaststube gebracht hat.

RITTERSTUB'N

Anschrift

Marktplatz 1
91790 Nennslingen
Tel.: 09147-940448

Öffnungszeiten

Täglich ab 16 Uhr
Montag Ruhetag

Spezialität

Schäuferle mit Knödel

Brauerei Gasthof Hotel Zum Löwenbräu

Gründung: 1747 | Brauer: Benno und Hans-Günter Wirth | Ausstoß: 3000 hl

Biersorten

Aischgründer Karpfen-Weisse,
Hausbräu hefetrüb, Edel-Pilsner,
Vollbier Hell, Leichtes.

Saisonal

Bockbier (im Mai)
Festbier (zu Weihnachten, zu
Ostern und zur Kirchweih)

Der Klassiker

Aischgründer Karpfen-Weisse

Festausrüster

Fassbier, Bierbänke, Schirme,
Kühlwagen.

Heimdienst

Im Umkreis von 20 km.

GOLDMEDAILLE FÜR DEN BIERSCHNAPS

Das ist nur eine der vielen Auszeichnungen, die Familie Wirth schon eingesammelt hat. Seit neun Generationen werkeln sie schon in der 1747 gegründeten Brauerei und bieten die komplette Palette für den Franken: Feines Bier (besonders zu erwähnen die Aischgründer Karpfen-Weisse, ein sehr süffiges Weizen), Spitzen Bierbrand und edle Obstschnäpse aus der eigenen Brennerei. Sensationell übrigens auch der Löwenbräu Felsenkeller mitten im Wald!

Anschrift & Kontakt

Neuhauser Hauptstraße 3
91325 Adelsdorf/Neuhaus
Tel.: 09195-7221
Fax: 09195-8746

Öffnungszeiten

Täglich von 7 bis 21 Uhr
(Bierverkauf)

Website: www.zum-loewenbraeu.de

Termine

Bockbieranstich auf dem
Löwenbräu-Felsenkeller
(1. Mai)
Kirchweih
(2. So im September)

KARPFEN UND BRATWURST

Bitte nicht falsch verstehen, prinzipiell gibt es hier eine sehr feine, gehobene Küche, aber für den Franken zählen natürlich vor allem die Klassiker und auch hier können die Wirths punkten. Im Aischgrund gehört der Karpfen in den Monaten mit „r" dazu, hier allerdings wird er zelebriert. Beispielsweise traditionell gebacken oder Blau im Weinsud oder als Filet asiatisch pikant oder in Bier-Senf-Soße, ein echter Hochgenuss! Und wer eher auf Fleisch steht, sollte im Sommer auf dem Keller die urigen groben Bratwürste und vor allem den damit hergestellten Bratwurstsalat probieren, da lacht das Genießerherz!

BRAUEREIGASTHOF ZUM LÖWENBRÄU

Anschrift

Neuhauser Hauptstraße 3
91325 Adelsdorf-Neuhaus
Tel.: 09195-7221

Öffnungszeiten

Mo, Di und Mi ab 17.30 Uhr
Do bis So 10 bis 14 Uhr und ab
17.30 Uhr
Kein Ruhetag

Spezialität

Aischgründer Spiegelkarpfen in
verschiedenen Variationen

Kaiser Bräu GmbH & Co. KG

Gründung: 1929 | **Brauer: Wolfgang Laus, Fritz Lederer, Andy Laus** | **Ausstoß: k.A.**

Biersorten

Veldensteiner Landbier, Veldensteiner Pils, Veldensteiner Lager, Veldensteiner Zwick'l, Veldensteiner Weißbier, Veldensteiner Weißbier dunkel, Veldensteiner Weißbier leicht, Veldensteiner Weißbier Alkoholfrei, Veldensteiner Räucherl, Veldensteiner Radler, Kaiser Pils, Kaiser Hell, Kaiser Weiße, Kaiser Weizen, Kaiser Export, Kaiser Alkoholfrei, Kaiser Radler.

Saisonal

Veldensteiner Festbier (ab Mitte Oktober)
Veldensteiner Bierwerkstatt (historische, teils exotische, wechselnde Biere, ab Oktober)
Veldensteiner Bockbier (nur am Freitag vor Nikolaus)

Der Klassiker

Veldensteiner Landbier

Festausrüster

Fassbier, Bierbänke, Schirme, Kühlwagen, Schankwagen.

Heimdienst

In den umliegenden Ortschaften.

NACH ALTER KOMMUNTRADITION

So wird noch zweimal im Jahr im Alten Schalander am Burgberg die Brautradition begangen, einmal zwischen Weihnachten und Dreikönig und einmal in der ersten Augusthälfte. Ansonsten steht alles im Zeichen der Kultmarke Veldensteiner, die bei weitem bekannter ist als die Brauerei selbst. Gemeint ist damit das Veldensteiner Landbier, das schon in den 1980er Jahren eine der Hauptattraktionen bei Festen der Halbstarken war. Die sind mittlerweile erwachsen, aber ihr Lieblingsbier ist bei ihnen geblieben. Testen können sie Bier und Feeling bei den beiden großen Festen im Jahr, Veldensteiner Festival und Brauereifest.

Anschrift & Kontakt

Oberer Markt 1
91284 Neuhaus a. d. Pegnitz
Tel.: 09156-880
Fax: 09156-8850

Öffnungszeiten

Mo bis Do 7 bis 16.30 Uhr
Fr 7 bis 13 Uhr

Website: www.kaiser-braeu.de

Termine

Brauereifest (Ende Mai/Anfang Juni, alle 2 Jahre, in den geraden Jahren)
Veldensteiner Festival (im Sommer, genauer Termin siehe www.veldensteiner-festival.de)
Veldensteiner Bockbieranstich (Freitag vor Nikolaus)

Brauerei Wiethaler

Gründung: 1498 | Brauer: Sabine Wiethaler-Dorn | Ausstoß: k.A.

Biersorten

Wiethaler Goldstoff hell, Wiethaler Lagerbier hell, Neunhofer Pils, Neunhofer Edelpils, Wiethaler Landbier dunkel, Wiethaler Festbier, Wiethaler Weisse, Wiethaler Alkoholfrei, Wiethaler Malzbier.

Saisonal

Wiethaler Weihnachtsbock (ab November bis Anfang Januar) Wiethaler Bockbier (ab Februar bis Ende März) Kirchweihbier (Anfang Juni bis September)

Der Klassiker

Wiethaler Goldstoff hell

Festausrüster

Fassbier, Zelt, Bierbänke, Schirme, Kühlwagen, Schankwagen.

Heimdienst

Im Umkreis von 30 km.

DENKMALGESCHÜTZTE BRAUMEISTERIN

Als die Neunhofer Brauerei gegründet wurde, hatten die Einwohner wohl gerade einmal erfahren, dass es Amerika gibt. Bierrezepte und Bausubstanz haben sich seitdem kaum verändert, noch immer garantieren kristallklares Brauwasser, Hopfen aus der Nachbarschaft sowie heimische Gerste die hohe Qualität der neun verschiedenen Biere des Hauses. Darunter ist auch der Goldstoff hell, der die Bronzemedaille des European Beerstar Awards erringen konnte. Herrin über die Brauerei ist Sabine Wiethaler-Dorn, ihres Zeichens Braumeisterin und Brautechnikerin, also eine echte Frau vom Fach. Die nächste Generation befindet sich ebenfalls in der fachspezifischen Ausbildung. Es kann also weitergehen ins nächste halbe Jahrtausend Biergeschichte in Neunhof.

Anschrift & Kontakt

Welserplatz 6-7
91207 Lauf-Neunhof
Tel.: 09126-7651
Fax: 09126-4254

Öffnungszeiten

Mo bis Fr 7 bis 12 Uhr und 13 bis
18 Uhr (Abholmarkt)
Sa 8 bis 13 Uhr

Website: www.brauerei-wiethaler.de

Termine

Altstadtfest Lauf (1. WE in Juni)
Neunhofer Kirchweih (um den
24. Juni)
Tag des offenen Denkmals (2.
WE im September)

BIEREIS UND
BRAUERTELLER

Das sind nur einige der bierigen Gerichte, die Gunda Heid seit bald 20 Jahren im Brauerei-Gasthof anbietet. Die schmecken im Sommer besonders gut im Biergarten, der mit Kastanien, einem Brunnen und dem wunderschönen Blick auf das denkmalgeschützte Fachwerkhaus aufwarten kann. Den darf man übrigens nicht mit dem Wiethalers Bräustüberl verwechseln. Dort wird seit 15 Jahren griechische Küche zum Wiethaler Bier serviert. Spezialität ist die Lammhaxe.

BRAUEREI-GASTHOF WIETHALER

Anschrift

Welserplatz 6
91207 Lauf-Neunhof
Tel.: 09126-5460

Öffnungszeiten

Täglich ab 11 Uhr
Di ab 17 Uhr
Montag Ruhetag

Spezialität

Bierbrauerteller

Hausbrauerei-Gasthof Kohlenmühle

Gründung: 2005 | Brauer: Wilhelm Döbler jun. | Ausstoß: k.A.

DAS BIER-WUNDER VON NEUSTADT

Was früher noch eine trostlos-baufällige alte Getreidemühle war, erstrahlt seit 10. Januar 2005 in neuem Glanz als Gasthausbrauerei allererster Güte. Inhaber und gelernter Braumeister Lothar Hufnagel und seine langjährige Partnerin Inge Eberlein haben ein wirkliches Kleinod geschaffen. Das leckere Moggerla oder sein Eiszeitweizen genießt man entweder im Innenhof der hufeisenförmigen Mühle oder im Biergarten auf der Aischinsel hinter dem Haus. Allerdings sitzt es sich auch zwischen den Braukesseln in der Scheune äußerst originell.

Biersorten
Moggerla, Kohlenmühle Dunkles Landbier, Eiszeitweizen, Sommerleicht Gold (Leichtbier).

Saisonal
Koksbock (Dezember und Januar)

Der Klassiker
Moggerla

DB

Anschrift & Kontakt

Bamberger Straße 53
91413 Neustadt a. d. Aisch
Tel.: 09161-662270
Fax: 09161-6622777

Öffnungszeiten

Täglich ab 11 Uhr
Montag Ruhetag

Website: www.kohlenmuehle.de

Termine

Biergarteneröffnung (1. Mai)

EIN GLÜCKLICHER ZUFALL

Denn Inhaber Lothar Hufnagel traf den Vorbesitzer der Kohlenmühle auf einer kleinen Dorfkirchweih im Steigerwald, man kam ins Gespräch und am Ende des Festes war die Übergabe
besiegelt. Heute stehen neben der Brauerei auch eine Bäckerei und eine Metzgerei auf dem
Gelände der ehemaligen Bauruine, ein weiteres Highlight ist die ehemalige Feldküche aus dem
Ersten Weltkrieg, die in der Scheune steht. Idealer Zeitpunkt für einen kulinarischen Test sind die
regelmäßigen fränkischen Buffets in der Scheune.

HAUSBRAUEREI-GASTHOF KOHLENMÜHLE

Anschrift

Bamberger Straße 53
91413 Neustadt a. d. Aisch
Tel.: 09161-662270

Öffnungszeiten

Täglich ab 11 Uhr
Montag Ruhetag

Spezialität

Gebackener Karpfen (in den
Monaten mit „r" im Namen)

Hausbrauerei Altstadthof

Gründung: 1984 | Brauer: Reinhard Engel | Ausstoß: 1500 hl

SENSATION IN DER BURGSTADT

Markenzeichen des Altstadthofs sind einerseits die weitverzweigten Kellergänge, die man auch besichtigen kann, und andererseits die spannenden Biersorten, die aus dieser ersten Biobrauerei Deutschlands stammen. Damals 1984 war es ein mutiger Schritt des Inhabers der Neumarkter Lammsbräu, Dr. Franz Ehrnsperger, mit der ersten neugegründeten Gasthausbrauerei des Landes auch gleich die erste Biobrauerei einzurichten. 1997 übernahm der heutige Betreiber Reinhard Engel, der weiterhin auf innovative Bio-Biere setzt. Der Erfolg gibt dem sympathischen Brauer dabei absolut recht, und bei unseren zahlreichen Besuchen sind wir bisher jedesmal wesentlich länger geblieben als geplant. Bier und Ambiente sei dank!

Biersorten
Hell, Schwarzbier, Rotbier, Weissbier.

Saisonal
Maibock (ab 1. Mai solange Vorrat reicht)
Dunkler Bock (Oktober bis Dezember und zur Fastenzeit)

Der Klassiker
Rotbier

Anschrift & Kontakt

Bergstraße 19
90403 Nürnberg
Tel.: 0911-2449859
Fax: 0911-23555365

Öffnungszeiten

Brauereiladen:
So bis Do 10.30 bis 17 Uhr
Fr und Sa 10.30 bis 19.30 Uhr

Website: www.hausbrauerei-altstadthof.de

Termine

Maibockanstich (1. Mai)
Bardentreffen (Ende Juli)

BRÄUSTÜBERL
SCHWARZER BAUER

Anschrift

Bergstraße 19
90403 Nürnberg
Tel.: 0911-227217

Öffnungszeiten

Täglich ab 11 Uhr
Kein Ruhetag

Spezialität

Roastbeef in der Malzkruste

EIN KULT(UR)IGES ENSEMBLE

Neben dem Bräustüberl, in dem man üblicherweise die guten Biere des Altstadthofes verkostet, findet man (im Sommer) auch einen wunderschönen Biergarten vor, dazu noch den Musikkeller Schmelztiegel und die Bühne Altstadthof. In der Küche zeigt das Team von Reinhard Engel, dass man Bier nicht nur trinken kann - kaum eine Speise, die sich mit gutem Bier nicht noch verbessern lässt. Ein weiteres Highlight sind die Schnäpse aus der hauseigenen Brennerei, die den Bio-Bieren das Beste entlockt. Heraus kommt unter anderem ein unglaublicher SchwarzBierBrand, der zum Bierbrand des Jahres 2008 gewählt wurde. Im Folgejahr schafften es auch der MaiBock-, RotBier- und WeissBierbrand aufs Treppchen.

Ich habe jedes Glas im Kopf

www.weizenglasmuseum-nuernberg.de

Diese stolze Aussage trifft Walter Geißler, Hausbrauer und Betreiber des Nürnberger Weizenbierglasmuseums. Seine Sammlung - mittlerweile über 5.000 Weizengläser - steht seit 1986 im Guinness-Buch der Rekorde und verblüfft jeden Besucher auf's Neue.

Das Museum befindet sich im Keller des Hauses von Walter Geißler, alle Gläser sind dabei nach Herkunftsregion und -stadt sortiert. Darunter viele Raritäten vom Beginn des 20. Jahrhunderts, handbemalt und vielleicht einzigartig. Besonders stolz ist der Nürnberger auf eine Originalglasflasche der Waizenbier Brauerei A. Schramm Nürnberg von 1883. Ein Unternehmen, das es nur wenige Jahre gab, aber von der langjährigen Weißbier-Tradition Frankens zeugt. Zwei der ältesten Weizenbiergläser datieren auf 1900 und stammen von der Brauerei Humbser in Fürth und der Farrnbacher Weißbier-Brauerei aus dem heutigen Fürth-Burgfarrnbach.

Der heftige Niedergang des Lieblingsgetränks von Walter Geißler begann Anfang der 1960er bis in die 70er Jahre, als die Bezeichnung Champagner-Weizen verboten wurde und ein herber Imageverlust einsetzte. Erst in den 1990er Jahren gewann das spritzige obergärige Bier wieder an Popularität und kann auf einen neuen Siegeszug bis heute zurückblicken. Kaum eine Brauerei, die heutzutage ohne eigenes Weizen mehr auskommt. Begonnen hat Geißlers Sammelleidenschaft übrigens 1980, als er auf dem Dachboden seiner Eltern acht alte Weizenbiergläser fand.

Nürnberger Weizenbierglasmuseum

Schupfer Straße 39
90482 Nürnberg
Tel.: 0911-5047560
eMail: weizenglasmuseum.nbg@gmx.de
www.weizenglasmuseum-nuernberg.de
Besichtigung nach Vereinbarung
Eintritt frei (Spende erbeten)

Neben dem Museum (und seinem Beruf) betätigt sich der Mittfünfziger auch als Hausbrauer und köchelt sein eigenes Weißbier. Und das in unterschiedlichsten Variationen, vom Haustrunk Geißler Weisse über die Laufamholzer Weiße bis hin zum Ebriosus Weizen-Doppelbock. Besucher des Museum lässt Geißler auch gerne einmal den Stoff kosten, der aus der komplett selbst gebauten Mini-Brauerei herauskommt. Lassen Sie sich dieses Kleinod fränkischer Bierkultur nicht entgehen und schauen Sie mal vorbei, im Weizenbierglasmuseum in Nürnberg. Es werden natürlich noch einige uralte Weizengläser wie z.B. von Weizenbierbrauerei Kirzinger Nürnberg gesucht - Besitzer bitte melden!

Barfüßer Nürnberg

Gründung: 1994 | Brauer: Gerhard Lampe | Ausstoß: 1800 hl

NACH ALTER TRADITION

Die Barfüßer waren im Mittelalter die Angehörigen der Bettelorden, wie beispielsweise die Franziskaner und Klarissen. Wobei das fehlende Fußkleid keinen Einfluss auf den Durst der Kleriker zu haben scheint. Und so nimmt es dann auch nicht wunder, dass in der alten Nürnberger Mauthalle, die lange Zeit als Kornspeicher diente, heute eine Gasthausbrauerei ihre Pforten aufgeschlagen hat und in vermeintlich mönchischer Tradition ihren Gerstensaft als Barfüßer Bier bezeichnet. Die Biere (hell und dunkel) sind klassisch unfiltriert und sehr wohlschmeckend. Ein echtes Stück Nürnberger Bierkultur, das sich seinen Sonnenplatz in den letzten 16 Jahren redlich verdient hat.

Biersorten

Barfüßer Blonde, Barfüßer Schwarze, Barfüßer Radler, (Hefeweizen: Tucher).

Der Klassiker

Barfüßer Blonde

Anschrift & Kontakt

Hallplatz 2
90402 Nürnberg
Tel.: 0911-204242
Fax: 0911-204186

Öffnungszeiten

Täglich ab 11 Uhr
Kein Ruhetag

URIG IN DER MAUTHALLE

Eigentlich stammt das altehrwürdige Haus aus dem Jahr 1498, allerdings war es wie so viele andere in Nürnberg ein Opfer der Bombardierungen des Zweiten Weltkrieges. Die Sanierung ließ bis zum Beginn der 1990er Jahre auf sich warten, die dann allerdings in der Einrichtung dieser wunderschönen Gasthausbrauerei gipfelte. Neben den beiden süffigen Bieren warten Gerhard Lampe und sein Team mit einer deftig-fränkischen Speisekarte auf, auf der uns vor allem die Spezialitäten wie das Brauer Steak oder das Braumeister Pfännchen überzeugt haben. Für Gruppen empfielt sich, das Bier als Fünflitereichenholzfass zum Selberzapfen an den Tisch zu bestellen. Kultiger geht es nicht!

BARFÜSSER NÜRNBERG

Anschrift

Hallplatz 2
90402 Nürnberg
Tel.: 0911-204242

Öffnungszeiten

Täglich ab 11 Uhr
Kein Ruhetag

Spezialität

Brauer-Steak

SCHÖNER BRUNNEN NÜRNBERG

Die unterirdische Burg

www.historische-felsengaenge.de

Schon seit 1380 nutzten die Nürnberger eine Vielzahl von Gewölben im Untergrund des Burgberges zur Lagerung und Herstellung
von Bier. Die vielen Gänge darum herum hingegen dienten zur
Wassergewinnung und -weiterleitung.

Im Zweiten Weltkrieg waren die Anlagen ein
wichtiger Schutzraum für die Bevölkerung der
häufig bombardierten Stadt. Heute nutzt die
Hausbrauerei Altstadthof die Gänge wieder zur
Lagerung von Bier. Im Anschluss an die Führung
durch die Felsengänge besichtigen Sie auch die
Brauerei und können das dort gebraute Bier und
die Spezialitäten aus der Küche probieren. Samstag Abend um 19.30 und 21 Uhr können Sie das
Labyrinth mit der Führung „Nürnbergs vergesse-
ne Kellergeister" erleben, mit Schatzsuche und
Geisterparcours

Öffnungszeiten
Führungen tägl. jede Stunde
11-17 Uhr (Mo-Fr alle zwei Stunden)

Eintrittspreise
Erw. 4,50 Euro / Erm. 3,50 Euro

Anschrift
Bergstraße 19
(Brauerei Altstadthof)
90403 Nürnberg
Tel.: 0911-2305592

Jetzt im Buchhandel!

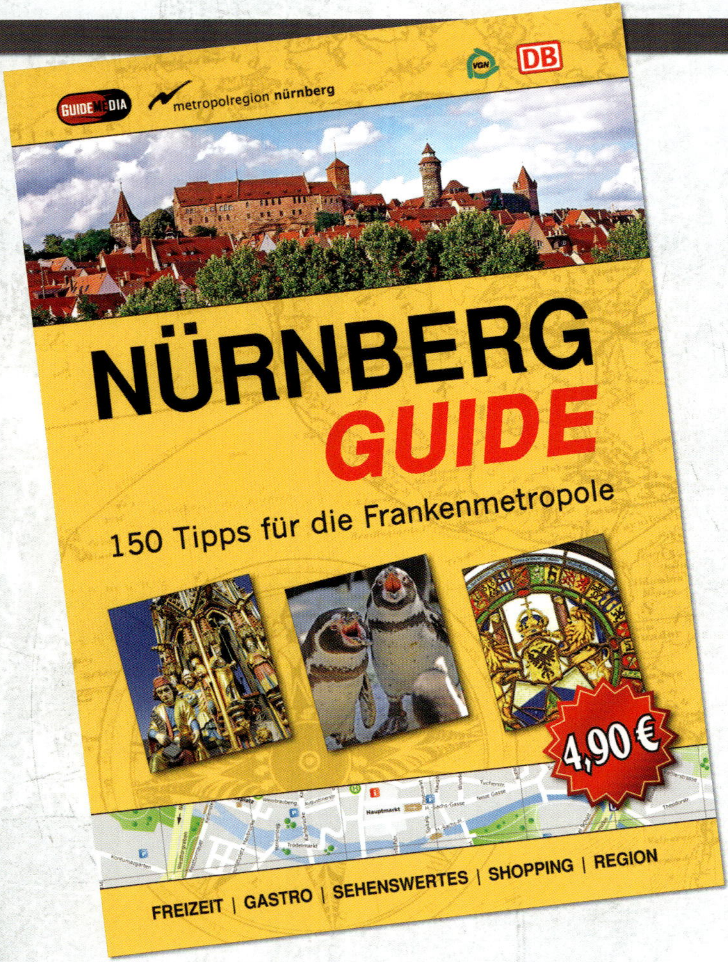

Brauerei Schanzenbräu

Gründung: 2007 | **Brauer: Stefan Stretz** | **Ausstoß: 1500 hl**

ERFOLGSGESCHICHTE AUS DEM HINTERHOF

Als Stefan Stretz und Sebastian Köhler 2004 in einer Hinterhofwerkstatt in der Bärenschanzstraße das erste Mal einen Sud einbrauten, konnten sie noch nicht ahnen, dass aus dieser glücklichen Stunde eine echte Brauerei entstehen würde. Drei Jahre später war es dann soweit: Die Schanzenbräu erblickte das Licht der Welt, mit Namen und Logo nach der Bärenschanzstraße. Wo ehemals aufgesägte Bierfässer als Gärbottiche und Waschkessel als Maischzuber herhalten mussten, gibt es nun ein professionelles Sudhaus - und eine große Fangemeinde, die regelmäßig in ihren Biertempel strömen. Zum Brauereifest im Mai sind sie immer vollständig versammelt und feiern ihre Brauer-Helden.

Biersorten

Schanzenbräu Rot, Schanzenbräu Hell, Schwarzbier.

Saisonal

Schanzenbräu Heller Bock (zur Fastenzeit)
Schanzenbräu Märzen (Zeitraum variiert)
Schanzenbräu Leichtbier (im Sommer)

Der Klassiker

Schanzenbräu Rot

U Nürnberg Gostenhof

DB

Anschrift & Kontakt

Adam-Klein-Straße 11
90429 Nürnberg-Gostenhof
Tel.: 0911-93776791

Öffnungszeiten

Nur zum Brauen geöffnet

Website: www.schanzenbraeu.de

Termine

Nürnberger Bierfest (Anfang Juni)
Nürnberger Altstadtfest (Mitte September)
Fürther Kirchweih (Ende September)

OHNE SCHNICKSCHNACK, ABER MIT SCHUSS

Für den fränkischen Gaumen gibt's Bratwürste und Brotzeiten als Grundlage für den Biergenuss. Der besteht hier nicht nur aus den beiden Hausbräusorten, sondern auch aus einer breiten Palette internationaler Biere, beispielsweise aus Belgien. Die sind dann natürlich nicht nach dem Reinheitsgebot gebraut, aber warum nicht mal ein Kirschbier zwischen Schanzenbräu Rot und Hell einschieben? Ein guter Zeitpunkt dafür ist der Sonntagmorgen, wenn die Inhaber traditionell ab 11 Uhr Weißwurstfrühstück servieren. Dazu kann dann auch eine echte Berliner Weiße genossen werden - ideal bei sommerlichem Wetter im Biergarten.

SCHANZENBRÄU SCHANKWIRTSCHAFT

Anschrift

Adam-Klein-Straße 27
90429 Nürnberg-Gostenhof
Tel.: 0911-93776790

Öffnungszeiten

Täglich ab 11 Uhr
Kein Ruhetag

Spezialität

Fränkische Bratwürste

Schorschbräu GmbH

Gründung: 1996 | Brauer: Georg Tscheuschner | Ausstoß: k.A.

DIE NASE VORN

Diplom-Braumeister Georg Tscheuschner hat sich mit der Mission, das stärkste Bier der Welt zu brauen, inzwischen weltweit einen Namen gemacht. Im Wettstreit mit seinem Hauptkonkurrenten Brewdog aus Schottland, hat er momentan wieder die Nase vorn: Der Schorschbock 57 kommt auf sagenhafte 57,7% Alkoholgehalt. Das alles nach klassischen Braumethoden und unter Beachtung des Reinheitsgebotes - allerdings nur in kleinen Schlucken zu genießen, versteht sich! Wen die geballte Kraft des Gerstensafts nicht abschreckt, der kann sich über die Internetseite der Brauerei mit dem Bier versorgen. Natürlich ist das nichts mehr für den gemütlichen Grillabend zwischendurch, auch preislich nicht, dafür aber sicher ein kleines Highlight für ganz besondere Momente.

Biersorten

Schorschbock 13%, Schorschweizen 13%, Schorschbock 16% (das stärkste Lagerbier der Welt), Schorschweizen 16% (das stärkste Weißbier der Welt durch reine Gärung), Schorschbock Eis 20%, Schorschbock Eis 30%.

Saisonal

Schorschbock Eis 43% (seltene streng limitierte Auflage) Schorschbock Eis 57,7% - das stärkste Bier der Welt (seltene streng limitierte Auflage)

Der Klassiker

Schorschbock 16 %

Anschrift & Kontakt

Oberasbach 16a
91710 Gunzenhausen
Tel: 09831-883250

Öffnungszeiten

Nur auf Anfrage

Website: www.schorschbraeu.de

Termine

Kellerfest (1. Freitag im Aug.)

Bier.BY
BIERKULTUR ERLEBEN

Brauereigasthof Geyer

Gründung: 1894 | Brauer: Andreas Geyer, Reinhard Geyer | Ausstoß: 1200 hl

ECHTE SYMPATHIETRÄGER

Auf unseren zahlreichen Besuchen haben wir die Geyers richtig schätzen - und vielleicht sogar ein bisschen lieben - gelernt. Die Familie braut hier seit 1894 (damals kostete das Anwesen 54.500 Reichsmark) und wird heute von der vierten und fünften Generation geführt. Letzte besteht aus den Brüdern Jochen und Andreas, der 2008 als Braumeister in die Brauerei eingestiegen ist. Das leckerste der insgesamt hervorragenden Biere ist für uns - und alle Stammgäste, die wir getroffen haben - das Kellerbier, das die meisten einfach nur Hausbräu nennen. Und wie es sich für ein Kellerbier gehört, lohnt die Verkostung insbesonder auf dem Bierkeller.

Biersorten
Helles, Hausbräu, Weissbier, Rotbier.

Saisonal
Festbier (Weihnachten)

Der Klassiker
Geyer Kellerbier (Hausbräu)

Festausrüster
Fassbier, Zelt, Bierbänke, Kühlwagen.

Heimdienst
Im Umkreis vom ca. 25 km, 4 x pro Woche.

Anschrift & Kontakt

Hauptstraße 18
91097 Oberreichenbach
Tel.: 09104-2802
Fax: 09104-824419

Öffnungszeiten

Mo bis So 8 bis 22 Uhr
Mo bis Do 14 bis 17 Uhr geschlossen.
Dienstag Ruhetag

Brauerei Geyer
Endlich haben wieder wir das gute Reichenbacher Bier
Oberreichenbach

Website: www.brauereigasthof-geyer.de

Termine

Kellerfest (1. Freitag im Aug.)

VOLLES PROGRAMM

Das bedeutet in Franken: Eigenes Bier, Hausschlachtung, heimische Jagd, hauseigene Karpfenweiher, uriger Gasthof und romantischer Bierkeller. All das können sie bei Familie Geyer sozusagen im Komplettpaket bekommen. Freunde der Schlachtschüssel sollten sich den zweiten Freitag in jedem Monat markieren. Als Bierkellerfreunde empfehlen wir unbedingt einen Besuch im Felsenkeller, etwas außerhalb der Ortschaft gelegen. Badefreunde können zudem einen Zwischenstopp beim Tanzenhaider Weiher einlegen, der früher ein Hort der FKK-Kultur war, was in der letzten Zeit allerdings an Zuspruch verloren hat.

BRAUEREIGASTHOF GEYER

Anschrift

Hauptstraße 18
91097 Oberreichenbach
bei Herzogenaurach
Tel.: 09104-2802

Öffnungszeiten

Mo bis So 8 bis 22 Uhr
Mo bis Do 14 bis 17 Uhr geschlossen.
Dienstag Ruhetag

Spezialität

Pfefferkarpfen

Privatbrauerei Hofmann GmbH & Co. KG

Gründung: 1663 | Brauer: Peter Köhler | Ausstoß: k.A.

ELF GLÜCKLICHE GENERATIONEN

1663 gelangte ein Gut des Amtes Dachsbach in den Besitz von Jeremias Hofmann. Nachdem in der Übergabeurkunde bereits die Brauereieinrichtung erwähnt ist, kann davon ausgegangen werden, dass die Brautradition an sich hier noch viel älter ist. Die nachfolgenden Hofmann-Generationen führten den Betrieb - mitten im ehemaligen Hopfenanbaugebiet Aischgrund - sicher durch die Wirren der Revolutionen, Wirtschaftskrisen und Weltkriegen, bis Friedrich Hofmann, damals als jüngster Braumeister Bayerns, 1956 das Ruder übernahm. Er machte aus der kleinen Brauerei ein modernes Wirtschaftsunternehmen. Seit 2000 leitet mit Georg Hofmann die elfte Generation die Firma, die sich mit ihren Bieren einen sehr guten Ruf in ganz Franken erworben hat.

Biersorten

Helles Landbier, Hopfengold Premium Pils, Lager, Märzen, Pils 0,33, Ex, Dunkel, Weißbier, Radler.

Saisonal

Weizenbock (April bis Mai, solange Vorrat reicht) Kerwa-Bier (zur Neustädter Kirchweih, 2 Wochen nach Pfingsten) Doppelbock (Oktober bis April) Weihnachts-Festbier (Ende November)

Der Klassiker

Hopfengold Premium Pils

Festausrüster

Fassbier, Zelt, Bierbänke, Schirme, Kühlwagen, Schankwagen.

Heimdienst

Im Umkreis von 50 km.

Anschrift & Kontakt

Dettendorfer Straße 1
91468 Pahres
Tel.: 09163-99870
Fax: 09163-998718

Öffnungszeiten

Mo bis Fr von 7 bis 18 Uhr
Sa von 8 bis 15 Uhr

Website: www.hofmann-bier.de

Termine

Bierfest (Ende April)
Pahreser Kirchweih (1. So im August)

BRAUEREIGASTSTÄTTE DER PRIVATBRAUEREI HOFMANN

Anschrift

Braugasse 1
91468 Pahres
Tel.: 09163-998720

Öffnungszeiten

Do und Fr ab 17 Uhr
Sa und So ab 11 Uhr
Montag bis Mittwoch Ruhetag

Spezialität

Brauersteak

SCHLACHTSCHÜSSEL UND LECKER KARPFEN

Die Brauereigaststätte der Hofmanns hat zwar 1970 ein neues Gebäude bekommen, folgt aber an sich der Tradition, die 350 Jahre ge- und erlebte Gastlichkeit mit sich bringen. Typisch fränkische Brotzeiten, dank eigener Schlachtung von hervorragender Qualität (jeden zweiten Donnerstag im Monat ist Schlachtschüssel angesagt), klassische Aischgründer Karpfen und eine deftige Bratenpalette lassen keine Frankengourmet-Wünsche offen. Am ersten Wochenende im August steht ein Pflichtbesuch für Bierfeunde an: Dann schenken die Hofmanns das bernsteinfarbene Kerwa-Bier aus, natürlich garniert mit einer großen Karte an Braten und Brotzeiten.

Bier.BY
BIERKULTUR ERLEBEN

Wurm-Bier GmbH & Co. KG

Gründung: 12. Jhd. | Brauer: Thomas Wurm | Ausstoß: k.A.

Biersorten

Vollbier hell, Vollbier dunkel,
Pils Export, Hefeweizen, dunkles
Hefeweizen, leichtes Weizen,
Märzen, Radler.

Saisonal

Helles Festbier (ab Pfingsten bis
Mitte August, nur im Fass und
nur auf Bestellung)
Turnierbock hell (Wintermonate
bis Fastenzeit)
Juraquell Doppelbock (dunkler
Doppelbock, Wintermonate bis
Fastenzeit)

Der Klassiker

Hefeweizen

Festausrüster

Fassbier, Zelt, Bierbänke, Schirme,
Kühlwagen.

Heimdienst

Im Umkreis von 30 bis 40 km.

DIE BIER-PAPPENHEIMER

Die Familie Wurm steht schon seit vielen Generationen für das Bier der Burgstadt an der Altmühl. 1974 spaltete sich der Betrieb auf, und die Mälzerei wurde eigenständig, liefert aber heute noch das Malz an die Brauerei, die von den Brüdern Thomas und Wilhelm Wurm geführt wird. Die beiden sind stolz auf ihren Traditionsbetrieb und das denkmalgeschützte Haus, in dem der Betrieb auch heute noch arbeitet. Interessanterweise liegt der Schwerpunkt bei den Konsumenten eher auf den Weißbieren, was wir gar nicht nachvollziehen können, hat doch auch beispielsweise das dunkle Vollbier eindeutig Überzeugungskraft!

Anschrift & Kontakt

Hutgasse 2
91788 Bieswang-Pappenheim
Tel: 09143-83795-0

Öffnungszeiten

Mo bis Do 7 bis 12 Uhr und 13
bis 16 Uhr
Fr 7 bis 12 Uhr und 13 bis 14 Uhr

Website: www.bier.by

Termine

Kirchweih in Bieswang
(Pfingsten)

Wo die Kauthi weiterlebt

www.pleinfeld-am-brombachsee.de

Erst am 31. Oktober 1988 schloss mit Babette Kauths Tante-Emma-Laden der letzte seiner Art in Pleinfeld. Das Ende dieses Ladens bedeutete nicht nur das Aus für ein Geschäft, sondern auch für das Kommunikationszentrum des Ortes.

Im Heimatmuseum konnte man nun den Laden detailgetreu wiederaufbauen, genauso wie zahlreiche Werkstätten und Lebenswelten. Für uns am spannendsten ist natürlich die Brauereiabteilung auf dem Dachboden, die einige wahre Schätze, und das erste Mittelfränkische Brauereimuseum beherbergt.

Die edlen Stücke stammen vom inzwischen verstorbenen Braumeister Max Schreiner aus Ellingen, der während seines Berufsleben emsig Brauereidevotionalien aller Art sammelte. Vom Hopfen bis zum Holzfass und zur Bügelverschlussflasche ist alles zu sehen, was einst zur Herstellung von bayerischem Bier nötig war. Nehmen Sie sich ausreichend Zeit mit, es ist richtig spannend, durch die vielen Einzelstücke zu stöbern!

INFO

Kirchenplatz 3
91785 Pleinfeld
Tel.: 09144-9200 70
info@pleinfeld-am-brombachsee.de

Mo bis Fr 9 bis 12 Uhr
Di, Do 15 bis 17 Uhr
Wochenende siehe Website
Führungen für Gruppen auf Anfrage

Erwachsene 2 Euro
Ermäßigt 1 Euro

Pyraser Landbrauerei GmbH & Co. KG

Gründung: 1870 | **Brauer: Helmut Sauerhammer** | **Ausstoß: 69000 hl**

VOM BAUM ZUM BIER

Lymantria monacha - der Nonnenfalter: Er ist schuld, dass Sie nun die legendären Bierspezialitäten der Pyraser genießen können. Denn eigentlich betrieb Adam Bernreuther in der Tradition seiner Familie eine Gastwirtschaft mit Land- und Forstwirtschaft. Als der gemeine Schmetterling jedoch 1865 über die Bäume der Region herfiel, kam es zu massenhafter Abholzung und einem so großen Überschuss an Holz, dass nicht einmal der Bierlieferant mehr das Holz als Bezahlung annehmen wollte. Kurzum baute der Angerwirt seine eigene Brauerei: Die Pyraser war geboren. Unser ProBier-Tipp: Das 6-Korn-Bier, gebraut aus sechs verschiedenen Sorten Malz (Dinkel, Gerste, Weizen, Roggen, Emmer, Hafer).

Biersorten

Pyraser Landbier, Pyraser Gutsherrn Pils, Pyraser Kellerbier, Pyraser Angerwirts Weizen, Pyraser Angerwirts Weizen dunkel, Pyraser 6-Korn-Bier, Pyraser Rotbier, Pyraser Federleichtes Hefeweizen, Pyraser Das Leichte, Pyraser Radler, Pyraser Alkoholfreies Radler, Pyraser Alkoholfrei, Pyraser Alkoholfreies Hefeweizen.

Saisonal

Josephi Starckbier (Feb. bis März)
Weizenbock (Feb. bis März)
Kirchweihbier (Mai bis Sept.)
Original Hilpoltsteiner Burgfestbier (Juli bis August)
Hopfenpflücker Pils (Sept.)
Weihnachtsfestbier (Okt. bis Dez.)
Ultra Doppelbock (Nov. bis Jan.)

Der Klassiker

Pyraser Landbier

Festausrüster

Fassbier, Bierbänke, Schirme, Kühlwagen, Schankwagen.

DB

Anschrift & Kontakt

Pyras 26
91177 Thalmässing
Tel.: 09174-47470
Fax: 09174-474719

Öffnungszeiten

Mo bis Do 8 bis 16 Uhr
Fr 8 bis 12 Uhr

Website: www.pyraser.de

Termine

Pyraser Brauereifest
(Mitte Juni)
Pyraser Classic Rock Night
(Mitte Juli)
Pyraser Kinderfest
(Ende August)

Brauerei Hembach

Gründung: 2008 | Brauer: Jürgen Müller | Ausstoß: 750 hl

EIN-MANN-BETRIEB MIT LEIB UND SEELE

Jürgen Müller aus Schwand lernte das Brauerhandwerk in der Schwabacher Leitner-Brauerei. Weitere Stationen seiner Bierkarriere waren unter anderem Hauff und Wolfshöher. Mit 45 Jahren beschloss er Anfang 2008, sich den Traum einer eigenen Brauerei zu erfüllen. Im Rednitzhembacher Gewerbegebiet war es wenige Monate später schließlich so weit. In einer ehemaligen Industriehalle stehen die von Müller entworfenen und von einem Freund geschweißten Edelstahltanks, aus denen das unfiltrierte Kellerbier und die Goldweiße das Licht der Welt erblickten. Dazu kamen dann noch das süffige dunkle Stöffle und das Zwickel-Pils. Diese wohlschmeckenden Biere gibt es direkt an der Brauerei.

Biersorten
Stöffle, Kellerbier, Zwickel-Pils, Goldweiße.

Der Klassiker
Kellerbier

Festausrüster
Fassbier, Bierbänke;

Anschrift & Kontakt

Siemensstraße 4
91126 Rednitzhembach
Tel: 0179-9471670

Öffnungszeiten

Mo bis Fr 15 bis 18 Uhr
Sa 9 bis 14 Uhr
Dienstag geschlossen

Website: www.bier.by

Termine

Bürgerfest in Schwabach
(Ende Juli)

Landwehr-Bräu Wilhelm Wörner GmbH & Co. KG

Gründung: 1755 | Brauer: Gerd Fimpel | Ausstoß: k.A.

Biersorten

Landwehr-Bräu Hell, Landwehr-Bräu Edel, Landwehr-Bräu Toppler Pils, Landwehr-Bräu Pilsener, Landwehr-Bräu Altfränkisch Dunkel, Landwehr-Bräu Kellerbier, Landwehr-Bräu Radler.

Saisonal

Festbier (Juni und Sept.)
Kirchweihbier (August bis Okt.)
Winterfestbier (Okt. bis Dez.)
Dunkler Bock (Dez. bis März)

Der Klassiker

Toppler Pils

Festausrüster

Fassbier, Zelt, Bierbänke, Schirme, Kühlwagen, Schankwagen.

VOR DEN TOREN ROTHENBURGS

Dort liegt die ehemalige Zollstation, in der schon viel länger Gastlichkeit gelebt wird als man nach dem Gründungsdatum der Brauerei vermuten mag. Weil Brauerei und Gasthof der Rothenburger Gerichtsbarkeit unterlagen, im Mittelalter Landwehr genannt, erhielt die Brauerei den Namen Landwehr-Bräu. Unser Biertipp ist das Hopfen Hell, das nur einmal im Jahr eingebraut wird, wenn der kleine Hopfengarten an der Brauerei abgeerntet wird.

Anschrift & Kontakt

Reichelshofen 31
91628 Steinsfeld
Tel.: 09865-98970
Fax: 09865-98989

Öffnungszeiten

Mo bis Do 7 bis 17 Uhr
Fr 7 bis 12.30 Uhr

Website: www.landwehr-braeu.de

Termine

Brauereifest (1. WE im August)

VIELE RÄUME UM EIN BIER

Ob Altes Lokal, Fichte-, Kamin- oder Biedermeierzimmer, Terrasse und weitere Gasträume, überall können Sie das gute Landwehr-Bier verkosten. Die jeweilige feste Zutat dazu können Sie dann von der klassischen Fränkischen Brotzeit bis zum hochklassigen Menu wählen. Dabei hat Chef Roland Hausmann aber das Bier auch nicht vergessen und bietet eine feine Auswahl bieriger Gerichte an, beipielsweise das Bierbrauerkotelett mit Märzenbiersoße oder den Bierkutscherteller. Nachdem saisonal die Biere wechseln, wechseln die Biergerichte auch mit. Lassen Sie sich's schmecken!

BRAUEREIGASTHOF LANDWEHRBRÄU

Anschrift

Reichelshofen 31
91628 Steinsfeld
Tel.: 09865-9890

Öffnungszeiten

Täglich ab 7 Uhr
Kein Ruhetag

Spezialität

Bierbrauerkotelett

Brauerei Sauer

Gründung: 1871 | Brauer: Herbert Sauer | Ausstoß: k.A.

BRAUEREI MIT STORCH

Über 100 Jahre braut Familie Sauer in den Resten des ehemaligen Wasserschlosses von Röttenbach. Auf dem Kamin der Brauerei befindet sich quasi schon immer ein Storchennest, das über eine Webcam von überall aus verfolgt werden kann. Herbert Sauer kann sich beim Brauvorgang nur noch auf seinen elektronischen Helfer verlassen, sein Sohn übernahm vor einiger Zeit die Brauerei Blauer Löwe in Höchstadt, die einst Herbert Sauers Frau mit in die Familie brachte. Eine typisch fränkische Brauereigeschichte also, die auf jeden Fall immer einen Besuch wert ist.

Biersorten
Pils, Export, Festbier, Storchenbier.

Saisonal
Kellerbier (mehrmals im Jahr zu verschiedenen Anlässen)

Der Klassiker
Export

Festausrüster
Fassbier, Bierbänke, Kühlwagen, Schankwagen.

Heimdienst
Im Umkreis von ca. 15 km.

Anschrift & Kontakt

Hauptstraße 45
91341 Röttenbach
Tel.: 09195-7910
Fax: 09195-6437

Öffnungszeiten

Mo bis Fr 7 bis 18 Uhr
Sa 8 bis 14 Uhr

Website: www.bier.by

Termine

Kirchweih (So nach 21. Sept.)

AUF HISTORISCHEM BODEN

Die Braustube ist das ehemalige Gästehaus des Wasserschlosses (von 1591), das im Bauern-
krieg zerstört wurde. Stellenweise sieht man noch original Holzbalken mit Stroh und Lehm
dazwischen - ebenso hat sich das alte Wappen erhalten. Sehr nett auch der kleine Biergarten
im Hof: ein kleines Bier-Genießer-Rechteck mit Baum und Häuschen, in dem im Sommer die
Brotzeiten serviert werden. Der etwa 700 Meter entfernte alte Felsenkeller der Brauerei ist ver-
pachtet, aber natürlich auch einen Besuch wert.

BRAUSTUBE SAUER

Anschrift

Hauptstraße 45
91341 Röttenbach
Tel: 09195-7910

Öffnungszeiten

Täglich ab 11 Uhr
Kein Ruhetag

Spezialität

Hausgemachte Pizza

Brauerei Kanone Löhr GmbH & Co. KG

Gründung: 1886 | Brauer: Kurt Küchler, Gerda Löhr-Küchler | Ausstoß: 6000 hl

AUF GUTES BIER EINGESCHOSSEN

Im 16. Jahrhundert war der Ort Rothenberg eine bayerische Bastion gegen die Stadt Nürnberg. Und wie zu allen Zeiten hatten die Kanoniere jede Menge Durst, die sie am liebsten mit dem Bier der damaligen Gaststätte stillten - schnell hatte das Haus damit seinen Namen erhalten. Daraus wurde im Laufe der Zeit der Name der Brauerei, die heute stolz ist auf ihr einzigartiges Logo und auf die sechs verschiedenen Biersorten, die Kurt Küchler und Gerda Löhr-Küchler im Sudhaus herstellen. So richtig kennenlernen können Sie die beiden Brau- und Malzmeister entweder bei einer Brauereiführung (auf Vorbestellung) oder alle zwei Jahre auf der Schnaittacher Kirchweih (ungerade Jahre).

Biersorten

Kanone Hell, Kanone Dunkel, Kanone Pils, Kanone Zwickl, Kanone Weizen hell, Weizen dunkel, Kanone 12.5 - Export.

Der Klassiker

Kanone Hell

Festausrüster

Fassbier, Zelt, Bierbänke, Schirme, Kühlwagen, Schankwagen.

Heimdienst

Im Umkreis von 30 km (alle 2 Wochen wird ausgeliefert).

Anschrift & Kontakt

Brückenstraße 1a
91220 Schnaittach
Tel.: 09153-366
Fax: 09153-5999

Öffnungszeiten

Mo bis Fr 7 bis 18 Uhr
Sa 8.30 bis 13 Uhr

Website: www.brauerei-kanone.de

Termine

Kirchweih Schnaittach (2. So im Juli, alle 2 Jahre, in den ungeraden Jahren)

Stadtbrauerei Spalt

Gründung: 1879 | **Brauer: Uwe Schulz** | **Ausstoß: 60000 hl**

ZWEI KÖNIGINNEN AUF DEM THRON

Wie es sich für eine Hopfenhauptstadt gehört, braut man hier auch ein sehr gutes und süffiges Bier. Um Bier und Hopfen angemessen zu ehren, wählen die Spalter jeweils eine Königin. Zurzeit sind Carolin I. als Bierkönigin und Veronika I. als Hopfenkönigin im Amt. Sie regieren über die letzte kommunale Brauerei in Deutschland, die den 5.100 Einwohnern von Spalt gehört. Entstanden ist dieses Relikt 1879 als Zusammenschluss von vielen Kleinbrauereien. 2010 war ein besonderes Jahr für Spalt - man konnte das 1.200jährige Bestehen feiern - dazu gehörte natürlich auch das Bier, das besonders an den zahlreichen Festen überall in Spalt zu kosten ist. Kleiner Tipp: Machen Sie einen Ausflug mit dem Pferdegespann der Brauerei (www.planwagen-hofmann.de).

Biersorten

Spalter Helles Vollbier, Spalter Premium-Pils, Spalter Premium Pils Nr. 1, Spalter HopfenZwerg, Spalter Radler, Spalter Hopfen Leicht, Spalter Weißbier, Spalter Dunkle Weiße, Spalter Leichte Weiße, Spalter Edel-Export hell, Spalter Edel-Export dunkel, Spalter Zwickl, Spalter Buchweizen (glutenfrei).

Saisonal

Spalter Bockl hell (ab Ende Oktober, solange Vorrat reicht)
Spalter Bockl dunkel (ab Ende Oktober, solange Vorrat reicht)
Spalter Weizenbock (ab Ende Oktober, solange Vorrat reicht)
Spalter Weihnachtsbier (ab Ende Oktober, solange Vorrat reicht)

Der Klassiker

Spalter Vollbier hell

Festausrüster

Fassbier, Zelt, Bierbänke, Schirme, Kühlwagen, Schankwagen.

Anschrift & Kontakt

Brauereigasse 3
91174 Spalt
Tel.: 09175-79610
Fax: 09175-796155

Öffnungszeiten

Mo bis Do 7 bis 12 Uhr und 13 bis
15.45 Uhr
Fr 7 bis 12 Uhr

Website: www.spalter-bier.de

Termine

Brauereifest (um den 23. April)
Pfingstvolksfest (Pfingsten)
Kirchweih (3. WE im Oktober)
Nacht des Bieres (immer am
Kirchweihsamstag des 3. WE im
Oktober)

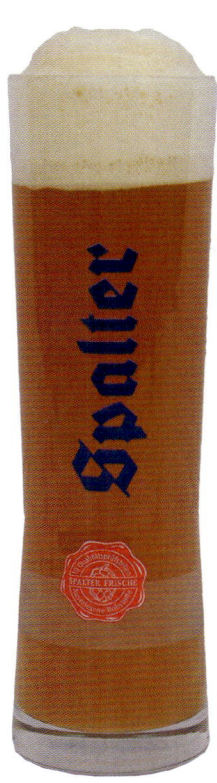

Die Würze des Bieres

www.fraenkisches-hopfenmuseum.de

Dieses Synonym trägt der Echte Hopfen (Humulus lupulus), dank des Reinheitsgebots Sieger der im Mittelalter noch vielfältigen Würzpflanzen, die beim Brauen zugegeben wurden, um den Geschmack in eine gewünschte Richtung zu lenken.

Die deutschen Hopfenanbaugebiete machen heute etwa ein Drittel der weltweiten Anbaufläche aus, wovon über 80% auf die Hallertau entfallen, zu der auch das Hopfengebiet um Hersbruck gerechnet wird. Ein weiteres fränkisches Anbaugebiet ist die Gegend um Spalt. Sie macht aber nur etwa zwei Prozent der deutschen Hopfenfläche aus.

Hier in Neunkirchen hat man in einer Fränkischen Hopfenscheune ein Museum für des Bierfreundes liebste Pflanze eingerichtet. Neben den vielen Gerätschaften, die die Hopfenbauern und -pflücker benutzten, finden sich hier auch moderne und historische Versionen des Nonnengartens. So heißt der Hopfengarten im Volksmund, weil nur die weiblichen unbefruchteten Blüten zu den aromareichen Dolden reifen und deswegen männliche Pflanzen im weiten Umkreis verboten sind. Im ersten Stock ergänzen Hopfendarren, - waagen und seltene Werkzeuge wie der Hopfenstempfl die sehenswerte Sammlung. Prunkstück ist übrigens die älteste Hopfenpflückmaschine Deutschlands aus dem Jahre 1900.

INFO

Geöffnet von Mai bis Oktober jeden Sonntag von 13 bis 16.30 Uhr und nach Vereinbarung, Eintritt frei.

Fränkisches Hopfenmuseum
Kersbacher Str. 18
91233 Neunkirchen-Speikern
Tel.: 09123 / 75640
Fax: 09123 / 75687
info@Heimat-Geschichtsverein.de
www.fraenkisches-hopfenmuseum.de

Felsenbräu Thalmannsfeld, W. Gloßner GmbH & Co. KG

Gründung: 1928 | Brauer: Markus Schmidtlein | Ausstoß: 30000 hl

DIE ERSTE SOLARBIERBRAUEREI DEUTSCHLANDS

So kann sich die Brauerei von Werner (Senior) und Walter (Junior) Gloßner seit 2007 nennen und das zugehörige Siegel auf ihren Etiketten führen. Gemeint ist damit, dass die Erzeugnisse des Brauhauses komplett ohne CO_2-Ausstoß hergestellt werden. Dafür sorgen Hackschnitzelheizung, Biogas- und Natureisanlage. Deren Eis übernimmt übrigens auch heute noch wie vor Hundert Jahren die Kühlung des Bieres im Felsenkeller. So viel Umweltfreundlichkeit schmeckt, das können wir aus Erfahrung berichten. Am besten, Sie fahren einfach selbst nach Thalmannsfeld und probieren sich durch!

Felsentrunk (Vollbier hell), Edelpils, Privat Export, Bayerisch Märzen, Kellerzwickl, Hefeweizen, Kutscher-Halbe, Leichtes Weizen, Gipfelstürmer (alkoholfrei), Leicht-Schankbier, Radler, Felsen Rock 33, Unser Schwarzes, Sonnenstoff.

Saisonal

Osterbier (zur Osterzeit)
Kirchweihbier (Juni bis Ende Sept.)
Weizenbock (Oktober bis Mai)
Doppelbock (Oktober bis Mai)
Weihnachtsbier (November bis Weihnachten)

Der Klassiker

Felsentrunk

Festausrüster

Fassbier, Bierbänke, Schirme, Kühlwagen, Schankwagen.

Heimdienst

Im Umkreis von 60 km.

DB

Anschrift & Kontakt

Felsenweg 2
91790 Thalmannsfeld
Tel.: 09147-94266
Fax: 09147-942679

Öffnungszeiten

Mo bis Mi 7 bis 17 Uhr
Do 7 bis 16.30 Uhr
Fr 7 bis 12.30 Uhr

Website: www.felsenbraeu.com

FELSEN BRÄU

Termine

Weizenbierfest (Christi Himmelfahrt)
Kirchweih (4. So im September)

ÄLTER ALS
DIE BRAUEREI

Das hat man auch selten, dass das Brauereiwirtshaus auf eine längere Geschichte zurückblicken kann als die Brauerei selbst. Zudem ist das Haus des Bräustüberl auch noch das Geburtshaus des späteren Brauereigründers Willy Gloßner, also gehört schon alles ordentlich zusammen. Seit 1. Mai 2012 haben Renate und Manfred Schaller das Bräustüberl übernommen. Am Herd steht Manfred Schaller, der ein echtes Händchen für die bierige Küche hat. Beispielsweise mit seinem Brauersteak, das mit Biertreber paniert auf den Teller kommt. Im Sommer lockt übrigens der kleine Biergarten rechts neben dem Bräustüberl, da kann man dann doppelt Sonne tanken, im Gesicht und aus dem Glas!

BRÄUSTÜBERL

Anschrift

Kirchenweg 3
91790 Thalmannsfeld
Tel.: 09147-350

Öffnungszeiten

Täglich ab 17 Uhr
Montag und Dienstag Ruhetag

Spezialität

Brauersteak mit Biertreber paniert

Brauerei & Gasthof Zwanzger

Gründung: 1639 | Brauer: Christian Zwanzger | Ausstoß: 1000 hl

ZWÖLF GENERATIONEN UEHLFELDER BIER

Biersorten
Zwanzger Pils, Zwanzger Vollbier, Zwanzger Dunkel, Hausbräu, Uehlfelder Weisse.

Der Klassiker
Zwanzger Vollbier

Festausrüster
Fassbier, Bierbänke, Kühlwagen, Schankwagen.

Heimdienst
Im Umkreis von 20 km, 1 x pro Woche.

Damit ist die Brauerei von Christian Zwanger die älteste im gesamten Landkreis. Nach einer umfangreichen Erweiterung - unter anderem um einen schönen Biergarten - präsentiert sich das Traditionshaus mit einem deutlich aufgemotzten Konzept: Und das im ganz positiven Sinne. Schließlich findet an jedem ersten Freitag im Monat das Hausbrauerfassen statt, bei dem das hefetrübe, naturbelassene Kellerbier namens Hausbräu verkostet und sehr günstig gekauft werden kann. Mit im Sortiment ein sehr herbes Pils, als Klassiker das Vollbier und - wie im Aischgrund üblich - auch ein vollmundiges Weißbier.

Anschrift & Kontakt

Burghaslacher Straße 10
91486 Uehlfeld
Tel.: 09163-959756
Fax: 09163-959758

Öffnungszeiten

Mo bis Fr 7 bis 15.30 Uhr

Website: www.brauerei-gasthof-zwanzger.de

Termine

Brauereikerwa (Frühjahr, kein fester Termin)
Aischgründer Bierfest (2. WE im August, findet in verschiedenen Orten statt)
Kirchweih (3. WE im Oktober)
Hausbrauerfassen (jeden 1. Freitag im Monat)

MITTEN IM KARPFENLAND

Auf dem Weg von Höchstadt nach Neustadt kommen Sie entlang der Aischgründer Bierstraße auch durch Uehlfeld, das Ihnen schon durch sein Torhaus auffallen wird. Nach dem Dreißigjährigen Krieg waren von ehedem über 600 Einwohnern nur noch 31 übrig geblieben - und die Brauerei Zwanzger. Heute sind es wieder an die 3.000 Einwohner, die nicht nur wegen der vier feinen Biere, sondern auch wegen der Klassiker auf der Speisekarte gerne den Gasthof besuchen. Die Brotzeiten kommen aus eigener Herstellung, genauso wie beispielsweise der Schweinebraten in Hausbräusoße. Es versteht sich von selbst, dass es auch den beliebten Aischgründer Karpfen gibt.

GASTHOF ZWANZGER

Anschrift

Burghaslacher Straße 10
91486 Uehlfeld
Tel.: 09163-959756
Fax: 09163-959758

Öffnungszeiten

Di bis Do 10 bis 13.30 Uhr und ab 16 Uhr
Fr bis So ab 10 Uhr
Montag Ruhetag

Spezialität

Schweinebraten mit Hausbräu-Soße

Brauerei Prechtel

Gründung: k.A. | **Brauer: Walter Prechtel** | **Ausstoß: 1500 hl**

VOM HOPFENSTOFF ZUR SCHMANKERL WEISSE

Biersorten

Hopfenstoff (Helles), Schnapperla (hefetrübes Kellerbier in der Bügelflasche), Schmankerl Weisse.

Saisonal

Starkbier (ab Anfang März)
Kirchweihbier (ab Anfang Okt.)
Weihnachtsbier (ab Anfang Dez.)

Der Klassiker

Schnapperla

Festausrüster

Fassbier, Zelt, Bierbänke, Kühlwagen.

Heimdienst

Im Umkreis von ca. 20 km, 1 x pro Woche freitags.

Walter Prechtel hat ein gutes Händchen - nicht nur beim Brauen, sondern auch bei der Benennung seiner Bierspezialitäten. Wo andere von Voll- und Weißbier säuseln, gibt es bei ihm Hopfenstoff, Schmankerl Weisse oder auch ein Schnapperla. Hinter letzterem versteckt sich das extrem süffige unfiltrierte Kellerbier, das einer der Gründe ist, was einen Besuch auf dem Brauereibierkeller in Voggendorf so einzigartig macht. Die Brauerei an sich gehört den Prechtels nun seit fünf Generationen und putzt sich einmal im Jahr zum Brauereifest im April besonders heraus. Mit dabei ist dann auch eine Oldtimer-Bulldog-Parade, die ihresgleichen in Franken sucht.

DREI GESICHTER EINER BRAUEREI

In der Brauerei geht es ganz klassisch und traditionell zu und dreht sich vor allem um Karpfen (Monate mit „r") und Schlachtschüssel (jeden Donnerstag). Mehrmals im Monat verwandelt sich der Saal des Hauses in einen Tanzschuppen, in dem dann die Rock- und Coverbands der Region ihr lautes Unwesen treiben. Ganz im Gegensatz übrigens zu dem Musikantenstammtisch am ersten Donnerstag im Monat, wenn es sich eher nach Musikantenstadel & Co. anhört. Das dritte - und für uns sensationellste Gesicht des Hauses gehört dem Bierkeller in Voggendorf, wo die quirlige Elis (=Elise Prechtel und Mutter von Walter) das Sagen hat. Hier wird Bierkellertradition noch gelebt, und das auf drei Etagen! Und dann hätten wir noch einen Geheimtipp: An vier Festtagen im Sommer fließt aus dem hauseigenen Sudhaus-Brunnen leckeres Spezialbier, das sich die Gäste dann zu den Klängen der Hausband selber zapfen können!

Brauerei Ludwig Reuter

Gründung: 1717 | Brauer: Ludwig Reuter | Ausstoß: 300 hl

DAS KLEINE BRAUHAUS

Ludwig Reuter und seine Familie repräsentieren die ganz typische fränkische Brauerfamilie: In einem kleinen Ort mit Kirche und Fachwerkhäusern betreiben sie ein kleines Brauhaus und fertigen nach altem Rezept ein echtes fränkisches Landbier. Dazu kommt hier noch ein Kühlschiff zum Einsatz, das Sie bei einer Brauereibesichtigung auch selbst in Augenschein nehmen können. Der Ort Unternbibert an sich hat schon eine sehr alte Tradition und ist seit 1200 Jahren (damals noch unter dem Namen Piparodi) bekannt. Für einen großen Teil der Bekanntheit hat - insbesondere in Nürnberg - das Bier der Reuters gesorgt.

Biersorten
Halbdunkles Bier

Der Klassiker
Halbdunkles Bier

Festausrüster
Fassbier, Bierbänke.

Heimdienst
im Umkreis von ca. 5 km, 1 x pro Woche

Anschrift & Kontakt

Unternbibert 17
91622 Rügland
Tel.: 09828-229
Fax: 09828-911201

Öffnungszeiten

Nach telefonischer Vereinbarung
Werktags 18 bis 19 Uhr
Bierverkauf

Website: www.bier.by

Termine

Kirchweih (um den 24. August)

Brauerei Hermann Sigwart GmbH & Co. KG

Gründung: 1451 | Brauer: Bernd Schmidtkonz | Ausstoß: k.A.

DAS HÄTTE AUCH DEN RÖMERN GESCHMECKT!

Natürlich existierte die Brauerei nicht zu den Zeiten, als hier am Limes noch das Castrum Biricianum stand, aber immerhin kann sie schon auf fast 560 Jahre Brautradition zurückblicken. Doch man ist sich sicher, auch ein Legionär hätte gerne Sigwart-Bier genossen, und hat dafür auch ein eigenes Bier kreiert, das helle Limes Lager. Süffig und kellertrüb kommt es in der legionärsgerechten 0,33-Liter Flasche daher, ebenso wie das Keller's, das allerdings eine ganze Umdrehung mehr im Tank hat.

Biersorten

Sigwart Hell, Sigwart Premium Pils, Sigwart Tradition 555, Sigwart Hefe-Weizen, Sigwart Weißenburger Weiße, Sigwart Dunkle Weiße, Sigwart Leichte Weiße, Sigwart Limes Lager Hell, Sigwart Radler.

Saisonal

Sigwart Keller's (April bis Okt.)
Festbier (zur Kirchweih Mitte Aug.)
Kirchweihfestbier (zur Kirchweih Mitte Aug.)
Kirchweihweizen (zur Kirchweih Mitte Aug.)
Weihnachtsbier (ab Anfang Dez.)

Der Klassiker

Vollbier

Festausrüster

Fassbier, Zelt, Bierbänke, Schirme, Kühlwagen, Schankwagen.

Heimdienst

Im Umkreis von ca. 100 km.

Anschrift & Kontakt

Roßmühle 10
91781 Weißenburg
Tel.: 09141-85750
Fax: 09141-857519

Öffnungszeiten

November bis März: Mo bis Fr 7
bis 16 Uhr
April bis Oktober: Mo bis Fr 7 bis
16 Uhr, Sa 9 bis 12 Uhr

Website: www.brauerei-sigwart.de

Termine

Altstadtfest (Ende Juli)
Kirchweih (2. bis 3. WE im
August)

OASE IN DER STADT

Über 550 Jahre hat die Brauerei Sigwart auf dem Buckel, genauso wie ihr direkt benachbartes Gasthaus, das 1451 erbaut wurde. Vor wenigen Jahren übernahm Marcus Hauff das Ruder in dem Traditionslokal und setzt dabei auf urige Gemütlichkeit und klassische fränkische Küche. Klingt vielleicht etwas langweilig, ist es aber nicht. Insbesondere, weil nicht zuletzt die Räumlichkeiten ein einzigartiges Ambiente bieten, wie etwa der wunderschöne Mittelgang, der wie ein Mini-Biergarten gerade an heißen Sommertagen ein perfekter Zufluchtsort für Durstige geworden ist.

BRÄUSTÜBERL

Anschrift

Luitpoldstraße 17
91781 Weißenburg
Tel.: 09141-1626
www.sigwarts-braeustueberl.de

Öffnungszeiten

Täglich ab 10 Uhr
Dienstag Ruhetag
Im Sommer kein Ruhetag

Spezialität

Fränkische Gerichte mit Biersoße

Brauerei Schneider

Gründung: 1772 | Brauer: Thomas Schneider | Ausstoß: 3000 hl

WO DER URENKEL BRAUT

Inhaber und Braumeister Thomas Schneider stellt die mittlerweile vierte Generation der Brauerfamilie, die 1889 das Braurecht der alten Schwanenbräu kaufte und auf das Stammhaus Zur Kanne übertrug. Das Traditionsbewusstsein zeigt sich auch in der Wiederentdeckung der Bügelflasche, die die Schneiders mittlerweile zu ihrem Markenzeichen erkoren haben. Mehr von der Philosophie erfahren Sie spätestens bei einer Brauereiführung, die nach Voranmeldung fast immer möglich ist. Ansonsten lohnt auch ein Blick in das hauseigene kleine Brauereimuseum im Keller der Kanne.

Biersorten

Helles Vollbier, Schneider-Märzen, Weizen naturtrüb, leichtes Weizen, Pils, Kleines Schwarzes (Schwarzbier).

Saisonal

Körwa Märzen (ab Ende Juli, solange Vorrat reicht)
Körwa Weizen (ab Ende Juli, solange Vorrat reicht)
Bock auf Schneider (von November bis März)
Weihnachtsfestbier (ab Anfang Dezember)

Der Klassiker

Schneider-Märzen

Festausrüster

Fassbier, Bierbänke, Schirme, Kühlwagen, Schankwagen.

Heimdienst

Im Umkreis von ca. 40 km.

DB

Anschrift & Kontakt

Bachgasse 15
91781 Weißenburg
Tel.: 09141-2407
Fax: 09141-72937

Öffnungszeiten

Mo bis Fr 8 bis 12 Uhr und
16 bis 18 Uhr
Sa 9 bis 12 Uhr

Website: www.schneider-bier.de

ECHTE BIERWIRTS-KULTUR

Das Bräustüberl der Schneiders hat sich in den vergangenen 110 Jahren kaum verändert. Diese Tatsache brachte eine Ehrung des Denkmalschutzes als Kleinod der Wirtshausgeschichte. Aus der Küche kommen regionaltypische einfache Gerichte rund um Bratwurst und Schnitzel. Viele der hier erzählten Stammtischgeschichten sind sogar schon als zweibändiges Buch namens Weißenburger Gschichten erschienen. Im Sommer sollten Sie auch den Araunerskeller nicht verpassen, einer der wenigen noch bewirtschafteten echten Bierkeller der Region mit traumhafter Lage, Blick und Ambiente.

BRÄUSTÜBERL ZUR KANNE

Anschrift

Bachgasse 15
91781 Weißenburg
Tel.: 09141-3844

Öffnungszeiten

Täglich ab 11 Uhr
Montag und Dienstag Ruhetag

Spezialität

Münchener Schnitzel

Brauerei Strauß

Gründung: 1797 | Brauer: Jochen Engelhardt | Ausstoß: 12000 hl

Biersorten

Wettelsheimer Helles, Wettelsheimer Pils, Wettelsheimer Märzen, Wettelsheimer Wet Premium Pils.

Saisonal

Wettelsheimer Weihnachtsbock hell (ab Ende November)
Wettelsheimer Weihnachtsbock dunkel (ab Ende November)

Der Klassiker

Wettelsheimer Helles

Festausrüster

Fassbier, Zelt, Bierbänke, Schirme, Kühlwagen, Schankwagen.

Heimdienst

Umkreis von ca. 10 km, montags und freitags.

WO DAS HOLZFASS NOCH SELBST GEPICHT WIRD

Einmal im Jahr wird es heiß in Wettelsheim, wenn die Fässer der Brauerei neu mit Pech abgedichtet werden. Dann sind Jochen Engelhardt und seine Brauerfamilie wieder gerüstet für den großen Durst der vielen Fans, die sich das Bier auch gerne mal zu ihrer Privatfeier nach Hause holen. Die Brauerei an sich existiert übrigens seit 1797, als die preußische Regierung die Braulizenz versteigerte. Satte 4.700 Gulden bezahlte der Bauer Nikolaus Erdinger damals für das Recht, Brauerei und Wirtshaus zu erbauen. Die heutige Inhaberfamilie Strauß übernahm das Haus vor etwa 120 Jahren und sorgt seitdem für große Bierseligkeit in Wettelsheim (und vor allem auf dem Wettelsheimer Keller).

Anschrift & Kontakt

An der Rohrach 17
91757 Wettelsheim
Tel.: 09142-8389
Fax: 09142-4322

Öffnungszeiten

Mo bis Fr 7 bis 18 Uhr
Sa 7 bis 13 Uhr

Website: www.wettelsheimer-bier.de

Termine

Treuchtlinger Volksfest (ab dem
2. Fr im Juli, 10 Tage lang)

MARGA UND
DIE RIESENHAXE

Bei Marga Walk und ihren Söhnen Wolfgang und Helmut wird noch echte Kellertradition gelebt. Das Bier kommt noch aus originalen Holzfässern, die in den Gewölben des Berges gelagert und frisch angezapft werden - so wie zur Gründungszeit des Wettelsheimer Kellers um 1850. Perfekt zum Märzen passt die Riesenhaxe, die mit ihren 500 Gramm eine echte Herausforderung für die Gäste darstellt. Einer der schönsten Plätze, die wir hier im Landkreis Weißenburg-Gunzenhausen gefunden haben!

WETTELSHEIMER KELLER

Anschrift

91757 Wettelsheim
Tel: 09142-7740
www.wettelsheimer-keller.de

Öffnungszeiten

1. Mai bis 1. Oktober:
Do bis So ab 10 Uhr
Montag bis Mittwoch Ruhetag
Juli und August:
Do bis So ab 10 Uhr
Mo bis Mi ab 16 Uhr
Anfang Oktober bis Ende April
geschlossen

Spezialität

Haxen

Brauerei Fischer GmbH & Co. KG

Gründung: 1610 | Brauer: Gerhard Wagemann | Ausstoß: 3000 hl

Biersorten

Das Helle, Das Pils, Das Spezial, Landbier, Live.

Saisonal

Bockbier (Dezember bis Ende Januar)

Der Klassiker

Das Spezial

Festausrüster

Fassbier, Zelt, Bierbänke, Kühlwagen, Schankwagen.

Heimdienst

In der Umgebung ca. 20-30 km, mittwochs und donnerstags.

400 JAHRE BRAUTRADITION

Den Altmühlsee gab es 1607 noch nicht, als die Brauerei zum Hirschen im kleinen Wieseth zum ersten Mal in einer Urkunde auftauchte. Damals heiratete eine Stuttgarterin in den kleinen Hof ein und somit haben wir das erste Zeugnis der Braukunst in dem kleinen Ort am gleichnamigen Fluss, der der Sage nach gegründet wurde, weil eine von einem Priester hier beim Flussübertritt verlorene Hostie später unversehrt im Magen des Tieres aufgefunden wurde. Heute leitet Angela Hüttner die Geschicke des Hauses, das mit seinen Bieren immerhin auch schon einen goldenen Beerstar errungen hat.

DB

Anschrift & Kontakt

Hauptstraße 18
91632 Wieseth
Tel.: 09822-7411
Fax: 09822-605581

Öffnungszeiten

Mo bis Fr 8 bis 12 Uhr und
13 bis 17 Uhr

Website: www.fischer-landbraeu.de

Termine

Brauereifest (2. WE im August)
Kirchweih (2. WE im September)

EIN PLATZ FÜR DEN FRÜHSCHOPPEN

Zumindest ist die Brauereigaststätte sonntags nach dem Gottesdienst immer bis auf den letzten Platz gefüllt, wobei der Pfarrer nicht nachzählt, ob hier eventuell die größere Gemeinde versammelt ist. Ansonsten findet man hier eher eine kleine Brotzeitenkarte. Wenn man es vorher anmeldet, kann man eines der leckeren Holzfällersteaks genießen, auch andere warme Gerichte kann man vorbestellen. Anregungen lassen sich auf der Website der Brauerei holen.

BRAUEREI FISCHER

Anschrift

Hauptstraße 18
91632 Wieseth
Tel.: 09822-7411

Öffnungszeiten

Täglich 9 bis 13 Uhr
Fr und Sa 9 bis 13 Uhr und
ab 16 Uhr
Kein Ruhetag

Spezialität

Holzhackersteaks
(nur auf Anmeldung)

Wolfshöher Privatbrauerei K. und F. Weber GmbH & Co. KG

Gründung: 1872 | **Brauer: Josef Micheler** | **Ausstoß: k.A.**

AUF DER HÖHE

Ursprünglich hieß die kleine Ortschaft Rollhofer Höhe, wurde allerdings nach der Gründung der Brauerei durch die Familie Wolf 1872 in Wolfshöhe umgetauft. Deren Ära währte allerdings nur zehn Jahre, nach dem Konkurs übernahm der Nürnberger Brauer Jean Weber. Er muss ein starkes Innovationsgen mitgebracht haben, denn in der Folge leitete die Wolfshöher Brauerei immer wieder Pionierarbeit. Beispielsweise führte sie als erste Brauerei in Nordbayern die KEG-Fässer ein, ebenso wie den geteilten Bierkasten (Split-Box). Die cleveren Brauer sicherten sich zudem durch die Übernahme des Brauhauses Forchheim das Annafest-Bier.

Biersorten

Wolfshöher Urhell, Wolfshöher Pils, Wolfshöher helles Hefeweizen, Altes Wolfshöher, Wolfshöher dunkles Hefeweizen, Wolfshöher leichtes Hefeweizen, Wolfshöher Vollmondbier, Wolfshöher Schwarzbier, Wolfshöher Alkoholfreies, Wolfshöher Leichtes, Wolfshöher Keller, Wolfshöher Premium.

Saisonal

Rammler (Februar bis nach Ostern)
Annafestbier (Juni bis August)
Weihnachtsfestbier (September bis Dezember)
Wintertraum (Januar bis Ostern)

Der Klassiker

Wolfshöher Pils

Festausrüster

Fassbier, Zelt, Bierbänke, Schirme, Kühlwagen, Schankwagen.

Rollhofen Bahnhof

DB

Anschrift & Kontakt

Zur Wolfshöhe 3
91233 Neunkirchen am Sand
Tel.: 09153-4040
Fax: 09153-40416

Öffnungszeiten

Mo bis Fr 8 bis 17 Uhr
von Mai bis August Sa 8 bis 12 Uhr

Website: www.wolfshoeher.de

RESPEKTABLE PORTIONEN ZU UNSCHLAGBAREN PREISEN

So lautet seit vier Jahren das Motto von Wirtin Irmi Teuschel, bekannt vom Goldenen Hirschen in Großbellhofen. Doch nicht nur Portionsgröße und Preis bestimmen in dem urigen Bräustüberl das Klima, sondern auch die Herzlichkeit der Wirtin und ihres Personals. Im Sommer lockt zudem ein großer Biergarten mit über 100 Plätzen. Besonders für die Kinder lohnt sich ein Besuch: Solange sie unter einen Meter groß sind, gibt es ein kleines Getränk und Kloß mit Soße gratis. Sehr vorbildlich, wie wir finden!

**WOLFSHÖHER
BRAUSTÜBER'L**

Anschrift

Wolfshöhe 14
91233 Neunkirchen a.S.
Tel.: 09153-920778

Öffnungszeiten

Täglich ab 11 Uhr
Montag Ruhetag

Spezialität

Wolfshöher Schnitzel

Brauerei Friedel

Gründung: 1467 | Brauer: Timo Baier | Ausstoß: 2000 hl

Biersorten

Vollbier, Landbier Märzen, Lager, Pils.

Saisonal

Bockbier (ab Ende Oktober)
Weihnachtsbier (ab Anfang
Dezember)

Der Klassiker

Vollbier

Festausrüster

Fassbier, Bierbänke, Schirme,
Kühlwagen, Schankwagen.

Heimdienst

Im Umkreis von 30 km.

DANK EINER KRAFTANSTRENGUNG NOCH DA

Über viele Jahrhunderte bildete die Brauerei den Mittelpunkt des Ortes, bis der Zweite Weltkrieg die völlige Zerstörung des Anwesens mit sich brachte und die Kinder der Vorkriegsgeneration erst 1955 wieder eine Brauerei einrichteten, deren Inventar seitdem fast unverändert ist. Mit den drei Sorten Vollbier, Märzen, und Pils gelang es, sich wieder in die Herzen der Zentbechhofener zu brauen, die heute stolz auf ihre Traditionsbrauerei sind. Vor etwa zehn Jahren kam mit dem Lager die vierte Sorte dazu, die für uns zu den Highlights in dem sehr schönen Biergarten hinter dem Haus gehört.

DB

Anschrift & Kontakt

Höchstadter Straße 1
91315 Zentbechhofen
Tel.: 09502-209

Öffnungszeiten

Getränkeverkauf:
Täglich ab 8 Uhr

Website: www.bier.by

Termine

Brauereifest (1. Mai)
Kirchweih (2. WE im Juli)
Bockbieranstich (letzter
Samstag im Oktober)

KLASSE
BROTZEITEN

Sowohl in der Gastwirtschaft wie auch im Bierkeller stehen die hausmacher Brotzeiten im Vordergrund. Gekocht wird nur auf Vorbestellung, vor allem bei den sehr vielen Familienfeiern, die hier regelmäßig stattfinden. Verantwortlich zeichnet Michaela Baier, die hier an jedem Nachmittag (außer Dienstag) ihre Frau steht. Jährliche Highlights sind das Brauereifest am 1. Mai, die Kirchweih im Juli und der Bockbieranstich am letzten Freitag im Oktober.

BRAUEREI FRIEDEL

Anschrift

Höchstadter Straße 1
91315 Zentbechhofen
Tel.: 09502-209

Öffnungszeiten

Täglich ab 16 Uhr
Sa, So und Feiertage ab 9 Uhr
Dienstag Ruhetag

Spezialität

Hausmacher Brotzeiten

Hechtbräu Zimmern

Gründung: 2011 | **Brauer: Bernhard Hecht** | **Ausstoß: 180 hl**

Biersorten

Landbier hell, Landbier dunkel, Bernsteinbock.

Saisonal

Hollersteiner (dunkler Bock, zur Starkbierzeit)
Zimmerner Kirchweihbier (zur Kirchweih am WE vor Christi Himmelfahrt)
Winterbock (November und Dezember)
Weihnachtsweizendoppelbock („Weiweidobo" - zur Adventszeit)

Der Klassiker

Landbier hell

Festausrüster

Fassbier, Zelt, Bierbänke;

DER BIER-HECHT!

Bernhard Hecht ist ein weiteres Beispiel für die neue Generation kreativer Nachwuchsbrauer, die überall in Franken kleine Braustätten gründen. Als ehemals angestellter Braumeister machte er sich zum 1. Januar 2011 selbstständig und eroberte mit seinen Bieren die Herzen der ganzen Region. Hecht steht auf vielen Märkten und ist auch für Brauseminare jederzeit zu haben. Sein Bier fand schon weitere Wege und hat Stammkunden in der Bundeshauptstadt, die mittlerweile sogar bereits zum Brauseminar in Zimmern waren. 2012 braute der umtriebige Bierkünstler übrigens einen Geburtstagssud für einen frisch gebackenen Vater aus der Region - eine gute Idee, die Nachahmer finden sollte!

DB

Anschrift & Kontakt

Zimmern 59
91788 Pappenheim
Tel: 09143-212539

Öffnungszeiten

Mo, Di, Mi und Sa nur nach
telefonischer Vereinbarung
Do 16 bis 18 Uhr
Fr 15 bis 18 Uhr

Website: www.hechtbraeu-zimmern.de

Termine

Zimmerner Kirchweih (am WE
vor Christi Himmelfahrt)

Brauerei Zirndorf GmbH

Gründung: 1674 | Brauer: Rudolf Distler, Bernhard Wagemann (Produktionsleiter) | Ausstoß: k.A.

UNVERFÄLSCHT UND SÜFFIG

Die Zirndorfer Brauerei steht nunmehr für über 335 Jahre Brautradition. Damals freute sich der Markgraf Johann Friedrich von Ansbach über die Erzeugnisse seiner „Preuverwalter", deren strenge Auflagen dafür sorgten, dass das Bier dank seiner hohen Qualität schnell im gesamten Umland bekannt und beliebt wurde. Das gute Zirndorfer - das sind heute drei Sorten: Landbier, bernsteinfarben und fein gehopft, Kellerbier, unfiltriert und vollmundig, und das Landweizen, erfrischend und geschmackvoll. Zum Einsatz kommen dabei ausgewählte Rohstoffe vom Hopfen aus der Hallertau und Spalt bis zur Gerste aus kontrolliertem Anbau.

Biersorten
Zirndorfer Landbier, Zirndorfer Weizen, Zirndorfer Kellerbier.

Der Klassiker
Zirndorfer Landbier

Festausrüster
Fassbier, Bierbänke, Schirme, Kühlwagen, Schankwagen.

Fotos (bis auf Außenansicht): Zirndorfer / M. Galle

 Zirndorf Bahnhof

DB

Website: www.zirndorfer.de

Termine

Zirndorfer Stadt- und Brauerei-
fest (4. WE im Juli)
Zirndorfer Kirchweih (3. WE im
August)

BIERIG DRINNEN UND DRAUSSEN

Umgeben von Brauereigebäuden sitzt es sich besonders im Sommer wunderschön, schließlich gibt der rote Sandstein dem gesamten Areal eine urige Atmosphäre und auch ein spezielles Licht. Die Zeit hat außerdem dafür gesorgt, dass der Biergarten immer mehr an Flair gewinnt. Auf den Tisch kommen - drinnen wie draußen - sehr feine bierige Gerichte vom Braten mit Dunkelbiersauce über den Fisch im Bierteig bis zum Kellerbiereis. Auch in der Küche spielen die Zirndorfer Biere als Zutat eine wichtige Rolle. Zum Zeitpunkt der Drucklegung war der Bräuschank gerade wegen Umbaus geschlossen, deswegen bitte auf der Website informieren.

ZIRNDORFER BRÄUSCHANK

Anschrift

Rote Straße 8
90513 Zirndorf
Tel.: 0911-6890586
www.zirndorfer-braeuschank.de

Öffnungszeiten

Di bis Fr ab 17 Uhr
Sa, So und Feiertage ab 11 Uhr
Montag Ruhetag

Spezialität

Schäuferle mit Knödel und Salat

Brauerei Schober

Gründung: 2007 | Brauer: Klaus Schober | Ausstoß: 20l

EIN STÜCK BAMBERG IN FÜRTH

Bei Klaus Schober taucht man in eine ganz eigene Brau-Welt ein. Über 30 Jahre arbeitete der gelernte Brauer bei der Bamberger Hofbräu, bis die Brauerei 1977 ihre Pforten schloss. Vor dem Abriss kurz danach konnte Schober noch einige Devotionalien retten, darunter die Glocke der ehemals größten Bamberger Brauerei. Später braute er ab und zu für sich und Freunde in einem Wurstkessel, bis er im Ruhestand seine alte Liebe wieder entdeckte und 2007 seine kleine Hausbrauerei gründete. Die Einrichtung besteht aus vielen Provisorien, die aber alle zusammen eine echte Braustätte bilden. In seinem Verkostungsraum findet man mittlerweile auch ein kleines Museum, wo sich allerlei Gegenstände rund um die Geschichte der Braukunst versammeln.

Biersorten
Helles, Dunkles, Jubelbier, Hopfengold.

Saisonal
Urtrunk (Winter)
Weizen (Sommer)

Der Klassiker
Jubelbier

   Zirndorf Bahnhof

Anschrift & Kontakt

Saarbrückener Straße 2
90513 Zirndorf
Tel: 0911-604658

Öffnungszeiten

keine festen Öffnungszeiten
nach telefonischer Absprache
geöffnet

Website: www.bier.by

Termine

Frühlingsfest (Mitte März)
Lange Nacht in Zirndorf
(Anfang Juni)
Stadt- und Brauereifest (Ende
Juli)
Kirchweih (Mitte August)
Herbstfest (eine Woche vor
Sommerzeitende)

Nie wieder im Getränkemarkt Bier kaufen

www.braukultur-franken.de

Warum nicht einfach selber brauen? Das denken sich über 100 fränkische Hobbybrauer, die sich im Verein zur Förderung der Fränkischen Braukultur zusammengeschlossen haben.

Darunter sind auch gestandene Braumeister wie Georg Rittmayer aus Hallerndorf. Regelmäßig treffen sie sich, um neue Rezepturen zu erfinden und zu testen und gemeinsam das Brauen zu erleben. Dabei gibt es immer wieder interessante Überraschungen, das Ergebnis schmeckt aber immer, auch wenn man es manchmal auf den ersten Blick vielleicht nicht glauben mag.

Einmachzuber, Waschtopf, Metzgerkessel, alle möglichen Gerätschaften müssen herhalten, wenn ein neuer Sud entsteht. Bei all der Improvisation behalten die Brauer wie ihre professionellen Vorbilder Thermometer und Uhr genau im Auge, damit das Bier gelingt. Besonders reizvoll ist dabei die Spannung, bis nach der Reife- und Lagerzeit zum ersten Mal gekostet werden kann. Dann aber gibt es kein Halten, wenn über das gelungene Lagerbier, den Bock oder ein englisches Stout gefachsimpelt und sich gegenseitig fröhlich zugeprostet wird.

INFOS & KONTAKT

Verein zur Förderung der
Fränkischen Braukultur e. V.
Sudetenstr. 27
91096 Möhrendorf
Vorstand Kurt Adler
(Tel.: 09131/440872, Fax: 09131/490667)
eMail: info@braukultur-franken.de
Web: www.braukultur-franken.de

BIERFEST NÜRNBERG

Bier.BY
BIERKULTUR ERLEBEN

Willkommen in Unterfranken

Eine ausführliche Rubrikeinlei-
tung sowie eine Zuordnung der
Brauereipunkte zum jeweiligen
Ort finden Sie auf der folgenden Doppelseite.

(Namensverzeichnis ab Seite 666)

(Gesamtkarte Franken und Liniennetz der
Bahn siehe herausnehmbare Faltkarte)

600

A7

Ba

Hammelburg

Gemünden

648

622

564

Aschaffenburg

568

618

552

590

Karlstad

572

640

582

636

630

B469

Unterfranken

592

580

Würzbur

586

Main

A3

Miltenberg

598

Od

B14 — Bundesstraße

A3 — Autobahn

Brauerei

Brauerei mit Gaststätte

Zahl entspricht der Seite im Buch

614

610
612

602

556

A71

Bad Neustadt

642

620

B279

d Kissingen

566
554

B19

596

Saale

578

574

Schweinfurt

Haßfurt

Eber

624 626

656

A70

632

dt 550

646

560

B286

638

Gerolzhofen

634

584

Volkach

rg

650
652

616

A3

Kitzingen

Höchsta

594

chsenfurt

604 606

570

628

Ortsverzeichnis zur Karte auf der vorangehenden Doppelseite

Ein komplettes Namensverzeichnis mit allen Brauereinamen finden Sie ab Seite 666

Wo Bierfranken auf Weinfranken trifft

In der Heimat des Frankenweines befand sich der Gerstensaft lange Zeit auf dem Rückzug. Nur Exoten verirrten sich in die Brauereigasthäuser und Biergärten. Doch nach und nach kommen auch die Mainfranken auf den Geschmack. Gasthausbrauereien werden eingerichtet und Kommunbrauhäuser neu belebt. Überhaupt: Je weiter man in dem flächenmäßig größten fränkischen Bezirk nach Osten geht, umso mehr gewinnt das Brauwesen an Bedeutung.

Dominant sind vor allem die Residenz- und Weltkulturerbestadt Würzburg, deren große Hofbräu-Brauerei mittlerweile allerdings zum Kulmbacher Konzern gehört, sowie Aschaffenburg und Schweinfurt als Außenposten im Westen bzw. Osten. Das Leben spielt sich hauptsächlich um die beiden Flusssysteme Main und Saale herum ab, die natürlich auch die meisten Weinberge beherbergen. Freuen Sie sich auf vermeintliche Bier-Exoten wie die Wittelsbacher Turm Bräu oder die Klosterbrauerei auf dem Kreuzberg (Rhön). In der Hauptstadt selbst hat sich mittlerweile mit dem Brauhaus eine ganz spezielle Gasthausbrauerei etabliert.

Ganz besonders lohnt sich der Aufenthalt hier, wenn man zwischen den Welten wandert. So gibt es mehrere Ansätze, beispielsweise in Theinheim, wo auf einem Spazierweg sowohl Winzer als auch auch Brauer besucht und die jeweiligen Erzeugnisse verkostet werden können. In der vor dem Zweiten Weltkrieg thüringischen Exklave Ostheim können Sie außerdem die spannende Erfolgsgeschichte der Bionade erleben. Hier entdeckte ein cleverer Braumeister 1995 bei der Untersuchung von Kombucha einen Bakterienstamm, der Zucker nicht in Alkohol, sondern in eine Fruchtsäure umwandelt.

Arnsteiner Brauerei Max Bender

Gründung: 1885 | Brauer: Paul Seubert | Ausstoß: 30000 hl

Biersorten

Arnsteiner Pils, Arnsteiner Hefeweizen, Arnsteiner Ur-Weisse (dunkles Weißbier), Arnsteiner Festbier, Arnsteiner Landbier.

Der Klassiker

Arnsteiner Hefeweizen

Festausrüster

Fassbier, Bierbänke, Schirme, Kühlwagen, Schankwagen.

Heimdienst

Im Umkreis von ca. 30 bis 35 km, 14-tägig.

ES BEGANN MIT DER HOCHZEIT ...

... von Johann Georg Brauneck mit Anna Elisabetha Meußer in Frankfurt am Main. Gemeinsam mit anderen Familienmitgliedern aus ganz Franken starteten die beiden 1707 eine ganz besondere Brauerdynastie in Franken. Fast wie beim Hochadel stieß das Unternehmen mit jeder Generation in neue Regionen vor. Heute zählen auch Brauereien in Babenhausen, Schweinfurt und Thüngen zur Arnsteiner Brauerei, wodurch diese alte gesamtfränkische Dimension weiter gelebt wird. Natürlich geht man auch mit den Bieren immer wieder neue Wege, momentan startet zusätzlich eine eigene Whisky-Destille, deren erstes Ergebnis in einigen Jahren zu verkosten sein wird.

Anschrift & Kontakt

Schweinfurter Straße 9
97450 Arnstein
Tel.: 09363-90910
Fax: 09363-909111

Öffnungszeiten

Mo bis Do 7 bis 16 Uhr
Fr 7 bis 14 Uhr

Website: www.arnsteiner-brauerei.de

Termine

Radlspaß (um den 23. April)
Bockbieranstich in Lohr (zwischen Ende September und Mitte Oktober)
Bockbieranstich in Arnstein (Ende Oktober)

Schwindbräu GmbH

Gründung: 1761 | Brauer: Martin Zipprich | Ausstoß: k.A.

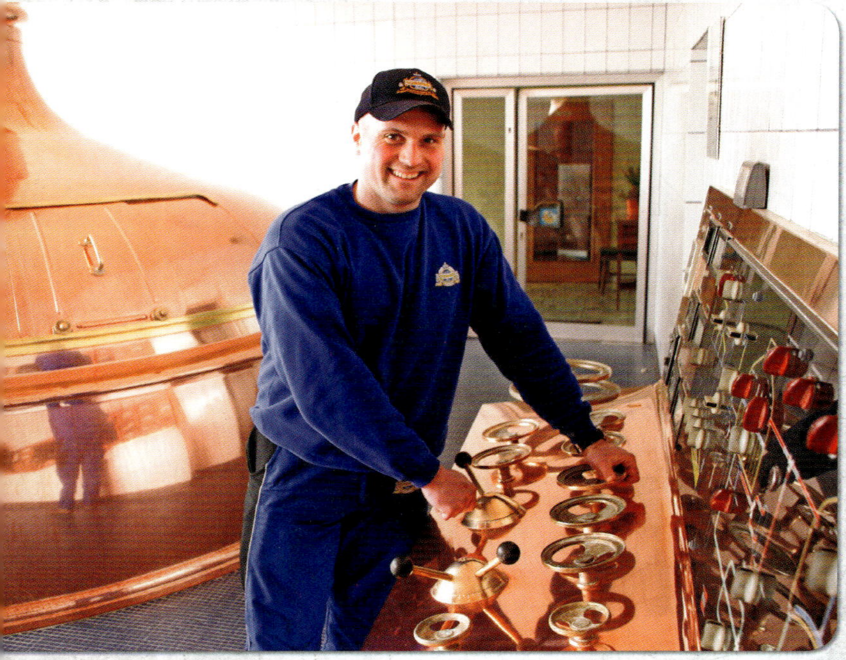

Biersorten

Schwind Bräu Export, Schwind Bräu Pilsener, Schwind Bräu Rotgold, Schwind Bräu Dunkles, Schwind Bräu Radler, Schwind Bräu Helles Weißbier, Schwind Bräu Dunkles Weißbier.

Saisonal

Schwind Bräu Festbock (November bis Januar)

Der Klassiker

Schwind Bräu Export

DIE LETZTE BRAUEREI

Eigentlich herrscht in Aschaffenburg ein extrem wirtschaftsfreundliches Klima, im eigentlichen wie übertragenen Sinn. Trotzdem konnten weder die gute Infrastruktur noch die trinkfreudige Bevölkerung den Niedergang der heimischen Braukultur verhindern, die heute nur noch mit der Schwindbräu hier vertreten ist. Und auch die konnte nur durch die großen Investitionen des neuen Inhabers und Bauunternehmers Alfred Kunkel für die Zukunft gerüstet werden. Das ist nun schon über 20 Jahre her, erklärt aber die süffigen Biere, die aus dem Sudhaus von Braumeister Steffen Kemmerer kommen.

Anschrift & Kontakt

Schweinheimer Straße 117
63743 Aschaffenburg
Tel.: 06021-930092
Fax: 06021-960006

Öffnungszeiten

Mo bis Fr 7 bis 17 Uhr
Sa 9 bis 12 Uhr

Website: www.schwindbraeu.de

Wittelsbacher Turm Bräu GmbH

Gründung: 2000 | Brauer: Franz Breitschopf | Ausstoß: 1000 hl

100 JAHRE BAYERN LOCKER VERDOPPELT

Am 1. Januar 1906 feierten die Bad Kissinger die Grundsteinlegung des Aussichtsturmes auf dem 420 Meter hohen Scheinberg. 21 Monate und 27.000 Goldmark später war das 33 Meter hohe Bauwerk fertig, von dem aus man in das gesamte Saaletal schauen kann. Nur drei Jahre stand die kleine Gastwirtschaft, die der Gastwirt Josef Körner 1930 eröffnete. 1933 war die Flagge des Dritten Reiches gehisst, die Gastwirtschaft niedergebrannt und stattdessen ein massiver Neubau entstanden. Dank der jetzigen Eigentümerin Barbara Apfelbacher und ihrem Lebensgefährten Heribert Wachtl steht in den Räumen nun eine 2002 eröffnete schmucke Gasthausbrauerei.

Biersorten

Vollbier (Marke:„Unser Bier")

Saisonal

Frühlingsbock (März bis Mai)
Maibock (ab Mai)
Oktoberfestbier (ab Anfang/Mitte September)
Weihnachtsbock (ab Anfang Dezember)

Der Klassiker

Vollbier

Anschrift & Kontakt

Wittelsbacher Turm 1
97688 Bad Kissingen
Tel.: 0971-7858820
Fax: 0971-7858830

Öffnungszeiten

März bis Okt.: Täglich ab 11 Uhr, So und
Feiertage ab 10 Uhr
Nov. bis Feb.: Mo und Di 12 bis 20 Uhr, Mi bis
Sa ab 11 Uhr, So und Feiertage ab 10 Uhr

Website: www.wittelsbacher-turm.de

Termine

Turmfest (Ende Juni)

AUSFLUGSZIEL
MIT HAUSBRÄU

Das Vollbier mundet! So viel sei schon mal erwähnt. Und nachdem sich die Inhaber vor der Einrichtung der Gasthausbrauerei unter anderem in der Fränkischen Biermetropole Bamberg umgesehen hatten, nimmt es nicht wunder, dass auch das Ambiente und die Erzeugnisse der Küche stimmen. Hier sollte man also nicht nur auf den kleinen Erfrischungsschluck oder das Eis zwischendurch vorbeischauen, sondern durchaus einen ernstzunehmenden Zwischenstopp mit Bier und Schäuferle oder Brotzeit einplanen.

ERLEBNISBRAUEREI
WITTELSBACHER TURM

Anschrift

Wittelsbacher Turm 1
97688 Bad Kissingen
Tel.: 0971-7858820

Öffnungszeiten

März bis Oktober: Täglich ab 11
Uhr, So und Feiertage ab 10 Uhr
Kein Ruhetag
November bis Februar:
Mo und Di 12 bis 20 Uhr, Mi bis Sa
ab 11 Uhr, So und Feiertage ab 10
Uhr, Kein Ruhetag

Spezialität

Schäuferle. Biergerichte im
Angebot: z. B. Zwickelbierbraten,
Bierbeißer.

Klosterbrauerei Kreuzberg/Rhön

Gründung: 1731 | **Brauer: Ulrich Klebl** | **Ausstoß: 8500 hl**

DEN FRANZISKANERN SEI DANK!

Jährlich über eine halbe Million Besucher pilgern jedes Jahr auf den Kreuzberg, manche erklären es mit der Klosterkirche, manche denken aber auch, dass die 70 bis 80 Wallfahrten pro Jahr dem guten Klosterbier gewidmet sind. Wie dem auch sei, die sieben klerikalen Bewohner des Anwesens freuen sich über Gäste und Bier - und haben sich noch ein weiteres Hobby zugelegt, die Bernhardinerzucht. Die Hunde waren schon immer Wahrzeichen des Klosters, aber in den 1980er Jahren starb mit dem letzten zuständigen Bruder namens Valentin auch die Hundezucht. Der Vater des heutigen Braumeisters, Ludwig Klebl, half dann 2005 den Mönchen, die alte Tradition wieder mit Leben zu erfüllen.

Biersorten
Dunkel.

Saisonal
Pils (Februar bis Juni)
Helles Hefe-Weizen (Mai bis Okt.)
Weihnachtsbock (Nov. bis Februar)

Der Klassiker
Dunkel

Bus 8057 Kreuzberg Parkplatz, Bischofsheim a.d. Rhön

DB

Anschrift & Kontakt

Kreuzberg 2
97653 Bischofsheim
Tel.: 09772-91240
Fax: 09772-912445

Öffnungszeiten

Mo bis Do 8 bis 16.30 Uhr
Fr 8 bis 15 Uhr

Website: www.kreuzbergbier.de

EINE ECHTE KLOSTERSCHÄNKE

Bis auf das Bier geht es hier traditionell sehr rustikal zu. Auf den Teller kommen Braten und einfache Brotzeiten, was auch bestens ins Gesamtkonzept passt. Bei schönem Wetter darf man rund um die Klostergebäude Platz nehmen und den einzigartigen Ausblick genießen. Für die Freunde von Kaffee, Eis und Kuchen sei noch erwähnt, dass es mit dem Café Zum Elisäus hinter dem Kloster auch dafür einen geeigneten Ort gibt. Doch hier nicht das gute Bier zu verkosten, grenzt an Blasphemie!

KLOSTERSCHENKE

Anschrift

Kreuzberg 2
97653 Bischofsheim
Tel.: 09772-91240

Öffnungszeiten

Täglich von 8 bis 20 Uhr
Kein Ruhetag
Am letzten Sonntag im Oktober
letztes Mal geöffnet, dann bis
Mitte Dezember Betriebsruhe

Spezialität

Grillhaxe

Zwei Kreuzberge - ein Bier

Die Mönche des Franziskaner-Klosters auf dem Kreuzberg in der Rhön haben Norbert Winkelmann vom Hallerndorfer Kreuzberg besucht und gemeinsam mit ihm den neuen Pilgertrunk eingebraut. Mit dabei hatten sie unter anderem auch echtes Kreuzberg-Quellwasser, das zusammen mit dem Wasser aus der Hallerndorf-Kreuzberg-Quelle die Grundlage des Bieres bildet.

Ein Brauer-Leben schreibt viele schöne Geschichten. So landete eine Glosse auf dem Tisch von Bruder Martin, dem Leiter des Franziskaner-Kloster auf dem Kreuzberg in der Rhön. Darin ließ sich ein Zeitungsredakteur in der Rhöner Mundart über die vermeintlich „schlafenden" Klosterbrüder von „seinem Kreuzberg" aus. Erst habe er an einen Aprilscherz gedacht, doch tatsächlich: Ein Bischof hat Bier auf dem Kreuzberg gebraut, aber nicht auf seinem Kreuzberg, sondern auf „dem annere Kreüzberch" in Hallerndorf. Gerade als der Franziskaner, auf dessen Kreuzberg seit 1731 eine Brauerei betrieben wird, mit dem Lesen fertig war, klingelte das Telefon, und Norbert Winkelmann vom Hallerndorfer Brauhaus war dran.

Schnell stand der heiße Draht und die beiden beschlossen, gemeinsam ein quasi Doppel-Kreuzberg-Bier zu brauen. Die Mönche bestiegen ihr Gefährt, und machten sich auf die lange Reise von der Rhön in die Fränkische Schweiz. Zwei Stunden und 150 Kilometer später staunten sie nicht schlecht, als sie das Ensemble aus Wallfahrtskirche, Brauhaus und Bierkellern zum ersten Mal erblickten. Mit im Gepäck hatten sie einen großen Bottich echtes Kreuzbergwasser aus der Rhöner Quelle, mehrere große Flaschen Bier und passende Krüge. „Aber nicht als Wegzehrung oder Notration", wie Bruder Martin erklärte, „sondern als Gastgeschenk."

Nach einer kurzen Begrüßungsrunde ging es ans Eingemachte. Die Brüder Martin und Johannes Matthias, Geschäftsführer der Klosterbetriebe in der Rhön, machten sich gemeinsam mit Norbert Winkelmann an den gemeinsamen Biersud. Das Kreuzbergwasser aus der Rhön und Quellwasser vom Hallerndorfer Kreuzberg landeten in der Sudpfanne, das Malz in der Schrotmühle. Einige Stunden kochen, dann edler Aromahopfen hinzu. Am Abend schließlich war das Werk getan, und der fertige Sud landete nach einem Segen im Gär- und Lagerkeller, wo es sich die Mönche natürlich nicht nehmen ließen, aus den anderen Tanks gleich mal ein Bier zu zwickeln – man merkte, dass sie sich in einer Brauerei bestens auskannten.

Gebraut haben die Mönche gemeinsam mit Winkelmann übrigens den „Pilgertrunk", ein uriges Siebenkornbier mit Malzen von Weizen, Gerste, Dinkel, Emmer, Einkorn, Hafer und Roggen. Wie jedes Jahr spendeten die Friedel-Winkelmanns von jedem Liter ausgeschenkten Bieres 50 Cent für einen guten Zweck, diesmal kam das Geld der Kreuzbergkirche zugute, die 550jähriges Jubiläum feierte und einigen Renovierungsbedarf aufweist.

Eschenbacher Privatbrauerei GmbH Hans Wagner

Gründung: 1750 | Brauer: Karl-Werner Wagner, Eugen Wagner | Ausstoß: 80000 hl

EINS, ZWEI, FÜNF

So zählt man in Eschenbach. Schließlich sind es ein Georg, zwei Johann und fünf Karl Wagner, die die acht Brauerei-Generationen stellen. Deswegen heißt der heutige Brauereibesitzer auch Karl V. Sein Herrschaftsgebiet erstreckt sich nicht ganz so weit wie das des berühmten Namensvetters aus dem 16. Jahrhundert, aber die Eschenbacher hat sich mittlerweile einen festen Platz in der (unter)fränkischen Brauereilandschaft und in den Herzen der Bierfans erobert und gesichert. Die finden in der breiten und hervorragenden Bierpalette der Wagners auch immer einen Lieblingsschluck - bei uns wars das Zwickl.

Biersorten

Eschenbacher Urtyp hell, Eschenbacher Pils, Eschenbacher Export, Eschenbacher Märzen, Eschenbacher Frankentrunk, Eschenbacher Weißbier, Eschenbacher Hausbräu.

Der Klassiker

Eschenbacher Pils

Festausrüster

Fassbier, Zelt, Bierbänke, Schirme, Kühlwagen, Schankwagen.

Anschrift & Kontakt

Eltmanner Straße 12
97483 Eltmann-Eschenbach
Tel.: 09522-288
Fax: 09522-287

Öffnungszeiten

Mo bis Do 7 bis 12 Uhr und 13
bis 16 Uhr
Fr 7 bis 13 Uhr

Website: www.eschenbacher.de

Ein Ort, wo Denkmäler verfallen...

Website: www.freilandmuseum-fladungen.de

...ist wie ein Mensch, der sein Gedächtnis verliert. Mit diesem Wahlspruch wirbt das Fränkische Freilandmuseum in Fladungen, das nicht nur mit seinem Brauhaus namens Schwarzer Adler glänzen kann.

Denn hier lebt das „alte" Unterfranken weiter. Das Ensemble aus Bauernhäusern und Höfen (aus Rhön, Spessart, Grabfeld und Hassbergen), einem Brauhaus, zwei Mühlen, Dorfkirche und Dorfschule weiß zu überzeugen. Besonders malerisch ist die Anreise mit dem Rhön-Zügle, das die Besucher mit historischen Dampf- und Diesel-Loks auf's Museumsgelände bringt.

Dort warten dann neben den Gebäuden auch viele Aktionen und Veranstaltungen vom Bierbrauen und Schnapsbrennen bis zum Schlachten und Brotbacken. Dabei kommen große und kleine Kinder auf ihre Kosten. Letztere können hier sogar ihren Geburtstag feiern.

Ganz besonders gut gefallen hat uns natürlich das kleine Brauhaus, in dem noch besonders urig gebraut wird. Hier scheint die Zeit stehen geblieben zu sein, das Bier sollen Sie unbedingt gekostet haben!

Öffnungszeiten und Eintrittspreise siehe Website

Fränkisches Freilandmuseum Fladungen
Bahnhofstraße 19
97650 Fladungen
Tel.: 09778/9123-0
Fax: 09778/9123-45
eMail: info@freilandmuseum-fladungen.de
Website: www.freilandmuseum-fladungen.de

Waldschloss-Brauerei OHG

Gründung: 1886 | Brauer: Jens Reinhard | Ausstoß: 15000 hl

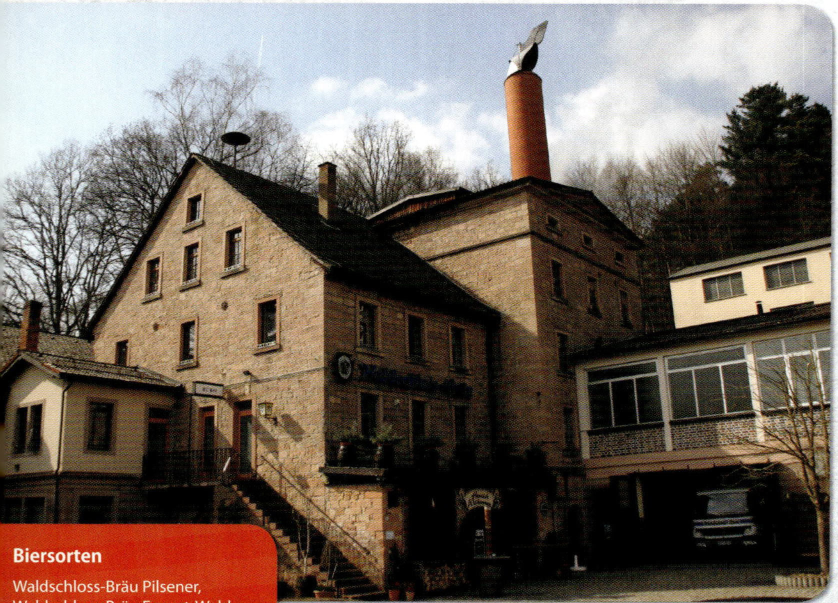

Biersorten

Waldschloss-Bräu Pilsener, Waldschloss-Bräu Export, Waldschloss-Bräu Lager, unfiltriertes Kellerbier, Fuhrmanns Weisse hell, Fuhrmanns Weisse dunkel.

Saisonal

Waldschloss-Bräu Doppelbock (ab Mitte November)

Der Klassiker

Waldschloss-Bräu Export

Festausrüster

Fassbier, Bierbänke, Schirme, Kühlwagen, Schankwagen.

Heimdienst

Nur in Frammersbach, 1 x pro Woche.

DER BIERMISSIONAR

1886 stand es in Frammersbach nicht gut um die Bierkultur. Gepanschtes, überteuertes Bier strapazierte Gaumen und Gesundheit der Einwohner. Da nahm sich der örtliche Pfarrer ein Herz und gründete die Spessarter Bierhallen AG. Das wirkte und sofort kehrte wieder Bierseligkeit bei seinen Schäfchen ein. Heute braut Braumeister Jens Reinhard und konnte sich freuen, so eine treue und über Jahrzehnte gefestigte Fangemeinde zu besitzen. Die trinkt am liebsten das Export, wobei wir auch am Kellerbier großen Gefallen gefunden haben.

Anschrift & Kontakt

Orber Straße 103
97833 Frammersbach
Tel.: 09355-97340
Fax: 09355-973413

Öffnungszeiten

Mo bis Do 7 bis 12 Uhr und 12.45
bis 16.15 Uhr
Fr 7 bis 11 Uhr

Website: www.waldschloss-brauerei.de

Termine

Tag des Bieres (23. April)
Hoffest (Muttertag)
Bockbierfest (Mitte November)
Weihnachtsfeuer (23. Dezember)

IN DER BRAUEREI

Als kleine integrierte Gastronomie kann und will das Bräustübl nicht mit den Segnungen großer warmer Küche aufwarten, sondern begnügt sich mit einer Palette feiner Hausmacher Brotzeiten von kleinen Metzgern aus den umliegenden Ortschaften. Zum Bier passt das aber absolut perfekt, wir haben nichts vermisst. Der Klassiker ist der Braumeisterteller, von dem auch zwei Leute satt werden können. Sehenswert auch das kleine Museum, das in der ehemaligen Mälzerei Platz gefunden hat, geöffnet wird nach Vereinbarung.

BRÄUSTÜBL

Anschrift

Orber Straße 103
97833 Frammersbach
Tel.: 09355-97340

Öffnungszeiten

Täglich 10.30 bis 12 Uhr und 15
bis 20 Uhr
Kein Ruhetag

Spezialität

Braumeisterteller

Bier.BY
BIERKULTUR ERLEBEN

Museumsbraugasthaus Jägersruh

Gründung: 1998 | Brauer: Hubert Stärker | Ausstoß: 45 hl

VOM CROUPIER ZUM BRAUER

Wer von Ihnen erinnert sich noch an Jean Pütz und die Hobbythek? Immerhin strahlte der WDR die letzte Folge dieser Wissenschaftssendung erst 2004 aus. Es ging um Do-it-yourself in allen Bereichen. Als der damalige Croupier der Spielbank Bad Kissingen Hubert Stärker gemütlich auf dem Sofa liegend die Sendung zum Hausbrauen sah, war es um ihn geschehen. Nach ersten Versuchen am heimischen Kochtopf ging es erst in die Garage und schließlich in den Garten, bis er im Ruhestand die alte Gastwirtschaft Jägersruh erwerben konnte. Zusammen mit historischen Brau-Utensilien steht hier nun eine Gasthausbrauerei, die 2009 als Museumsbraugasthaus Jägersruh öffnete. Ein Geheimtipp war geboren!

Biersorten

Hausbrau Kellerbier, Hausbrauweizen, Schwarzbier mit einem Hauch von Rauch.

Der Klassiker

Hausbrau Kellerbier

DB

Anschrift & Kontakt

Baptist-Hoffmann-Straße 61
97688 Bad Kissingen-Garitz
Tel.: 0971-61773 o. 0152-33769708
Fax: 0971-1226654

Öffnungszeiten

Do, Fr, Sa ab 18 Uhr
Sonntag bis Mittwoch geschlossen
Ende Juli bis Mitte September
Betriebsurlaub

Website: www.staerkerbraeu.de

Termine

Am Tag des Bieres ist immer
geöffnet (23.4.), außerhalb der
sonstigen Öffnungszeiten

IM BIERFAN-PARADIES

Umgeben von einer echten Brauerei und einem Brauereimuseum freut man sich sowohl aufs gute Bier als auch auf die Ergebnisse der Stärkerschen Kochkünste, wie beispielsweise Brauereintopf oder Brauerflammkuchen. Selbst die Brotzeiten sind schon einen Besuch wert! Der echte Geheimtipp steht übrigens nicht mehr auf der Karte: Solange nämlich das Schnitzel offiziell angeboten wurde, haben es die Gäste kaum bestellt. Nun ist es runter von der Karte - und schon ordert jeder zweite einen solchen Leckerbissen.

MUSEUMSBRAUGASTHAUS JÄGERSRUH

Anschrift

Baptist-Hoffmann-Straße 61
97688 Bad Kissingen-Garitz
Tel.: 0971-66899 o. 0152-33769708

Öffnungszeiten

Do, Fr, Sa ab 18 Uhr
So bis Mi geschlossen
Ende Juli bis Mitte September
Betriebsurlaub

Spezialität

Brauereintopf

Bier.BY
BIERKULTUR ERLEBEN

Hofbrauerei Bergmann

Gründung: 2009 | Brauer: Bernd Bergmann und Stefan Koch | Ausstoß: k.A.

NOCH EIN GEHEIMTIPP

Die Geschichte der kleinen Brauerei begann schon vor vielen Jahren aus Privatinteresse an der Braukunst. Inzwischen sind die Bernd Bergmann und Stefan Koch längst ausgebildete Braumeister. Ihre Leidenschaft ist es, in der kleinen Spezialitätenbrauerei immer wieder neue Bierrezepte zu kreieren: fein und süffig soll ihr Bier sein, mit reinem Geschmack und eine Freude für den Gaumen. Ob „Bernstein", Weizen oder Bock – jede Sorte ist naturbelassen (natürlich mit Biosiegel) und hat ihre eigene unverwechselbare Note.

Biersorten

Bio-Bernstein, Bio-Weisse, Bio-Doppebock, Bio-Roggen

Der Klassiker

Bio-Bernstein

Anschrift & Kontakt

Weitzkaut 11a
63864 Glattbach
Tel: 06021-429410
Fax: 06021-4294110

Öffnungszeiten

Donnerstag 16-20 Uhr

Website: www.bier.by

HOFBRAUEREI BERGMANN

Hausbrauerei Düll

Gründung: 1840 | **Brauer: Martin Rank** | **Ausstoß: 500 hl**

IN DER ACHTEN GENERATION

Das riecht nach Rekord, selbst in Franken. Inhaber Martin Ranks Mutter war noch eine geborene Düll, und ihr Mann Sebastian war es auch, der damit begonnen hat, den jährlichen Tag des Bieres in der Mehrzweckhalle neben der Brauerei groß zu begehen. Von Beckstein bis Söder war hier schon jede Menge Politprominenz am 23. April zu Gast. Und dank des guten Pils (und der guten Küche) sind sie auch alle gerne wiedergekommen. Schauen Sie doch auch mal vorbei!

Biersorten
Pils.

Saisonal
Bockbier (ab November)

Der Klassiker
Pils

Festausrüster
Fassbier, Bierbänke, Schankwagen.

Anschrift & Kontakt

Pfarrer-Geyer-Straße 1
97340 Marktbreit-Gnodstadt
Tel.: 09332-8663
Fax: 09332-500063

Öffnungszeiten

Di, Do und Fr ab 17 Uhr
Sa und So 11.30 bis 14 Uhr und
ab 17 Uhr
Montag und Mittwoch Ruhetag

Website: www.duell-gnodstadt.de

Termine

Kirchweih (1. WE im Juli, So
nach Peter und Paul)
Tag des Bieres (um den Tag
des Bieres, meistens an einem
Freitag)

IM ALTEN SCHWARZEN ADLER …

… steht Martin Rank nicht nur am Sudkessel seinen Mann, als gelernter Braumeister und Koch erfüllt er auch alle Aufgaben in der Küche mit Bravour. Dazu gehören auch Hausschlachtung (durchgeführt beim Metzger zwei Orte weiter) und die zugehörige Schlachtschüssel jeden zweiten Dienstag (die Gaststätte öffnet dann auch schon zur Mittagszeit). Eine weitere Spezialität sind die Bauerngänse und -enten im Winter. Dazu gibt es dann auch ein buntes Kabarettprogramm (Aktuelle Informationen auf der Internetseite).

HAUSBRAUEREI MIT GASTHOF DÜLL

Anschrift

Pfarrer-Geyer-Straße 1
97340 Marktbreit-Gnodstadt
Tel.: 09332-8663

Öffnungszeiten

Di, Do und Fr ab 17 Uhr
Sa und So 11.30 bis 14 Uhr und
ab 17 Uhr
Montag und Mittwoch Ruhetag

Spezialität

Hausmacher Bratwürste nach
eigenem Rezept. Biergerichte im
Angebot: z. B. Bachsaibling in Bierteig, Apfelküchle in Bierteig, …. .

Eder & Heylands Brauerei GmbH & Co. KG

Gründung: 1872 | Brauer: Markus Sabel | Ausstoß: k.A.

Biersorten

Eder's Pilsener, Eder's Export, Heylands Export, Heylands Pilsener, Bavaria Hefeweizen hell, Bavaria Hefeweizen dunkel, Bavaria Russ Alt Ostheimer alkoholfrei, Eder & Heylands Radler, Schlappeseppel Export, Schlappeseppel Kellerbier, Schlappeseppel Spezial, Schlappeseppel Landbier, Schlappeseppel Hefeweissbier.

Saisonal

Schlappeseppel Winterbock (ab Oktober solange Vorrat reicht)

Der Klassiker

Seppel´sche

Festausrüster

Fassbier, Schirme, Kühlwagen, Schankwagen.

FAMILIENBRAUEREI MIT EXPANSIONSDRANG

1872 übernahm der Badener Friedrich Eder die 1779 erstmals urkundlich erwähnte Ochsenbrauerei in Großostheim und legte damit den Grundstein für eine große Geschichte. 1901 entstand der Neubau an der Aschaffenburger Straße, 1959 startete die Übernahme der Schwanenbrauerei (Großostheim), 1983 die der Bavaria-Brauerei (Aschaffenburg), 1991 der Schloßbrauerei zu Thüngen, 1998 die der Heyland's Brauerei (Aschaffenburg) und 2005 die Traditionsmarke Schlappeseppel (Aschaffenburg). Bei letzterer ist zu beachten, dass es in der Brauereigaststätte Schlappeseppel mittlerweile Bier der Brauerei Faust aus Miltenberg gibt, die original Schlappeseppel-Biere entstehen in Großostheim bei Eder & Heyland's. Trotz dieser beachtenswerten Expansion sind die Eders an der Firmenspitze geblieben und sorgen dafür, dass bei all der Größe Handwerk und Qualität weiterhin an erster Stelle stehen.

Termine

Eder´s Brauereihoffest (zwischen
Ende März und Ende April, ein
WE von Fr bis So, Termin unter
www.eders.de)
Großostheimer Marktplatzfest
(alle 2 Jahre im September, Termin unter www.schlappeseppel-
fest.de)

DAS GROSSE WOHNZIMMER

Der urige, überall ausgemalte und mit Massivholz möblierte Eder-Keller ist das Wohnzimmer für Pächter Willi Rödig und seine Stammgäste. Gemeinsam mit seiner Frau Savas Filiz steht er für deftige, gutbürgerliche, fränkische Hausmannskost, von der man auf jeden Fall immer satt wird. Eine kulinarische Großtat seiner Küche stellt der Schwarzbierbraten dar, ein kerniges Stück Schweinekammbraten mit dunkler Schwarzbiersoße. Einfach nur lecker!

BRAUEREIGASTSTÄTTE EDERKELLER

Anschrift

Aschaffenburger Straße 2
63762 Großostheim
Tel.: 06026-4807
www.eder-keller.de

Öffnungszeiten

Täglich ab 11 Uhr
Montag Ruhetag

Spezialität

Großostheimer Schnitzel

Brauerei Ulrich Martin

Gründung: 2008 | Brauer: Ulrich Martin | Ausstoß: 2500 hl

EIN ERFÜLLTER TRAUM

1850 beherbergte das Haus die Brauerei und Mälzerei von Lorenz Fratz. Doch schon gute 100 Jahre später endete der ehedem florierende Betrieb, und nach einigen Pächterwechseln stand die Brauerei leer. 2007 nahm sich Braumeister Ulrich Martin ein Herz und erfüllte sich eine Vollrenovierung und ein halbes Jahr später den Traum von der eigenen Brauerei. Nun kommen seit dem 11. Juli 2008 hervorragende Biere aus dem Sudhaus, allen voran das süffige bernsteinfarbige Märzen, das uns fast nicht mehr losgelassen hat.

Biersorten

Spezial, Pils, Weizen.

Saisonal

Weizenbock (ab Februar)
Josephi-Bock (ab Mitte März)
Martini-Bock (ab Anfang Nov.)

Der Klassiker

Spezial

Festausrüster

Fassbier, Zelt, Bierbänke, Kühlwagen.

Bus 71 Hausen Hauptstraße, Schonungen

DB

Anschrift & Kontakt

Hausener Hauptstraße 5
97453 Schonungen-Hausen
Tel.: 09727-403011
Fax: 09727-403012

Öffnungszeiten

Täglich ab 12 Uhr
So und Feiertage ab 11 Uhr
Dienstag Ruhetag

Website: www.brauerei-martin.de

Termine

Josephi-Bock-Anstich (um den 19. März)
Martini-Bock-Anstich (um den 11. November)
Mainberger Kirchweih (2. WE im Juli)

FRÄNKISCHE WIRTSSTUBE NACH MASS

Zu einer guten Brauerei gehört natürlich auch eine gute Brauereigaststätte. Diesen allgemeinen Grundsatz der fränkischen Kultur nimmt sich Ulrich Martin besonders zu Herzen und sorgt in dem alten Sandsteingebäude für eine erstklassige fränkische Küche mit so typischen Gerichten wie gebackener Leberwurst mit Bratkartoffeln - ein Essen, das viele nur aus ihrer Kindheit kennen, weil es die Großmütter so gerne kochten. So richtig heimelig wird es im Winter, wenn in der Stube der Kachelofen brennt und den Gästen der Duft von Bockbiersoße um die Nase weht.

BRAUEREIGASTSTÄTTE ULRICH MARTIN

Anschrift

Hausener Hauptstraße 5
97453 Schonungen-Hausen
Tel.: 09727-403011

Öffnungszeiten

Täglich ab 12 Uhr
So und Feiertage ab 11 Uhr
Dienstag Ruhetag

Spezialität

Gebackene Leberwurst mit Bratkartoffeln. Biergerichte im Angebot: Sonntags diverse Bräten mit Biersoße.

Die Bierkühlung aus dem Badesee

Die Dörfliser Hobbybrauer stellen ihren Gerstensaft komplett nach den Methoden der historischen Braukunst her, die erst nach dem zweiten Weltkrieg aus unseren Breiten verschwunden war.

Dazu gehört natürlich auch die traditionelle Eisernte im Winter, für die sich die Brauer regelmäßig treffen, wenn die Seen rund um das unterfränkische Königsberg gefroren sind. Dann steigen tapfere Männer aufs Eis und schneiden es in mehr oder weniger handli-

che Blöcke. Diese werden zu den örtlichen Felsenkellern gebracht, in denen auch in wärmeren Tagen das Bier bei gleichbleibender Temperatur gelagert werden kann.

Kutscher Hartmut Reinwand war mit seiner Pferdekutsche dabei, als wir den Ort des Geschehens besuchten. Schließlich wollten die Hausbrauer es einmal ganz ohne Motorkraft versuchen. Dazu hatten sie sich auch noch die Originalwerkzeuge aus dem Fränkischen Brauereimuseum in Bamberg geliehen. Die Dörfliser Mannschaft um Hobby-Brauer Norbert Hümmer, Burkard Gehring, Horst Hornung und Uwe Derra kam gut ins Schwitzen, bis die ersten Eisblöcke aus dem See gehievt werden konnten. Nach einigen Schluck "Obama-Bier", dem süffigen Trunk des kreativen Hobbybrauers Norbert Hümmer, und einem Teller Erbsensuppe, luden die tapferen Männer schließlich das Eis auf den Leiterwagen und brachten es zum etwa drei Kilometer entfernten Bierkeller, in dem es bis zum Sommer langsam schmelzen und den Keller kühlen würde. Impressionen wie aus einem vergangenen Jahrhundert.

Privatbrauerei Michael Raab

Gründung: 1937 | Brauer: Michael Raab | Ausstoß: 6000 hl

Biersorten

Raab-Pils, Raab-Landbier,
Raab-Zwergle, Raab-Kellerbier,
Raab-Weizen.

Saisonal

Raab-Bock (Anfang November
bis Ende Januar)

Der Klassiker

Raab-Pils

Festausrüster

Fassbier, Bierbänke, Kühlwagen.

Heimdienst

Im Umkreis von ca. 35 km.

DAS ERSTE SOLARBIER UNTERFRANKENS

Sommt hier aus dem kleinen Hofheim. Beispielsweise das kleine Raab's null33er Gold. Die schnuckelige Flasche bringt ein bisschen Wind in die sonst im positiven Sinne sehr traditionelle Brauerei, die heute Michael Raab in der dritten Generation führt. Gemeinsam mit einem Lehrling und sieben Angestellten stellt der Braumeister sechs verschiedene Biere und zwölf eigene Limonaden der Hausmarke Raabello her. Für Brauereiführungen sollte man mindestens neun weitere Gleichgesinnte zusam-

Anschrift & Kontakt

Johannisstraße 11
97461 Hofheim
Tel.: 09523-95270
Fax: 09523-952750

Öffnungszeiten

Mo bis Fr 7 bis 17 Uhr
Sa 7 bis 16 Uhr

Website: www.brauerei-raab.de

Termine

Kirchweih (3. So im September)
Tag der offenen Tür (1. So im
September, alle zwei Jahre, in
den ungeraden Jahren)

mentrommeln, der Besuch lohnt sich! Um sich „Solarbier"-Brauerei nennen zu können, muss eine Brauerei strenge Auflagen erfüllen und wird von der Technischen Universität München regelmäßig überwacht. Unter anderem müssen über 25% der benötigten Energie aus regenerativen Energiequellen stammen. Bei Michael Raab sind es über 80% der zur Produktion notwendigen Energie - das finden wir toll!

Bier.BY
BIERKULTUR ERLEBEN

Gasthausbrauerei Homburger Bräuscheuere

Gründung: 2007 | **Brauer: Boris Dürr** | **Ausstoß: k.A.**

AUS DEM EICHENHOLZBOTTICH

Braumeister und Braulehrer Boris Dürr hat sich in seiner Scheune aus Ziegelsteinen, Kupfer und Eichenholz einen Traum erfüllt. Damit steht 93 Jahre nach dem Ende der Homburger Braukunst endlich wieder ein Sudhaus in dem Ort. Von der ehemaligen Brauerei Wilhelm Fey sind nur noch ein Bierkrug und ein Zunftstern übrig geblieben. In 2010 möchte Boris Dürr in seinem neu gebauten Saal ein kleines Brauereimuseum einrichten, in dem solche Exponate dann auch ausgestellt werden.

Biersorten
Stöffle (Helles), Weißbier, Pils.

Saisonal
Heller Bock (ab Ende April)
Festbier (Juni und Juli)
Weihnachtsbier (ab Mitte November)

Der Klassiker
Stöffle (Helles)

Website: www.braeuscheuere.de

ZWECKENTFREMDETE WEINPRINZESSIN

Als ehemalige Weinprinzessin ist es keine leichte Aufgabe für die Frau von Boris Dürr, hier hinter dem Tresen einer Brauschänke ihre Frau zu stehen. Aber immerhin hat sie es mit dem anderen fränkischen Nationalgetränk zu tun und kann zudem die Gäste auch mit ihrer Kochkunst begeistern. Dazu gehören Frankentapas genauso wie Eine Fuhre Mist (serviert in einer Holzkarre). Dazu passt natürlich auch mal ein Glas Frankenwein bzw. danach auch einer der vielen Schnäpse oder der hauseigene Bierlikör.

Brauhaus im Wurzgrund, Inh. Heike Metzger

Gründung: 1990 | Brauer: Markus Metzger | Ausstoß: k.A.

Biersorten

Karschter Hell (nur auf Bestellung).

Saisonal

Räuchermännchen (ab Ende Oktober, nur auf Bestellung) Weihnachtsmännchen (ab 15. Dezember, nur auf Bestellung)

Der Klassiker

Karschter Hell (nur auf Bestellung)

35 KÄSTEN PRO SUD

Heike und Markus Metzger brauen einfach bei sich im Keller, allerdings nach professionellen Maßstäben. Schließlich wurde die Brauerei beim Hausbau schon mit eingeplant und auch bereits 1992 als Gewerbebetrieb angemeldet. Nachdem jeder Sud nur drei bis vier Hektoliter ergibt, ist die Warteliste selbst für Stammkunden ganz schön lang. Dafür bringt Markus Metzger die Bestellung dann auch schon mal mit dem Fahrrad vorbei.

DB

Anschrift & Kontakt

Im Wurzgrund 6
97753 Karlstadt am Main
Tel: 09353-982366

Öffnungszeiten

Geöffnet nach telefonischer
Absprache

*Karschter
Brauhaus*

Website: www.bier.by

Privatbrauerei Friedrich Düll GmbH & Co. KG

Gründung: 1654 | **Brauer: Friedrich Düll** | **Ausstoß: 30000 hl**

DIE HARTNÄCKIGEN

Gemeint sind die Krautheimer, die sich weder durch Dekret, noch durch Soldaten vom lutheranischen Glauben abbringen ließen. Das war um 1630 und damit nur etwa 20 Jahre vor dem Startschuss in der Brauerei. Die Gemeinde bestand nach dem Dreißigjährigen Krieg fast komplett aus Zuwanderern, unter denen ein wohlhabender Mann aus dem Coburger Land war, der sich 1655 von den Grafen von Castell sein Braurecht bestätigen ließ. Seitdem wechselte die Brauerei mehrfach die Besitzer, bis 1881 Friedrich Düll das Ruder übernahm. Er gewann die ersten Kunden außerhalb des Dorfes und legte den Grundstein zum Erfolg des Hauses, der bis heute andauert. Sein heutiger Urenkel gleichen Namens kann stolz auf die Geschichte und die Auszeichnung mit dem „Preis der Besten" der Anuga sein, die bisher nur wenige fränkische Brauereien erringen konnten.

Biersorten

Krautheimer Radler, Krautheimer Light, Krautheimer Pilsener, Krautheimer Urtyp, Krautheimer Helles, Krautheimer Land-Märzen, Krautheimer Weißbier hell, Krautheimer Weißbier dunkel, Krautheimer Weißbier alkoholfrei, Krautheimer Weißbier leicht, Krautheimer Kellerbier.

Saisonal

Krautheimer Dunkler Bock (ab November)
Krautheimer Heller Bock (ab November)
Krautheimer Weihnachtsbier (ab November solange Vorrat reicht)

Der Klassiker

Krautheimer Pilsner

Festausrüster

Fassbier, Bierbänke, Schirme, Kühlwagen, Schankwagen.

Bus 8290 Krautheim Dorfmitte **DB**

Anschrift & Kontakt

Landstraße 4-8
97332 Volkach-Krautheim
Tel: 09381-71089410
Fax: 09381-71089499

Öffnungszeiten

Mo bis Do 6 bis 12 Uhr und 12.30
bis 16 Uhr
Fr 6 bis 13 Uhr

Website: www.krautheimer.com

Termine

Kirchweih (Mitte August)

WIEDER DA

Viele Jahre fehlte den Krautheimern ihre Brauereigaststätte, die erst 2006 wieder eröffnet wurde. Heute ist sie einziges Wirtshaus und gesellschaftlicher Mittelpunkt des Ortes. Der zugehörige Biergarten ist eine richtige Attraktion und im Sommer fast ständig ausgebucht. Das liegt sowohl an der guten, klassisch fränkischen Küche (allerdings ohne Biergerichte), als auch an der gerade für Kinder perfekten Ausstattung mit Spielplatz, Bobby- und Kettcars.

BRAUSCHÄNKE

Anschrift

Landstraße 4-8
97332 Volkach-Krautheim
Tel: 09381-71089410

Öffnungszeiten

Fr und Mo ab 15 Uhr
Sa, So und Feiertage ab 11 Uhr
Dienstag bis Donnerstag Ruhetag

Spezialität

Schweinshaxe mit Klößen und
Salat

Spessart-Brauerei GmbH

Gründung: 1887 | Brauer: Bruno Pleninger | Ausstoß: k.A.

Biersorten

Spessart Pils (Räuberchen blond), Spessart Export, Schwarzer Specht (Räuberchen schwarz), Spessart Gold, Spessart Hefeweizen hell, Spessart Hefeweizen dunkel, Spessart alkoholfrei.

Saisonal

Spessart Jubilator (ab November)

Der Klassiker

Spessart Pils

Festausrüster

Fassbier, Bierbänke, Kühlwagen, Schankwagen.

NUR ECHT MIT DEM SPECHT

Schließlich heißt die Brauerei Lutz seit 1975 Spessart-Brauerei und der Spessart eigentlich Spechtwald. Das seit bald 125 Jahren etablierte Haus beliefert vor allem viele Gastronomien rund um das Mainviereck. Damit die treu bleiben, ist für Inhaber Dr. Horst Müller Qualität das oberste Gebot. Dass man hier auch viel Erfolg hat, zeigt sich darin, dass die Biere seit 1997 ununterbrochen mit dem DLG-Preis der Besten ausgezeichnet werden. Gaststätten, die das Bier führen, sind schon von weitem an dem großen Specht auf dem Wirtshausschild erkennbar.

Anschrift & Kontakt

Junkergasse 2
97892 Kreuzwertheim
Tel.: 09342-85700
Fax: 09342-857040

Öffnungszeiten

Mo bis Do 7.30 bis 12 Uhr und
12.30 bis 16.30 Uhr
Fr 8 bis 12 Uhr

Website: www.spessart-specht.de

Spessart Pils

mit kristallklarem
Spessart-Quellwasser
gebraut

Der Herr der Hähne

Den Grundstein für die Sammelleidenschaft von Herbert Heinze legte wohl seine Jugend im elterlichen Gasthaus, während der der Bamberger täglich mit dem Bierhahn zu tun hatte.

Heute, ein halbes Jahrhundert später, ist der Rentner Herr über eine Kollektion von mehr als 200 verschiedenen Zapfhähnen aus aller Welt, die er stolz in seinem Keller ausstellt. Dazu gehören natürlich kleine und große Vertreter der Gattung, aber eben auch Exoten, die einen zweiten Mini-Hahn, ein besonderes Gewinde, ein kleines Glasfenster oder einfach eine besonders schöne Form und Gestaltung aufweisen.

Eines der längsten Exemplare beispielsweise stammt aus der elterlichen Gastwirtschaft in der Nürnberger Straße. Heinze erinnert sich: „Ich habe noch genau im Kopf, wie der Bierfahrer mit seiner Pferdekutsche kam und die großen Fässer und Eisstangen abgeladen hat. Ein Fass kam dann in den Kühlschrank, darauf das Eis, die Türe wurde zugemacht und durch ein Loch darin konnte man den langen Hahn bis ins Bierfass stecken. So hatten wir auch ohne elektrische Kühlung immer frisches Bier."

Mit dazu gehörte auch ein großer Bierschlegel, mit dem Heinzes Vater die Fässer anstach, wahrscheinlich auch schon dessen Vorfahren. Den nutzt der 68jährige auch heute noch, um sein eigenes Bier anzustechen. Schließlich holt er sich noch regelmäßig selbst das Bier aus Untergreuth und lagert die Fässer in seinem Kühlschrank im Keller. Dann sucht sich Heinze einen Hahn heraus, nimmt den großen Schlegel - und der gute Gerstensaft fließt. So ein Fässchen unfiltriertes Landbier reicht dann immer für eine gute Woche und bleibt auch angezapft so lange im besten Zustand, weil die Inhaltsstoffe nicht abgetötet und filtriert worden sind.

Da steht er dann stolz zwischen seinen Prachtstücken, ein Bier in der Hand und ein Glanz in den Augen, ganz wie es sich für einen echten Bierfan gehört. Die ältesten Stücke seiner Sammlung sind wohl über 300 Jahre alt. Ganz genau lässt sich das natürlich nicht datieren, weil nur in den seltensten Fällen Herstellungsort und -jahr eingraviert worden sind. Ein großer Unterschied besteht im Verbindungsstück zum Fass, das bis in die 1930er Jahre konisch zulief, dann stellte man auf den bekannten Gummiring um, die Rohre hatten einen gleichbleibenden Durchmesser. Heute steht wieder ein Umbruch an, neuerdings haben die Zapfhähne ein Rohrstück, das erst im Fass befestigt wird, und anschließend treibt man den Hahn durch sein eigenes Rohr ins Fass. Ein Segen für alle Bürgermeister mit Anzapfproblemen...

Natürlich ist Herbert Heinze immer noch auf der Suche nach neuen Stücken für seine Sammlung und stöbert wie beim ersten Mal auf Trödelmärkten herum. Damals, 1995 in Oldenburg, erkannte er für sich die Schönheit eines alten Zapfhahnes und erstand das erste Stück, das nicht aus seinem Elternhaus stammte. Die Preise variieren zwischen damals noch 20 DM und heute über 200 Euro. Doch Heinze hält Augenmaß: „Bei Ebay gibt es Verrückte, die einen Hahn um jeden Preis haben wollen, da mache ich dann natürlich nicht mehr mit." Auch ohne haltloses Bieten hat der Bamberger es geschafft, die wohl weltweit größte Zapfhahnsammlung aufzubauen. Wir sagen Glückwunsch und Dankeschön - und sind schon gespannt, was er uns wohl beim nächsten Besuch für ein neues Prachtstück präsentieren kann.

Keiler Bier GmbH

Gründung: 1878 | Brauer: Michael Haupt (Techn. Geschäftsführer) | Ausstoß: k.A.

WEHMUT IM SUD

Fragt man die heutige Generation der Familie Schmid-Stumpf, dann schwingt schon ein bisschen Wehmut mit, wenn sie vom Verkauf der Traditionsbrauerei in der nach Alfred Stumpf benannten Straße erzählen. Stolz zeigen sie die Ausgaben der Jubiläumszeitung von 1978, mit der das 100jährige Betriebsbestehen gefeiert wurde. Heute gehört das Haus zur Würzburger Hofbräu, die allerdings an den alten Sorten wie dem Urtyp 1878 festgehalten hat. Die Marke Keiler haben die Bierfreunde allerdings dem Erfindungsreichtum einer Werbeagentur zu verdanken. Sie wurde 1985 aus der Taufe gehoben, noch bevor die Würzburger das Ruder übernahmen. Die haben dafür mittlerweile die gesamte Brauerei runderneuert und zu einem „Lohrer Schmuckstück" gemacht, durch dessen Glasfassade man das Treiben im Brauhaus immer schön im Blick halten kann.

Biersorten
Keiler Kellerbier

Saisonal
Lohrer Festbier (Ende Juli bis Anfang August)

Der Klassiker
Keiler Kellerbier

Anschrift & Kontakt

Alfred-Stumpf-Straße 2
97816 Lohr am Main
Tel: 0931-4109-0

Öffnungszeiten

April bis Sept.: Mo bis Sa ab 9 Uhr, So und
Feiertage ab 10 Uhr
Okt. bis März: Mo bis Sa ab 9 Uhr, So und
Feiertage ab 10 Uhr, Dienstag Ruhetag

Website: www.keiler-bier.de

Termine

Lohrer Spessart-Festwoche
(Ende Juli/Anfang August)

KEILER BRAUHAUS

Anschrift

Alfred-Stumpf-Straße 2
97816 Lohr am Main
Tel: 09352-7328
www.keiler-brauhaus.de

Öffnungszeiten

April bis September:
Mo bis Sa ab 9 Uhr
So und Feiertage ab 10 Uhr
Kein Ruhetag
Oktober bis März:
Mo bis Sa ab 9 Uhr
So und Feiertage ab 10 Uhr
Dienstag Ruhetag

Spezialität

Steakspezialitäten

SIE WÜNSCHEN,
WIR KOCHEN

Das ist das Motto von Daniela Mehling, von den
Stammgästen einfach nur Dany genannt. Das Sahne-
häubchen setzt die findige und erfahrene Gastronomin
dem Haus allerdings selber auf, in Form ihrer Kochkunst.
Ob Kaiserschmarrn, Wurstsalat, ofenfrische Schweinshaxe oder eine der vielen Bierspezialitäten - was hier aus
der Küche kommt, das schmeckt. Das hat sich übrigens
auch gerade bei den Bikern herumgesprochen, die hier
gerne einen Zwischenstopp auf ihren Spritztouren einlegen. Das 2012 neu gestaltete Keiler-Brauhaus ermöglicht es zudem, den Brauern über die Schulter zu schau-
en und den Brauprozess hautnah mitzuverfolgen. Das
Bier kann man auch in einer urigen Einliterflasche mit
nach Hause nehmen. Nach dem Essen empfehlen wir
einen hausgebrannten Zwetschgenschnaps, und nicht
vergessen, es heißt Auf WIEDERsehen!

Martinsbräu Marktheidenfeld Georg Mayr GmbH & Co. KG

Gründung: 1883 | Brauer: Veit Handel, Roland Kupka | Ausstoß: k.A.

Biersorten

Skt. Martinus Pilsner, Skt. Martinus Export, Skt. Martinus Landbier Dunkel, Skt. Martinus Weizen Hefe hell, Skt. Martinus Weizen Hefe dunkel, Skt. Martinus Zwickl, Martins Alkoholfrei, Martins Leicht, Martins Märzen, Martins Hell, Martins Radler, Martins Colabier Zip.

Saisonal

Martins Doppelbock (im Oktober)
Laurenzi Festbier (zur Laurenzi-Messe im August)

Der Klassiker

Stk. Martinus Pilsner

Festausrüster

Fassbier, Zelt, Bierbänke, Schirme, Kühlwagen, Schankwagen.

EIN BRAUER AUS ST. PETERSBURG

Zwei Brüder, Heinrich und Georg Martin, begannen 1881 mit dem Bau einer Brauerei, die zwei Jahre später den Betrieb aufnehmen konnte. Heinrich, der ab 1900 die Brauerei alleine führte, hatte sein Handwerk unter anderem in St. Petersburg gelernt und viele interessante Rezepte mitgebracht. Heute leitet Maria Martin die Firma, und mit ihren drei Söhnen steht bereits die fünfte Familiengeneration in den Startlöchern. Die Martinsbräu ist die jüngste der ehemals drei örtlichen Brauereien, 1939 kauften die Martins die Konkurrentin Bürgerbräu, in deren Gebäude sich heute das Bräustüberl befindet. Beliebtestes Bier ist das Skt. Martinus Pilsner, das es seit 2005 auch in der Bügelflasche gibt.

Anschrift & Kontakt

Georg-Mayr-Straße 4
97828 Marktheidenfeld
Tel.: 09391-50080
Fax: 09391-500857

Öffnungszeiten

Mo bis Fr 7 bis 16 Uhr

Website: www.martinsbraeu.de

Termine

Brauereifest (um Pfingsten)
Laurenzi-Messe (Anfang bis
Mitte August)
Skt. Martinus Radl-Tour (Mitte/
Ende September)

GENERALSANIERTES FACHWERK

Das wunderschöne Gebäude des Bräustüble erstrahlt seit der Renovierung 1995 in vollem Glanz. Mitten in Marktheidenfeld gelegen, laden Elvira und Thomas Karpf ihre Gäste zur deftigen fränkischen Hausmannskost mit bierigem Einschlag ein. Dass es sich hierbei um eine Brauereigaststätte handelt, merkt man übrigens schon alleine daran, dass als Lampen kleine Holzfässer von der Decke hängen. Das Bräustüble hatte in seiner langen Geschichte viele legendäre Wirte. Der Nachruf des von 1968 bis 1994 werkelnden lautete folgendermaßen: „In der Blüte seines Wirtschaftslebens verließ uns nach 27 alkoholgetränkten Jahren, dahingerafft von Zwiebeldunst und Bratensaft Herr Tillman Stahl…"

GASTHAUS BRÄUSTÜBLE

Anschrift

Mitteltorstraße 1
97828 Marktheidenfeld
Tel.: 09391-1224
www.braeu-stueble.de

Öffnungszeiten

Täglich 11 bis 14 und ab 17 Uhr
Donnerstag Ruhetag

Spezialität

Knuspriges Schweineschäuferle
in Dunkelbiersoße

Privatbrauerei Kesselring

Gründung: 1688 | Brauer: Robert Stupac | Ausstoß: 65000 hl

Biersorten

Kesselring Premium Pils, Kesselring Urfränkisches Landbier, Kesselring Schlemmer Weißbier, Kesselring Schlemmer Schwarze, Kesselring Kristall-Weizen, Kesselring-Hell, Kesselring-Export, Kesselring Steffen Leicht, Kesselring Radler, Kesselring Bockbier, Kesselring Premium Gold 1688, Kesselring Premium Alkoholfrei, Kesselring Weißbier Alkoholfrei, Kesselring Steini das Original.

Saisonal

Kesselring Fastenbier (zur Fastenzeit)
Kesselring Fränkische Weihnacht (zur Weihnachtszeit)

Der Klassiker

Kesselring Pils

Festausrüster

Fassbier, Zelt, Bierbänke, Schirme, Kühlwagen, Schankwagen.

Heimdienst

Umkreis Kitzingen/Würzburg

TRADITION UND BRAUCHTUM

Die Inhaberfamilie Himmel kann stolz auf eine jahrzehntelange Erfolgsgeschichte zurückblicken. Jahr um Jahr konnte der Bierausstoß der 320jährigen Braustätte vergrößert und dabei trotzdem die familiäre Note gehalten werden. So kümmert man sich intensiv um Mitarbeiter und Ausbildung (regelmäßig sind die Innungsbesten aus dem Hause Kesselring) und lässt mit vielen Veranstaltungen auch das Leben in der Brauerei nicht zu kurz kommen. Beispielsweise kommen jährlich im Herbst über 100 Oldtimer zu einer Ausfahrt mit anschließender Prüfung auf dem Brauereigelände oder das örtliche Vereinsgelände wird mit Hilfe der Brauerei zum Kesselring-Sportpark ausgebaut. Sehr vorbildlich auch die Firmenzeitung, die sowohl Mitarbeiter wie auch Gastronomiekunden portraitiert. Hier können sich einige eine Scheibe abschneiden!

Anschrift & Kontakt

Leithenbukweg 13
97342 Marktsteft
Tel.: 09332-5063-0
Fax: 09332-5063-10

Öffnungszeiten

Mo bis Fr 7 bis 17 Uhr
Von April bis Oktober auch
Sa 9 bis 11 Uhr

Website: www.kesselring-bier.de

Brauerei Hartleb

Gründung: ca. 1530 | Brauer: Gerhard Gagel | Ausstoß: 1100 hl

A RUSTIC PLACE ...

... so das Fazit eines Besuchers aus den USA, der die familiengeführte Brauerei besuchte. Genauso wie von den Stammgästen bekam das Bier auch von ihm ein „excellent" als Auszeichnung. Seit sieben Generationen kümmern sich die Hartlebs bereits um das kühle Nass und die Maroldsweisacher, deren einzige verbliebene Brauerei sie sind. Das unfiltrierte Bier gibt es nur vom Zapfhahn oder im Fass. Ein wunderbares Überraschungsmitbringsel für sommerliche Grillparties oder gemeinschaftliches WM-Schauen!

Biersorten
Unfiltriertes Landbier.

Der Klassiker
Unfiltriertes Landbier

Festausrüster
Fassbier, Bierbänke.

DB

Termine

Johannimarkt (So nach Johanni)
Kirchweih (3. WE im Oktober)

EIGENER SCHNAPS UND EIGENE WURST

Das sind die beiden anderen Klassiker, die neben dem urigen Landbier für die Brauereigaststätte der Hartlebs, auch „Zum grünen Baum" genannt, stehen. Alle drei zusammen garantieren an jedem schönen Sommertag auch einen vollen Biergarten. Die perfekte Erholung nach dem Besuch einer der zahlreichen nahegelegenen Sehenswürdigkeiten wie Burg Altenstein, Schloss Dittorswind, Schloss Hafenpreppach, Schloss Maroldsweisach, Schloss Pfaffendorf, Dorfkirche Pfaffendorf, Schloss Birkenfeld oder des Jüdischen Friedhofs.

BRAUEREI-GASTSTÄTTE HARTLEB

Anschrift

Herrenstraße 9
96126 Maroldsweisach
Tel.: 09532-240

Öffnungszeiten

Täglich ab 9 Uhr
Mittwoch Ruhetag

Spezialität

Hausmacher Brotzeiten

Brauhaus Faust OHG

Gründung: 1654 | Brauer: Cornelius Faust | Ausstoß: 50000 hl

MIT BELGISCHEN WURZELN

Nach dem Dreißigjährigen Krieg sollten Einwanderer das Bevölkerungsvakuum wieder auffüllen, darunter auch Kilian Francois Mathieu Servantaine aus dem heutigen Belgien, den es nach Miltenberg verschlug, wo er 1654 eine Brauerei eröffnete. Damit war die Brautradition begonnen, die Besitzer wechselten, bis 1872 drei Gesellschafter die inzwischen ziemlich herunter gekommene Löwenbrauerei erwarben und 1875 den Küfer und Braumeister Johann Adalbert Faust einstellten. Dieser schaffte es nicht nur, den Brauereibetrieb wieder auf Vordermann zu bringen, sondern kaufte auch nach und nach den Gesellschaftern ihre Anteile ab. Die älteste Brauerei im Rhein-Main-Gebiet wird heute in der 4. Generation von Cornelius und Johannes Faust geleitet und zählt zu den Führenden in der Region.

Biersorten

Faust Pils, Faust Export, Faust Kräusen, Faust Schwarzviertler, Faust Hefeweizen hell, Faust Hefeweizen dunkel, Faust Hefeweizen alkoholfrei, Faust Pils alkoholfrei, Faust Radler, Faust Leichtbier. Bierraritäten: Johann Adalbert Hochzeitsbier, Auswandererbier, Eisbock, Jahrgangsbock, Brauerreserve.

Saisonal

Sommerfestbier (ab Ostern bis Ende September)
Doppelbock (Mitte Oktober bis Ostern)
Winterfestbier (Mitte/Ende Oktober bis Ende Februar)

Der Klassiker

Faust Pils

Festausrüster

Fassbier, Bierbänke, Kühlwagen, Schankwagen.

Anschrift & Kontakt

Hauptstraße 219
63897 Miltenberg
Tel.: 09371-97130
Fax: 09371-971399

Öffnungszeiten

Mo bis Do 7.30 bis 12 Uhr und
13.15 bis 17 Uhr, Fr 7.30 bis 12 Uhr
und 13.15 bis 16 Uhr, Sa geschl.
ÖZ Brauerei-Laden siehe Website!

Website: www.faust.de

Faust. Das bleibt unter uns.

Termine

Michaelismesse (letztes
WE im August bis 1. WE im
September)

WOHL DUFTENDE PFERDEÄPFEL

Diese Spezialität ist bei weitem nicht so gewöhnungsbedürftig, wie es Ihnen in Ihrer Phantasie vielleicht jetzt vorkommen mag. Es handelt sich um Miltenberger Rossäpfel bzw. Leberknödel mit Sauerkraut. Lust bekommen? Wir denken schon. Immerhin befinden Sie sich im wohl ältesten Gasthaus Deutschlands, in dem schon im 12. Jahrhundert vornehmlich adelige Gäste bewirtet wurden und beispielsweise 1711 auch Kaiser Karl VI. zu Besuch war. Eine besondere Tradition hat sich hier erhalten: Stammgäste haben ihren eigenen Stammtischkrug mit graviertem Zinndeckel, den der Wirt verwahrt und zudem ein Ehren-Stammgast-Diplom verleiht. Zu solchen Ehren werden wir wahrscheinlich nie gelangen - aber wenn Sie häufiger nach Miltenberg kommen, können Sie ja mal beim Wirt nachfragen ...

GASTHAUS ZUM RIESEN

Anschrift

Hauptstraße 99
63897 Miltenberg
Tel.: 09371-989948
www.riesen-miltenberg.de

Öffnungszeiten

Täglich ab 11 Uhr
Kein Ruhetag

Spezialität

Miltenberger Rossäpfel (Leberknödel mit Sauerkraut)

Hochstiftliches Brauhaus in Bayern GmbH & Co. KG

Gründung: 1791 | Brauer: Christian Schrott | Ausstoß: k.A.

WAS FÜR EIN NAME

Das dachten wir, als wir das erste Mal von dieser Brauerei hörten. Der Grund ist die Liebe zum Bier der alten Fuldaer Fürstbischöfe, die vor über 500 Jahren eine eigene Brauerei in Motten gründeten. In private Hände kam das Haus erst 1791, quasi als Privatisierung. Der örtliche Bauer Johann Georg Will erwarb die Braustätte für stolze 6.000 Gulden, und eine Erfolgsgeschichte begann. 1987 erfolgte allerdings die Übernahme durch das Hochstiftliche Brauhaus Fulda. Später kamen zu der Braugruppe noch die Lauterbacher Burgbrauerei, die Auerhahn-Bräu Schlitz und die Brauerei Salch in Hammelburg dazu.

Biersorten

Will Pils de Luxe, Will Pilsener, Original Bayerisch Hefeweizen, Original Bayerisch Kristallweizen, Original Bayerisch Weizen Dunkel, Original Bayerisch Weizen Alkoholfrei, Original Bayerisch Hell, Original Bayerisch Rhön Radler, Original Bayerisch Kellerbier, Original Bayerisch Malz.

Saisonal

Original Bayerisch Festbier (Ende August bis Oktober)

Der Klassiker

Original Bayerisch Hefeweizen

Festausrüster

Fassbier, Zelt, Bierbänke, Schirme, Kühlwagen, Schankwagen.

Anschrift & Kontakt

Brückenauer Straße 6
97786 Motten
Tel.: 09748-710
Fax: 09748-71300

Öffnungszeiten

Mo bis Fr von 8 bis 16.30 Uhr

Website: www.will-braeu.de

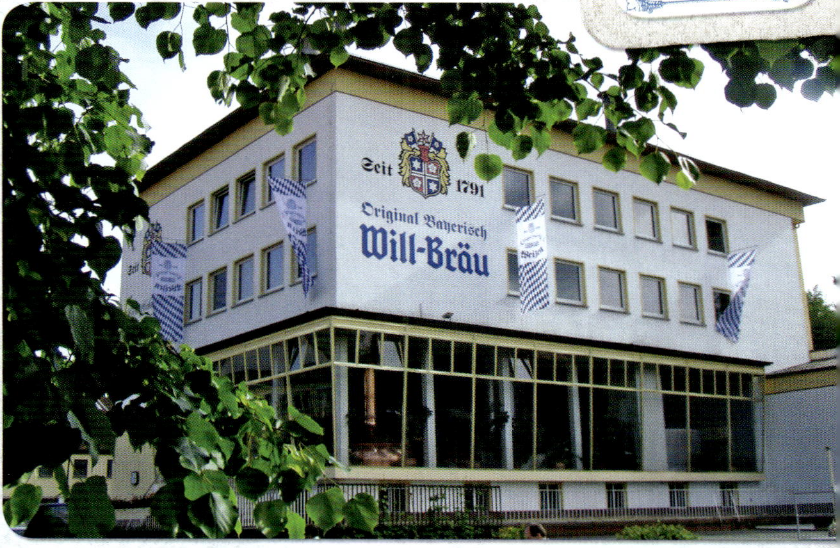

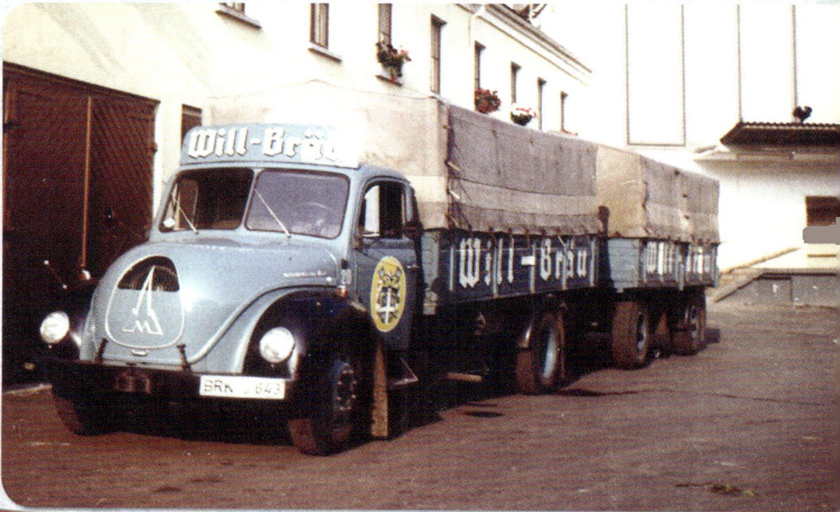

PaxBräu e. K.

Gründung: 2007 | Brauer: Andreas Seufert | Ausstoß: 500 hl

KAMPF DEN GROSSKONZERNEN!

Relativ neu im Brauereigeschäft ist die etwas besondere Braustätte aus Oberelsbach. Als Ein-Mann-Betrieb im Jahr 2007 von Andreas Seufert gegründet, sieht sich die PaxBräu nach eigenen Worten dazu verpflichtet „auf einem immer mehr durch Großkonzerne mit Ihrem Einheitsbier dominierten Biermarkt mit unverwechselbarem Geschmack, geprüfter Qualität sowie Individualität Akzente zu setzen". Ob dies gelingt sollte jeder Bierfreund am besten selbst testen, aber ein sehr traditionelles Herstellungsverfahren sowie biologisch angebaute Rohstoffe aus der Region und der Einsatz erneuerbarer Energien sind schon einmal eine gute Voraussetzung!

Biersorten
Vollbier, Weizenbier.

Saisonal
Maibock (ab 1. Mai)
Doppelbock (im Dezember)
Monatlich ein wechselndes Spezialbier (Auflistung siehe www.pax-braeu.de)

Der Klassiker
Vollbier

Festausrüster
Fassbier, Bierbänke, Schirme;

Anschrift & Kontakt

Rathgeberstraße 7
97657 Oberelsbach
Tel: 09774-7439003

Öffnungszeiten

Mo bis Fr 8 bis 17 Uhr
ansonsten nach vorheriger
Absprache

Website: www.pax-braeu.de

Kauzen-Bräu GmbH & Co. KG

Gründung: 1809 | Brauer: Otto Resch | Ausstoß: 65000 hl

BRAUEREI MIT KULTBIER

Als das Ehepaar Ehemann 1809 seine Brauerei eröffnete, brauten sich die beiden schnell in die Herzen der Ochsenfurter. Allerdings blieben sie kinderlos und übergaben 1839 ihrem Lehrling Johann-Jacob Gehring ihr Geschäft. Mit ihm und seinen Nachkommen blüht die auch „Klosterbrauerei" genannte Braustätte auf. Man schafft es erfolgreich durch die Wirren der Kriege und der Inflationszeit. Mit Karl-Heinz Pritzl steht nun die fünfte Generation der Familie an der Spitze der Kauzen-Bräu, die sich mittlerweile als vorbildlicher mittelständischer Braubetrieb etabliert hat. Ein Beleg dafür ist der Preis der Besten in Gold der DLG, der dem Haus regelmäßig für seine Biere verliehen wird. Ein anderer ist die hervorragende Website, die Sie unbedingt einmal besuchen sollten.

Biersorten

KAUZEN Premium Pils, KAUZEN Original 1809, KAUZEN Landbier, KAUZEN Radler, KAUZEN Weissbier Hell, KAUZEN Weissbier Dunkel, KAUZEN Weissbier alkoholfrei, KAUZEN Kristall Weizen, KAUZEN naturtrübes Kellerbier, Käuzle „Kultbier", Käuzle 7.1, Käuzle Lemon.

Saisonal

KAUZEN Winter Weisse (Oktober bis Dezember)
KAUZEN Bock (Oktober bis Dezember)
KAUZEN Festbier (Oktober bis Dezember)

Der Klassiker

KAUZEN Premium Pils

Festausrüster

Fassbier, Bierbänke, Schirme, Kühlwagen, Schankwagen.

DB

Anschrift & Kontakt

Uffenheimer Straße 17
97199 Ochsenfurt
Tel.: 09331-87250
Fax: 09331-872548

Öffnungszeiten

Mo bis Do 7 bis 16.30 Uhr
Fr 7 bis 13 Uhr

Website: www.kauzen.de

Termine

Bratwurstfest (Pfingstwochen-
ende)
Ochsenfest (2. Samstag im
September)

DORIS UND DER
KAUZEN-TELLER

Die meisten Gäste haben das Gefühl, dass Pächterin Doris Sinn hier im Gasthof Kauzen wohnt. Schließlich ist es eigentlich egal, wann man hier ist, sie steht immer mit einem freundlichen Lächeln hinter ihrem Tresen. Vielleicht liegt es daran, dass Sie zuvor hier als Bedienung tätig war und 2002 die Gelegenheit beim Schopf ergriff, die Chefin zu werden. Das hat sowohl dem Gasthaus als auch dem kleinen Biergarten sehr gut getan, schließlich ist es wie immer: Man spürt als Gast genau, ob man wirklich willkommen oder einfach nur Umsatzbringer ist.

GASTHOF KAUZEN

Anschrift

Hauptstraße 37
97199 Ochsenfurt
Tel.: 09331-2237
www.gasthof-kauzen.de

Öffnungszeiten

November bis März:
Täglich ab 8 Uhr
März bis Ende Oktober:
Täglich ab 7 Uhr
Kein Ruhetag

Spezialität

Kauzen-Teller

Privatbrauerei Oechsner GmbH & Co. KG

Gründung: 1798 | Brauer: Peter Bull | Ausstoß: 40000 hl

Biersorten

OECHSNER Premium Pilsener, OECHSNER Schwarzbier, OECHSNER Hefe hell, OECHSNER Hefe dunkel, OECHSNER Leicht, OECHSNER Edelhell, OECHSNER Radler, OECHSNER Zwickl.

Saisonal

Wintermärchen (Bock, von Oktober bis März)

Der Klassiker

OECHSNER Premium Pilsener

Festausrüster

Fassbier, Zelt, Bierbänke, Schirme, Kühlwagen, Schankwagen.

Heimdienst

Im Umkreis von 40 km

DAS BRAUHAUS IM WEINORT

Man muss ja auch mal abwechseln können. Das dachte sich wohl schon 1798 der Gelchsheimer Johann Georg Oechsner, als er das uralte Gasthaus „Zum Bären" zusammen mit dem Brauhaus erwarb. 1889 baute sein Nachfahr Konrad die neue Braustätte außerhalb der Stadtmauer. Das erwies sich viele Jahre später im Zweiten Weltkrieg als Glücksfall. Denn in den tiefen Kellern der Brauerei überstanden die ausgelagerten Kunstwerke Tilman Riemenschneiders die Zerstörung Würzburgs und seiner Umgebung. Die Umbenennung der zugekauften Ankerbräu in Privatbrauerei Oechsner erfolgte erst in den 1960er Jahren. Heute stellt Diplombraumeister Dietrich Oechsner die sechste Familiengeneration.

Bus 40, 8066 Brunnenstraße

DB

Anschrift & Kontakt

Klinge 2
97199 Ochsenfurt
Tel.: 09331-87660
Fax: 09331-876633

Öffnungszeiten

Mo bis Fr 8 bis 12 Uhr und 13 bis 16 Uhr

Website: www.oechsner.de

Termine

Bratwurstfest in Ochsenfurt (Pfingst-WE, alle 2 Jahre, in den geraden Jahren)
Ochsenfest (= Ochsenfurter Altstadtfest, im September)
Museumsnacht (Mitte Mai)

ALLE ZWEI JAHRE IST BRATWURSTFEST

In der Zwischenzeit können Sie sich aber auch bestens mit der Küche von Helga und Norbert Schätzlein behelfen. Ihre im wahrsten Sinne des Wortes ausgezeichnete Küche hat uns absolut begeistert, besonders die Bier-Gerichte wie der Bierkutscherbraten. Schön im Sommer: Der Ankergarten, in dessen Mitte ein kleiner Gartenteich mit klappernder Mühle die Hauptattraktion ist. Den Namen hat das Haus übrigens vom nahe gelegenen Main, die im Hause angesiedelte Brauerei stellte 1902 ihre Produktion ein.

GASTHOF ZUM ANKER

Anschrift

Brückenstraße 10
97199 Ochsenfurt
Tel.: 09331-7409
www.anker-ochsenfurt.de

Öffnungszeiten

Täglich ab 10 Uhr
Montag Ruhetag

Spezialität

Ochsenfurter Flösserbraten

Wo aus dem Dorfbach Bier wurde

1983 sah es so aus, als würde die uralte Hausbrautradition im Königsberger Ortsteil Brünn verschwinden, nutzten doch nur noch zwei Familien ihr Braurecht.

Dabei hatte das Brauen in dem 130-Seelen-Dorf eine über 200jährige Tradition. Bis 1955 verwendete man im Brauhaus, dem man bei der Hausnummervergabe 1788 stolz die Nummer 1 verpasst hatte, das Wasser aus dem örtlichen Bach, gab die Losung aus „Es wird hiermit bekanntgemacht, daß niemand in den Dorfbach macht, denn heute wird gebräut!" und versorgte die Einwohner mit dem Fränkischen Nationalgetränk. Die Wende kam in den 1990er Jahren, als viele Familien

ihre Wurzeln und Traditionen wieder entdeckten und dabei auch auf ihr angestammtes Braurecht stießen. Nun raucht es wieder jedes Frühjahr aus dem Schornstein des Brauhauses von 1966, wenn Sudmeister Adam Reuter und seine Mannen das Holzfeuer anschüren, um einen neuen Sud anzusetzen.

Heraus kommt ein klassisches Hausbrauer-Pils, das die Familien nach dem Gären in Fässern mit in ihre Keller nehmen. Meist reicht die Produktion von Januar und Februar bis in den Herbst, wenn dann rührselig jeweils der letzte Tropfen genossen wird. Sollten Sie also zum Jahresbeginn einmal in der Nähe sein, lohnt ein Abstecher nach Brünn und in die anderen Hausbrauerortschaften. So nah werden Sie der Fränkischen Bierkultur sonst kaum sein können.

Ortschaften in Franken mit Gemeindebrauhaus:

Brünn (b. Ebern)
Dörflis
Eckartshausen
Hafenpreppach
Hendungen
Junkersdorf a.d. Weisach
Junkersdorf bei Königsberg
Oberstreu
Rossach
Roßfeld
Schönau an der Brend
Seßlach
Buch
Thundorf i. Ufr.
Ueschersdorf
Unfinden
Unterelldorf
Unterwaldbehrungen
Unterweißenbrunn

Streck-Bräu e. K.

Gründung: 1718 | Brauer: Thorsten Kieselbach | Ausstoß: k.A.

BRAUER IN ELTERNZEIT

Diplombraumeister Axel Kochinski tut viel für die Fränkische Kultur. Nicht nur, dass er die Braukunst hochhält, er hat auch bereits die 11. Familiengeneration auf den Weg gebracht. Und damit die sich auch gleich richtig aufgenommen fühlt, hat Kochinski nach der Geburt des Stammhalters im Januar 2010 erst einmal Elternzeit genommen. In der Zwischenzeit ging der Betrieb natürlich weiter. Zu den wohlschmeckenden Bieren des Hauses (die bis nach Berlin geliefert werden) gehört auch ein Ökobier, das Rhöner Landbier Bio.

Biersorten
Streck's Burgherren Pils, Streck's Weizen, Ostheimer Dunkel, Streck's Export, Streck's Rhön Radler, Rhöner Landbier Bio.

Der Klassiker
Streck's Burgherren-Pils

Festausrüster
Fassbier, Bierbänke, Kühlwagen, Schankwagen.

Heimdienst
Umkreis von ca. 40 km mit 4 LKWs

Anschrift & Kontakt

Ludwig-Jahn-Straße 11
97645 Ostheim vor der Rhön
Tel.: 09777-9265
Fax: 09777-9268

Öffnungszeiten

Mo bis Fr 7.30 bis 12 Uhr und 13 bis 17 Uhr
Sa 9 bis 12 Uhr

Website: www.streckbier.de

Termine

Stadtfest (2. WE im Juni)
Rhöner Wurstmarkt (2. WE im Oktober, alle 2 Jahre, in den geraden Jahren)

GASTHAUS ZUR KRONE

Anschrift

Marktstraße 34
97645 Ostheim vor der Rhön
Tel: 09777-3578866
www.krone-ostheim.de

Öffnungszeiten

Di bis Sa ab 17 Uhr
So und Feiertage 10.30 bis 14 Uhr und ab 17 Uhr
Mai bis September: So und Feiertage ab 10.30 Uhr
Montag Ruhetag

Spezialität

Krone-Schnitzel

MIT NEUEM ANSTRICH

2011 erfuhr die ehrwürdige Krone eine komplette Runderneuerung, sowohl von Anstrich, als auch von der Speisekarte her. Neben den üblichen saisonalen Gerichten stehen nun auch Flammkuchen und Crêpes auf dem Programm, einmal im Monat heißt es LASA (Licht aus, Spot an) - es darf getanzt werden. Bier-Unentschiedene sollten sich das „Bierrad" bestellen. Auf einem Drehteller finden sie nämlich sieben verschiedene Streck-Biere mit Beschreibung. Wer da nicht den Weg zum rechten Bier findet, ist selber schuld...

Bier.BY
BIERKULTUR ERLEBEN

Ostheimer Bürgerbräu GmbH & Co. KG

Gründung: 1827 | Brauer: Wolfgang Bufe | Ausstoß: k.A.

FRÄNKISCHES BRAUHANDWERK SEIT 1827

Da sich die Ostheimer gerade neu aufstellen, hier ein Infotext der Brauerei: Das Aromahopfen-Bier aus dem Herzen der fränkischen Rhön wird heute noch auf handwerkliche Art und Weise mit 100% Aromahopfen aus Franken gebraut und nach offener Gärung mindestens drei Monate bis zur vollen Reife gelagert. Das garantiert unser Braumeister mit seinem Namen. Der hochwertige Aromahopfen ist besonders reich an natureigenen Geschmacksstoffen und sehr mild. Er gibt dem Ostheimer Bürgerbräu seine typisch runde feinwürzige Note, die es zu einem erfrischenden Biergenuss besonderer Art macht.

Biersorten

Bio-Pils Exquisit, Ostheimer Bürgerbräu (Vollbier).

Der Klassiker

Bio-Pils Exquisit

Festausrüster

Bierbänke, Kühlwagen, Schankwagen.

DB

Anschrift & Kontakt

Nordheimer Straße 14
97645 Ostheim vor der Rhön
Tel: 09777-9101-0
Fax: 09777-9101-816

Öffnungszeiten

Täglich 8 bis 16 Uhr

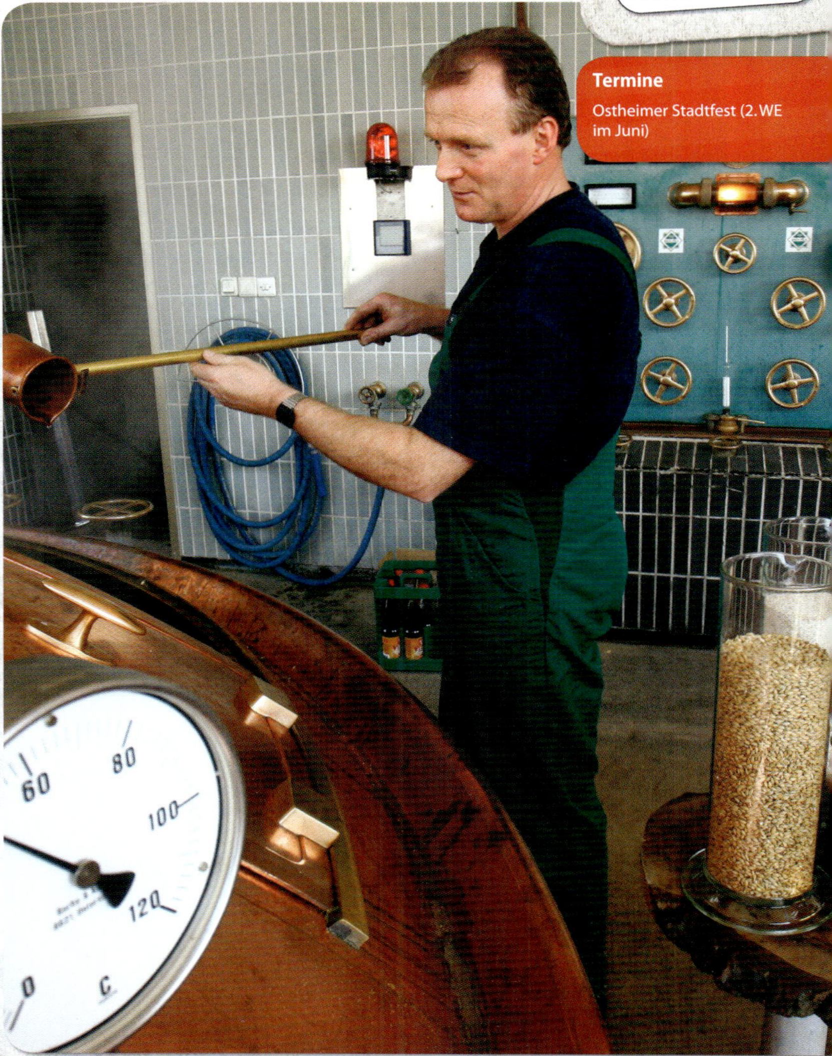

Bier.BY
BIERKULTUR ERLEBEN

Rother-Bräu, Bayerische Exportbierbrauerei GmbH

Gründung: 1788 | Brauer: Tobias Weydringer, Xaver Weydringer | Ausstoß: 27800 hl

ÖKO-BIER MIT BIO-SIEGEL

Das ist seit 1989 der Exportschlager der Familienbrauerei im Naturpark Rhön. Gegründet wurde das Unternehmen schon 1788, und 1872 gelangte es in den Besitz der heutigen Inhaberfamilie. Die Nachfahren beschafften 1806 eine Dampfmaschine und 1934 den ersten Lastkraftwagen. Man war also der Zeit in dem kleinen Ort immer ein bisschen voraus, wie auch in der heutigen Zeit mit dem Öko-Bier. Die Lage am nördlichsten Zipfel Unterfrankens bescherte 1945 allerdings einen jähen Umsatzeinbruch, denn 80% der Kunden lagen auf einmal jenseits der Zonengrenze. Seit 1990 trägt der süffige Gerstensaft nun aktiv zur Wiedervereinigung bei.

Biersorten

Rother Bräu Pils feinherb, Rother Bräu Pilsener, Rother Bräu Export, Rother Bräu Radler, Rother Bräu Festbier, Kloster Urstoff, Kloster Pils, Öko Urtrunk, Öko Ur-Weizen, Öko Ur-Weizen Alkoholfrei, Öko-Ur-Pils, Öko Bier & Apfel.

Saisonal

Rother Bräu Rhönator (Doppelbock, Oktober bis Dezember)

Der Klassiker

Rother Bräu Pils feinherb

Festausrüster

Fassbier, Zelt, Bierbänke, Schirme, Kühlwagen, Schankwagen.

Heimdienst

Im Umkreis von ca. 20 km, 1 x monatlich.

Anschrift & Kontakt

Birkenweg 2
97647 Roth v. d. Rhön
Tel.: 09779-81010
Fax: 09779-810129

Öffnungszeiten

Mo bis Fr 7.30 bis 16.30 Uhr

Website: www.rotherbraeu.de

Termine

Tag des Bieres (Veranstaltung auf dem Brauereihof, um den 23.4.)

ÜBER 100 JAHRE GASTLICHKEIT IN DER RHÖN

Das Bräustüble war seit seiner Eröffnung im Jahr 1906 der ideale Ausgangspunkt für Ausflüge in der beliebten Freizeitregion. Bei Frau Klüber können Sie sich auf eine unverfälschte gutbürgerliche und regionale Küche freuen - besonders fein im Anschluss an eine Brauereiführung. Die Qualität erkennt man alleine schon daran, dass das Restaurant immer noch der lebendige Mittelpunkt des kleinen Dorfes und Versammlungsort für Stammtische und Vereine ist. Unter dem Gastraum befindet sich übrigens ein kleines Brauereimuseum, in dem man durch die vielen Jahrzehnte Geschichte der Rother Brauerei gehen kann - sehr lohnenswert!

GAST- & LOGIERHAUS BRAUSTÜBLE

Anschrift

Hauptstraße 7
97647 Roth v. d. Rhön
Tel.: 09779-6397
www.restaurant-braustüble.de

Öffnungszeiten

Täglich ab 11 Uhr
So und Feiertage ab 10 Uhr
Dienstag Ruhetag

Spezialität

Schweineschäuferle mit Klößen und Salat oder Kraut

Brauerei Wolf

Gründung: 1746 | Brauer: Karl-Heinrich Wolf | Ausstoß: 500 hl

DAS VERSCHMÄHTE MÄRZEN

Biersorten

Pils, Urtyp Dunkel.

Saisonal

Bockbier (ab November bis Januar, solange Vorrat reicht)

Der Klassiker

Pils

Heimdienst

Nur in den umliegenden Ortschaften im Umkreis von 10 km. 1 x pro Woche, kein fester Wochentag (richtet sich nach der Witterung und verfügbarer Zeit).

Schade eigentlich - neben den Einheimischen gehören vor allem Durchreisende von der A3 zu den Stammgästen von Karl-Heinrich Wolf und seiner Brauerei. Doch nachdem die meist nicht aus Franken sind, gibt es für sie nur ein Bier: Pils. Das schmeckt bei dem urigen Franken natürlich auch gut, aber wegen dieser klaren Bevorzugung sah er sich gezwungen, sein Märzen einzustellen. Vielleicht trägt dieses Buch ein bisschen dazu bei, sowohl bei den Gästen den Bedarf als auch bei Wolf die Begeisterung für dieses süffige untergärige Bier wieder zu wecken. Bis dahin sind Sie mit dem schon erwähnten klassischen Pils und dem malzigen Urtyp Dunkel aber auch bestens bedient!

GESTÄRKT UND ERFRISCHT DIE REISE FORTSETZEN

Das steht bei den meisten Gästen im Hause Wolf auf dem Programm. Doch die fränkische Hausmannskost aus eigener Schlachtung und Viehzucht hat schon so manchen Durchreisenden zum Wiederholungstäter gemacht. Einige Gäste haben uns erzählt, dass sie die Route immer absichtlich so legen, dass sie zur Mittagszeit in Rüdenhausen sind. Für Einheimische gibt es mit dem Kellerfest im August auf dem Wolfenkeller einen Fixtermin im Jahr, den keiner versäumt. Der Bierkeller liegt am Aussiedlerhof, dem Mittelpunkt der Landwirtschaft von Karl-Heinrich Wolf.

Kurfürstliche Weyberbräu GmbH

Gründung: 2006 | Brauer: Mathias Hubert | Ausstoß: 350 hl

URIGE HAUSBRAUEREI

Der Neuanfang 2006 steht unter einem glücklichen Stern. Nicht nur, dass das Ambiente der Weyberbräu, die nun zu dem gegenüberliegenden Hotel Weyberhöfe gehört. Absolut stimmt auch das Bier. Insbesondere die vielen Spezialsude begeistern immer wieder auf's neue. Der Name stammt übrigens nicht von einem Frauenkloster oder ähnlichem. Das hier 1265 errichtete Jagdschloss der Mainzer Erzbischöfe hieß Castrum Vivarium (Schloss mit Tiergarten), und aus Vivarium wurde im Lauf der Zeit „Weyber". So heißt dann auch das gesamte heutige Schloßensemble „Weyberhöfe" und stammt aus der Mitte des 16. Jahrhunderts.

Biersorten

Weyberbräu Blondes, Weyberbräu Qpfer, Weyberbräu Weizen, Champagnerbier Carême 1814.

Saisonal

Räuberrauchbier (im Sommer)
Roggenweizen (Som. und Herbst)
Winterbock (Ende November)

Der Klassiker

Weyberbräu Blondes

Anschrift & Kontakt

Kurfürst-Eppstein-Ring 6
63877 Sailauf
Tel.: 06093-996310
Fax: 06093-995218

Öffnungszeiten

Täglich ab 11 Uhr
Kein Ruhetag

Website: www.weyberbraeu.de

Termine

Piratendinner (2. WE Juni, 3. WE
im Juli, 3. WE im August)

MIT SELBST KREIERTEN BIERGLÄSERN

Damit überrascht Inhaber Peter Lenhardt die Besucher seiner Brauereigaststätte, die ganz bewusst den typisch fränkische Wirtshausstil trägt. Aus der Küche, die demnächst noch erweitert werden soll, kommen fränkischen und bayerische Schmankerl, natürlich auch mit bierigem Touch. Das selbst gemachte Treberbrot und im Sommer die Grillhütte im Außenbereich runden das Angebot perfekt ab. Hier sollte man einfach unbedingt (mindestens) einmal gewesen sein!

KURFÜRSTLICHE WEYBERBRÄU

Anschrift

Kurfürst-Eppstein-Ring 6
63877 Sailauf
Tel.: 06093-996310

Öffnungszeiten

Täglich ab 11 Uhr
Kein Ruhetag

Spezialität

Brauerteller

Karmeliter-Bräu GmbH & Co. KG

Gründung: 1352 | **Brauer: Florian Johannes** | **Ausstoß: 8000 hl**

IM REICH DER MITTE WOHL BEKANNT

Als in der Klosterbrauerei von Neustadt im 14. Jahrhundert der erste Biersud eingebraut wurde, regierten in China gerade die Enkel Dschingis Khans, die Yuán-Dynastie. Damals wussten die Neustädter noch kaum etwas vom Reich der Mitte und umgekehrt. Heute findet nicht nur ein reger Kultur-, sondern auch ein Bieraustausch statt, zu dem die Karmeliter-Bräu 2009 vier große Container des flüssigen Frankengoldes an die große Mauer lieferte. Von der alten Braustätte ist allerdings nichts mehr übrig. Seit knapp 20 Jahren köchelt man in der neuen Anlage im Vorort Salz.

Biersorten

Karmeliter Helles Lager, Karmeliter Urmärzen, Karmeliter Edel Pils, Karmeliter Rhöner Dunkel, Karmeliter Weißbier, Karmeliter Export, Karmeliter Klostertrunk, Karmeliter Radler, Karmeliter Jubiläums-Festbier, Karmeliter Geburtstagsbier.

Der Klassiker

Karmeliter Edel Pils

Festausrüster

Fassbier, Bierbänke, Kühlwagen, Schankwagen.

Heimdienst

Im Rhöner Umland

Anschrift & Kontakt

Ludwig-Elsbett-Straße 7
97616 Salz
Tel.: 09771-1323
Fax: 09771-98399

Öffnungszeiten

Mo bis Do 7 bis 12 Uhr und 13.30
bis 16 Uhr
Fr 7 bis 12 Uhr und 13.30 bis
15 Uhr

Website: www.karmeliter-braeu.de

AN DER HISTORISCHEN STELLE

Im Gegensatz zur Brauerei ist die Rathschenke noch mitten in Neustadt, neben der alten Klosterkirche. Inhaber Matthias Seit kaufte vor einigen Jahren das Haus und verwandelte es in eine moderne Gastronomie, die sich sowohl um die schnellen Mittagszwischenstopps als auch um die Genießer am Abend kümmert. Mit dabei neben internationalen auch fränkische Gerichte, vor allem Fische aus dem eigenen Bassin und Wild aus der Rhön.

RATHSCHENKE

Anschrift

Rossmarktstraße 38
97616 Bad Neustadt
Tel.: 09771-2692
www.rathschenke.de

Öffnungszeiten

Täglich 10 bis 14 Uhr und ab
17 Uhr
Mo 10 bis 14 Uhr
Kein Ruhetag

Spezialität

Wild aus der Rhön

Das Brauhaus Barbarossa - Gasthausbrauerei

Gründung: 1989 | Brauer: Frank Ziemen | Ausstoß: 600 hl

Biersorten

Barbarossa Hell

Saisonal

Märzen (ohne festen Termin)
Weizen (ohne festen Termin)
Rotbier (ca. 6 Wochen nach Pfingsten)
Leichtbier (ohne festen Termin)
Fastenbier (ab Aschermittwoch)
Weihnachtsbock (zur Weihnachtszeit)

Der Klassiker

Barbarossa Hell

Festausrüster

Fassbier, Bierbänke, Schirme, Kühlwagen, Schankwagen.

JEDEN DIENSTAG BRAUEREIFEST

Das bekommen auch nur wenige Brauer auf die Reihe. Aber hier hat man sich auch völlig auf das Thema Bier konzentriert, inklusive Crash-Braukurs und richtigem Bierseminar. Bei ersterem lernt man vor allem das Brauen zuhause, im großen Kurs kann man seinen eigenen Sud brauen und auch mit nach Hause nehmen. Braumeister Frank Ziemen stammt übrigens ursprünglich aus Berlin und hat das fränkische Bierrezept schnell und gut verinnerlicht. Seinen Namen trägt der Gerstensaft von einem ehemaligen Jagdschloss des berühmten Kaisers, auf dessen Grundmauern das Schöllkrippner Rathaus steht.

Website: www.brauhaus-barbarossa.de

Termine

Markusmarkt (letztes WE im
April), Michaelimarkt (1. WE im
Okt.), Fastenbieranstich (Ascher-
mittwoch), Brauereifest (jeden
Dienstag in der Gaststätte)

BEI KAISER, PRINZ UND PÄBSTIN

Bianka und Frank Ziemen stehen immer ihre Frau und Ihren Mann, insbesondere, wenn es ums Feiern geht. Das beweisen sie nicht nur jeden Dienstag, sondern auch im Fasching, wenn sie - wie vor einigen Jahren - das Prinzenpaar geben. Biankas Mutter Regina Pabst zeichnet dabei für die deftigen fränkischen Gerichte verantwortlich, die aus der Küche kommen. Bier, Bräten und Brotzeiten machen süchtig, das ist das einhellige Urteil der Gäste, dem wir uns nur anschließen können. Im Sommer lohnt auch ein Besuch des Biergartens im Barbarossa-Hof.

BRAUHAUS BARBAROSSA

Anschrift

Aschaffenburger Straße 18
63825 Schöllkrippen
Tel.: 06024-5454

Öffnungszeiten

Di bis Fr ab 17.30 Uhr
Sa und So ab 11 Uhr
Montag Ruhetag
(für Gruppen auf Anfrage auch
außerhalb dieser Zeiten geöffnet)

Spezialität

Brauerpfanne (mit Biersoße)

Brauhaus Schweinfurt GmbH

Gründung: 1858 | Brauer: Hans Weichert | Ausstoß: k.A.

DAS BIER AUS DER ARBEITERSTADT

Mehr als 150 Jahre nach seiner Gründung kann das etwa 30köpfige Team um Geschäftsführer Heinrich Weck weiterhin erfolgreich die Fahne der Schweinfurter Braukunst hochhalten, auch wenn von Osten und Westen eine Großbrauerei immer näher rückt. Bereits im Jahr 1858 wurde der Grundstock des heutigen Unternehmens direkt am Marktplatz in Schweinfurt mit einer kleinen Braustätte gelegt. Aus dieser ging am 1. Juli 1903 mit steigenden Absatzziffern die Brauhaus Schweinfurt GmbH hervor. Der Platz im Stadtzentrum reichte nicht mehr aus, so entstand 1912 eine Brauerei nach den damals modernsten Standards in der Klingenbrunnstraße, die bis heute betrieben wird. Von der eher familiären Atmosphäre kann man sich jedes Jahr beim Hoffest überzeugen, das getreu dem Firmenmotto „so frisch - so fränkisch" jährlich um den Tag des Bieres (23. April) begangen wird.

Biersorten

Brauhaus Pilsner, Brauhaus Weißbier, Brauhaus Frankengold, Brauhaus Märzen, Brauhaus Ur-Dunkel, Brauhaus Ur-Hell, Brauhaus Zwickl, Brauhaus Schwarze Weisse, Brauhaus Radler, Brauhaus Weißbier alkoholfrei, Brauhaus Mainthaler alkoholfrei, Brauhaus Leichte, ALPHA., Elchbier.

Saisonal

Volksfestbier (nur erhältlich in den geraden Kalenderjahren zum Schweinfurter Volksfest) Böggle (Starkbier, in der kalten Jahreszeit) Winterbier (in der kalten Jahreszeit) Jubiläumsbier (nur in Jubiläumsjahren)

Der Klassiker

Brauhaus Pilsner

Festausrüster

Bierbänke, Fassbier.

Heimdienst

Raum Stadt Schweinfurt und umliegende Ortschaften, montags bis freitags.

Anschrift & Kontakt

Klingenbrunnstraße 22-26
97422 Schweinfurt
Tel.: 09721-5360
Fax: 09721-53655

Öffnungszeiten

Verkauf: Mo bis Do 7 bis 17 Uhr, Fr 7 bis 16 Uhr
Verwaltung: Mo bis Do 7.45 bis 17 Uhr, Fr 7.30 bis 12.30 Uhr

Website: www.brauhaus-schweinfurt.de

Termine

Brauereihoffest (immer am WE um den Tag des Bieres)

Privatbrauerei Roth

Gründung: 1818 | **Brauer: Harald Alban** | **Ausstoß: k.A.**

Biersorten

Roth Pils, Roth Weizen, Roth Schwarze Weiße, Roth Schwarzbier, Roth Light, Roth Märzen, Roth Runner, Roth Bleifrei, Roth Radler, Roth Hefe Alkoholfrei, Roth Original (Helles).

Saisonal

Volksfestbier (Ende April bis Juni, zum Schweinfurter Volksfest) Weihnachtsbier (Anfang November bis Ende Dezember)

Der Klassiker

Roth Pils

Festausrüster

Fassbier, Bierbänke, Schirme, Kühlwagen, Schankwagen.

DIE ZURÜCKGEKAUFTE BRAUEREI

Auch wenn die eigentliche Gründung der Brauerei erst 1831 erfolgte, begann ihre Geschichte schon 1818. Denn die Einrichtung einer privaten Brauerei war in Schweinfurt erst ab 1830 genehmigt, vorher köchelte Nikolaus Baumann im städtischen Brauhaus. Der Name Roth taucht das erste Mal 1890 auf, als ein Schwiegersohn der Familie das Ruder übernahm. Dessen Nachfolger verkauften die Brauerei 1988 an die Münchner Löwenbräu. Fünf Jahre später nahm sich der seit 1960 im Betrieb arbeitende Lohnbuchhalter Edgar Borst ein Herz und kaufte die Firma zurück. Gemeinsam mit seinen Söhnen und Braumeister Harald Alban sorgt er nun für den Fortbestand der Traditionsbrauerei.

Anschrift & Kontakt

Obere Straße 24
97421 Schweinfurt
Tel.: 09721-1034
Fax: 09721-28144

Öffnungszeiten

Mo bis Fr 8 bis 16 Uhr
Sa 8 bis 12 Uhr

Website: www.rothbier.com

Termine

Honkytonk (Anfang/Mitte Juli)
Volksfest Schweinfurt (ab Freitag nach Christi Himmelfahrt, alle 2 Jahre, in den ungeraden Jahren)

Seinsheimer Kellerbräu

Gründung: 2001 | Brauer: Frank Engelhardt, Winfried Zippel | Ausstoß: k.A.

DIE WOHL KLEINSTE BRAUEREI UNTERFRANKENS

Lässt man einmal die kleinen Kommun- und Hausbrauer außen vor, dann sollten Frank Engelhardt und Winfried Zippel diesen Superlativ halten können. Und ganz gemäß dem Sprichwort bedeutet hier klein auch fein, nämlich ein süffiges Kellerbier, bei dem man die handwerkliche Braukunst noch sehen und schmecken kann. Begonnen hat alles mit der Erbschaft einer baufälligen Kirchgade (historisches Gewölbe) aus dem 15. Jahrhundert, die die beiden zwischen 1995 bis 2000 renovierten, dort ihre ersten Brauversuche starteten und 2001 die eigene Hausbrauerei eröffneten. Die Braukunst ist auch heute noch Nebenerwerb, weswegen sowohl die Produktion als auch Führungen und empfehlenswerte Brauseminare immer an den Wochenenden stattfinden. Mehr Informationen finden Sie dazu auf der Website.

Biersorten

Seinsheimer Kellerbier, Seinsheimer Danzbier.

Saisonal

Seinsheimer Maibock (ab 1. Mai)
Seinsheimer Rauchbier (Juni bis Oktober bzw. auf Anfrage)
Seinsheimer Weihnachtsbock (ab Mitte Dezember)

Der Klassiker

Seinsheimer Kellerbier

Anschrift & Kontakt
Oberes Tor 1
97342 Seinsheim
Tel.: 09332-592719
Fax: 09332-592720

Öffnungszeiten
Fr 11 bis 20 Uhr (Brautag)
Rest der Woche geschlossen

Website: www.seinsheimer-kellerbier.de

Termine
Maibaumaufstellen (Abend vor
dem 1. Mai)
Weihnachtsmarkt (3. So im
Advent)

Pfarrbräu

Gründung: 2010 | Brauer: Wolfgang Seufert (Brauer) | Ausstoß: 300 hl

Biersorten

Pfarrbräu Kellerbier dunkel (unfiltriert), Pfarrbräu Kellerpils (unfiltriert, hell nach Pilsener Brauart), Pfarrbräu Weißbier (Flaschengärung).

Saisonal

ab Advent bis Fastenzeit:
Doppelbock (ab Advent bis zur Fastenzeit)
Dinkelbier (zu Ostern)
Fränkisch Hell (ab Ostern)
Mehrkornbier (zu Erntedank)
weitere wechselnde Spezialbiere siehe www.pfarrbraeu.de

Der Klassiker

Kellerpils

Festausrüster

Fassbier, Bierbänke;

GANZ WELTLICH IM PFARRHAUS

Eigentlich sollte man angesichts des Names eine jahrhundertelange Tradition vermuten, doch die Pfarrbräu in Stadelhofen ist eine ganz neue Erfindung. Erfunden hat das ganze Wolfgang Seufert, der nach einem Dutzend Braumeisterjahren in verschiedenen Brauereien nun mit Ehefrau Barbara das örtliche Pfarrhaus gekauft hat und nun sein eigenes (Hopfen-)Süppchen kocht. Ganz unbekannt ist Seufert die Gegend nicht - schließlich hat er vor vielen Jahren bei der Frankenbräu in Karlstadt sein Handwerk gelernt. „Schuld" an der neuesten Brauerei Unterfrankens hat übrigens Sohn Paul, dessen Geburt die bisherige Fernbeziehung motivierte, sich an einem neuen Ort gemeinsam niederzulassen.

Anschrift & Kontakt

Am Dorfplatz 8
97753 Karlstadt am Main-
Stadelhofen
Tel: 09396-995956

Öffnungszeiten

Fr 17 bis 18 Uhr
Sa 10 bis 13 Uhr
oder nach Absprache

Website: www.pfarrbraeu.de

Termine

Starkbierfest (19. März)

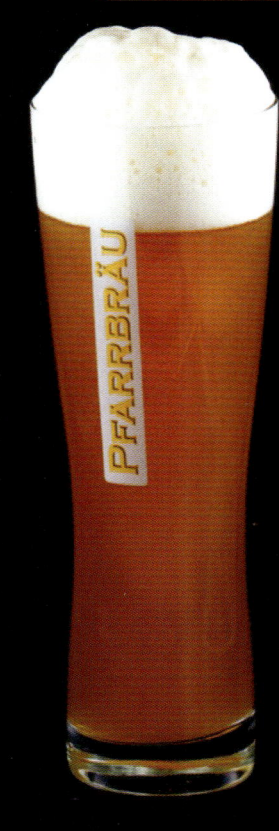

Bier.BY
BIERKULTUR ERLEBEN

Adler-Bräu

Gründung: 1730 | Brauer: Norbert Merklein | Ausstoß: 10000 hl

DER SCHWARZE ADLER

Befindet sich bis heute im Wappen der Brauerei, die die heutige Familie Merklein seit über 30 Jahren betreibt. Die Vorfahren der Chefin haben schon um 1730 mit dem Brauerhandwerk begonnen und aus dem Haus und dem Bier einen echten Kultklassiker gemacht. Heute ist die Brauerei auf dem neuesten Stand der Technik und etwa 200 Meter von ihrem ursprünglichen Standort angesiedelt. Uns hat besonders das Altfränkische Lagerbier mit seiner malzig-würzigen Note begeistert.

Biersorten

Adler Pils, Adler Hell, Adler Altfränkisches Lagerbier, Adler Weizenbier, Stöpflder Zwickel, Stöpflder Classic.

Saisonal

Adler Heller Bock (ab Mitte Oktober)

Der Klassiker

Adler Pils

Festausrüster

Fassbier, Bierbänke, Schankwagen.

Heimdienst

Im Umkreis von ca. 40 km.

DB

IN DER ALTEN BRAUEREI

Bis vor kurzem wehte hier noch der Sudkesseldampf um die Nasen der Besucher, heute sitzen unter der rustikalen Balkendecke die Gäste der Brauereigaststätte. Über den Hausmetzger gibt es Spezialitäten aus eigener Schlachtung, die im Sommer besonders im kleinen Brauereihof bestens schmecken. Auf den Außenplätzen hat man zudem den Kirchturm immer schön im Blick, der dafür verantwortlich ist, dass einmal im Jahr zur Kirchweih richtig was los ist. Dann werden hier im Bräustübla mit Bocksbraten, Ente und Gans echte Schmankerln serviert.

Brauerei-Gasthof Zum grünen Baum

Gründung: 1718 | **Brauer: Helmut Bayer** | **Ausstoß: 1200 hl**

SYMPATHIE-BESTNOTE

Hier, an der Grenze zwischen Wein- und Bierfranken, hat auch Michael Bayer das Beste von beiden Welten mitbekommen: Die Freundlichkeit und Herzlichkeit, die man vielen Winzern nachsagt, und das urige und kernige der typischen Frankenbrauer. Diese Mischung macht uns bei jedem Besuch wieder Spaß, denn sie zieht sich durch die ganze Familie und man meint sie auch in dem süffigen Bier zu schmecken. Wem die 4,7% des unfiltrierten Kellerbieres nicht genügen, der kann auch auf die hervorragende hauseigene Paletten an Schnäpsen und Likören zurückgreifen, ein Griff, der auch immer lohnt!

Biersorten
Bayer-Bier.

Saisonal
Knörzla (im Sommer)
Bayer-Bock (November bis März)

Der Klassiker
Bayer-Bier

Festausrüster
Fassbier, Bierbänke, Kühlwagen.

Anschrift & Kontakt

Schulterbachstraße 15
96181 Rauhenebrach-Theinheim
Tel.: 09554-293
Fax: 09554-8893

Öffnungszeiten

Täglich ab 10 Uhr
Montag Ruhetag (wenn Montag
Feiertag, dann Dienstag Ruhetag)

Website: www.bayer-theinheim.de

Termine

Brauereifest (1. WE im August)
Kirchweih (Anfang November)

DIE LETZTE STATION

Vor dem Beginn Weinfrankens liegt eine ganz besondere Station. In einer der kleinsten Brauereien Frankens werkelt Michael Bayer überaus erfolgreich und braut einen sensationell süffigen Gerstensaft. Im kleinen Innenhof sitzt man im Angesicht des Braukessels und möchte eigentlich nie wieder aufstehen - solange der Nachschub rollt. Mit dem Bier werden auch die Spezialitäten des Hauses verfeinert - von der Bierhaxe bis zum Bierschnitzel. Die Wurst stammt aus eigener Herstellung, die Lammgerichte stammen quasi von der Weide nebenan. Legendär auch der Wildschweinschinken!

BRAUEREI-GASTHOF ZUM GRÜNEN BAUM

Anschrift

Schulterbachstraße 15
96181 Rauhenebrach-Theinheim
Tel.: 09554-293

Öffnungszeiten

Täglich ab 10 Uhr
Montag Ruhetag (wenn Montag
Feiertag, dann Dienstag Ruhetag)

Spezialität

Lammgerichte (Fleisch aus dem
Ort, direkt vom Schäfer)

Burgbrauerei Herzog von Franken

Gründung: 1846 | Brauer: Dieter Beutel | Ausstoß: 20000 hl

Biersorten

Herzog von Franken, Herzog Weisse, Herzog Ur-Weisse, Herzog der Schwarze, Herzog Radler.

Saisonal

Herzog der Starke (Anfang Oktober bis Mitte März)

Der Klassiker

Herzog von Franken

Festausrüster

Fassbier, Bierbänke, Schirme, Kühlwagen, Schankwagen.

Heimdienst

Über Arnsteiner Brauerei, 14-tägig.

DIE KURVE GEKRATZT

Die langjährige Brautradition stand kurz nach der deutschen Wiedervereinigung vor dem Aus, als das von einer Großbrauerei übernommene Brauhaus Stück für Stück versteigert werden sollte. Der Hausherr, Baron von Thüngen, rief den ehemaligen Konkurrenten der Arnsteiner Brauerei zu Hilfe. Gemeinsam mit deren Chefin wurde die Marke Herzog von Franken aus der Taufe gehoben und somit der Fortbestand des Unternehmens gesichert. Zuvor musste allerdings in einem schwierigen Kraftakt das bereits versteigerte Brauereiinventar zurückgekauft werden. Vor so viel Engagement ziehen wir unseren Hut!

Anschrift & Kontakt

Hauptstraße 1
97289 Thüngen
Tel: 09363-90910
Fax: 09363-909111

Öffnungszeiten

Nur nach Vereinbarung geöffnet

Website: www.herzog-von-franken.de

Termine

Kirchweih Thüngen (letztes WE im September)
Bockbieranstich (Anfang Oktober)
Weihnachtsmarkt (4. Advent)

WIRTSCHAFT MIT TRADITION

Das heutige Thüngener Schloss, in dem sich auch die Schloßstuben befinden, stammt aus dem 16. Jahrhundert. Der Ort an sich allerdings datiert bis ins Jahr 788. Der Name kommt vom germanischen Thing, das die Versammlung der jeweiligen Stämme bezeichnete. Zum eigenen Adelsgeschlecht gelangte Thüngen, als die Grafen von Henneberg im 16. Jahrhundert ausstarben und die neue Familie sich nach dem Ort, der mittlerweile das Stadtrecht innehatte, benannte. Diese Vergangenheit kann vor Ort gut nachvollzogen werden, natürlich garniert mit einem der bierigen Gerichte der Familie Keller.

SCHLOSSSTUBEN

Anschrift

Hauptstraße 3
97289 Thüngen
Tel.: 09360-994872

Öffnungszeiten

Mai bis Ende Oktober:
Täglich ab 11 Uhr
Dienstag Ruhetag
November bis Ende April:
Täglich ab 11 Uhr
Dienstag und Mittwoch Ruhetag

Spezialität

Schloßschnitzel mit Bratkartoffeln und Rahmpilzen

Brauerei Roppelt

Gründung: 1701 | Brauer: Michael Roppelt | Ausstoß: 2000 hl

WÜRZIGES LAGERBIER

Brauereichef Michael Roppelt ist ein sehr umgänglicher Zeitgenosse, der immer mal gerne ein Wort mit den Gästen wechselt. In Kombination mit einem Krug Lager, Pils oder Dunklem ist alleine das schon einen Besuch wert. Schließlich hat er aus über 120 Jahren Familientradition in Trossenfurt so manche Geschichte zu erzählen. Der Braumeister hat 2000 den Betrieb von seinen Eltern übernommen und vor allem den Bierkeller in einen echten Spitzenvertreter seiner Art verwandelt. Nicht verpassen sollten Sie eine Brauereiführung, die auf Anfrage jederzeit stattfinden kann.

Biersorten
Lager, Pils, Dunkel.

Saisonal
Bockbier (kein fester Termin)

Der Klassiker
Lager

Festausrüster
Fassbier, Bierbänke, Schirme.

Heimdienst
Trossenfurt und Umgebung.

Bus 8180, 989 Aurachbrücke, Oberaurach-Trossenfurt

DB

Anschrift & Kontakt

An der Steige 2
97514 Trossenfurt-Oberaurauch
Tel.: 09522-1840
Fax: 09522-950863

Öffnungszeiten

Oktober bis Ende April:
Täglich ab 9 Uhr
Di und Do Ruhetag
Sommer siehe unten

Website: www.brauereiroppelt.de

Termine

Kirchweih (Ende Juli)

VIELE ETAGEN

Der Roppelt-Keller erstreckt sich über fünf Ebenen, teils überdacht, an einem Berghang in Trossenfurt. Mit großen Bäumen gut beschattet und einem Kinderspiel- und Fußballplatz für die Kinder bietet er für Familien ein perfektes Ambiente. Im Sommer sollte für Sie hier ein Pflicht-Halt liegen. Im Winter macht natürlich auch ein Besuch der Brauereigaststätte Sinn, die mit fränkischen Brotzeiten und vor allem den feinen Forellen und Karpfen aus dem eigenen Bassin aufwarten kann. Eine gute Gelegenheit, bei Michael Roppelt vorbeizuschauen, bietet sich auch zur Kirchweih, die jedes Jahr Ende Juli stattfindet.

BRAUEREI-GASTHAUS ROPPELT

Anschrift

An der Steige 2
97514 Trossenfurt-Oberaurauch
Tel.: 09522-1840

Öffnungszeiten

Oktober bis Ende April:
Täglich ab 9 Uhr
Dienstag und Donnerstag
Ruhetag

Roppelts-Keller (200 m entfernt):
Anfang Mai bis Ende September:
Täglich ab 11 Uhr
Mi und Do ab 15 Uhr
Dienstag Ruhetag

Spezialität

Karpfen und Forellen im Winter

Hausbrauerei Höpfl

Gründung: 2007 | Brauer: Klaus Höpfl | Ausstoß: 50 hl

Biersorten

Zaller Dunkel, Zaller Hell.

Saisonal

Zaller Bock (März, Mai und Weihnachten)
Zaller Donnerbock (Weihnachtszeit)

Der Klassiker

Zaller Dunkel

BIERVIELFALT LIEBEN GELERNT

Es begann alles 2005 mit einer Radtour durch Oberfranken. Dabei lernten die Höpfls das nach fränkischer Brauart hergestellte dunkle Bier kennen und lieben. Wieder zu Hause angekommen, machten sie sich sofort ans Werk: In einem Einkochtopf fanden die ersten Brauversuche statt, und das Ergebnis konnte nicht lange geheim gehalten werden. Schon im Folgejahr stand die erste richtige Kleinbrauerei im Keller und schon 2007 durch zwei Kessel a zwei Hektoliter ersetzt. Neuester Streich ist eine eigene Malzmühle, die das Provisorium, das durch eine Bohrmaschine (!) angetrieben wurde, obsolet gemacht hat. Das Bier gibt es mittlerweile in Kästen, und es hat auch schon eine kleine Fangemeinde gewonnen. Bierfans sollten hier unbedingt vorbeischauen - einmalig!

  8096 Waldzell Steinfelder Str.

Anschrift & Kontakt

Neubaustraße 6
97854 Steinfeld-Waldzell
Tel.: 09396-1532

Öffnungszeiten

Es gibt keine festen Öffnungszeiten, auf Anfrage geöffnet

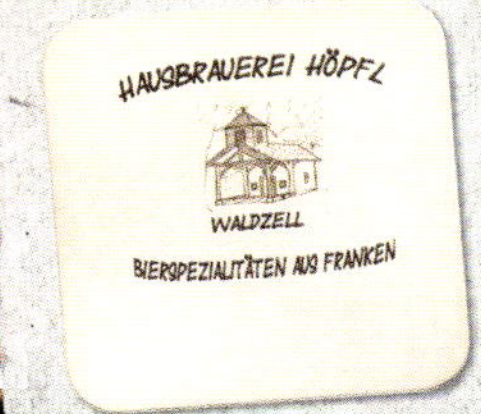

Website: www.hausbrauerei-hoepfl.de

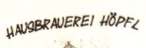

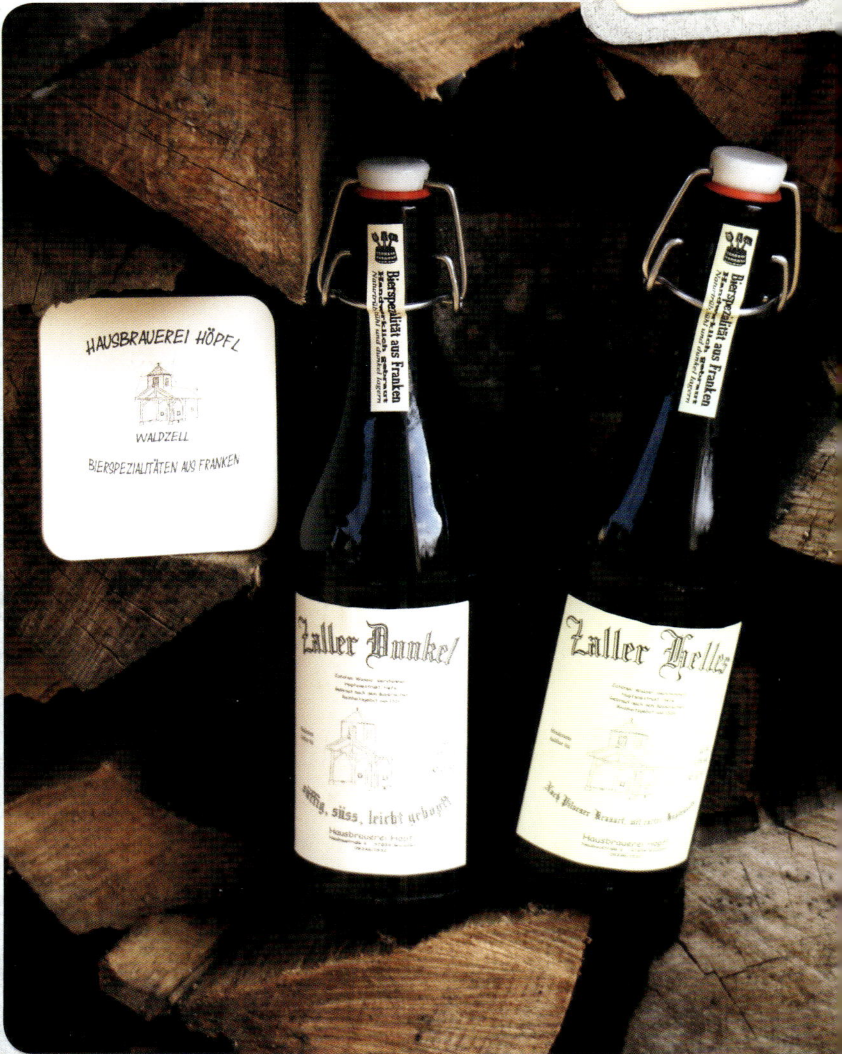

Privatbrauerei Lang

Gründung: 1844 | Brauer: Werner Lang | Ausstoß: k.A.

JENNIFERS FRAUENBIER

Jennifer Koob, die Tochter von Inhaber Werner Lang wird in Kürze den Betrieb übernehmen und vertritt dann die sechste Familiengeneration, die das Waltershausener Unternehmen seit 1844 führt. Die Diplom-Braumeisterin hat mit zwei Mitstreiterinnen sogar schon ihr erstes eigenes Bier kreiert, das Hilde-Bier, ein Bio-Dinkelbier, nach eigener Aussage ein „typisches Frauenbier, nicht zu kräftig, nicht zu bitter". Mit dem Findelberger dient ein anderes Bier aus der Lang-Palette einem guten Zweck: 25 Cent pro verkauftem Kasten spendet die Brauerei für die Renovierung der Kirche Maria, Trösterin der Betrübten auf dem Findelberg.

Biersorten
Ufi, Lang-Pils, Lang-Lager, Fränkisches Kupferbier, Mephisto-Weiße, Findelberger.

Saisonal
St. Vitus-Bock (zu Fastenzeit) Wiesenbier (im Frühling)

Der Klassiker
Lang-Pils

Festausrüster
Fassbier, Zelt, Bierbänke, Schirme, Kühlwagen, Schankwagen.

Heimdienst
Im Umkreis von ca. 40 km.

Anschrift & Kontakt

Charlotte-von-Kalb-Straße 13
97633 Waltershausen
Tel.: 09762-9292
Fax: 09762-9294

Öffnungszeiten

Mo bis Fr 7 bis 16 Uhr

Website: www.brauerei-lang.de

Termine

Kirchweih (2. Woche im Oktober)

UFI AUS DEM FASS

Ufi ist der Spitzname des unfiltrierten Kellerbieres, dass es nur hier im Bräustüble zu trinken gibt. Hier sollten Sie unbedingt zugreifen. Im Anschluss sollten Sie dann ein weiteres der vier Fassbiere probieren oder am besten gleich die Brauereiführung buchen, an die sich eine Bierprobe in der Gaststätte anschließt. Wenn Sie das zeitlich gut planen, können Sie im Anschluss noch eine Kleinkunst-Veranstaltung im historischen Tanzsaal aus dem 19. Jahrhundert erleben - Termine stehen auf der Website. Im Sommer empfiehlt sich auch ein Besuch des romantischen Lauben-Biergartens hinter dem Haus.

BRÄUSTÜBLE

Anschrift

Martin-Luther-Straße 7
97633 Waltershausen
Tel.: 09762-930941
www.braeustueble-
waltershausen.de

Öffnungszeiten

Mi bis Fr ab 17 Uhr
Sa ab 14 Uhr
So und Feiertage ab 10 Uhr
Montag und Dienstag Ruhetag

Spezialität

Wild aus eigenen Wäldern

BURGRUINE ALTENSTEIN

Wernecker Bierbrauerei GmbH & Co. KG

Gründung: 1617 | Brauer: Stefan Reusch | Ausstoß: 20000 hl

Biersorten

Wernecker Premium Pils, Wernecker Hefe Dunkel, Wernecker Hefe Weisse, Wernecker Landbier Hell, Wernecker Landbier Dunkel, Laurentius unfiltriertes Kellerbier, Fränkischer Landbock, Fränkischer Hopfenfluch.

Saisonal

Weihnachtsbier (Oktober bis Weihnachten)

Der Klassiker

Laurentius unfiltriertes Kellerbier

Festausrüster

Fassbier, Zelt, Bierbänke, Schirme, Kühlwagen, Schankwagen.

Heimdienst

Schweinfurt Stadt und Land.

DIE HEIMAT DES FRÄNKISCHEN HOPFENFLUCHES

So heißt die neueste Kreation von Inhaber Hans-Jörg Lang und seinem Braumeister Stefan Reusch. Dabei handelt es sich ein Starkbier in der Tradition der Seefahrer der britischen Inseln. Die hatten nämlich immer quasi ein Bierkonzentrat dabei, das dann nach der Ankunft im Hafen mit Wasser verdünnt und auf ein normales Niveau gebracht wurde. Die Seebären entdeckten aber schnell, dass auch das Konzentrat eine durchaus interessante Wirkung haben kann. In Werneck erhalten Sie den Hopfenfluch in einer Dreiviertelliterflasche mit Korken und Wachssiegel. Bevor Sie dieses Juwel köpfen, können Sie sich ja dann auch erstmal mit den anderen Sorten über Wasser halten, sie haben uns alle überzeugt.

DB

Anschrift & Kontakt

Schönbornstraße 2-4
97440 Werneck
Tel.: 09722-91500
Fax: 09722-915050

Öffnungszeiten

Mo bis Do 7 bis 16 Uhr
Fr 7 bis 13 Uhr
Sa Werksverkauf von 9 bis 14 Uhr

Website: www.wernecker-bier.de

Termine

Wernecker Bierwoche (Mi vor Fronleichnam bis einschließlich So)
Kirchweih (Mitte September)

DAS BIER IM FASS TRINKEN

Das kann man hier im urigen baumumsäumten Biergarten. Dieser Genuss hat einen amerikanischen Soldaten einmal so begeistert, dass er sich kurzum eine ganze Palette Wernecker Weißbier via Militärflugplatz Mannheim nach Okinawa liefern ließ. Gerne hätte er wohl auch einige der bierigen Spezialitäten aus der Küche von Michael Schmitt importiert, aber die wären wohl auf der langen Reise kalt geworden.

BRAUEREIGASTHOF WERNECK

Anschrift

Schönbornstraße 2
97440 Werneck
Tel.: 09722-91080
www.brauereigasthof-werneck.de

Öffnungszeiten

Täglich 7 bis 9 Uhr und 11 bis 23 Uhr
Kein Ruhetag

Spezialität

Tafelspitz mit Meerrettichsoße

Bier.BY
BIERKULTUR ERLEBEN

Bürgerliches Brauhaus Wiesen, Christof Hartmann GmbH & Co. KG

Gründung: 1888 | Brauer: Stephan Bathon | Ausstoß: 12000 hl

Biersorten

Wiesener Pils, Wiesener Export, Wiesener Kellerbier, Wiesener Festmärzen, Wiesener Altfränkisches Landbier, Wiesener Räuber Weisse hell, Wiesener Räuber Weisse dunkel, Wiesener Radler.

Saisonal

Wiesener Frühlingsbock (April/Mai) Wiesener Räuberbock (Oktober/November)

Der Klassiker

Wiesener Altfränkisches Landbier

Festausrüster

Fassbier, Bierbänke, Schirme, Kühlwagen, Schankwagen.

BIER SCHÄUMT NICHT VOR WUT

Diese und viele andere Erkenntnisse gehören zum Kenntnisschatz eines guten Braumeisters, das Fachgebiet wird Bierpflege genannt. Braumeister Stephan Bathon wird Ihnen bei einer Brauereiführung hier sicherlich das nötige Hintergrundwissen liefern. Die Braugeschichte in Wiesen datiert bis ins Jahr 1888, als die erste Brauerei unter dem heutigen Namen entstand. Nach 25 Jahren und der Insolvenz übernahm der Braumeister Christoph Hartmann aus Würgau, dessen Familie in der Folge viel mit den Wirren der Zeit zu kämpfen hatte (1923 kostete ein das Bier 19 Billionen pro Hektoliter), bis 1924 ein richtiger Neuanfang erfolgen konnte. Heute kann die Familienbrauerei auf ein dichtes Netz an Gaststätten und ein eigenes Feriendorf blicken, was einen beständigen Bierabsatz garantiert - alles nachzulesen auf der Internetseite der Brauerei.

DB

Anschrift & Kontakt

Hauptstraße 97
63831 Wiesen
Tel.: 06096-373
Fax: 06096-1089

Öffnungszeiten

Mo bis Do 7 bis 16.30 Uhr
Fr 7 bis 11.30 Uhr

Website: www.brauhaus-wiesen.de

Termine

Kulinarischer Wandertag (alle 2 Jahre im Mai, in den ungeraden Jahren)
Brauereifest (alle 2 Jahre am 1. WE im Oktober, in den geraden Jahren)

Brauhaus Würzburg

Gründung: 1989 | Brauer: Udo Maak | Ausstoß: k.A.

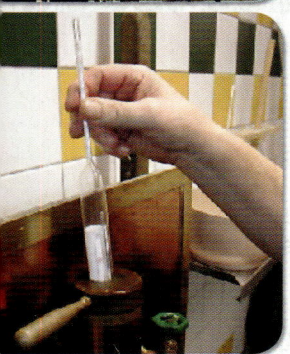

INS NACHTLEBEN GERUFEN

Ursprünglich sollte die „Goldene Gans" Brauerei, Metzgerei und Bäckerei sein, schnell stellte sich aber heraus, dass das nicht funktionieren würde. Und so entstand der Mix aus Hausbrauerei, American Diner und Cocktailbar. Die Sudkessel sieht man schon von Weitem durch die Fenster in der Fachwerkecke des Hauses, der Durst kann beginnen. Drinnen kommt das süffige Bier direkt aus dem Lagertank und fließt dann auch sofort in die Kehlen der vielen Brauhausfreunde. Genaueres erfährt man bei einer Brauereiführung, zu der man sich rechtzeitig anmelden sollte, denn das Team ist meistens viel beschäftigt.

Biersorten
Hell, Dunkel, Weizen.

Saisonal
Winterbock (Dezember bis Februar)

Der Klassiker
Hell

Anschrift & Kontakt

Burkarderstraße 2-4
97082 Würzburg
Tel.: 0931-43159
Fax: 0931-4607599

Öffnungszeiten

Mo ab 20 Uhr
Mo bis So ab 19 Uhr
Dienstag Ruhetag

Website: www.brauhausbar.de

DIE BRAU-BAR

Mit der klassischen Fränkischen Biergemütlichkeit hat das Würzburger Brauhaus nicht mehr viel gemeinsam. Muss es auch nicht, denn hier ist vor allem Spaß angesagt, und im Gegensatz zu manch anderem Lokal um die Ecke kann man auch noch ein echtes Würzburger Bier ausschenken. Dementsprechend bleibt das Publikum bunt gemischt und wird nur am Montagabend vornehmlich U30, wenn der Studententag begangen wird. Ansonsten heißt es auch immer wieder Party, Spieleabend und Happy Hour. Für Freiluftgenießer wurde der Biergarten eingerichtet, der in etwa 30 Meter Entfernung am Main liegt.

BRAUHAUS WÜRZBURG

Anschrift

Burkarderstraße 2-4
97082 Würzburg
Tel.: 0931-43159
www.brauhausbar.de

Öffnungszeiten

Mo ab 20 Uhr
Mo bis So ab 19 Uhr
Dienstag Ruhetag

Spezialität

Flammkuchen

Würzburger Hofbräu GmbH

Gründung: 1643 | **Brauer: Michael Haupt** | **Ausstoß: k.A.**

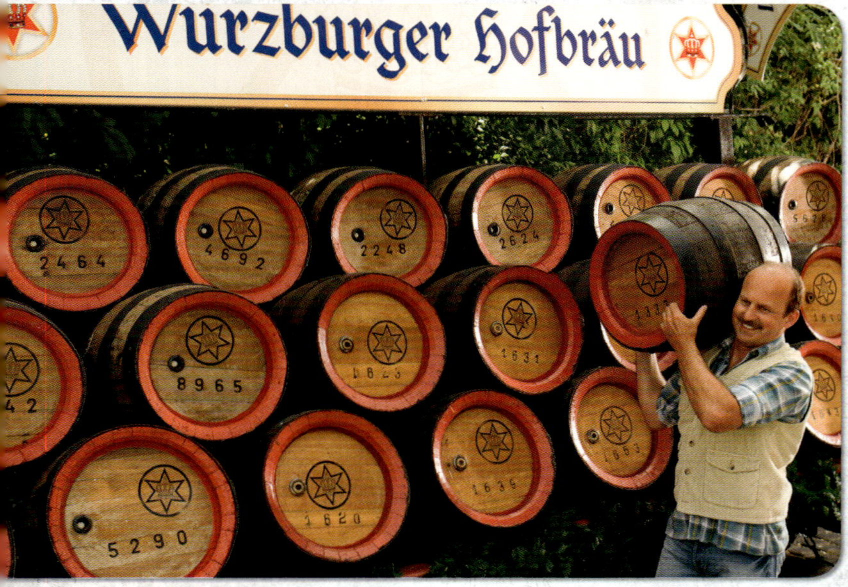

Biersorten

Würzburger Hofbräu Pilsner,
Würzburger Hofbräu Export,
Würzburger Hofbräu Leicht,
Würzburger Hofbräu Alkoholfrei,
Würzburger Hofbräu Schwarz-
bier, Keiler Weißbier.

Saisonal

Kiliani-Festbier (Anfang bis
Mitte Juli)

Der Klassiker

Würzburger Hofbräu Pilsner

Festausrüster

Fassbier, Bierbänke, Schirme,
Kühlwagen, Schankwagen.

AUS DER NOT GEBOREN

Als im Dreißigjährigen Krieg die Heere durch die frän-kischen Lande zogen, sahen sich die Würzburger Fürst-bischöfe dem Problem gegenüber, dass Soldaten er-nährt werden wollen. Als Teil der Lösung gründete man 1643 die Würzburger Hofbräu, die auch heute noch die Krone ihres Gründers Fürstbischof Johann Philipp von Schönborn im Wappen trägt. Damit ist sie das älteste noch bestehende Unternehmen der Stadt. Allerdings stellt das Jahr 2005 eine wichtige Zäsur in der Unterneh-mensgeschichte dar. Damals erfolgte die Übernahme durch die Kulmbacher Brauerei AG.

Anschrift & Kontakt

Höchberger Straße 28
97082 Würzburg
Tel.: 0931-41090
Fax: 0931-4109132

Öffnungszeiten

Mo bis Fr 8 bis 16 Uhr

Website: www.wuerzburger-hofbraeu.de

Termine

Kiliani-Volksfest (Anfang bis Mitte Juli)
Würzburger Hofbräu Brauereifest (jährlich, Termin variiert)

IM NEUEN OUTFIT

Reinhard Henke und seine Frau betreiben mit ihrem Hofbräukeller ein optisches Juwel. Professionell gestaltet, macht die Gaststätte so richtig Lust auf gutes Bier. Wie der Name schon sagt, gehört zu dem Areal auch ein großer Biergarten, unter dessen alten Kastanien der perfekte Platz für heiße Sommertage und laue Nächte ist. Auf dem Teller landen dann entweder die bierigen Klassiker wie der Sudhausbraten oder das Bierkutschergulasch - oder natürlich auch typische kalte Gerichte wie ein fränkischer Wurstsalat.

WÜRZBURGER HOFBRÄUKELLER

Anschrift

Höchberger Straße 28
97082 Würzburg
Tel.: 0931-42970
www.wuerzburger-hofbraeukeller.de

Öffnungszeiten

Täglich ab 11 Uhr
Kein Ruhetag

Spezialität

Schweinshaxe

St. Kilian, der heil'ge Mann, stellt die ersten Schnitter an

www.wuerzburg.de

Mit dieser alten Wetterregel ist eigentlich alles gesagt. Um den Namenstag des Heiligen Kilian, der den Unterfranken um 685 das Christentum brachte, am 8. Juli begeht man in Würzburg die Feier des Schutzpatrons der Stadt mit einem traditionellen Jahrmarkt und vor allem dem Volksfest.

Beide Feierlichkeiten datieren weit in die Vergangenheit zurück. Die erste Aufzeichnung stammt aus dem Jahr 1030, bei den meisten Unterfranken steht Kiliani auch als allgemeines Synonym für einen Jahrmarkt.

Während der 17 Tage im Juli verwandelt sich der Marktplatz im Herzen der Stadt wieder in einen Handelsplatz, auf dem die Gäste unter anderem Besucher Kräuter, Gewürze, Haushalts- und Geschenkartikel, Bekleidung und Keramik erstehen können. Auf der Talavera steigt parallel das schon erwähnte Volksfest, das jährlich über eine Million Besucher in die Frankenmetropole lockt.

Brauerei Göller Zur Alten Freyung

Gründung: 1908 | Brauer: Franz-Josef Göller | Ausstoß: 55000 hl

DER GROSSE FRANKE

Franz-Josef Göller hat viele Herzen, darunter natürlich eines für die Braukunst. Sowohl die eigene, die über 100 Jahre Geschichte vorweisen kann, als auch die vieler kleiner Brauereien, für die die Brauerei Göller das Abfüllen der Biere übernimmt. Ein anderes Herz schlägt für hilfsbedürftige Menschen. Der 2005 dafür ins Leben gerufene Göller Hilfsfonds konnte schon vielfach große Not lindern und oft einfach praktische Hilfe leisten. Dafür fließen beispielsweise 50 Cent von jedem verkauften Kasten Bockbier in den Spendentopf, der aber auch durch viele andere Aktionen immer wieder aufgefüllt wird. Wir sagen stellvertretend Dankeschön!

Biersorten

GÖLLER-Original, GÖLLER-Lager, GÖLLER-Steinhauer Weisse, GÖLLER-Premium Pilsner, GÖLLER-Dunkel, GÖLLER-Kellerbier, GÖLLER-Rauchbier, GÖLLER-Radler, GÖLLER-Pilsner, GÖLLER-Brotzeitseidla, GÖLLER-Freyungs Weisse, GÖLLER-Dunkle Weisse, GÖLLER-Hausbrauer, GÖLLER-Kaiser Heinrich Urstoff, GÖLLER-Alkoholfrei, GÖLLER-Alkoholfreies Weizen.

Saisonal

GÖLLER-Leichte Weisse (April bis September)
GÖLLER-Bock (ab Oktober)
GÖLLER-Weizen Bock (ab Okt.)
GÖLLER-Herbst Bock (Oktober bis März)
Darkcherry (winterliches Kirschbier mit natürlichem Zimt und Nelken) (November bis März)

Der Klassiker

GÖLLER Original

Festausrüster

Fassbier, Bierbänke, Kühlwagen, Schankwagen.

DB

Anschrift & Kontakt

Speiersgasse 21
97475 Zeil am Main
Tel.: 09524-30040
Fax: 09524-3004-22

Öffnungszeiten

April bis Ende Sept.: Mo bis Fr 8 bis
18.30 Uhr; Sa 8 bis 12 Uhr
Okt. bis Ende März: Mo bis Fr 8 bis
18 Uhr, Sa 8 bis 12 Uhr

Website: www.brauerei-goeller.de

Termine

Kirchweih (1. WE im Oktober)
Bockbieranstich (Anfang/Mitte
Oktober)

DA SCHMECKTS

Zu den guten Göller-Bieren bietet Pächter Hubert Rausch eine breite Palette fränkischer Köstlichkeiten und auch echte Biergerichte an, legendär beispielsweise Bockbier-Zwiebelsuppe und Braumeistersteak. Im Sommer lockt der gemütliche Biergarten, in dem dann die Brotzeiten aus eigener Schlachtung besonders gut schmecken. Übrigens sind hier gerade Kinder gut aufgehoben, dank großem Spielplatz und ausführlicher Kinderma(h)lkarte. Für die Geschichtsfanatiker noch eine Zahl: Der „Alten Freyung" wurde im Jahr 1514 das Brau- und Schankrecht verliehen. Somit ist die Brauerei Göller eine der ältesten Braustätten Bayerns!

BRAUEREIGASTSTÄTTE GÖLLER

Anschrift

Speiersgasse 21
97475 Zeil am Main
Tel.: 09524-9554

Öffnungszeiten

Täglich ab 9.30 Uhr
Dienstag Ruhetag
1. Juni bis 30. August kein
Ruhetag

Spezialität

Fränkisches Schäuferla mit Sauerkraut und Kloß

BLICK VOM ZEILER KÄPPELE

Mit Männerschweiß und Muskelkraft

So entsteht in Junkersdorf bei Pfarrweisach auch heute noch jedes Jahr süffiges Hausbrauerbier. Früher, so erzählen die Dorfbewohner, versammelte sich die Gemeinschaft regelmäßig an den Brautagen rund um das kleine Brauhaus.

Einerseits, weil das lodernde Feuer unter dem Braukessel an den kalten Tagen wärmte, andererseits, weil es beim Brauen des neuen immer einen Schluck vom alten Sud zu verkosten gab. Heute läuft es prinzipiell nach demselben Schema ab, nur dass nicht nur die Dorfbewohner vorbeischauen, sondern oft auch Bierinteressierte aus aller Welt den Geheimtipp aufgeschnappt haben und live bei der Geburt eines neuen Gerstensaftes dabei sein wollen.

Hauptverantwortlich für die Wiederbelebung des Junkersdorfer Kommunbrauhauses zeichnen Kurt Adler, Axel Fella und Ludwig Müller, die dafür auch die Goldene Bieridee 2009 verliehen bekamen. Sie kauften 1995 das baufällige Gebäude und renovierten es in unzähligen Arbeitsstunden, bis 1998 zum ersten Mal wieder ein Sud eingebraut werden konnte - nach alter Tradition mit Holzfeuerung unter dem Sudkessel und offenem Kühlschiff.

Den Höhepunkt in Junkersdorf bildet das Braufest, das in den ungeraden Jahren Anfang Juli stattfindet.

~ Seit 200 Jahren ~

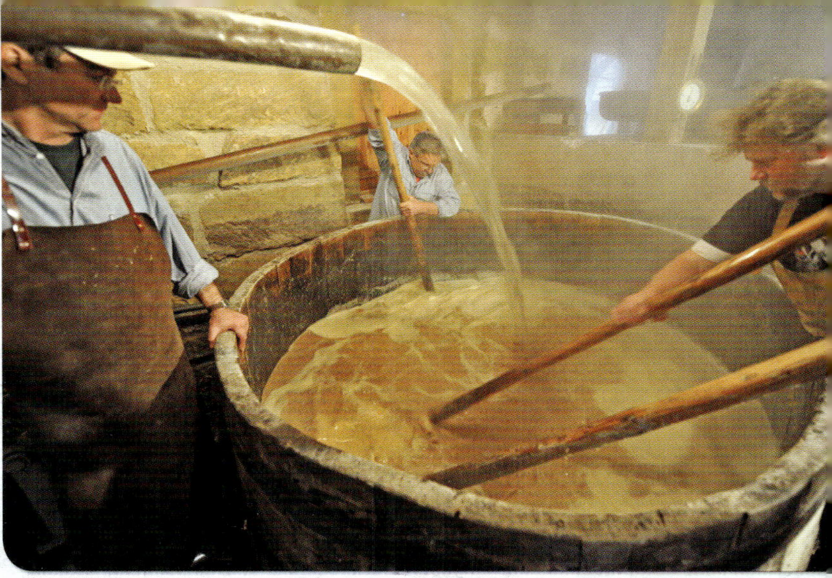

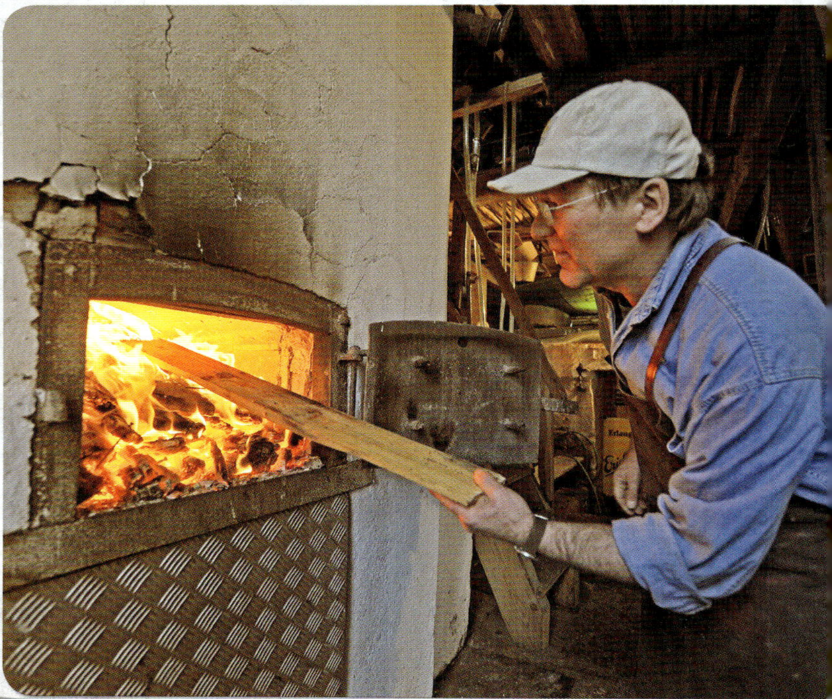

Herzlich willkommen im Bierkalender, in dem wir Ihnen einige der wichtigen Termine für den fränkischen Bierfreund zusammengetragen haben. Mit dabei natürlich die älteste Kirchweih Bayerns, die Fürther Michaeliskirchweih (erste Erwähnung 1100 n.C.), Klassiker wie die Bamberger Sandkerwa und ganz neue Baby s wie die Bayreuther Biertage oder das Stadtfest Schweinfurt. Wir wünschen viel Spaß!

April

Volksfest Nürnberg (16 Tage)
www.volksfest-nuernberg.de

Bayreuther Biertage (um den Tag des Bieres)
www.bayreuther-biertage.de

Mai

Bergkirchweih Erlangen (beginnt Donnerstag vor Pfingsten und dauert zwölf Tage)
www.der-berg-ruft.de

Volksfest Spalt (Fr-Mo)

Selber Bürgerfest (letzter Samstag im Mai)
www.selb.de/buergerfest

Juni

Ansbacher Altstadtfest (fünf Tage)

Bierfest Nürnberg (fünf Tage)
www.huettn-nuernberg.de

Juli

Kunigundenfest Lauf
(am ersten Sonntag und Montag im Juli)

Bayreuther Bürgerfest (erstes Juli-WE, Fr-So)

Kiliani-Volksfest Würzburg (17 Tage)

Kinderzeche Dinkelsbühl (zehn Tage)
www.kinderzeche.de

Annafest Forchheim (beginnt um den Namenstag der Hl. Anna (26. Juli) und dauert zehn Tage) www.anna-fest.de

Coburger Vogelschießen (beginnt am letzten Freitag im Juli und dauert zehn Tage)

Altstadtfest Kulmbach - www.kulmbach.de

Altstadtfest Weißenburg (Fr-So)
www.altstadtfest-weissenburg.de

Kulmbacher Bierwoche (beginnt am letzten Juliwochenende und dauert neun Tage)
www.kulmbacher-bierwoche.de

Rakoczy-Fest Bad Kissingen (Fr-So)
www.rakoczy-fest-badkissingen.de

Hofer Volksfest (zehn Tage)
www.hofer-volksfest.de

Schwabacher Bürgerfest
(letztes Wochenende vor den
Sommerferien)
www.buergerfest.com

Altstadtfest Hersbruck (Fr-So)
www.altstadtfest-hersbruck.de

August

Ringparkfest Würzburg (Sa/So)

Sandkerwa Bamberg (fünf Tage)
www.sandkerwa.de

Volksfest Nürnberg (17 Tage)
www.volksfest-nuernberg.de

Kronacher Freischießen (elf Tage)
www.kronacher-freischiessen.com

Stadtfest Aschaffenburg (Sa/So)
www.stadtfest-aschaffenburg.de

Stadtfest Schweinfurt (Sa/So)
www.stadtfest-schweinfurt.de

September

Reichsstadt-Festtage Rothenburg (Fr-So)

Altstadtfest Nürnberg (zwölf Tage)
www.altstadtfest-nue.de
Altsstadtfest Roth
(zweiter Sonntag im September)

Korbmarkt Lichtenfels
(am dritten Septemberwochenende, Freitag
bis Sonntag)
www.korbmarkt.de

Oktober

Michaeliskerwa (beginnt am Samstag nach
dem Namenstag des Erzengels Michael (29.
September) und dauert zwölf Tage)

Frankens Brauereien alphabetisch nach Brauereinamen

Namensverzeichnis